특허전쟁

기업을 흥하게 만드는
성공적인 특허 경영 전략

Copyright ⓒ acorn publishing Co., 2011. All rights reserved.

이 책은 에이콘출판(주)가 저작권자 정우성, 윤락근과 정식 계약하여 발행한 책이므로
이 책의 일부나 전체 내용을 무단으로 복사, 복제, 전재하는 것은 저작권법에 저촉됩니다.
저자와의 협의에 의해 인지는 붙이지 않습니다.

특허전쟁

기업을 흥하게 만드는
성공적인 특허 경영 전략

정우성·윤락근 지음

에이콘

| **추천의 글** |

최근 글로벌 대기업 간의 특허전쟁이 큰 화제다. 하지만 이는 사실 어제오늘의 일이 아니므로 오랜 준비와 지혜가 필요한 문제다. 오늘날 특허가 기업의 경쟁력을 좌우하고 국가의 거시적인 시책에 큰 영향을 미치고 있지만, 시장을 지배하는 몇몇 대기업의 관점에 치우쳐 균형을 잃어서는 안 된다. 중소기업의 관점과 기업에 고용된 사람의 관점을 중시해야 한다. 그런 점에서 이 책이 설명하고 논하는 내용은 참조할 만하다. 특허제도에 대해 소상히 설명하면서도 기업이 처한 다양한 환경을 일관되게 고려하는 실사구시의 자세는 특히 큰 장점이다. 또한 일하는 사람의 창의적인 에너지를 중시하고 감정적인 특허 분쟁을 지양한다는 점에서도 역시 울림이 있는 책이다. 우리나라 경제성장의 원동력은 중소기업이며, 고성장에 매달릴 게 아니라 고른 성장을 목표로 삼는 경제가 되어야 한다. 그것이 바로 분수처럼 아래에서 위로 솟구치는 분수경제의 요체다. 이를 위해서는 현실과 미래를 구체적으로 바라보는 실사구시의 정신이 필요하다. 이러한 정신이 담겨 있다는 점에서 기업 현실을 고민하는 모든 독자들에게 일독을 권할 만한 책이다. 아울러 이 책이 던지는 다양한 논쟁거리가 앞으로 더욱 토의됨으로써 결과적으로 우리나라 산업 발전에 좋은 열매가 맺히기를 기대한다.

— 정세균 / 전 산업자원부 장관

기술과 법률이 복잡하게 얽혀 있는 특허제도에 대해 비전문가인 일반인이 쉽게 알 수 있게 설명하고, 또 이것을 한 권의 책으로 묶는다는 것은 정말로 쉽지 않은 작업이다. 그런 점에서 이 책의 장점이 돋보인다. 기업 경쟁력 향상을 위해서는 기본적으로 지속적인 기술개발과 연구활동이 중요하다. 하지만 기업활동을 하다 보면 타인의 권리를 침해하는 등 법적인 문제가 생기게 마련이다. 그러므로 법률제도에 대한 지식을 갖추기 위해 노력해야 할 뿐만 아니라, 다양한 케이스에서 나오는 모범과 반면교사에도 귀를 기울여야 한다. 그런 점에서 특허에 관심 있는 많은 경제활동의 주체들에게 이 책은 훌륭한 텍스트가 될 것이다. 특허제도를 둘러싼 살아 있는 사례가 많고, 게다가 국내외의 최신 정보가 수록되어 있으며, 무엇보다 쉽고 지루하지 않으며 재미있는 책이기 때문이다. 특히 우리나라 산업경쟁력의 근간이자 국내외 기업 간의 치열한 전장이기도 한 IT 산업에 있어서는 근래 보기 드물게 좋은 책이 출간됐다.

— 박완규 / 숭실대학교 국제법무학과 교수

이 책은 우리 같은 중소기업 경영진들에게 정말 꼭 필요한 필독서다. 소프트웨어 사업에서는 카피와 변형, 사실상 불법복제와 다를 바 없는 일들이 더욱더 횡행하고, 그와 같은 일들이 좀처럼 개선이 되지 않는 것 같다. 심혈을 기울여 새롭게 만든 아이디어 제품이 어느 날 유사제품으로 둔갑해 더 큰 회사에서 영업력을 바탕으로 버젓이 확산되는 일도 비일비재하다. 교묘하게 우리 것을 카피해 변형시킨 소프트웨어가 더 그럴싸한 포장으로, 마치 이것이 시장의 대표상품인 양 시장을 호도할 때에는 절망감이 들기도 했다. 특허제도로 보호받고 싶어서 여러 명의 변리사를 만났고, 여러 번 특허에 관련한 뒤엉킨 실태래를 풀어보려고 했다. 하지만 특허에 관련해 복잡한 절차나 내용을 잘 모르는 문외한이었기에 여러 번 속기도 했다. 그러던 중 이 책의 저자인 정우성 변리사를 만나 특허에 대해, 그리고 특허를 비즈니스에 어떻게 적용하고 활용해야 하는지에 대해 정말 많은 깨달음과 도움을 받았다. 그 결과 여러 번의 특허취득 시도에도 불구하고 제대로 된 특허를 확보하지 못했던 우리 회사는, 우리 회사의 목적에 적합한 특허와 상표등록을 적절히 확보하고 발전해 나갈 수 있는 초석을 만들 수 있게 되었다. 저자가 우리에게 해주었던 컨설팅 내용과 노하우를 한데 모아 한 권의 책을 만들었다는 점에서 고마운 마음이 든다. 우리 같은 중소기업 경영진들이 특허제도를 잘 이해하고 또 잘 활용할 수 있게 됐기 때문이다. 이 책이 중소기업들이 자신들의 기술과 비전을 더 잘 펼칠 수 있도록 힘을 실어주리라 믿어 의심치 않는다. 더욱이 글로벌 경쟁에서 우리 스스로를 잘 방어할 수 있는 좋은 지침서 역할도 할 것이다.

— 박진수 / 인피언컨설팅(주) 대표이사

이 책은 내가 여태껏 읽어본 특허관련 책 중에서 가장 비즈니스 관점에서 쓰여진 책이다. 특허 하면 궁금해 하는 모든 것들이 다양한 사례를 중심으로 비즈니스를 하는 사람뿐 아니라 일반인들도 알기 쉽게 쓰여 있다. 또한 글로벌 기업들 간의 특허분쟁과 전략대결을 소개한 부분은 한 편의 재미있는 기업영화를 보는 것처럼 책장에서 눈을 뗄 수가 없다. 글로벌 특허전쟁 시대에 기술기업들이 반드시 읽어보아야 할 필수 교양도서다!!!

— 하태훈 / LB인베스트먼트 이사

특허전쟁, 특허경영이란 말이 어느새 유행처럼 되었다. 그러나 대부분 중소기업에서는 '특허가 과연 무슨 의미가 있는 것일까?'라는 의문을 한 번쯤 가지기도 한다. 특허에 대한 철없는 환상과 패배적인 무용론 사이에서 변리사로서 특허와 비즈니스의 관계는 언제나 고민거리일 수밖에 없다. 저자는 특허와 비즈니스의 관계에 대해서, "특허는 특허고, 비즈니스는 비즈니스다." 그러나 "특허는 치명적이고 달콤하다."라고 말한다. 공감한다. 『특허전쟁』은 교과서적인 이야기가 아니다. 이 책은 매우 현실적인 관점에서 기업과 특허와의 관계를 냉철하지만 현명하게 제시한다. 최고의 특허경영 컨설턴트를 꿈꿔온, 진지하면서도 상상력 넘치는 10년차 변리사의 노하우와 감각이 이 책에 오롯이 담겨 있다. '특허경영'을 한 번이라도 고민했던 사람에게는 적지 않은 영감과 힌트를 줄 것이라 믿는다.

– 임승섭 / 예준특허상표법률사무소 대표변리사

'쉽게 읽을 만한 내용이 아닌데'라고 고개를 갸웃거리면서 읽기 시작했는데, 어느새 다 읽어버린 걸 발견하고는 이 책의 대단함을 느꼈다. 이 책은 '특허' 또는 '지적재산권'이라고 하는, 많은 부분이 절차적인 내용을 차지하며 복잡하면서도 어려울 수 있는 제도들을 재미있는 예시와 최근 통계를 제시하면서 아주 쉽고 현장감 넘치는 이야기로 설명한다. 심지어 흥미진진하기까지 하다. 특히 여러 클라이언트를 도와 일한 저자의 경험이 각 장마다에 녹아 들어 있음을 발견한다. 실제 비즈니스 환경에서의 아이디어 고안 단계에서부터 특허출원을 거쳐 라이선싱은 물론 소송에 이르기까지 제도 전반을 이해하고 접근하는 데 실질적인 도움이 될 것으로 생각된다. 또한 이 책은 특허를 대표적으로 제시하면서도, 산업분야에 따라서는 더 실질적이고 강력한 권리가 될 수 있는 상표, 디자인, 저작권, 영업비밀까지 총 망라하고 있다. 비즈니스와 분리해서 생각할 수 없는 지적재산권의 제도적 특성이 잘 설명되고 있을 뿐만 아니라, 실제 비즈니스 환경에서의 각 제도의 이해, 활용법, 주의사항 등을 친절히 알려주는 더할 나위 없는 책이다.

- 안혜원 / 변리사, 독일 막스플랑크 지적재산 연구소 박사과정

정우성은 참 재주가 많은 친구다. 그는 전기공학을 전공했지만 친구들은 '전기문학과 정우성'으로 불렀다. 그만큼 정우성은 글에 관심이 많았고, 글재주도 뛰어났다. 그러던 그가 어느 날 전공을 살려 변리사라는 길로 나갔고, 변리사 업무의 핵심인 특허에 관한 책을 냈다. 이 책은 공학도인 저자가 특허에 무지한 독자를 위해 문학성까지 발휘한 작품이다. 책은 사실^{fact}과 사례^{case} 위주다. 특허 개념을 처음 접하는 독자나, 특허에 관해 어느 정도 안다고 생각했던 독자 모두를 만족시키는 훌륭한 책이다. 특허라는 복잡하고 어려운 개념이 우리 머릿속에 자리 잡는 순간 비즈니스 전쟁에서 우리는 또 하나의 무기를 갖게 될 것이다. 특히 최근 IT 업계의 특허전쟁을 지켜보면서 생겼던 궁금증이 이 책을 읽으면서 하나 둘 해소되는 것은 또 다른 즐거움이다.

- 정상원 / 한국일보 기자

| 지은이 소개 |

정 우 성 machitori@gmail.com

변리사다. 인재는 많으나 장인이 드물며, 머리는 명석하나 멀리 보지 못한다는 것이 평소 저자가 갖고 있는 사회 생각이다. 특허사무소를 경영하고 있으며, 고려대학교 전기공학과를 졸업했다. 일하고 남는 시간에 시를 읽는 것이 유일한 취미다. 이 책의 내용에 관련한 자유로운 독자 의견을 기다린다.

윤 락 근 arkayyoon@gmail.com

변리사다. 더욱 폭넓고 윤곽 있는 전문가가 되고자 대기업 관련 특허업무를 그만두고 미국으로 건너갔다. 2011년 Georgia Institute of Technology 경영석사 과정을 졸업하고, 현재는 미국에 거주한다. 서울대학교 재료공학과를 졸업했다.

| 목차 |

추천의 글 • 004
지은이 소개 • 009
들어가며 • 016

1장 삼성과 애플의 특허전쟁　　　　　　　　　　021

1976년 매사추세츠 • 023
35년 후 2011년 캘리포니아 • 025
확전된 특허전쟁 • 027 / 불확실성의 증대 • 028 / 서로 싸우기 좋은 상대 • 030 / 애플은 무엇을 원하는가 • 031 / 이 싸움은 누구에게 유리한가? • 033 / 과연 파국으로 치달을 것인가? • 034 / 특허전쟁을 둘러싼 오해와 편견 • 036 / 새로운 텍스트의 필요성 • 039
2011년 특허전쟁이 주는 메시지 • 040
삼성전자 • 040 / 소프트웨어 기업 • 042 / 국가 • 043

2장 왜 특허인가?　　　　　　　　　　　　　　　045

특허는 치명적이다 • 047
그러나 달콤한 특허 • 053
특허는 기술기업의 표상이다 • 053 / 투자를 받는 데 유리하다 • 054 / 국가의 지원을 받는 데 유리하다 • 054 / 특허 표시로 차별성과 우수성을 부각한다 • 055 / 거래처를 심리적으로 안정시킨다 • 055 / 특허권은 경쟁기업을 압박하는 수단이 된다 • 056 / 혹시 있을지도 모르는 특허침해소송에서 큰 무기가 된다 • 057 / 특허는 기술협상에 힘을 보태준다 • 058 / 특허권 확보는 주주의 이익으로 돌아간다 • 060
새로운 사업 아이디어와 특허 • 061
모두 특허의 대상이 되는 것은 아니다 • 062 / 누가 이상한 사람인가? • 067 / 파트너를 유혹하지 말 것 • 068 / 특허망상증 • 070 / 특허권을 신청하려는 다양한 목적 • 072

창업과 특허 • 074
특허 조사 • 075 / 특허권 신청 • 075 / 추가로 염두에 둘 사항 • 076
20년이라는 특허의 권리존속기간 • 078

3장 특허란 무엇인가?　　　　　　　　　　　　　　　087

특허는 로또가 아니다 • 089
특허는 권리이며 눈치이며 가치다 • 093
특허는 '권리'다 • 093 / 특허는 '눈치'다 • 095 / 특허는 '가치'다 • 097
'언어'에 묶여 있는 특허 • 099
일반인들의 잘못된 생각 • 100 / 아이디어가 입는 옷 • 100 / 특허는 언어 표현에서 나온다 • 101 / 변리사에게 의뢰할 때의 풍토 • 102 / 아이디어를 언어로 정리하는 방법 • 103
특허공보 보기 • 106
유사 특허 • 111
상표권, 브랜드에 관한 권리 • 112 / 디자인에 관한 권리 • 125 / 저작권 • 132 / 부정경쟁행위 • 136 / 영업비밀 • 139 / 계약 • 146

4장 특허취득 요건과 절차　　　　　　　　　　　　　147

특허취득의 요건 • 149
새로운 아이디어인가? • 150 / 진보적인 아이디어인가? • 160
특허취득 절차 • 165
특허를 빨리 취득하는 방법 • 169
심사결과에 대한 출원인(변리사)의 대응 • 172
특허출원이 거절된 경우 • 176
어떤 단계에서 거절되었는가? • 177 / 특허출원이 거절되면 영업을 할 수 없는가? • 179 / 거절된 이유가 무엇인가? • 181
특허거절이 갖는 유용성 • 182

5장 특허전쟁 속으로　　　　　　　　　　　　　　　187

특허권자의 권리행사 • 189
권리행사의 목적이 무엇인가? • 191 / 변리사를 신용할 수 있는가? • 196 / 어느 정도의 비용을 써야 하는가? • 197 / 어느 정도 시간이 소요되는가? • 198 / 우리의 특허범위는 어디까지인가? • 199 /

승소할 수 있는가? • 200 / 어떤 위험 요소가 있는가? • 204 / 어떤 법적 수단을 사용할 수 있는가? • 205 / 상대방의 대응 방법에는 무엇이 있는가? • 209 / 협상 시나리오 • 210

침해문제에 효과적으로 대응하기 위한 11가지 방법 • 211

특허침해 대응 연습 1 • 227

특허침해 대응 연습 2 • 231

6장 특허관리 방법　　　　　　　　　　　　　237

특허관리의 필요성 • 239
기본적인 특허관리 • 239 / 전략적인 특허관리 • 246

기업마다 다른 자원 현실 • 247

기업의 특허관리 • 250
장기 근속이 가능한 사람 • 251 / 적절한 업무량 • 252 / 아웃소싱 • 253

변리사 보고서의 활용 • 257

주소 관리 • 260

공유특허의 법리 • 261

특허의 이전 • 264
특허거래 활성화는 가능한 일인가? • 265 / 어떤 경우에 특허가 이전되는가? • 266 / 특허 이전의 대가는 어느 정도가 적절한가? • 267 / 특허 이전에 필요한 서류와 절차 • 272

특허청구항의 개수 • 273

7장 글로벌 마케팅과 특허　　　　　　　　　　277

글로벌 마케팅과 특허 • 279

해외에서 특허권을 취득하는 방법 • 283
우선일이라는 개념 • 286 / 파리조약을 이용한 루트 • 286 / PCT 국제출원 • 288 / 어떤 방법으로 외국 특허출원을 할 것인가? • 293 / 기간을 지나쳤다고 보고만 있을 텐가? • 294

외국에서의 상표권 취득 • 298

8장 특허 인 비즈니스　　　　　　　　　　　　303

기업의 자원과 특허 • 305
특허전쟁과 기업의 자원 • 307 / 특허의 활용성에 대한 입장 차이 • 310

특허 인 비즈니스 • 312

비즈니스는 특허에 앞선다 • 312 / 비즈니스가 불가능한 경우의 아이디어 • 314 / 꿈꾸는 비즈니스: 특허 로열티 또는 특허 매매 • 316 / 라이프사이클과 특허 • 317 / 로열티 액수를 산정할 때의 자세 • 317 / 로열티 액수 산정 방법 • 319

창의성, 특허활동 그리고 혁신 • 320

창의성과 특허활동 • 321 / 기업경영과 특허 • 321 / 혁신에 걸맞은 프로세스 • 323 / 특허활동은 사람을 독려하는 메시지다 • 325 / 사소한 아이디어 • 327 / 차별적인 인센티브 • 328 / 창의적인 에너지를 배출하는 통로 • 329

사람이 창의성을 낳는다 • 331

직무발명과 발명보상금 • 331 / 창의성과 열정 • 333 / 특허기업이 곧 창의기업을 의미하지는 않는다 • 334 / 특허라는 창조활동의 주체는 사람이다 • 335

빚지고 사는 특허들 • 339

부록 I. 그들이 말하지 않는 특허와 변리사에 대한 10가지 • 343
부록 II. 대한민국 산업재산권 공보 사례 • 377

찾아보기 • 416

| 특허로 성공하는 48가지 사례 |

사례 001 | 특허침해 가처분 결정의 위험 • 048
사례 002 | 특허권자의 감정적 대응 • 051
사례 003 | 애플의 아이폰 문자메시지 특허 • 063
사례 004 | 무효가 된 마법천자문 특허 • 065
사례 005 | 특허출원을 위한 아이디어 정리 • 103
사례 006 | 선출원주의 상표제도 사례 1 • 114
사례 007 | 선출원주의 상표제도 사례 2 • 114
사례 008 | 선출원주의 상표제도 사례 3 • 115
사례 009 | 모방상표에 시달린 패션브랜드 A6 • 123
사례 010 | 디자인특허의 침해판단 • 128
사례 011 | 불가리스 Vs. 불가리아 • 137
사례 012 | 영업비밀과 특허의 비교우위 • 141
사례 013 | 영업비밀을 알고 있는 직원의 전직 • 141
사례 014 | 노하우 전략 • 142
사례 015 | 잘못된 상식 1 • 152
사례 016 | 잘못된 상식 2 • 152
사례 017 | 잘못된 상식 3 • 152
사례 018 | 권리신청 전에 아이디어를 지인에게 자랑한 경우 • 154
사례 019 | 대수롭지 않다고 여긴 기술 • 156
사례 020 | 판매 중인 제품에 대한 제조방법 특허 • 157
사례 021 | 비즈니스 파트너에게 아이디어 내용을 알려준 경우 • 158
사례 022 | 권리신청 전의 시제품 판매와 특허취득 • 159
사례 023 | 권리신청 전에 웹사이트에 기술을 소개한 경우 • 159
사례 024 | 특허 가능성에 대한 자의적 판단의 위험성 • 163
사례 025 | 특허심사결과와 특허침해여부 판단의 상관성 • 180
사례 026 | 불확실성을 없애려는 목적의 특허출원 • 183
사례 027 | 특허권자의 영업방해 행위 • 194
사례 028 | 특허권 행사에 있어 상대방의 선택 • 195

사례 029 | 착오에 빠진 특허권 분석 • 215
사례 030 | 개발 중에 알게 된 타인의 특허에 대한 대응 방법 • 227
사례 031 | 판매 중에 알게 된 타인의 특허에 대한 대응 방법 • 231
사례 032 | 공유 권리의 지분 양도 • 262
사례 033 | 영세한 특허권자의 집요한 괴롭힘 • 267
사례 034 | KT의 특허무상양도 사례 • 269
사례 035 | 애플 컨소시엄의 노텔 특허 매수 • 270
사례 036 | 구글의 모토로라 모빌리티 M&A • 271
사례 037 | 글로벌 비즈니스에서의 모방 제품 출현 • 281
사례 038 | 글로벌 비즈니스에서의 상표권 취득 • 282
사례 039 | 외국 특허출원 시기 • 287
사례 040 | 시기를 놓친 외국 특허출원 1 • 296
사례 041 | 시기를 놓친 외국 특허출원 2 • 297
사례 042 | 휴대폰 통화연결음 특허분쟁 • 309
사례 043 | 기업이 부도나면 특허는 어떻게 되는가 • 312
사례 044 | 모방제품이 출현한 경우 • 313
사례 045 | 특허권자의 위협과 비즈니스 현실 • 314
사례 046 | 비즈니스 현실을 고려하지 않는 개인발명가의 욕심 • 315
사례 047 | 사소한 아이디어에 관한 오해 • 328
사례 048 | 직무발명에 대한 보상 • 331

| 들어가며 |

특허를 빼놓고는 비즈니스를 생각하기 어려운 시대가 왔다. 누구나 한 번쯤은 특허라는 환상을 꿈꾸거나 혹은 거대한 벽에 부딪힌다. 하지만 특허와 관련해서 알고 있는 지식과 경험이 태부족이다. 잘못된 지식과 편견이 횡행하기도 한다. 일반인이 특허에 대해 정확한 지식을 구할 수 있는 책이 그 동안 없던 것도 하나의 이유가 될 것이다. 특허는 비즈니스 전체를 흔들 수 있는 요인이 되기 때문에 이와 관련한 잘못된 지식과 편견은 기업을 위태롭게 만들 수 있다. 이 책의 저술 목적은 특허에 대해 좀 더 정확한 지식과 경험을 제공하는 것이다. 무릇 사물에 대한 설명은 어떤 시각에서 바라보느냐에 따라 그 내용이 달라진다. 이 책에서 특허를 바라보는 우리의 시각은 '비즈니스' 관점이다. 법 이론의 정확한 분석과 다양한 학설에 대해서는 학문하는 사람의 몫이다. 그러나 생존과 발전을 위해 동분서주하는 기업을 특허법 규정의 행간으로 끌어들일 수는 없는 일이다. 오히려 법전의 행간에 묶여 있던 특허제도를 기업의 분주한 비즈니스에 맞춰 주는 것이 더욱 현실적이며 유효하다.

2011년의 가장 뜨거운 이슈 중 하나는 글로벌 기업 간의 특허전쟁과 특허를 매개로 한 기업 인수합병이었다. 그 중에서도 삼성전자와 애플 간의 특허전쟁은 매우 좋은 텍스트다. 1장은 이 특허전쟁에 대해 법리적인 관점과 비즈니스 관점을 동시에 적용해 자세히 소개한다. 2장에서는 비즈니스에서 특허가 왜 필요한지 자세히 규명해볼 것이다. 3장은 특허가 무엇인지에 대해 설명한다. 특허뿐만 아니라 브랜드, 디자인, 부정경쟁행위, 저작권, 영업비밀까지 포함될 것이며 여기까지 가면 삼성과 애플 간 특허전쟁의 진면목이 윤곽을 띠게 될 것이다. 4장은 삼성과 애플이 확보한 특허가 어떤 과정을 거쳐 그와 같이 무서운 권리가 됐는지를 설명한다. 5장은 특허분쟁의 다양한 모습과 공방, 그리고 구체적인 전략을 체계적으로 설명한다. 5장을 읽으면 삼성과 애플이 이 전쟁에서 장차 걷게 될 다양한 시나리오가 눈앞에 펼쳐질 것이다. 특히, 전문가와 장시간 상담을 통해서도 얻기 어려운 특허분쟁의 구체적인 가이드를 제공한다. 6장은 삼성과 애플을 함부로 흉내 내서는 안 된다는 경고가 담겨있다. 특허를 어떻게 관리할 것인지에 대해 이야기하며 기업이 처한 환경과 자원을 생각한다. 삼성과 애플은 미국에서만 싸우는 것이 아니다. 이 전쟁은 미국뿐만 아니라 한국, 일본, 독일, 영국 등에서 동시다발적으로 이루어진 전면전이다. 미국에서의 전투는 미국에서 받은 특허로 싸우며, 한국에서의 전투는 한국에서 받은 특허로 싸워야 하는 법이다. 그렇기에 삼성이나 애플은 자기 나라뿐만 아니라 해외에서도 상당히 많은 특허를 보유하고 있음을 알 수 있다(삼성은 미국특허순위 2위 기업이다). 7장은 해외에서 특허를 취득하는 구체적인 방법을 소개한다. 8장은 특허활동이 기업에 미치는 창의적인 힘과 에너지에 대해 설명한다. 8장을 이해하면 수많은 특허를 취득해 온 삼성과 혁신적인 에너지를 발산한 애플의 저력을 느낄 수 있다. 이 책을 순서대로 읽다 보면 삼성과 애플의 특허전쟁이 갖는 의미를 뛰어넘어, 더 생생하고 더 구체적이며 더 알맞은 지식과 경험을 얻어가리라 확신한다. 엄청나게 큰 천을 요리조리 재단해 당신 몸에 꼭 맞는 옷이 만들어질 것이다. 그리고 1장으로 돌아와 다시 읽어보기를 권한다.

　우리 저자들은 이 책의 독자범위를 넓히기 위해 최선을 다했다. 특허에 관심을 가진 사람이라면 누구나 쉽게 읽을 수 있도록 처음부터 끝까지 설명의 평이성을 유지하기 위해 노력했다. 맡은 직책의 높낮이를 떠나 비즈니스 세계에 발을 딛고 있는 사람이라면 누구든지 이 책의 독자가 될 수 있다. '등록디자인'을 '디자인특허'로, '특허출원'을 '특허권 신청'으로, '특허의 보호범위'를 '특허범위' 등으로, 어려운 법률용어를 가급적 독자가 좀 더 쉽게 의미를 파악할 수 있는 표현으로 바꾸기도 했으므로, 이에 대해서 오해 없기를 바란다. 또한 이 책에는 저자들이 직접 수행하거나 자주 상담을 받은 오십여 가지에 달하는 많은 사례를 수록했다. 비즈니스는 이론도 중요하지만 실무 경험이야말로 참된 가치를 갖는다. 마치 독자가 실제 변리사와 수십 번의 상담을 한 듯한 경험을 제공하겠다는 것이 저자의 집필 의도였다. 만일 독자가 기업의 특허담당자라거나 변리사, 변호사 등의 전문가라면 이미 알고 있는 지식과 이 책이 전하는 구체적인 메시지가 어느 정도 대응하는지 서로 견주기를 바란다. 논쟁이 촉발되면 더욱 좋다. 그럼으로써 특허제도에 관한 우리나라 지식 수준이 한 단계 상승할 수 있기 때문이다.

　특허는 여행이다. 길을 떠나는 독자에게 이 책은 특허 인 비즈니스 Patent in Business라는 프리즘을 제공한다. 특허의 스펙트럼은 비단 삼성과 애플 사이의 특허전쟁으로 우리가 알 수 있는 것보다 훨씬 더 많은 것을 보여준다. 때로는 조용히, 때로는 웅변하듯이. 그리고 부디 여러분이 비즈니스에서 결코 길을 잃지 않도록.

마지막으로 이 책이 세상에 나오도록 도와주신 에이콘출판사의 권성준 사장님께 감사를 드린다. 무엇보다 김희정 부사장님의 날카롭고 풍부한 조언이야말로 이 책이 길을 잃지 않고 실존하게 된 가장 큰 밑바탕이었음을 모든 독자에게 밝혀둔다.

대표 저자 정 우 성

1장
삼성과 애플의 특허전쟁

2011년 4월 18일 애플은 삼성전자를 상대로 특허침해를 주장하며 미국 캘리포니아 법원에 소송을 제기했다. 이로써 금세기 가장 치열한 특허전쟁이 시작됐다. 한치 앞도 예상하기 힘든 이 거대한 힘겨루기를 보면서 세계의 각종 언론과 전문가들의 말잔치가 시작됐다. 이 특허전쟁의 종말은 어떻게 될까? 유감스럽게도 이 전쟁을 진두 지휘하는 두 회사 경영진의 서랍 속 메모를 입수하지 않는 한 제삼자가 알 수 있는 방법은 전혀 없다. 일급 비밀에 해당하기 때문이다. 그러나 이 특허전쟁을 우리가 밖에서 엿보고 생각하는 만큼 우리는 비즈니스와 특허라는 이 밀접한 세계에 더욱 빠져든다. 애플과 삼성의 특허전쟁만큼 좋은 텍스트는 없다. 이 텍스트는 특허의 치명성과 달콤함을 동시에 말해 주며, 특허제도의 본질에 이르는 고속도로로 우리를 안내한다. 또한 이들 거대 공룡의 싸움은 특허의 3가지 핵심분야인 기술특허, 브랜드특허, 디자인특허 모두를 포괄하기 때문이다. 이 텍스트야말로 우리 모두에게 살아 있는 특허 지식을 알려줄 것이다. 삼성과 애플의 특허전쟁을 읽고, 이 책과 함께 여행을 떠나자. 그러다 보면 어느덧 진정한 지식과 거짓된 지식을 구분하는 힘을 얻게 될 것이며, 특허 인 비즈니스(Patent in Business)가 눈에 들어올 것이다.

1976년 매사추세츠

1976년 4월 26일 폴라로이드는 코닥과 특허전쟁을 선포했다. 코닥의 즉석 카메라 제품이 자신의 특허 12건을 침해했다고 주장하면서 매사추세츠 연방지방법원에 특허침해소송을 제기했다. 즉석 카메라의 대명사였던 폴라로이드는 거대 기업인 코닥(코닥의 1975년 매출은 50억 달러였다)이 자신이 특허로 독점하고 있는 시장에 진출하는 것을 막기 위해 매우 신속하고 강력한 조치를 취했다. 폴라로이드가 소장을 접수한 날인 1976년 4월 26일은 코닥이 제품을 발표하고 6일이 지난 후였으니 폴라로이드가 얼마나 신속하게 대응했는지 여실히 알 수 있다.

이 소송은 제대로 협상되지 않았다(폴라로이드는 매출의 5%를 주면 합의해줄 수 있다고 했으나, 코닥이 거절했다). 결국 양 당사자가 온 힘을 다해 싸워 재판을 통해 끝을 보고 말았다. 폴라로이드가 이겼다. 코닥은 폴라로이드에게 8억 7,300만 달러에 이르는 손해배상액을 지급하고 즉석 카메라 시장에서 완전히 손을 뗐다.

코닥이 즉석카메라 사업에서 잃은 손실만 6억 달러에 이르며, 공장 폐쇄, 재고처리, 소비자 보상 등에 4억 9,400만 달러, 변호사 비용으로 수천만 달러에다가 앞에서 이야기한 손해배상액 8억 7,300만 달러 등의 막대한 손실을 입었다고 한다. 지금 기준으로 보아도 어마어마한 금액이지만 당시 화폐가치로 보면 더욱 엄청난 액수가 아닐 수 없다. 이 소송은 무려 15년을 끌었다.

이 사례는 비타협적인 특허권 행사의 전형을 보여준다. 특허라는 권리가 비즈니스의 숨통을 끊을 수도 있는 역사적이고 전형적인 사례였다. 특허라는 권리만을 떼놓고 본다면 1976년 코닥과 폴라로이드의 소송은 특허의 본질을 보여준다. 각 기업은 이 소송을 모범으로 삼아야 하는가? 하지만 이 사례는 사실상 반면교사로 남는다. 특허는 있으나 비즈니스가 없었기 때문이다.

오랫동안 협력관계를 유지해 온 폴라로이드와 코닥은 특허침해소송에 의해 서로를 연결하는 다리를 스스로 끊어버렸다. 눈에 보이는 현재의 이익을 위해서 장래의 가능성을 시급히 청산해 버렸다. 특허권자가 양보하지 않음으로써 경쟁에 의한 시장 성숙의 가능성이 사라졌고, 특허권자의 상대방도 양보하지 않음으로써 막대한 손실만 남게 됐다. 코닥이 얻은 것은 '소송에서 진 경험'밖에 없다. 폴라로이드는 15년간의 소송으로 8억 달러를 넘는 현금을 쥘 수 있었다. 그러나 자기 분야만 고집하다가 종국에는 파산하기에 이른다.

세월이 흐르면서 코닥은 자신의 사업을 디지털 영상 분야로 집중했고 그 분야의 강력한 특허 포트폴리오를 구성하는 데 성공했다. 코닥은 디지털 영상 분야의 가장 강력한 특허권자 중 하나다. 다수의 일본 기업으로부터 로열티를 받았으며, 2008년에는 삼성으로부터 5억 5,000만 달러, 엘지전자로부터 4억 1,400만 달러의 로열티를 받는 성과를 올렸다. 현재 코닥은 애플과 싸우고 있다. 애플이 초반 1승을 거두었으나 결과는 두고 볼 일이다.

35년 후 2011년 캘리포니아

2011년 4월 15일 애플은 삼성전자(이하 삼성)를 상대로 미국 캘리포니아 법원에 소장을 접수했다. 이로써 애플과 삼성 간 소송 전쟁의 막이 오른다. 이 소송은 전 세계 언론에 급전됐다. 애플의 2010년 매출액은 대략 70조 원(650억 달러)이며 이는 1976년 소송 당시 코닥 매출액의 10배가 넘는다. 삼성전자의 2010년 매출액은 약 154조 원이다. 이 또한 1976년 코닥의 20배가 넘는다. 바야흐로 금세기 최대의 특허전쟁이 시작된 것이다.

미국 캘리포니아 법원에서 애플은 7건의 기술특허와 3건의 디자인 특허와 3건의 트레이드 드레스^{Trade Dress}(통상 상품 전체의 시각적인 이미지와 그것이 만들어내는 종합적인 인상을 의미한다)와 6건의 상표권에 대한 침해를 주장했다. 목록은 다음과 같다(상세한 내용은 애플포럼 www.appleforum.com 참조).

- 미국특허 US7,812,828, US7,669,134, US6,493,002, US7,469,381, US7,844,915, US7,853,891, US7,863,533
- 미국 디자인특허 D627,790, D602,016, D618,677
- 미국 트레이드 드레스 3,470,983, 3,457,218, 3,475,327
- 미국 등록상표 3,886,196, 3,889,642, 3,886,200, 3,889,685, 3,886,169, 3,886,197

글로벌 기업 간의 특허분쟁은 대부분 기술특허 침해가 쟁점이 된다. 1976년 당시 코닥과 폴라로이드 소송도 기술특허가 쟁점이었다. 하지만 애플과 삼성의 특허분쟁은 기술특허에만 국한되지 않는다. 이

분쟁은 처음부터 확전상황이었으며, 지적재산권 전반에 걸친 엄청난 분쟁이다. 당사자들의 기업규모, 시장의 반응과 소송결과가 몰고 올 후폭풍, 다양한 쟁점, 소송의 국제적 확산 등을 감안하면 가히 특허전쟁으로 표현해도 과장이 아니다.

이 거대한 싸움을 건 쪽은 삼성이 아니라 애플이다. 따라서 삼성보다는 애플에 왜 이 전쟁을 시작했는지 물어보는 것이 타당할 테다. 아이폰의 충격적인 등장은 휴대폰 시장 전체를 흔들어버렸고 절대적인 노키아의 지위를 끌어내렸으며 삼성을 위기로 몰아붙였다. 전 세계 휴대폰 시장은 빠르게 스마트폰 시장으로 재편되는 계기가 됐으며 애플에게 눈부신 상업적 성공을 안겨줬다. 이것은 또한 잠자던 태블릿 PC 시장을 출렁이게 만들었다. 아이패드가 등장한 것이다. 바야흐로 모바일 기기의 하드웨어 의존적인 패러다임이 혁신적인 소프트웨어 패러다임으로 바뀌게 됐다. 애플의 스마트폰 운영체제^{iOS}와 구글의 스마트폰 운영체제^{Android}의 싸움으로 번졌으며, 글로벌 스마트폰 시장은 애플과 안드로이드 진영 양 축으로 단순화되기에 이르렀다. 애플은 최대의 경쟁상대인 안드로이드 진영을 견제할 필요가 있었다.

이런 분위기 속에서 안드로이드 진영의 휴대폰 제조사 중 삼성이 누구보다도 신속하게 갤럭시 시리즈를 선보이며 애플에 대항했다. 그리고 성과를 냈다. 2010년을 거치면서 애플의 경쟁자로서 두드러진 상업적 성공을 거둔 것이다. 이 즈음 삼성 갤럭시 시리즈의 외관과 기능이 애플 아이폰의 그것과 유사하다는 소비자들의 반응이 있었고, 실제 애플의 최고경영자 스티브 잡스는 공개적으로 삼성을 향해 독설을 뱉기도 했다. 전쟁의 분위기는 무르익었다.

애플은 자신들의 제품 외관이 삼성에 의해 모방되고 있다고 주장했다. 디자인특허, 상표권, 트레이드 드레스$^{Trade\ Dress}$가 침해됐다고 주장한 것이다(표 1-1 참조).

표 1-1 미국 상표권 침해와 관련된 애플과 삼성의 외관 비교

확전된 특허전쟁

앞서 말한 바와 같이 이 특허전쟁은 처음부터 확전되어 있었다. 기술특허뿐만 아니라, 디자인특허 침해와 상표권 침해도 함께 결부되기 때문이다. 이처럼 거대 기업 간의 특허소송에서 기술특허, 디자인특허, 상표권이 동시에 쟁점이 된 사례가 과연 예전에 있었는지조차 의문이다. 그만큼 애플은 처음부터 전면전을 걸었다.

애플은 미국 캘리포니아 법원에 소장을 제기했지만 이것은 서막에 불과했다. 전쟁은 여러 대륙으로 번졌다. 며칠 지난 후인 2011년 4월 23일 삼성은 한국, 일본, 독일에 애플이 자사의 특허를 침해했다며 소송을 제기했다. 애플은 6월 23일 한국 서울지방법원에 삼성을 상대로 손해배상과 특허권침해금지 등을 청구하는 소장을 접수했다. 그러자 삼성은 6월 29일 미국 국제무역위원회에 애플 제품의 수입을 금지하는 요청을 제출했으며, 같은 날 영국 런던 고등법원에 소장을 제출했다. 바야흐로 이 특허전쟁은 국제적인 비즈니스 분쟁으로 비화되기에 이르렀다. 이 글을 쓰는 현재 파악된 양사 간의 소송만도 19건에 이르는 것으로 알려졌다. 캘리포니아 북부지방법원 1건, 국제무역위원회 2건, 델라웨어 지방법원 1건, 독일 만하임 지방법원 2건, 독일 뒤셀도르프 지방법원 1건, 영국 고등법원 1건, 프랑스 지방법원 1건, 이탈리아 밀라노 1심법원 1건, 네덜란드 헤이그 법원 2건, 한국 서울중앙지방법원 2건, 일본 도쿄지방법원 4건, 호주 연방법원 뉴사우스웨일스 지방법원 1건 등이다. 그러나 확전은 여기서 끝나지 않을 것이다. 그 사이에 또 다른 국가에서 소송이 추가될 수 있으며, 침해를 주장하는 특허가 추가될 수도 있다. 당분간 뜨거운 이슈가 계속될 것이다.

불확실성의 증대

특허는 불확실성을 증대시킨다. 그러나 비즈니스는 불확실성을 최소화하기 위해 노력한다. 삼성과 애플의 특허전쟁은 그 확전된 규모만큼이나 양사 간의 불확실성을 증대시키고 있다. 시장 내적인 요소로도 예측하기 힘든 경쟁을 해야 하는데, 시장 외적인, 순전히 법률적인 요소로 인해 미래가 완전히 불투명해지는 것을 비즈니스가 순순히 허락하지는 않을 것이다. 이들이 싸우고 있는 특허 개수는 통틀어도 10가지 정도에 불과하다. 물론 그 중 어느 한 개라도 결론이 나면 양사의 주가에 크게 영향을 미칠 것이다. 한편, 대기 중인 특허들은 그보다 훨씬 많다. 싸움을 어느 선에서 멈추지 않으면 연쇄적으로 계속 번질 것이며 이것이 더 치명적이다. 폴라로이드와 코닥의 싸움은 '즉석카메라'에 관한 것으로서 쟁점이 되는 기술 분야가 좁았다. 그 좁은 기술 분야에서도 특허분쟁의 여파는 엄청났다. 그러나 삼성과 애플이 싸우는 스마트폰 기술은 다양한 하드웨어와 소프트웨어 기술이 결집되어 있는 분야로서, 소송의 승패가 미치는 파급력은 1976년 소송과는 비교할 수 없이 크다.

시장에서 이미 성공한 기업이라면 불확실성이 더 증대되는 것을 누구도 원하지 않는다. 따라서 불확실성이 증대될수록 양 당사자의 화해 가능성은 커질 것이다. 애플과 삼성은 시장에서 성공한 기업이지 실패의 낭떠러지 바로 앞에서 불안해 하는 회사가 아니다. 그러므로 회사를 알 수 없는 상황으로 몰고 갈 수는 없다. 주주의 이익에 반하고 무책임한 행동을 과감히 감행할 경영진이 과연 있을까 싶다.

소송 전략으로만 보자면, 애플은 전략적으로, 판단하기 쉬운 쟁점으로 소송을 단순화시키려 할 것이다. 왜냐하면 이 싸움을 시작한 장본인이기 때문이다. 애플은 터치 입력을 하는 사용자 인터페이스에 관한 기술(Scrolling, Pinching, Zooming), 문자 메시지를 보낼 때 왼쪽과 오른쪽에 말풍선으로 문자 메시지 이력이 나타나도록 하는 기술, 잠금 해제 방식 등에 대해 특허침해를 주장한다. 대부분이 침해 여부를 판단하기 어렵지 않은 기술로 집약되어 있다. 이에 더해 비기술적인 쟁점은 두드러진 힘을 발휘하게 된다. 외관에 관한 침해 여부가 바로 그렇다.

그러나 삼성은 불확실성을 더욱 증대시킴으로써 애플을 고민에 빠트리게 하려는 전략을 선택할 것으로 보인다. 데이터분할전송, 전력제어, 전송효율, 무선 데이터 통신 등의 표준특허 침해를 주장해 기술쟁점을 확산시키고 앞서 본 바와 같이 분쟁지역을 넓혔다. 우리가 질 수도 있지만 당신들은 더 크게 질 수 있다는 불안감과 그 불안감의 현실화가 가져오는 불확실성의 파급력을 키우는 것이다.

어쨌든 양 당사자는 협상하기 유리한 고지를 향해 온 힘을 다할 것이다. 그 과정에서 서로 이기고 지는 판결을 받게 될 것이다.

서로 싸우기 좋은 상대

알려져 있다시피, 애플은 아이폰의 핵심 반도체 칩을 삼성으로부터 공급받고 있다. 애플은 삼성의 최대 고객이다. 애플 제품이 많이 팔릴수록 삼성은 이익을 남긴다. 그런 점에서 삼성은 애플에 빚을 진 셈이다. 기술적으로만 보자면, 아이폰의 엄청난 상업적 성공의 배경에는 기기의 우수한 성능뿐만 아니라, 수요에 대처할 수 있는 안정적인 성능의 부품 공급도 무시할 수는 없다. 핵심 칩을 삼성으로부터 손쉽게 공급받아 왔다는 점에서 애플은 삼성에 빚을 졌다. 애플과 삼성은 긴밀한 비즈니스 관계가 있는 것이다. 서로 파국으로 가기 어렵게 하는 대목이며, 언제든지 협상할 수 있는 계기가 이미 마련되어 있다.

애플의 입장에서 보자. 스마트폰 시장에서 입지를 잃어가는 노키아와 RIM은 애플의 시급한 경쟁자가 되지는 못한다. 삼성, HTC, 모토로라, 소니에릭슨, 엘지전자는 애플과 대항하기 위해 자신들의 스마트폰에 구글의 안드로이드 운영체제를 탑재했다. 전문가들은 애플의 진정한 적은 이와 같은 안드로이드 진영이며 결국 구글이라고 분석한다. 안드로이드 진영에서 가장 성공하고 있는 삼성을 견제하는 것은 곧 안드로이드 진영 전체를 견제한다는 대표성을 지닌다. 그런데 삼성과는 상당한 비즈니스 관계가 있어서 협상하기도 좋다. 붙어볼 만한 싸움이다. 삼성의 반격이 파국에 치달을 정도는 되지 못할 것이기 때문이다. 또한 삼성의 갤럭시 시리즈에는 비기술적인 약점(외관의 유사성)이 있고, 이 약점은 선행 주자가 후발 주자를 괴롭히기 가장 안성맞춤인 까닭이다. 2010년 말에 미국 특허청은 애플의 디자인과 상표들에 대한 권리를 허락했다. 드디어 심사를 통과한 것이다. 제품 외관에 관한 권리를 확보한 바로 그 시점부터 애플은 삼성에 대한 특허분쟁을 기획했을 것이다. 삼성은 애플에게 싸워보기 좋은 상대였다.

삼성의 입장에서 보자. 다른 휴대폰 제조사도 마찬가지였겠지만 아이폰과 아이패드의 눈부신 약진과 성장은 삼성을 매우 놀라게 했을 것이다. 삼성은 누구보다도 빠르게 시장에 대응했다. 그런데 갤럭시 시리즈는 애플 제품과 그 외관이 다소 유사한 점이 있었다(법적으로 정말 유사한지 여부는 소송을 통해 따져보아야 할 문제다). 갤럭시의 신속한 개발 과정에서 그 외관 때문에 법적으로 문제가 될 수 있음이 충분히 검토되거나 점검되었는지는 알 수 없다. 그러나 애플과의 비즈니스가 있기 때문에 애플이 당장에 법적 조치를 취하지는 않을 것이라고 판단하며 시간을 벌었을지도 모른다. 어쨌든 당장 애플이 삼성을 상대로 법적인 조치를 취한 것은 삼성 제품이 1,000만대 이상 팔린 다음이었다. 그 사이에 삼성이 애플의 많지 않은 주요 특허들을 분석했고, 애플이 자사가 보유한 특허(멀티터치 등)를 주장했을 때 삼성이 어떤 반격 카드를 꺼낼지에 대한 시나리오를 이미 끝냈으리라고 생각한다. 그런 점에서 애플도 삼성이 좇아가기에 좋은 상대였다.

애플은 무엇을 원하는가

애플이 삼성과의 전쟁에서 얻으려는 목적이 무엇인지는 정확히 알 수 없다. 도대체 애플은 왜 싸우는가? 권리를 가지고 있으며 삼성이 자기 권리를 침해했기 때문이라고 원론적인 답을 이야기할 수는 있겠다. 즉 특허가 있기 때문이다. 하지만 삼성은 애플보다 훨씬 많은 특허를 보유하고 있다. 따라서 애플로서는 자기 특허권 행사만이 답은 아니다. 오히려 사업을 하면 할수록 애플이 삼성의 특허를 침해하게 될 가능성이 더 증대된다. 애플이 성공하면 할수록 제품 내적으로는 부품 의존도가 심화될 수 있고, 제품 외적으로는 삼성의 특허에 더욱 빨려 들어가게 된다. 그러므로 그만큼 불확실성은 증대된다. 이 불확실성에 잡혀 먹히기 전에(애플은 현재 전 세계에서 가장 많은 특허공격을 당하는 기업이다), 삼성이 완전히 성공해 비즈니스 주도권을 쥐기 전에, 삼성과의 비즈니스가 악화되기 전에, 안드로이드 진영의 세력이 더욱 거세지기 전에 혹은 췌장암을 앓고 있는 스티브 잡스의 건강이 더 나빠지기 전에, 싸움을 감행할 필요가 있는 것이다. 즉 애플은 삼성과 싸우는 것이 아니라 불확실성과 싸우는 것이다. 그런 점에서 2011년 여름 애플이 오래된 적수인 마이크로소프트와 손을 잡고, RIM, 소니, EMC, 에릭슨과 컨소시엄을 결성해서 45억 달러로 노텔의 6,000개 이상의 특허 매수에 성공했다는 사실은 매우 시사하는 바가 크다(구글은 이 경매에 31.4억 달러를 제시했다). 이 특허들은 구글의 안드로이드 시스템에 정조준 되어 있으며, 삼성도 이 화살을 피할 수 없게 된다.

한편 애플의 시장에서의 성공 요소는 선명한 차별성으로 분석된다. 아이폰과 아이패드를 출시했을 때 애플의 차별성은 빛을 발했다. 그러나 그 차별성은 유사한 제품이 출현함에 따라 점점 퇴색되기 마련이다. 애플 입장에서 보면 선명한 차별성에 관련되는 제품과 제품 포장 등의 외관 문제는 매우 심각하게 받아들여질 수 있다. 그것이 바로 자신들의 디자인 아이덴티티이며, 애플의 경쟁력이자 자산이기 때문이다. 제품의 외관은 애플에게 특별히 민감하게 작용됐고 그 때문에 반응했다고도 분석할 수 있을 것이다. 외관 디자인을 과소평가해서는 안 된다.

물론 어떤 전문가는 삼성과 헤어지기 위한 수순이라고 하며, 어떤 전문가는 크로스 라이선스를 위한 협상이라 하며, 또 어떤 이는 구글과의 싸움을 준비하는 것이라고 한다. 모두 맞을 수도 있고 틀릴 수도 있다. 애플 임원진의 서랍 안에 있는 메모를 훔쳐보지 않는 한 누가 알겠는가? 더욱이 상대방이 있는 싸움이기 때문에 소송 과정에서 그 목적이 바뀔 수도 있다. 미리 예단할 수는 없는 노릇이다.

그러나 삼성과 최종심급까지 가서 싸워 끝장을 보겠다는 목적으로 이 싸움을 하지는 않을 것이다. 애플은 수십 년 전의 코닥이 아니다. 특허가 가져오는 불확실한 세계와 비즈니스 손실을 끝까지 감당하지는 않을 것이다. 협상이 최종 판결보다는 유리하기 때문이다.

이 싸움은 누구에게 유리한가?

최종심급까지 가지 않는다는 전제하에서 미국에서 제시된 권리만을 놓고 말하자면, 애플이 유리해 보인다. 이 전쟁이 애플에 의해 개시됐고 이 소송의 목적이 애플이 처한 불확실성을 협상을 통해 제거하고 외관 디자인에 관해서는 삼성의 양보를 얻겠다는 것이라면 애플이 이 전쟁을 유리하게 이끌어갈 여지가 충분해 보인다. 물론 끝까지 가자는 심산으로 싸운다면 누구도 유리하지 않다. 그러나 협상을 한다면 —그렇게 되겠지만— 애플이 유리하다는 점을 부인하기 어렵다. 우선 특허로만 보자면 해당 특허의 내용을 보지 않는 한, 그리고 기술분석을 하지 않는 한, 결과적으로 당사자가 아닌 한 누가 유리한지는 알 수 없다. 그러나 이 특허전쟁은 앞서 설명한 것처럼 기술특허만이 쟁점이 아니다. 그것이 종전의 특허분쟁과는 확연히 구분되는 지점이다.

기술특허의 침해에 대해서는 특허법 규정이 적용된다. 이 쟁점에서는 누가 더 많은 특허를 가졌으며 어느 쪽의 특허가 더 강력한가가 중요해진다. 그리고 이를 심리하기 위해서는 기술내용이 분석되고 이해되어야 한다. 재판부는 더 많은 부담을 가질지도 모른다. 게다가 쌍방이 또 다른 특허를 추가할수록 이 싸움은 더욱 번지게 되는 변수가 있다. 하지만 디자인보호법, 상표법, 부정경쟁방지법의 규정이 쟁점이 되면 재판부가 더욱 적극적으로 판단할 수 있는 여지를 준다. 기술내용과는 무관하기 때문이다. 따라서 애플은 디자인특허 침해, 상표권침해, 트레이드 드레스 침해(우리나라 소송에서는 아마도 부정경쟁행위로 접근할 가능성이 크다. 널리 알려진 자신들의 트레이드 드레스를 모방해 소비자들에게 오인 혼동이 초래되었거나, 혹은 자기 브랜드 가치가 희석됨으로써 막대한 손해를 입었다는 주장이다) 여부를 소송쟁점으로 부각하려는 것이다. 그런데 문제는 이런 쟁점에 대한 마땅한 대응이 기술특허처럼 다양하지 않다는 사실이다.

애플과 삼성의 특허전쟁이 하나의 텍스트로 남는다면, 그래서 그것을 참고해 우리 비즈니스에 적용한다면 '특허 인 비즈니스'에서는 기술특허만이 중요한 것이 아니라, 디자인특허와 브랜드도 그에 못지않게 중요하다는 사실을 깨닫게 된다. 이 부분에 대해서는 이 책 곳곳에서 다시 강조될 것이다.

과연 파국으로 치달을 것인가?

파국으로는 가지 않을 것이다. 크로스 라이선스를 통해서든 아니면 다른 협상을 통해서든 이 특허전쟁은 종료될 것이다. 협상의 유리한 고지를 선점하기 위한 1년 이상의 시간을 보낼지도 모른다. 하지만 수십 년 전 폴라로이드와 코닥이 갔던 길을 걷지는 않을 것이다. 비즈니스 관계는 서로가 서로를 필요로 하기 때문에, 더 이상의 불확실성이 증대되는 것을 양사는 원하지 않을 것이다. 삼성은 확실히 협상을 원할 것이다. 삼성 스스로 이 싸움을 시작한 것은 아니기 때문에 굳이 끝까지 갈 까닭이 없다. 애플은 어떤가? 삼성과 싸움을 시작한 지 두

달이 지난 시점에 애플은 노키아와의 특허분쟁을 화해로 종료시켰다. 수천억 원에 달하는 현금을 지불함으로써 노키아가 보유한 수많은 특허로부터 초래되는 불확실성을 잠재웠다. 또한 코닥과의 싸움도 1차로 승리했으며 2차전에서 지더라도 협상을 통해서 그 불확실성도 잠재울 것이다. 6,000개가 넘는 노텔의 특허를 공동 매입함으로써 특허 포트폴리오를 강화했으며 이 특허들을 탐내던 구글을 물리쳤다. 모토로라, HTC와는 현재 특허분쟁 중에 있다. 이런 흐름을 보면 경쟁자들과 모두 끝장을 보겠다는 것이 아니라, 한번씩 싸우면서 분쟁을 통한 불확실성의 해소(모바일 통신 디바이스 분야의 경쟁업체들의 특허공세와 관련된 불확실성)를 도모하는 것으로 보인다. 싸워야 협상이 가능해지기 때문이다. 이때 자신의 멀티터치 특허들을 최대한 활용할 수 있다. 몇 년 안에 그 윤곽이 드러날 것이다. 그 다음에는 무엇이 있을까? 그것은 바로 특허전쟁의 혼란이 없는 세상이다. 특허라는 불확실성이 제거된 비즈니스 세계다. 물론 몇몇 크지 않은 규모의 분쟁을 완전히 피할 수는 없겠지만 지금처럼 거대기업과의 사활을 건 전쟁은 거의 정리될 것이다.

갤럭시 시리즈를 통해 애플과 경쟁하면서 삼성이 얼마나 차근차근 준비해 왔는지가 가장 큰 변수다. 이 싸움은 결국 협상력에 의해 좌우될 것으로 전망된다. 물론 여기서 다년간 강화된 삼성의 특허 포트폴리오가 어떤 긍정적인 힘을 발휘하는지도 관건이 될 것이다.

한편, 우리가 앞서 분석한 것처럼 애플이 민감하게 생각하는 목적 중의 하나가 제품의 외관 디자인에 있다면, 삼성의 퇴로는 이미 확보되어 있다. 갤럭시 시리즈의 외관이 바뀔 가능성도 없지 않다. 새 버전, 아니면 그 다음 버전의 제품에서 말이다.

특허전쟁을 둘러싼 오해와 편견

글로벌 특허전쟁에 관한 뉴스가 속속 보도된다. 삼성전자와 애플의 특허전쟁을 바탕으로 한 이 책의 초안은 2011년 6월에 거의 완성됐다. 우리가 예상한 바대로 애플에 유리하게 소송이 진행되는 것으로 보인다. 그 사이에 호주 법원, 독일 법원, 네덜란드 법원에서 애플은 가시적인 성과를 거뒀다. 호주 법원은 호주 내 갤럭시탭 판매금지와 광고방송중단을 명령했다. 독일 뒤셀도르프 지방법원도 갤럭시탭의 판매를 금지시키는 가처분 결정을 내렸다. 네덜란드 법원은 갤럭시S의 판매를 금지시켰다. 모두 이 책의 최종 편집을 마감하기 직전에 나온 소식들이다. 그러나 이런 소식들에 대한 미디어와 블로거들의 분석과 비평을 읽다 보면 잘못된 오해와 편견을 발견하게 된다. 이에 대해서 우리 저자들은 이 책 전체에 걸쳐 답을 하고 있지만, 우선 여기에 짤막한 견해를 밝혀둔다.

첫째, 감정적인 자세는 어느 모로 보나 바람직하지 않다. 이 특허전쟁은 승승장구하던 삼성과 애플의 싸움이라서 관전자가 많다. 삼성에 대해서는 우리나라를 대표하는 대기업이기 때문에 당연히 관심이 크다. 애플의 경우에는 한편으로는 수많은 소프트웨어 개발자들에게 숨통을 틔워줬다는 점과 다른 한편으로는 아이폰과 아이패드의 놀라운 상업적 성공에 의해 이른바 많은 '팬'을 확보했기 때문에 더 많은 사람의 관심을 끈다. 선수는 냉정한데 관전자가 감정적일 필요는 없다. 자칫 잘못하면 이 특허전쟁을 제대로 볼 수 있는 시각을 놓치기 때문이다. 삼성이 이긴다고 해서 우리나라 국민에게 어떤 혜택이 생기거나 갑자기 침체된 IT 산업이 급격히 발전하는 것은 아니다. 반대로 애플이 이긴다고 하더라도 관전자에게 어떤 이득이 생기는 것도 아니다. 애국심도 애플에 대한 과도한 환상도 모두 내려놓고 우리가 이 소송을 통해서 무엇을 생각하고 어떤 메시지를 발견할 것인지를 생각하자.

둘째, 이 특허전쟁을 통해서 우리는 소위 '특허'에 대한 낡은 시각을 신선하게 교정할 수 있다. 요컨대 '특허'가 대단한 것이라는 생각에서 벗어날 필요가 있다. 원천특허를 확보했다느니 핵심특허를 취득했다느니 하며 대단히 큰 성공을 보장한 듯한 뉴스를 지금껏 많이 보아왔고 또 그렇게 부지불식간에 선동됐기 때문에, '특허'라고 하면 엄청나게 큰 기술인 것처럼 여기곤 한다. 게다가 글로벌 기업은 그 기업의 명성과 규모에 걸맞게 더욱 근사한 특허를 보유할 것으로 은연중에 기대하곤 한다. '소프트'하게 생각할 필요가 있다. 다이아몬드와 순금은 매우 귀한 값비싼 보석이지만, 사파이어나 루비도 보석이다. 비교적 가격이 저렴한 은도 보석이다. 타인의 다이아몬드를 훔치면 절도죄가 성립되지만 은 정도는 괜찮다고 어느 누가 말할 수 있겠는가. 특허를 취득했다면 그 기술의 난이도와 고도성 여부를 떠나서 모두 특허기술로서 동등하게 취급된다.

한편 특허는 일반적으로 '기술특허'를 의미한다. 그러나 '디자인특허'('등록디자인' 혹은 '디자인권'이라고도 부른다)도 있다. 사람들은 기술특허는 인정하지만 디자인특허는 별것 아닌 것으로 치부하는 경향이 있다. 하지만 이것도 강력한 독점권이며 함부로 무시할 수는 없다. 디자인특허를 침해하면 특허와 마찬가지로 생산과 판매가 금지될 수 있는 까닭에, 기술특허든 디자인특허든 침해를 하면 반드시 문제가 생기게 마련이다. 삼성은 최근 미국 법원에 1968년에 개봉된 영화인 스탠리 큐브릭 감독의 「2001 스페이스 오디세이」의 한 장면을 증거로 제출했다고 한다. 이 증거는 기술특허와 아무런 관련이 없다. 이 증거를 찾은 것으로 삼성(혹은 삼성의 변호사)은 쾌재를 불렀을 수도 있지만, 1968

년 영화까지 찾아야 하는 답답함을 엿볼 수 있다. 디자인특허 침해가 문제되면 이와 같이 궁색해지기 마련이다.

삼성은 하드웨어 특허가 많다. 게다가 애플보다 압도적으로 특허가 많지 않은가? 반면에 애플의 특허는 전통적인 하드웨어 관점에서는 대수롭지 않은 소프트웨어적인 기술특허다. 하지만 애플이 제기한 이 소송의 쟁점은 제품 외관에 있고, 사용자 인터페이스에 관한 것이어서, 판사가 침해 여부를 판단하기 쉬우며 게다가 핵심 쟁점에 디자인특허가 포함되어 있음을 잊어서는 안 된다. 애플의 권리를 두고, "이게 무슨 권리냐, 어떻게 이런 것까지 특허를 받았냐?"라고 말할 수는 있겠지만, 그 권리를 무효로 없애지 않는 한 법원에서 존중 받을 수밖에 없다.

셋째, 애플이 '증거조작'을 했다고 비난하는 뉴스는 괜히 악한 감정만 조장하므로 바람직하지 않다. 관전을 방해하는 요소다. 자칫 삼성 변호사들의 증거수집용 언론기사가 될 수 있다. 애플을 비난하는 뉴스를 재판에서 다시 증거로 제출하는 꼼수다. 변호사들은 자신의 주장에 설득력을 높이기 위해 주장이 적힌 서면, 대개는 비교표에서 가능한 한 유사하게 표현하려고 노력한다. 이것도 물론 꼼수다. 하지만 법원은 양쪽 당사자들이 제출한 일체의 서면과 증거와 증거물을 모두 가지고 판단하기 때문에 증거조작에 의해 이 글로벌 소송의 승패가 좌우되지는 않을 것으로 보인다.

넷째, 네덜란드 헤이그 법원은 애플의 10가지 주장 중 1가지의 주장을 받아들여 네덜란드에서의 삼성 스마트폰 판매를 금지하는 가처분 신청을 받아들였다. 삼성이 졌다. 그런데 언론사 뉴스를 보면 애플의 9가지 주장이 받아들여지지 않았으므로 사실상 삼성이 승리한 것으로 보도했다. 견강부회가 아닐 수 없다. '삼성이 애플에 져서 갤럭시폰의 네덜란드 판매가 금지됐다.'가 올바른 사실관계다. 그리고 판결에 대한 법적 분석은 두고 볼 일이다. 일반적으로 침해금지 '가처분 절차'는 권리자를 위한 긴급한 구제의 필요성이 중점적으로 검토되기 때문에 네덜란드 법원이 애플의 9가지 주장을 받아들이지 않았다고 해서 삼성이 애플특허를 침해하지 않은 것으로 판결했다고 결론내리는 것은 섣부른 판단일 뿐이다.

다섯째, 소송결과에 따라서 이 소송에서 애플이 곤경에 처했다, 혹은 삼성이 반전의 기회를 맞이했다는 등의 분석기사들이 나온다. 하지만 지금까지의 진행경과를 보면, 애플이 자기 제품을 판매하지 못하게 돼서 괴로운 상황이 아니라 삼성의 제품이 호주, 독일, 네덜란드에서 잇따라 판매금지 가처분결정을 받고 있다는 것이고, 이는 결국 애플이 궁지에 몰려서 괴로운 게 아니라 삼성이 궁지에 몰려 오락가락 하는 국면이라는 것이다. 애플이 아니라 삼성의 괴로움이다.

여섯째, 이 특허전쟁은 특허소송상의 전쟁이기 때문에 법률적인 판단과 법적 절차에 따라 진행된다. 아직 1심에 계류 중에 있기 때문에 시간이 더 필요하다. 또한 재판관의 관점을 간과해서는 안 된다. 판사는 특허침해에 관련해 사실을 판단하고 법률을 적용해야 한다. 판사가 기술 전문가가 아닌 이상 판단하기 쉬운 부분을 먼저 판단할 수 있으므로 이런 점도 주의 깊게 지켜볼 필요가 있다.

새로운 텍스트의 필요성

아무리 치밀한 분석과 상상력을 발휘한다고 하더라도 우리의 이야기는 피상적일 수밖에 없다. 당사자가 아닌 이상 어떤 정확한 전망도 낼 수 없다. 거대기업의 특허전쟁에서는 비즈니스를 지키는 자가 승자다. 그러므로 모두가 승자가 될 수 있고 또 모두가 패자가 될 수 있는 이상한 게임이다. 1976년 소송의 당사자는 모두가 패자였다. 그러나 이 책의 진정한 관심은 누가 이기고 누가 질 것이냐라는 선정적인 주제가 아니라, 삼성과 애플의 특허전쟁이라는 텍스트에 있다.

우리가 적어도 이 텍스트의 행간에서 읽을 수 있는 손쉬운 사실은, 10건도 안 되는 특허로 수십조 원에 달하는 비즈니스를 옭아맬 수도 있다는 사실이며, 특허가 비즈니스를 강화시킬 수도 약화시킬 수도 있다는 것이다. 참으로 특허의 위력은 대단하다.

하지만 이 텍스트를 있는 그대로 참고할 수는 없다. 그 규모가 너무 커서 흉내 낼 수 없는 스케일이다. 창업을 하려는 사업, 신생 기업, 벤처기업, 중소기업, 심지어는 어느 정도 규모가 있다는 대기업조차 삼성과 애플의 특허전쟁을 따라할 수는 없다. 그러므로 우리는 또 다른 텍스트가 필요하다. 이 책이 그 역할을 할 것이다

2011년 특허전쟁이 주는 메시지

삼성과 애플의 글로벌 특허전쟁이 던지는 메시지는 다양하고 많다. 거대 공룡기업 간의 특허전쟁이 주는 메시지에 대해서 분석하고 토의함으로써 우리 기업과 산업이 나아가야 할 구체적인 방향성을 찾아야 한다.

삼성전자

이번 특허전쟁을 통해서 삼성이 더욱 성숙한 기업으로 발전하기를 진심으로 바란다. 우선 현재 진행형인 애플과의 글로벌 특허전쟁을 통해서 지적재산권에 대한 생각을 좀 더 '소프트'하게 바꿀 필요가 있

다. 이 전쟁이 적어도 지적재산권에 관련해 삼성에게 전하는 메시지다. 삼성의 지적재산권 전담부서에 소속된 450명이 넘는다는 전문인력 중에 디자인과 상표를 분석하고 전략을 짜는 —단순한 출원업무가 아니라— 인력이 과연 소속되어 있는지 의문이다. 또한 갤럭시 시리즈를 개발하고 제품을 출시하면서 애플의 상표와 디자인특허에 대해 얼마만큼의 분석이 수행됐는지, 그리고 이에 대한 상표와 디자인 전문변리사의 의견이 얼마나 반영됐는지도 의문이다. 심도 있게 분석한 결과 갤럭시 시리즈를 출시한 것이라면 애플의 디자인특허 침해 주장이나 상표권 침해 주장은 초기에 진압됐어야 했다. 그간 우리나라의 많은 IT기업이 상표와 디자인을 등한시 해왔다. 지나친 기술 중심의 사고는 세심함을 잃고, 안일함을 낳는다. 만일 삼성의 지적재산권 전담부서 조직 중에 상표와 디자인 전문 변리사가 포함되어 있지 않다면, 예컨대 다른 법무팀에 그들 변리사가 소속되어 있다면, 이를 유기적으로 통합하는 편이 나을 것이다. '기술특허'와는 특별히 관련성이 없다는 이유로 상표와 디자인을 조직적으로 분리하는 경우가 많다. 하지만 상표와 디자인이 문제가 되는 경우에는 이번 애플과의 분쟁처럼 대응하기 쉽지 않다는 교훈을 얻는다. '유사특허'라는 관점으로 접근해야 한다. 그래야만 통찰력을 갖는 전략수립이 가능하다.

또한 '강한 특허'나 '원천특허'는 일종의 이데올로기요, 환상이다. 근간이 되는 표준기술이나 핵심기술에 대한 특허확보도 중요하고, 이를 위해 우리나라뿐만 아니라 외국에서도 공격적으로 특허를 확보하는 일은 물론 중요하다. 하지만 기술 만능주의는 사용자의 편의성보다는 제조기술의 생산성과 수익성을 더 중시하게 만든다. 하드웨어 중심의 기업들의 오래된 속성이다. 하드웨어 기업의 창의적인 에너지는 어디 갔으며, 그 똑똑한 인재들은 다 어디 갔는가? 이에 대한 시급한 답변을 찾을 때다.

2011년 8월 구글이 모토로라를 125억 달러라는 천문학적인 액수로 매수했다. 공식적으로는 모토로라가 보유한 1만 7,000건의 특허를 매수하기 위한 것으로 발표됐다. 하지만 꼭 특허만이 아니다. 만일 구글이 특허만을 보유하고자 했다면 그보다 약 45일 전에 경매로 나온 노텔이 보유한 6,000건의 특허를 매수했어야 했다. 구글은 장난끼 어린 원주율 금액(31.4억 달러)을 써내서 애플 컨소시엄에 '양보'했다. 노텔의 특허는 특허만 매수하기 때문에 구글에게 추가적인 부담을 주지 않는 장점이 있었다. 모토로라의 경우에는 기업 자체를 인수하는 것이어서 기업의 부채와 적자 영업도 함께 인수해야 하는 부담이 있었다. 그럼에도 구글은 노텔이 아닌 모토로라를 택했다. 이런 분석은 삼성에게 분명한 메시지를 준다. 안드로이드 OS를 통한 삼성과 구글의 연애도 끝날 수 있다는 것이다. 물론 이는 아직 가능성에 불과하지만 애플과의 특허전쟁만큼 신경 쓰이는 부분이 아닐 수 없다. 미래의 불확실성이 더욱 증가되고 말았다. 이와 같이 불확실성이 증가된 환경을 극복해야 하는 것이 삼성의 시급한 과제가 됐다. 내로라하는 소프트웨어 인력을 빨대처럼 흡수하는 것 이외에 어떤 방안이 있는지 궁금해지는 대목이다.

소프트웨어 기업

창의적인 에너지야말로 기업의 진정한 경쟁력이요 성장엔진이며 힘이다. 물론 옛날에도 그랬지만 지금은 더욱 그렇다는 이야기다. 하드웨어 중심의 산업에서는 더 저렴한 제품을 더 많이 생산하는, 이른바 규모의 경제가 중요했다. 그래야만 부가가치가 올라가기 때문이다. 그러나 오늘날 이 시대는 더 높은 수익률을 올리는 제품을 더 높은 소비자 만족도를 위해 디자인하는 소프트웨어 중심의 산업을 필요로 한다. 또한 납품하는 중소기업, 제조하고 판매하는 대기업, 그리고 소비자가 일련의 직선적인 관계를 맺는 구조에서는, 대기업이 시장을 지배하게 되며 중소기업은 대기업에 종속됨으로써 중소기업의 자생적인 생태계가 존재하기 어려웠다. 애플을 향해 수많은 중소기업이 환영하고 열광했던 까닭은 이 기업과 소비자 사이의 영역에 중소기업의 생태계가 마련됐다는 것이다.

이런 시대적 변화를 맞이해 더 이상 창의적인 에너지를 미룰 수 없다. 또한 특허가 창의적인 에너지의 성과가 될 때 반드시 '기술적인 특별함'을 가져야 하는 것도 아님을 우리는 애플의 특허를 통해 알 수 있었다. 소프트웨어 특허나 이와 유사한 기술의 특허는, 그 권리를 취득함에 있어서 어떤 엄청난 장비나 시설을 전제로 하지 않기 때문에 창의적인 열정을 고스란히 특허화 할 수 있는 장점이 있다. 소프트웨어 분야의 특허에 있어서는 중소기업이 대기업에 비해 특별히 불리한 점은 없다.

국가

단언컨대 삼성과 애플의 특허전쟁에 직간접적으로 국가가 나설 일은 없다. 그래서도 안 된다. 특허분쟁은 법원에서 판단하기 때문이다. 또한 구글의 공격적인 기업인수로 인해서 촉발되고 있는 삼성의 미래에 관한 불확실성에 대해서도 국가가 나설 일이 아니다. 우리나라에는 기업이 많고 삼성전자만 있는 것이 아니다. 괜한 위화감만 불러올 뿐이다.

그럼에도 불구하고 정부는 삼성과 엘지 등의 대기업과 손잡고 모바일 클라우드용 OS를 만들겠다고 발표했다. 정부 주도의 OS 개발로

읽힌다. 실행한다면 국민의 한 사람으로서 잘 되기를 바란다. 그러나 마이크로소프트, 애플, 구글, 페이스북 등의 성공한 글로벌 소프트웨어 기업 중에서 국가가 나서서 글로벌 기업으로 성공하거나 하드웨어 기업이 주도가 되어 OS 개발에 성공한 선례가 없다. 막대한 현금을 쌓아둔 하드웨어 분야의 대기업에 몇백억 원을 지원하는 것보다는 소프트웨어 분야 기업을 직접 지원하는 편이 더 효과적이지 않나 싶다.

또한 소프트웨어 산업을 증진시키기 위해서는 중소기업의 창의성을 극대화하기 위한 지원과 생존할 수 있는 생태계를 마련하기 위한 국가 시스템 개선도 필요하다. 법제적인 측면에서는 '소프트웨어 특허'를 정면으로 인정하는 제도적 개선이 요청된다.

2장
왜 특허인가?

삼성과 애플이 서로 특허침해를 주장하며 싸운다. 만일 이들의 특허분쟁이 파국으로 치닫는다면 주가는 폭락할 것이며 경영진은 해임되고 급기야 거대한 공룡이 몰락하는 광경을 목격하게 될지도 모른다. 특허침해는 경쟁자의 숨통을 끊는 공격이 될 수 있으며, 냉철한 비즈니스 이성을 감정적으로 유혹하기 때문에 정말로 치명적이다. 하지만 당사자들이 특허의 이러한 치명적인 속성을 잘 이해해 활용의 묘를 발휘한다면 비즈니스 협상을 통해 원하는 달콤한 성과를 거둘 수 있을 것이다. 여하한 달콤한 목적도 없이 애플이 삼성을 공격했을 리 없다. 삼성의 거센 반격도 마찬가지다. 이제 우리는 특허의 치명적인 그러나 달콤한 모습을 낱낱이 살펴볼 것이다. 그런데 그 치명성과 달콤함에 대해서도 비즈니스를 이제 막 시작한 신생기업과 수백 명 규모의 중소기업과 인적/물적 자원이 풍부한 대기업의 입장이 서로 다르다. 그렇기 때문에 서로 다른 입장이 적절하게 고려되어야 한다.

특허는 치명적이다

특허는 치명적이다. 치명적인 것은 특허가 지닌 권리의 속성이며 냉철한 비즈니스를 감정적으로 유혹한다. 자본주의는 시장에서의 자유로운 경쟁을 추구한다. 우리는 자유롭게 창업하고 경쟁하며 또한 그 과정에서 사업영역을 넓힌다. 그러나 어디에서나 강자가 출현하게 마련이다. 시장에서 절대강자가 나타나면 사람들은 심지어 소비자들조차 그 강자의 눈치를 보기도 한다. 독점이 발생하는 것이다. 하지만 독점은 시장의 성숙과 발전에 도움이 되지 않는다. 경쟁질서를 파괴하고 생산력의 지속적인 발전을 저해하기 때문이다. 그러므로 독점이 생기면 국가가 나서게 된다. 국가가 나서서 독점을 규제하고 부당한 일이 발생하지 않도록 시장에 개입한다. 하지만 특허제도는 정반대로 취급된다. 오히려 국가가 나서서 독점을 허용한다. 누군가가 특허제도를 위협하는 행위를 하면 국가가 그 힘으로 적극적인 규제를 한다. 그러므로 특허는 치명적이다.

특허권자는 업으로서 그 특허발명을 실시할 권리를 독점한다. '특허발명의 실시'란 소위 특허제품을 제조하고 사용하며 판매하고 광고하는 행위 전체를 통칭한다. 이런 행위들은 필수적인 영업행위이기 때문에 영업행위를 독점한다고 봐도 크게 틀린 말이 아니다. 누군가 이 권리를 고의로 침해한다면 범죄행위로 간주될 것이다(7년 이하의 징역 또는 1억 원 이하의 벌금). 고의가 아니더라도 이 권리를 침해한 자는 손해배상을 해야 한다.

특허는 두 가지 관점에서 치명적이다. 첫째, 경쟁자가 특허권자인 경우에 치명적이다.

사례 001 | 특허침해 가처분 결정의 위험

홍길동 주식회사가 있다고 하자. 이 회사는 특수하게 처리된 안경 렌즈를 만드는 회사인데 연매출은 1,000억 원이고, 일하는 직원이 100명이며, 공장과 창고를 가지고 있고, 100억 원의 부채가 있다고 가정하자. 그런데 이 회사가 만든 안경 렌즈가 임꺽정 주식회사의 특허권을 침해했고, 임꺽정 주식회사가 특허침해금지 가처분 소송을 제기했다. 홍길동은 이 소송에서 제대로 방어하지 못했고, 법원은 홍길동의 제품이 특허침해에 해당한다고 판결했다. 그 결과 홍길동에 대해 생산금지 및 판매금지 가처분 결정이 내려졌다.

위 사례와 같이 홍길동이 대응을 못해서 특허침해금지 가처분이 되면 어떻게 될까? 매출은 발생하지 않는다. 공장에 쌓인 재고도 임의로 처분할 수 없다. 판로가 막히며, 이익이 생기지 않기 때문에 자금 회전이 안 되고, 임금이 체불되며, 지급어음을 막지 못해 부도가 날 수 있다. 홍길동 주식회사의 제품은 소비자들로부터 신뢰를 받고 있으며 높은 근로자 후생복지로 정평이 나 있고 부당한 행위를 일절 하지 않는 건전한 기업이라고 가정해도 좋다. 하지만 단지 타인의 특허권을 침해했다는 이유만으로 모든 장점에도 불구하고 회사가 망하고 마는 것이다.

물론 이러한 사례는 가장 극단적이며 원론적인 경우에 해당한다. 그렇다고 이런 사례가 현실에서 일어날 수 없는 일이라고 누가 말할 수 있겠는가? 이런 일이 결코 발생하지 않는다고 누구도 단언할 수 없다. 서로 자신의 특허를 침해했다고 싸우는 삼성과 애플의 경우에도 특허침해 판결을 받는다면 이와 같은 위협으로부터 자유로울 수 없다. 비즈니스를 위협하는 어떤 특허가 도사리고 있는지 정확하게 예측할 수 없다면 위와 같은 불우한 가능성은 언제 어디에서든 존재하기 마련이다.

시장의 변화와 경쟁관계 속에서 우리는 끊임 없이 새로운 기술을 적용해 새로운 제품을 개발해야 한다. 그때마다 특허는 그 위치를 알 수 없는 지뢰처럼 불확실한 위협이 된다. 크든 작든 간에 회사를 경영하는 사람의 입장에서는 미래의 불확실성을 가능한 한 줄이고자 한다. 당연한 이야기다. 가급적 예측 가능한 경영을 확보해야 하는 것이다. 그러나 타인의 특허는 끊임 없이 미래의 불확실성을 늘려나간다.

둘째, 특허는 냉철해야 할 비즈니스를 감정적으로 유혹한다. 성공하기 위해서 필요한 것은 특허만이 아니다. 성공하기 위해서는 엄청난 난제들과 세부적인 여러 과제들에 대면하게 된다. 이런 난제와 과제를 풀어감에 있어서 많은 시간이 필요할 수 있다. 은행 잔고도 생각해야 하지만, 확고한 영업관계의 형성, 위험 분산을 위한 노력, 브랜드에 대한 인지도 향상, 시장에서의 신뢰성 확보, 직원들의 소속감과 열의 등 고려해야 할 것이 한두 가지가 아니다. 모두 냉철하게 생각해야만 한다. 그런데 성격 급한 사람들은 '성공에 이르는 지름길'을 생각하기 마련이고, '특허'가 곧 그 지름길이라고 생각해 환상에 젖는 경우를 많이 보아왔다. 우리가 이 지름길에 빠져 다른 노력을 게을리하면 성공에 이르지 못하고 오히려 더 치명적인 실패에 빠지고 만다. 특허가 기업하는 사람들의 판단을 흐리고 감정적으로 뒤흔드는 순간 특허는 치명상을 입힌다.

물론 특허권자는 자신의 권리를 적극적으로 활용할 수 있다. 당연한 일이다. 하지만 과연 권리를 적극적으로 행사하는 것만이 능사일까? 특허권자가 권리를 행사하겠다고 다짐하는 순간, 그 권리의 속성상 비타협적이고 배타적인 얼굴을 하게 된다. 이제 상대방뿐만 아니라 그 상대방의 친구들과도 적대적이고 감정적인 관계가 형성된다. 시장은 변화하게 마련이고 어제의 적이 오늘의 동반자가 될 수 있으며, 우리의 동반자가 어느 날 갑자기 적의 동반자로 돌변할 수 있다. 앞서 말한 바와 같이, 특허분쟁은 이쪽과 저쪽을 가르는 치명적인 칼을 불러내는 것과 같아서 그 결과에 따라 자칫 기업의 존망을 좌우할 수 있다. 그렇다면 상대방은 가용한 모든 수단을 동원해 대응할 것이다(애플이 미국 캘리포니아 법원에 소장을 접수해 삼성을 공격하자, 삼성은 한국, 독일, 일본, 미국 법원에서 다발적으로 반격하는 한편, 미국의 국제무역위원회ITC에 제소했다. 이와 같이 상대방이 적극적으로 대응함에 따라 특허분쟁은 확전되기 마련이다). 또한 상대방은 우리 권리 자체를 무효시키려 들 것이다. 경우에 따라서는 우리의 영업 파트너를 우회적으로 공략하기도 하며, 때로는 자신의 특허를 주장하면서 오히려 우리가 예상치 못했던 또 다른 특허로 공격해 올 수 있다. 무릇 상대방이 있는 싸움은 늘 신중해야 하며 감정적이어서는 안 되고 무엇보다도 계산을 잘해야 한다.

정말 우리가 이길 수 있는 소송인가, 경쟁자를 쓰러트리면 시장은 우리 쪽으로 확대될 것인가, 특허분쟁이 시장에서 어떤 유불리한 평판을 불러 올 것인가, 재판에서는 이겼으나 시장에서는 지는 경우를 어떻게 받아들일 것인가, 재판에서 우리가 졌다면 시장은 우리를 어떻게 평가할 것인가, 특허분쟁에 잘 임할 수 있는 인적 물적 자원이 우리에게 충분한가 등을 잘 고려해야 한다. 이런 것들을 고려하지 않고 무작정 특허침해를 주장하려는 행위는 눈 앞의 이익을 독점하고자 하는 탐욕으로 비춰지기도 한다. 특허가 비즈니스를 감정적으로 흔든다면 그것이 가장 치명적이다.

사례 002 특허권자의 감정적 대응

홍길동전자는 국내 최대의 통신업체 임꺽정 주식회사에 여러 품목의 제품을 납품하는 중소기업이었다. 말하자면 임꺽정은 갑이고 홍길동은 을이다. 홍길동은 매우 좋은 시절을 보내고 있었고, 특허권도 여럿 보유했다. 그런데 경쟁업체 장길산이 등장했고 어떤 품목에 관해서 장길산도 임꺽정에게 제품을 납품하게 됐다. 홍길동의 대표이사는 기분이 몹시 나빠졌다. 그래서 경쟁업체 장길산에게 특허침해 내용증명을 보내게 되었는데, 여기서 멈춘 것이 아니라 갑인 임꺽정에게도 장길산과의 거래를 끊으라며 특허침해 내용증명을 함께 보냈다.

임꺽정 주식회사의 담당자들도 감정적으로 들끓었다. 결과적으로 모든 품목에 대해 홍길동의 납품이 중지됐다. 몇 년 후 홍길동은 사업을 접었다. 거래처를 잃었으며, 특허는 무효가 됐다. 냉정하게 생각해 볼 일이다. 대기업인 임꺽정 주식회사가 중소기업인 홍길동전자와 거래관계를 유지한 까닭은 오직 특허 때문일까? 특허가 거래 관계를 유지하는 유일한 수단일까? 독점납품에서 경쟁납품으로 바뀌었다고 해서 —비록 기분 나쁜 일이지만— 특허권 행사가 다시 좋았던 시절의 비즈니스로 현재의 상황을 되돌릴 수 있을까? 특허와 무관하게 시장이 변할 수 있고 비즈니스 관계 또한 바뀔 수 있다.

세상은 본질적인 것과 비본질적인 것이 서로 얽혀 있어서 무엇이 본질적인 것인지 구별하기 어렵다. 특허도 그와 같아서 비즈니스에서 이 특허가 과연 본질적인 것인지 알기 어렵다. '이 특허야말로 이 비즈니스의 핵심 열쇠'라고 특허권자는 주장할 수 있겠으나 언제나 그 주장에 신빙성이 있는 것은 아니다. 대개 특허는 특허고 비즈니스는 비즈니스다. 현실적으로 이것이 차라리 명쾌한 해답이다. 수많은 특허를 보유하고도 망하는 기업이 있다. 또한 특허가 없음에도 큰 성공을 하는 기업도 있다. 이런 현실을 '위대한 특허권자'는 어떻게 설명할 것인가?

그렇지만 경쟁자가 강력한 특허권을 보유하고 있을 때의 치명적인 두려움으로 오늘날 기업 활동에서 특허는 매우 중요한 것으로 인정받는다. 감정적으로만 흐르지 않는다면 과연 맞는 말이다. 그런데 어떤 전략으로 특허를 생각할 것인지, 또한 특허를 어떻게 관리해야 할 것인지에 대해 우리가 알고 있는 정보는 많지 않다. 단지 특허가 기업경영에 매우 중요하다는 사실이 오늘날 널리 인식되고 있을 뿐이다. 하지만 언제나 논의를 주도하는 쪽은 대기업이다. 당신은 과연 대기업의 특허전략과 특허관리를 흉내낼 수 있겠는가? 비즈니스는 현실이며, 그 현실의 가장 적나라한 모습은 인적자원과 물적자원의 부족함이다. 이 빈곤을 바로 보지 못하고 마냥 원론적인 이야기를 하는 사람들이 문제이다. 이것이 우리가 비판하는 치명적인 시각이기도 하다.

마찬가지로 미래의 비즈니스까지 생각하고 치밀하게 준비해야 할 대기업이 주먹구구식으로 성급하고 감정적으로 대응하는 것 또한 있어서는 안 된다.

그러나 달콤한 특허

특허는 치명적이지만 달콤하다. 남이 특허를 갖고 있으면 불안하지만 내가 갖고 있으면 좋다. 그것이 성공과 미래를 보장하는 것이 아니라도 좋다. 특허가 성공에 이르는 고속도로는 아니지만, 또 특허만을 좇는 것은 오히려 실패에 이르는 지름길이라는 점은 이미 앞서 이야기했다. 여하간에 이제부터 설명하는 특허의 실용성은 우리에게 달콤한 꿈을 안겨준다. 기업경영 관점에서 특허의 진정한 달콤함은 8장에서 자세히 다룬다.

특허는 기술기업의 표상이다

기업은 자사가 보유한 기술을 설명해야 한다. 단순히 설명하는 것에 그치지 않고 경쟁업체에 비해 경쟁력이 있는 기술임을 표현해야 한다. "우리가 기술을 갖고 있긴 한데요. 그다지 좋은 기술은 아닙니다."라고는 누구도 말하지 않는다. 무엇인가 자랑하는 식으로, 뽐내는 식으로 포장하기 마련이다. 그 때 이것저것 상세히 설명할 수도 있으나, 일반적으로는 상대가 납득하기 쉽게 기술내용을 설명할 필요가 있다. 이를테면 "특허 받은 기술입니다."라고 말함으로써 설명의 설득력을 높일 수 있다. 오늘날 특허가 갖는 호소력이 널리 익히 알려져있기 때문이다. 많은 기업이 다수의 특허증을 사내 벽에 걸어 놓는 것도, 기업을 소개할 때 다수의 특허권을 보유하고 있다고 과시하는 것도 모두 같은 맥락이다. 투자를 유치할 때에도, 국가나 공공기관으로부터 지원을 받고자 할 때에도, 국내외 기업에 납품하고자 할 때에도, 조인트 벤처를 설립할 때에도, 언론에 홍보될 때에도, 기업은 자신의 기술경쟁력을 강조하고자 특허 받은 사실을 강조하게 된다. 특허는 기술기업임을 설명하는 데, 또 자기 제품의 우수성을 설명하는 데 있어 참으로 유용하며 달콤하다.

투자를 받는 데 유리하다

투자자는 미래를 보고 투자한다. 투자를 받는 기업이 더 크게 성공하기를 바란다. 그래야 투자한 현금을 더 용이하게 회수할 수 있다. 그러기 위해서는 투자를 받은 기업이 경쟁에서 살아남아야 하며 오히려 경쟁기업을 눌러야 한다. 특허권은 그럴 때 사용하라고 존재하는 것이기 때문에 아무래도 특허권이 있으면 투자를 받는 데 유리해진다. 투자자는 습관적으로 질문한다. "그런데 특허는 있습니까?" 어느 누구도 "없습니다"라고 답하고 싶지는 않다. 때로는 강력한 특허 1개 혹은 여러 개의 특허권을 갖고 있는 사람이 "나한테 투자하십시오!"라고 호기를 부리는 경우가 종종 있다. 그 멋진 호기도 결국은 특허가 있기 때문이다. 하지만 특허만이 투자를 유인하는 유일한 열쇠는 아니기 때문에 너무 과대평가돼서도 안 될 일이다. 영업력, 괜찮은 인적자원, 대표의 마인드, 또는 시장에서의 평판 같은 것이 나쁘다면, 아무리 좋은 특허를 보유하고 있더라도 성공할 수는 없다. 그런 것들과 특허가 잘 조화를 이룰 때야말로 가치 있는 투자를 유인할 수 있다. 특허만 보고 투자를 하는 투자자는 거의 없을 것이다. 도박이기 때문이다.

국가의 지원을 받는 데 유리하다

국가와 공공기관은 산업 육성을 위해 각종 국책사업, 지원사업, 평가사업, 인증사업 등을 통해 기업을 지원한다. 그런데 국가의 지원은 선별적이며 소정의 심사를 거치게 된다. 심사를 주관하는 기관이 신청을 한 기업의 실태를 정확히 알 수는 없다. 그 기업의 경쟁력을 객관적으로 판별할 수도 없다. 그래서 미리 평가항목과 평가기준을 마련하고 정해진 항목과 기준에 따라 평가하게 된다. 사업에 따라 다르겠으나, 특허 항목이 있는 경우가 많다. 특허를 보유하면 점수가 가산된다. 이런 점에서 미리 미리 특허를 확보해 두는 것은 매우 현명한 일이다.

특허 표시로 차별성과 우수성을 부각한다

특허를 표시함으로써 차별성과 우수성을 소비자들에게 알릴 수 있다. 사실 특허번호 표시는 특허를 취득했다는 객관적 사실만을 나타내지 어떤 내용의 특허인지는 알려주지 못한다. 하지만 시장에서 판매될 때에는 특허 받은 제품으로 판매되는 것이지 그 특허의 내용이나 실체가 무엇인지를 따지고 판매되는 것은 아니다. 대개 소비자는 골치 아픈 특허 내용에는 관심이 없다. 소비자나 판매자나 그저 특허를 받은 제품, 그 결과물로 소통할 뿐이지, 특허가 얼마나 강하고 대단하다거나 아니면 볼품 없는지에 대해서는 관심을 두지 않는다. 바야흐로 특허는 우수제품임을 나타내는 수단이 됐고, 일반인도 그렇게 인식하는 시장으로 자리잡았다. 그런 점에서 특허는 달콤하다. 한편, 특허 등록번호(6자리 혹은 7자리 숫자, 예컨대 특허 제654321호)를 표시하는 경우에는 이미 특허를 취득했다는 표시이다. 연도가 포함된 특허출원번호를 표시하는 경우도 많다. 이는 특허권을 신청해 뒀다는 표시다.

거래처를 심리적으로 안정시킨다

경쟁업체가 많은 분야에서는 특허라는 지뢰밭이 도처에 깔려 있게 마련이다. 이 업체는 이 특허를 주장하고 저 업체는 다른 특허를 주장하며 또 다른 업체도 자기 특허를 표시하고 있다고 하자. 그런데 우리 제품만이 특허가 없다고 하면 실로 불안해진다. 우리 제품을 판매하는 입장에서는 더욱 불안할 수밖에 없다. 거래처 또한 불안해 하지 않으리라는 보장은 없다. 이러저러한 이유로 특허침해가 아니라는 결론에 이르렀고 설령 그것이 맞는다 하더라도, 거래처에게 그것을 쉽게 납득시키기란 어려운 일이다. 차라리 우리 특허를 표시함으로써 독자기술의 산물이라고 설명하는 것이 훨씬 납득하기 쉽다. 이와 같이 특허를 보유하고 있으면 거래선을 심리적으로 안정시킬 수 있는 이점이 있다. 사실 어떤 특허가 과연 대단하고 강력한 것인지, 또는 이 제품을 판매하는 것이 과연 특허침해에 해당하는지 여부는 재판을 통해서만 알 수 있다. 그런데 재판에서 법리적으로 주장해야 할 내용을 거래처에 찾아가서 일일이 설명할 수는 없는 법이다. 비즈니스에서는 대체로 단순한 게 좋다. 납득하기 쉽기 때문이다. 복잡하게 침해가 아님을 설명하는 것보다 '이것은 우리 특허제품'이라고 설명하는 편이 간단명료하고 좋다.

특허권은 경쟁기업을 압박하는 수단이 된다

앞서 다룬 특허의 달콤함은 주로 중소기업의 경우에 해당할 것이다. 대기업 경우에는 시장의 지배력, 강력한 브랜드, 가용할 수 있는 충분한 현금을 보유하고 있기 때문이다. 기술 기업의 표상은 브랜드 관리와 끊임 없는 신제품 출시로 커버될 것이다. 투자와 국가의 지원도 특허보다는 시장 지배력, 경쟁력, 산업과 고용에 미치는 영향 등에 의해 좌우된다.

특허는 우월한 지위를 갖고 경쟁자의 시장 진입을 막는 배타적인 권리다. 기업이 생존하기 위해서는 끊임 없이 경쟁기업을 견제해야 한다. 가장 좋은 방법은 경쟁에서 이길 수 있는 우수한 제품을 시장에 내놓는 것이며, 그것에 걸맞은 마케팅을 하는 것이다. 하지만 우리만 우수한 제품을 만들 수 있는 것은 아니다. 경쟁자도 우리보다 훌륭한 제품을 만들 수 있다. 우리 제품이 정말 우수하고 시장에서 그 사실을 인정받았다면 경쟁기업은 우리 제품을 모방하고 싶어진다. 당연한 이야기다. 그리고 우리는 경쟁기업이 우리 제품을 함부로 모방하지 못하도록 견제하고 싶어진다. 이 또한 당연한 이야기다. 이때 우리가 사용할 수 있는 거의 유일한 수단은 특허뿐이다. 삼성과 애플의 특허전쟁이 불붙은 원인도 여기에서 비롯된다. 특허가 있다면 경쟁기업의 모방을 견제할 수 있고 지배력을 강화할 수 있지만 특허가 없다면 거의 아무것도 할 수 없게 된다. 미래의 경쟁력에 대해서 말하자면 특허는 더욱 달콤하다. 제품으로 현재 시판되고 있지는 않지만 가까운 장래에 제품화할 기술이 있다고 가정하자. 제품을 만들기 전에 미리 특허를 확보해 놓음으로써 미래 경쟁을 놓고 경쟁기업을 견제할 수 있게 된다. 그렇지 않고 경쟁기업이 '그 비장의 카드'에 대해 먼저 특허권을 신청했다면 우리는 미래 경쟁에서 밀릴 수밖에 없다. 우리가 독자적으로 개발하는 중이라고 해서 경쟁자가 우리처럼 개발하지 못한다는 보장은 어디에도 없다. 나한테 좋은 아이디어는 다른 사람한테도 좋은 아이디어이며, 그렇기 때문에 어느 누군가도 개발하고 있을지도 모를 일이다. 어쨌든 먼저 특허권을 신청하는 사람에게 우선권이 있다.

혹시 있을지도 모르는 특허침해소송에서 큰 무기가 된다

자기 명의로 특허를 보유하고 있는지 아닌지가 실제 얼마나 중요한 일인지는 잘 체감되지 않는다. 하지만 특허침해소송을 경험해본 기업이라면 뼈저리게 느낀다. 특허침해소송에 관련된 기업의 성장통은 더욱 자사 특허를 강화하려는 의지를 낳는다. 무릇 법적인 분쟁은 상대방이 있는 싸움이기 때문에 서로 최선을 다해야 한다. 소송은 공격과 방어를 주고 받는다. 침해소송은 아무래도 권리자에게 유리하다. 왜냐하면 법률 규정은 위법행위로부터 특허권자를 보호하는 데 초점을 두고 있으며, 법원도 위법한 침해행위로부터 권리자를 보호해 주기 위해 재판하는 것이기 때문이다. 특허권자는 침해소송을 통해 준비된 공격을 가한다. 그리고 상대방은 최선을 다해 방어를 한다. 제대로 방어를 하지 못하고 특허침해라는 결론에 이르게 되면 갑자기 영업을 못하게 되는 최악의 상황을 맞이하므로 상대 기업으로서는 정신 바짝 차리고 대응해야 한다. 소송법적으로 상대방은 유효적절하게 항변을 해야 하는데, 예컨대 "이 사건 특허는 특허를 받아서는 아니 되는 무효의 권리이다"라거나, "이 사건 특허의 특허범위에 우리 제품이 포함되지 아니한다", "우리 제품은 이 사건 특허가 신청되기 이전에 이미 알려진 것이어서 특허권을 주장할 수 없다" 등의 항변을 한다. 이런 주장에 힘을 보태기 위해서, "우리 제품은 우리가 독자적으로 개발해 특허를 받은 기술을 이용한 것이다"라는 주장을 할 수 있다면, 이것이야말로 가장 효과적인 무기가 된다. 그래야만 특허를 침해하려는 악의적인 의사가 애당초 없었다는 느낌을 재판부에 줄 수 있으며, 이는 시장의 관계자에게도 마찬가지다. 이를 위해서는 판매 중인 제품이나 서비스에 관해 특허권을 확보하려는 노력을 미리 해 두지 않으면 안 된다.

특허는 기술협상에 힘을 보태준다

특허는 독점적인 권리여서 제삼자에게 라이선스를 줄 수 있다. 무상으로 줄 수도 있으며 로열티를 받을 수도 있다. 무상으로 주는 경우는 대개 납품 관계나 공동 투자나 개발 등의 공통된 이익이 있기 때문이다. 로열티를 받는 경우에는 소정의 기술협상을 해서 금액을 정하게 된다. 특허가 없다면 그와 같은 로열티 계약은 가능하지 않다. 그와 같은 특허 때문에 삼성은 엄청난 액수의 로열티를 퀄컴 등의 외국 기업에 지불하고 있다. 2011년 6월 애플은 노키아와의 특허분쟁에서 밀려 막대한 로열티를 지불하기로 약정했다. 심각한 문제는, 애플이 느닷없이 삼성을 공격한 것처럼, 어떤 경쟁자가 갑자기 자신의 특허권을 주장하면서 우리를 공략해 올 때다. 특허권 침해소송의 판결은 관련 제품의 제조와 판매를 금지시키는 효과를 불러오기 때문에 여러 사람이 다치며 기업의 존망을 가르는 효과를 가져온다. 그 때문에 법원에서의 최종 판결은 아무래도 기업 입장에서 부담이 된다. 도박과 같은 일에 기업의 미래를 걸 수는 없는 일이기 때문에 종국에는 협상을 통해 해결하는 편이 가장 바람직하다. 그러기 위해서는 삼성이 애플을 향해 자신의 특허를 침해했다고 반격하는 것처럼 상대방도 특허침해를 주장할 수 있어야 한다. 대표적인 협상 방법으로 크로스 라이선스$^{cross\ license}$가 있다. 소송을 서로 취하고 내 특허 네 특허 함께 공유하자거나, 서로 더 이상 문제 삼지 말고 어느 정도 선에서 양보하자는 것이다. 이런 기술협상이 가능하려면 양 당사자가 서로 독자적인 특허권을 보유해야 한다. 상대방을 대상으로 특허침해를 주장할 수 있으면 더욱 좋다. 이쪽도 무기가 있어야만 협상이 가능한데, 보유한 특허가 없으면 협상 폭이 없거나 좁다. 따라서 특허는 미래에 혹시 있을 경쟁자와의 기술협상에 힘을 줄 수 있기에 달콤하면서도 강력하다.

그러나 특허침해로 우리를 공격하는 특허권자가 '경쟁자'가 아니라면, 이 달콤함은 사라질 것이다. 그들은 제품을 제조하거나 판매하지 않는다. 특허를 실시하는 데도 관심이 없다. 그러니 우리 특허를 이용해 어떻게 그들을 공격할 수 있겠는가. 이와 같이 시장에서의 경쟁자도 아니면서 강력한 특허들을 보유하고 있거나, 경쟁자가 아니기 때문에 크로스 라이선스가 가능하지 않은 상대도 있다. 이들을 소위 '특허괴물Patent Troll'이라고 부른다. 그들은 특허로 젖과 꿀을 수확하지만 그들의 상대는 쓰디쓴 경험을 하게 된다. 하지만 이런 특허괴물이 바로 다가와 당신의 비즈니스를 목조르지는 않을 것이다. 그들의 목적은 '경쟁자'처럼 당신을 죽이려는 것이 아니며 그들의 타깃이 됐을 때에는 이미 당신의 비즈니스가 크게 성공하고 있을 때이므로 아직은 괜찮다. 그러나 삼성전자나 엘지전자처럼 이미 성공한 기업들은 특허괴물의 주된 먹잇감이 된다. 물론 애플이나 마이크로소프트와 같은 미국회사도 특허괴물의 목표물이 됨은 마찬가지다.

특허권 확보는 주주의 이익으로 돌아간다

특허를 취득하면 주식회사는 그 사실을 공시한다. 특허가 공시되면 대개 주가가 상승하는 것으로 보고되고 있다. 특허취득은 기업 경쟁력 강화로 인식된다는 점에서 주가에 호재로 작용하기 때문이다. 그만큼 특허 확보는 주주 이익에 봉사한다는 의미로 해석될 수 있다. 물론 취득한 특허가 어떤 내용인지, 비즈니스에 얼마나 큰 영향을 미치는지에 따라 주가에 미치는 실제 영향은 달라질 것이다.

새로운 사업 아이디어와 특허

좋은 아이디어가 성공의 기회를 제공한다. 그러나 아이디어는 모두에게 공평하다. 성공의 기회는 나한테만 주어지는 것이 아니라 다른 사람한테도 똑같이 찾아 올 수 있다. 단지 누가 더 빨리 생각하고 행동으로 옮기느냐에 달려 있을 뿐이다. 시장은 한정되어 있고 동일한 소비자를 상대로 경쟁을 해야 하는 까닭에 누구나 그 기회를 독차지하고 싶어 한다. 우리가 새로운 사업 아이디어를 생각해낸 다음에 이를 잘 준비하고 머뭇거림 없이 실천했을 때 성공의 기회는 우리에게만 있을지도 모른다. 그러나 다른 사람이 모방을 하고 그 사람이 더 매력적으로 혹은 더 힘있게 영업을 한다면 우리는 그 기회를 송두리째 빼앗길 수 있다. 모방이 태연스럽게 등장하게 되면 이제 그 아이디어는 더 이상 새롭지 않게 되는 것이다. 어느새 성공이 아닌 실패의 길로 들어갈 수도 있다. 그러므로 새로운 사업 아이디어가 나오게 되면 우리는 동시에 모방에 대한 대책을 생각하지 않을 수가 없고, 그 생각은 당연히 지적재산권 취득으로 연결된다. 모방을 하는 사람은 "우리도 독자적으로 개발한 것인데 당신이 왜 우리를 막는가?"라고 말한다. 그때 우리가 할 수 있는 유일한 답변은, "우리가 그 아이디어에 대해 권리를 갖고 있다"라는 것뿐이다. 이렇게 답변할 수 없다면 감정적으로 비난할 수는 있겠으나 모방이라고 주장하며 막을 수는 없다. 아이디어는 누구에게나 공평하기 때문이다. 오직 권리를 가져야만 국가에 도움을 청할 수 있고 그래야만 국가가 나서서 도와준다. 결국은 특허제도다.

새로운 사업 아이디어가 있고 진심으로 이를 사업화하고자 한다면 우리는 이 아이디어에 대해 어떤 권리를 가질 수 있는가를 우선적으로 검토해야 한다. 그 아이디어가 기술과 관련된 것이라면 특허권 신청을, 디자인이라면 디자인에 대한 권리를, 브랜드를 통해 소비자의 관심을 끌려고 한다면 상표권 신청을, 사업 파트너와의 관계가 중요하다면 좋은 계약서 작성을 검토하게 된다. 특허권 신청과 관련해 여러 가지 오해와 잘못된 상식과 불충분한 지식이 횡행하고 있다. 특허 무관심도 문제이지만 특허망상은 더 큰 문제다.

모두 특허의 대상이 되는 것은 아니다

특허법은 기술에 관련된 창작을 보호해 주지만 기술과 무관한 아이디어를 보호해주지는 않는다. 물건에 대한 아이디어는 당연히 특허로 보호받는다. 물건을 제조하는 방법에 대한 아이디어에 대해서도 역시 특허로 보호받을 수 있음은 물론이다. 소프트웨어나 영업방법에 대한 아이디어가 논란이 되어 왔다. 소프트웨어에 대해서는 일반인이 이해하기에 다소 복잡한 문제가 숨겨져 있기는 하지만 어쨌든 특허를 받을 수 있고, 우리나라에서는 대개 그 프로세스와 기능을 강조하게 된다. 영업방법에 대한 아이디어 또한 통상 비즈니스 모델$^{Business\ Model,\ BM}$ 발명이라고 해서 1990년대 이전이라면 모를까 지금은 특허를 받을 수 있다. 1990년대 말, 2000년대 초에 비즈니스 모델 특허가 대유행을 했다. 그리고 새로운 네트워크와 하드웨어 기술이 등장할 때마다 비즈니스 모델 특허가 다시 유행하게 된다. 최근 스마트폰, 스마트폰 애플리케이션, 소셜 네트워크가 대유행이다. 그러면 그에 맞게 새로운 비즈니스 모델이 유행하게 된다. 원칙적으로 이 모두에 대해서 특허를 받을 수 있다.

무엇이 특허를 받을 수 있는지에 대해서 좀 더 육감적으로 이해하기 위해 잘못 알려진 오해를 풀어 보자. 여기 두 가지 재미난 오해가 있다. 하나는 애플의 특허에 관한 것이고, 다른 하나는 우리나라 출판계의 유명한 베스트셀러인 『마법천자문』에 관한 특허이다.

사례 003 애플의 아이폰 문자메시지 특허

애플의 아이폰에는 상대방과 보내고 받은 문자 메시지의 이력이 남는 기능이 있다. 홍길동과 문자메시지를 주고 받으면 내가 보낸 메시지는 오른쪽에 위치하고 홍길동으로부터 받은 메시지는 왼쪽에 위치해 서로 주고 받은 문자 메시지의 히스토리가 남는 기능이다. 이런 기능이 특허로 등록될 수 있는가?

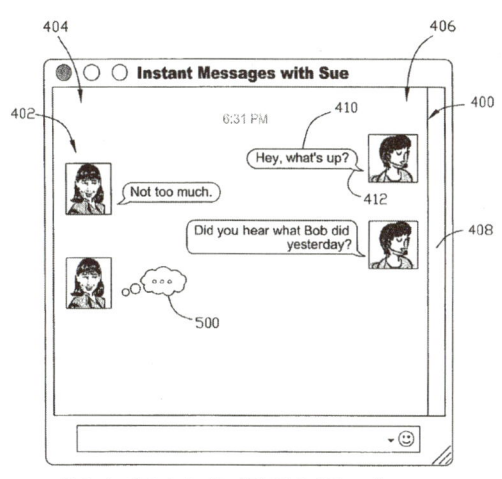

그림 2-1 애플 스마트폰 미국특허에 실린 도면

애플은 이에 대해 2003년 5월 2일에 미국 특허출원을 하여 2010년 2월 23일에 US7,669,134호로 특허를 취득했다. 우리나라에는 특허출원을 하지 않은 것으로 보인다. 어쨌든 이 사례는 소프트웨어 전문가들에게 시사하는 바가 있다. 우리는 특허가 어떤 대단한 기술에 대해서만 취득할 수 있는 것으로 오해하는 경우가 종종 있다. 구현이 쉽고 간단한 기능이나 구성인 경우에는 특허를 받지 못할 것으로 생각하여 그냥 넘어가버리기 일쑤다.

그림 2-1은 애플의 미국 특허에 첨부된 도면이다. 애플은 스마트폰을 이용한 문자메시지 전송 이력을 보기 좋게 표시하는 아이디어에 대해 미국에서 특허를 청구했으며 심사를 통과했다. 그리고 바로 이 특허가 최근 애플이 삼성을 상대로 특허분쟁을 개시했을 때 제시한 특허 중의 하나다. 삼성의 갤럭시폰에도 이러한 기능이 포함되어 있기 때문이다. 스마트폰 앱을 개발하는 기업이나 기타 소프트웨어 기업에게 참고가 될 만한 특허다. 특허를 받을 수 있는 아이디어는 그렇게 먼 곳에 있지 않다. 사소한 것처럼 보이는 아이디어라고 해서 특허의 대상이 못 되는 게 아니다. 애플의 미국특허 클레임은 다음과 같다.

통신 세션에 참가하는 복수의 참가자에 의해 만들어지는 데이터에 관한 정보를 제1 디스플레이 유닛에 표시하는 단계로서, 복수의 참가자 중 제1 참가자에 의해 만들어진 정보는 제1 디스플레이 유닛의 제1 위치에 표시되는 단계;
통신 세션에 의해 복수의 참가자들의 나머지 참가자들 중 적어도 어느 한 참가자로부터 데이터를 수신하는 단계; 및
적어도 어느 한 참가자로부터 수신한 데이터에 관한 정보를 제1 디스플레이 유닛에 표시하는 단계로서, 나머지 참가자들 중 적어도 어느 한 참가자로부터 수신한 정보는 제1 디스플레이 유닛의 상기 나머지 참가자들 각각을 위한 독립된 위치에 표시되며, 각 참가자들에 대한 독립된 위치는 모두 랜덤하지 않으며 수평적으로 분리되어 있고 시간순서대로 배열되는, 통신 세션에 관련된 정보 표시 방법(해당 특허는 방법뿐만 아니라 장치, GUI, 시스템, 기록매체 등에 대해서도 특허를 취득했다)

> **사례 004** 무효가 된 마법천자문 특허

북이십일 출판사는 『마법천자문』으로 대단히 큰 성공을 거두었다. 이 마법천자문의 지면(紙面) 컨셉 구성에 대해서 특허권을 신청해 특허등록까지 받았다.

『마법천자문』은 서유기의 내용을 재미있게 만화로 구성하면서 한자의 음과 뜻을 쉽게 익힐 수 있게 하는 북이십일 출판사가 간행한 한자교재다. 이 책은 2,000만 부 이상 팔린 것으로 알려져 있다. 엄청난 상업적 성공이라고 하겠다. 그런데 문제는 이 마법천자문 그 자체에 대해서 특허권을 신청했던 것이다. 그림 2-2는 마법천자문 특허에 실린 도면이다.

그림 2-2 마법천자문 특허에 실린 도면

이 특허출원은 심사를 통과해서 특허까지 받았다(특허 제592036호). 이 특허 청구항을 보자. "한자를 교육하기 위해 표지와 목차 그리고 본문으로 구성되는 한자 교재에 있어서, 본문은 특정한 스토리를 갖는 만화로 구성되며, 본문 중에 스토리와 연관된 한자와 그 한자의 뜻 및 소리 그리고 한자의 뜻과 연관된 만화 이미지가 함께 도시된 한자 만화 이미지 도시면들을 포함하는 것을 특징으로 하는 한자 교재"이다. 이것은 어느 모로 보나, 만화책 지면의 구획에 관한 것으로 저작권적인 아이디어일지는 몰라도 기술 요소가 없다. 따라서 특허의 대상이 되어서는 안 된다. 이 특허는 대법원까지 가서 무효가 되었다 (무효가 된 까닭은 특허출원 전에 이미 판매했으므로 새롭지 않다는 이유였다). 아이디어라고 해서 무조건 특허의 대상이 되는 것은 아니다.

한편, 비즈니스 모델과 관련해 분명히 해 두어야 할 것이 있다. 특허법은 기술과 무관한 것을 보호해주지 않기 때문에, 비즈니스 모델에 대해서도 이 원칙이 그대로 적용된다. 따라서 기술과 무관한 비즈니스 모델은 보호해 주지 않는다. 즉 컴퓨터 네트워크와 일련의 소프트웨어를 이용한 비즈니스 모델이 아니라면, 예컨대 다단계 판매방식이나 마케팅 방법 등 사람의 약속과 기획에 의해 이루어지는 영업 아이디어의 경우는 우리 법원이 비즈니스 모델이라고 보지 않는 것이다. 따라서 그와 같은 것은 특허를 받을 수 없는 대상으로 간주된다. 오늘날 기술과 완전히 독립된 사업 아이디어는 많지 않다. 대개는 인터넷이나 유무선 통신망과 같은 네트워크 기술, 컴퓨터나 휴대폰 등의 하드웨어 기술, 하드웨어의 동작과 원하는 기능 구현을 위한 소프트웨어 중 어느 하나를 사용하게 된다. 하지만 이런 것들을 사용한다고 해서 특허의 대상이 되는 것은 아니다. 새로운 사업 아이디어에 여러 가지 요소들이 들어 있는데, 그 중 사람의 인위적인 결정이나 정신적인 판단 혹은 인간 상호 간의 약속에 의존하는 아이디어에 대해서는 특허를 받을 수 없다. 예컨대 온라인 상에서의 비즈니스 모델에 대해서는 특허를 받을 수 있지만, 오프라인 상에서 이루어지는 어떤 방법이나 약속을 전제로 한다면 원칙적으로 특허의 대상이 되지 못한다.

누가 이상한 사람인가?

종전에 없던 새로운 아이디어라고 하여 특허권 신청을 시도하는 사람들이 있다. 그런데 그 아이디어라고 하는 것이 기술과는 특별히 관련이 없는 것이라고 하자. 요컨대 전문가의 입장에서 본다면 특허를 아예 받을 수 없는 종류의 아이디어라고 볼 때, 그들의 특허권 신청은 특허법적으로는 잘못된 행위이자 헛된 일이다. 그러니까 특허법적으로 보자면 이상한 사람들인 것이다.

그러나 무엇이 특허제도를 이용할 수 있는 아이디어이며 무엇이 그렇지 않은 아이디어인지에 대해 일반국민이 뚜렷이 구분하기란 참으로 어려운 일이 아닐 수 없다. 특허로 보호받을 수 없는 아이디어(예컨대 '비만에 효과적인 새로운 요가방법', '다단계 판매방법', '주부의 쓰레기 분리 수거방법' 등)에 대해 특허권을 신청했다 하여 도덕적으로 문제 삼을 일은 아니다. 앞서 이야기한 『마법천자문』 특허 경우가 그러하다. 법리적으로 특허권의 신청은 '국가에게 독점적이고 배타적인 권리를 신청'하는 의미를 갖는다. 이는 매우 법리적인 해석이며 또 대부분 타당한 이야기이기도 하다. 하지만 비즈니스 세계에서 특허권의 신청은 '권리에 대한 관심'보다는 '새로움을 표상'하기 위해서 의미가 크다. 사업을 하면서 시시콜콜 자신의 아이디어가 새로운 것임을 반복해서 설명할 수는 없다. 대신에 특허권을 신청했다는 사실 하나로 자신의 아이디어가 새로운 것임을 나타낼 수 있다. 이런 점을 고려해 보면, 특허제도를 이용할 수 없는 아이디어에 대해서 특허권을 했다고 해서 이상한 사람으로 치부할 까닭은 없다.

오히려 어떻게 해서든 자기의 새로운 아이디어를 보호하고자 행동하는 이런 사람들의 자세는 더 평가되어야 하지 않을까? 비즈니스적으로 보자면, 자기의 아이디어에 대해 아무런 조치를 하지 않고 사업에 뛰어드는 무모할 정도로 용감한 사람들이 오히려 이상하다. 특허권을 신청하면 국가는 특허출원번호를 부여한다. 그러면 특허를 신청한 사람(기업)은 부여받은 특허출원번호를 표시하면서 영업을 한다. 이를테면 이 아이디어, 이 사업은 국가에 특허권을 신청할 정도로 새로운 것이며 매력적인 것임을 부각시키려는 것이다. 특허를 받을 수 없는 아이디어에 대해서 특허권을 신청했다고 해서, 국가가 특허출원번호를 주지 않는 것도 아니다. 여기가 바로 현실 세계다.

파트너를 유혹하지 말 것

새로운 사업 아이디어가 어떤 물건에 대한 것이고, 그 물건의 제조와 판매를 전적으로 책임질 수 있다면 특별히 영업상 파트너 관계는 중요하지 않다. 하지만 현실적으로 그런 경우는 드물다. 대개는 제삼자와 영업 관계를 맺고 비즈니스의 열매를 함께 나누게 된다. 이런 관계에서 당사자들이 처한 개별적인 환경이 다르고 또 서로의 꿈과 목표가 상이하기 때문에 시간이 지남에 따라 관계가 틀어지기도 하며 이해관계가 대립하기 일쑤다. 그래서 파트너와의 관계를 잘 유지하기 위해서는 합리적인 계약이 중요하다. 하지만 계약위반이나 계약해지가 발생하더라도 재판을 통해서밖에 해결할 수 없으며, 또한 계약조항에 대한 해석이 서로 다를 수 있어서 나중에 곤란해질 수 있다. 또 계약서 자체가 부실하게 작성된 경우에는 해결책을 찾기 매우 어려워지게 마련이다. 이런 점에서 새로운 사업 아이디어에 대한 지적재산권은 파트너와의 관계를 주도할 수 있는 유효 적절한 수단이 된다. 권리자를 국가가 보호하고 또 도와주기 때문이다.

어떤 아이디어가 시장에서 크게 성공했다거나 성공이 목전에 있다고 하자. 만일 그 아이디어가 없었다면 아마도 비즈니스 관계는 맺어지지 않았다고 우리가 가정하는 경우에 ―대부분 그러하겠지만― 그 아이디어를 제안한 쪽에서 특허권 등의 지적재산권을 갖고 있다면, 그것이 파트너와의 관계를 지속적으로 유지하거나 주도할 수 있는 강제력이 된다. 파트너가 그 관계를 깨고 동일한 아이디어에 대해서 제삼자와 영업관계를 만들면, 그런 행위에 대해 계약위반을 주장할 수도 있지만, 여기에 보태어 특허권 침해라는 좀 더 적극적인 조치를 취할 수 있는 까닭이다. 특허권이라는 강제력 때문에 파트너도 함부로 나쁜 마음으로 품지 못하게 된다. 나와 상대방에 대한 공동 배려인 셈이다.

요컨대 매력적이며 경제적 가치가 있는 사업 아이디어에 대해 특허권을 신청해 놓지 않으면―상표권 등록의 경우도 마찬가지다― 위와 같은 강제력이 없어서 파트너가 다른 생각을 품을 수 있다. 이런 일이 자주 발생하는 것도 우리 비즈니스 세계의 현실이다. 특히 개인이나 중소기업이 대기업에 사업을 제안하며 비즈니스 관계가 만들어지는(만들어지려고 하는) 경우에는 특히 유의해야 한다. 파트너가 어느 순간 경쟁자가 되어 동일한 사업을 벌이는 경우도 있고, 또 더욱 나쁘게는 특허권이 신청되지 않음을 알고 파트너가 오히려 특허권을 먼저 신청하기도 한다. 물론 파트너의 그와 같은 행위는 상도덕에 어긋나고 또한 건전하지 못한 행위라고 볼 수 있겠다. 그러나 이 비즈니스 세계에서 상대방에게 도덕적인 자세만을 요구하는 것도 너무나 순진한 생각이 아닐 수 없다. 다시 한 번 강조하지만, 파트너가 대기업인 경우에는, 즉 중소기업이 매력적인 기술로 대기업에 손을 내밀 때에는 ―대기업이 그 중소기업을 이용하려는 것이겠지만― 특히 조심해야 한다. 스스로를 잘 보호해 두지 않으면 그것은 바로 대기업을 유혹하는 일인 셈이다. 피해자 탓하기를 하는 것이 아니라 대기업의 무서운 육식성을 환기시키려는 것이다. 한편, 국제적인 비즈니스에서도 위와 같은 파트너의 돌변행위가 종종 발생하므로 특허 신경을 써야 한다.

다소 과격한 이야기이지만, 파트너들의 예상치 못한 적대 행위들에 대해서 새로운 사업 아이디어를 제안한 사람(기업)에게도 책임이 있다. 특허권을 신청하지 않은 행위 자체가 때론 우리 파트너를 유혹할 수 있음을 잊지 말아야 한다. 법은 자기 권리 위에서 잠자고 있는 자를 보호하지 않으며, 시장도 그런 자들을 비웃는다.

특허망상증

아이디어는 성공할 수 있는 기회를 준다. 그러나 다른 사람이 모방하기 시작하면 그것도 끝이다. 특허는 그와 같은 모방 사례를 매우 효과적으로 억제해준다. 아이디어에서 특허로 주어가 바뀐다. 사람들은 이제 특허가 성공할 수 있는 기회를 제공하노라고 생각한다. 특허가 비즈니스에서 필수적이고 또 중요한 요소가 되며 그렇기 때문에 이런 책에서 이처럼 강조하고 있는 것이지만, 특허 자체가 성공의 유일한 열쇠는 아니다. 너무 믿어서도 안 된다. 특허에 '올인'해서도 안 된다.

자기가 특허권자라고 하여 언제나 이길 수 있다고 생각하는 것도 역시 곤란하다. 특허만 있으면 금방이라도 성공할 수 있으리라고 생각해서도 안 된다. 특허만 취득하면 모든 모방을 끝낼 수 있으리라는 생각도 사실은 그렇지 않다. 이론적으로 보자면 특허를 갖고 있으면 모방하는 제삼자의 일체의 영업 행위를 금지시킬 수 있다. 때로는 움츠리게 하고 때로는 상대방을 망하게 할 수도 있다. 여기서 이론적이라 함은 "특허침해가 성립했다"는 전제하에서 그렇다는 것이고, 특허침해가 성립하기 위해서는 지극히 법리적인 분석과 판단을 거쳐야 하기 때문에 소망하는 바대로 특허침해가 되는 경우는 많지 않다. 법원이 그것을 최종 판단하게 되는데, 사례에 따라 상이하지만 법리적으로 면밀히 들여다 보노라면, 실제로는 모방을 막을 수 없는 경우가 더 많은 것도 현실이다. 법원은 특허권자의 소망과 주장과는 상당히 다른 판결을 내리기도 한다.

휴대폰은 120여 개 부품으로 구성되어 있다고 한다. 특허 관점에서 보자면 총 7만여 개 국제특허복합체로 휴대폰 1개가 구성된다고 한다. 42인치 TV가 지금 내 앞에 있다고 하자. TV 화면에 1포인트 정도 되는 아주 작은 크기로 '특허'라는 글자를 쓴다. 그리고 TV와 직접 관련된 특허 개수만큼 적어가게 되면 TV 화면에는 특허라는 글자로 꽉 차게 될 것이다. 이루 헤아릴 수 없을 만큼의 특허가 여기에도 있다. 어떤 특허는 중복되어 있다. 모두 TV에 관한 특허다. 모두 독점적이고 배타적인 권리이며 무수히 많다. 그런데 어떻게 내 특허만이 대단하고 또 성공할 수 있는 특허라고 단정할 수 있겠는가?

더욱이 특허가 그렇게 대단하다면 수천 수만 건의 특허를 가진 기업이 도산할 리가 없고 도산해서도 안 되지만, 그 많은 특허에도 불구하고 속절없이 쓰러지고 말기도 한다. 또 어떤 기업은 내세울 만한 특허가 없음에도 큰 문제 없이 성공하는가 하면, 처음에 크게 성공하다가 본격적으로 다수의 특허를 확보하려고 하려는 순간 망하는 기업도 있다. 권리의 무서운 속성상 특허는 어디까지나 좋은 기회를 제공하며, 기업 활동에 여러 가지 유용성을 제공하지만, 그렇다고 특허에 대해 과한 기대를 두는 것은 오히려 해롭기까지 하다.

특허권을 신청하려는 다양한 목적

이제 우리는 새로운 사업 아이디어에 대해서 우선 특허권을 신청해야 하며, 그렇다고 이 아이디어의 권리화 여부가 성공의 전부가 아님을 합의할 수 있다. 특허권을 신청함에 있어서 저마다 다양한 목적을 갖게 되는데 그 중 영업관계와 관련되는 현실적이고 실제적인 사항, 그러니까 대외적인 목적에 대해 간단히 살펴보자.

경쟁자를 견제하기 위해서 특허권을 신청하게 된다. 이것이야말로 특허제도를 이용하는 핵심적인 목적이라고 말할 수 있다. 그러나 '견제'라는 말에는 매우 다양한 의미와 현실이 있는데, 먼저 적극적인 견제가 있다. 이를테면 해당 특허제품에 대해서는 어떤 형태로든 모방을 적극적으로 금지시키겠다는, 법적으로 우월한 지위를 활용해 모든 경쟁에서 자유롭고 싶다는 것이다. 특허권을 확보하면 특허침해소송도 불사함으로써 자기 권리를 확고하게 지키겠다는 목적으로서 정통적인 태도다. 우리가 어떤 목적을 가지면 그에 부합하게 행동해야 한다. 따라서 적극적인 견제 목적으로 특허권을 신청하는 경우라면 특허권을 신청하면서 작성되는 자기의 특허범위가 어느 정도인지를 반드시 확인해야 한다. 그리고 특허를 받는 과정에서 그 특허범위가 어떻게 변화하는지도 꼼꼼히 챙겨 보아야 한다. 나를 알고 남을 알아야 이길 수 있는 법인데, 때로는 자기 특허범위도 잘 모르면서 강한 특허권을 운운하는 경우가 많다. 한편 소극적인 견제도 있다. 소극적인 견제 목적으로 특허권을 신청하는 경우에는, 모두 그런 것은 아니지만, 모방이 생기게 마련이기에 여하튼 경쟁은 하게 될 것이라고 생각하면서, 단지 경쟁자에게 심리적인 부담이나 두려움을 줌으로써 경쟁자를 견제하려는 목적을 갖는다. 함부로 모방하지 못하게 하고, 모방하더라도 특허침해 회피로 골치를 앓게 함으로써 그만큼 시간을 지체시키고, 경쟁자들이 제삼자와 영업을 함에 있어서도 특허침해 문제 때문에 피곤하게 만들려는 것이다. 경쟁자의 입장에서는 시간이 걸리더라도 특허를 피하면서 더 좋은 제품을 만들려고 노력할 수밖에 없고, 특허권자는 경쟁자를 염두에 두고 업그레이드된 제품과 권리를 갖고자 노력하는 계기가 될 수 있다. 이렇게 하여 산업자체가 창조와 모방이 맞물려 톱니바퀴처럼 발전할 수 있기 때문에, 이런 점에 특허제도의 존립근거가 있는 셈이다. 이와 같이 적극적인 견제는 특허제도를 이용하는 사람의 궁극적인 열매요, 소극적인 견제는 특허제도의 입법자가 추구하려는 이상이다.

특허제도를 이용하는 사람은 누구나 경쟁자를 견제하려는 마음을 갖게 되지만, 이와는 별도로 또 다른 목적을 구상하는 사람도 있다. 첫째, 자기의 제품과 서비스가 남의 것을 모방한 게 아니라 자기 자신이 개발한 것임을 어필하기 위해 특허권을 신청하는 경우가 있다. 이런 자세는 미래에 혹여 있을 수 있는 기술협상과 분쟁에 매우 유리한 효과를 불러온다. 무릇 분쟁에서의 주장이란 입증되지 아니하면 아무런 의미가 없다. "이 기술은 우리 자체 기술입니다."라고 주장함에 있어서, "보세요. 이처럼 우리는 자체 기술에 대해서 특허를 받았습니다."라고 설득력 있게 자기 주장을 뒷받침하는 것이다. 둘째, 마케팅 관점에서 특허제도를 이용하는 경우도 많다. 거래관계의 파트너들에게, 소비자들에게, 혹은 투자자들에게, 자신의 제품이 종전에 없는 새로운 것임을 부각해야 하는데, 이때 특허출원번호 혹은 특허번호를 기재함으로써 자기의 제안, 주장, 광고 등을 뒷받침할 수도 있다. 물론 이 밖에도 특허권을 신청하려는 까닭은 기업마다 사람마다 매우 다양하다. 그러나 위에서 예시한 사항들은 적어도 영업관계, 그러니까 기업 외부에서 벌어지는 관계에 관련된 주된 목적들이다. 기업 내부에 미치는 특허제도의 영향도 매우 중요한 화두이기에 5장에서 다룰 '특허활동'의 관점에서 그 창의적인 에너지와 힘을 집중적으로 살펴보자.

창업과 특허

이미 경쟁자가 있는 업종에서 창업을 하게 되면 기존에 있는 경쟁자보다 인적, 물적 자원이 풍부하지 않는 이상 유리할 것이 하나도 없다. 대기업이 중소기업의 업종에 뛰어들어 최근 사회적 이슈를 일으키기도 하지만, 그것은 창업이라기보다는 사업의 확장으로 보는 게 맞다. 대다수 창업자들은 불리함 투성이요, 유리할 것이 없다. 소위 블루오션이라고 해서 경쟁자가 드문 새로운 아이템으로 창업을 하더라도, 이것이 성공할라치면 새로운 강자들이 너나 할 것 없이 뛰어들기 때문에 금세 레드오션이 될 수도 있다. 물론 창업을 하려는 사람들의 열정, 세밀한 분석과 정보수집, 끊임 없는 상상력은 새로운 성공 시대를 열 수 있는 좋은 무기다. 그러나 그 모두는 창업을 하려는 사람의 무기라기보다는 경쟁력을 갖기 위한 필수사항이다. 그런 것도 갖고 있지 않으면서 막연히 사업을 하려는 것은 말하자면 매우 무책임한 행위다.

만사가 불리하지만 그럼에도 창업을 의욕하는 것은 모종의 아이디어가 있기 때문이다. 다시 말하면 이 아이디어만이 유일한 무기다. 그렇다면 아이디어의 가치와 설득력을 높이는 일이야말로 매우 중요할 수밖에 없는데, 이를 위해서는 그 아이디어가 상처받지 않도록 보호해야 한다. 두 가지 관점이 있다. 첫째는 창업의 동기가 되는 아이디어에 대해서 이미 누군가가 강력한 특허권을 보유하고 있지는 않는가라는 관점이며, 두 번째로 그 아이디어를 어떻게 하면 경쟁자들이 쉽게 모방하지 않도록 할 것인가라는 관점이다. 전자는 일종의 시장 분석이며, 후자는 특허권 신청이다.

특허 조사

창업을 하는 사람은 누구보다도 더 열심히 뛴다. 꿈은 현실을 재촉하고 현실은 늘 시급하기 때문에 예상하는 대로 스케줄링 되어야만 한다. 그런데 타인의 특허권을 침해하면 내 행위도 특허권 침해에 해당하지만, 영업 파트너의 행위도 특허권 침해가 될 수 있어서 영업 파트너와의 관계가, 그리고 그 관계를 만들고 유지하기 위한 지난한 영업의 모든 노력과 성과가 물거품이 되고 만다. 창업 동기가 된 아이디어의 가치는 수직하락하게 됨은 물론이다. 한편 정확히 특허조사를 한다는 것은 사실상 불가능하지만, 한국특허정보원 웹사이트(www.kipris.or.kr)를 통해 대략적인 검색결과를 얻을 수는 있다. 미국특허는 미국특허청에서, 일본특허는 일본특허청에서 검색할 수 있다. 두 가지 방법으로 검색하게 되는데 하나는 아이디어 내용에 관한 키워드 검색이요, 다른 하나는 경쟁기업의 이름(때로는 그 회사의 대표 이름)으로 출원인 검색을 해보는 것이다. 기술용어로 키워드 검색을 할 때에는 키워드를 바꾸어가면서 검색하는 것이 좋다. 예컨대 휴대폰에 관한 것이어도 '휴대폰'이라는 키워드만 갖고 검색하면 안 되고, '모바일 폰', '모바일 단말', '이동 단말', '핸드폰', '무선 전화', '휴대 전화' 등의 용어도 함께 검색하는 것이 더욱 정확하다. 출원인 검색은 숨은 적을 알기 위한 전략이며, 경쟁자의 특허현황을 파악할 수 있다. 다만 모든 특허자료가 공개되는 것은 아니다. 최근 18개월 동안에는 미공개로 숨어 있는 까닭에 최신 자료를 얻을 수 없다. 하지만 경쟁자들도 18개월 동안에는 우리 특허신청 내용을 알지 못하므로 서로 공평한 일이다.

특허권 신청

경쟁자가 쉽게 모방하지 못하게 하기 위해서는 특허권을 신청해야 한다. 초기 시장 진입 단계에서는 앞서 설명한 바와 같이 특허신청 내용이 공개되지 않기 때문에, 비록 특허심사기간 때문에 실제 특허를 받기까지 시간이 소요된다고 하더라도, 특허권 신청 사실만으로도 경쟁자의 모방을 견제할 수 있다. 특허권이 신청되어 있다는 사실을 경쟁자가 알게 되면 모방행위를 다소나마 위축시킬 수 있게 된다. 즉, "이렇게 모방하다가 나중에 특허침해가 되는 것 아닌가?"라는 불안감을 주는 것이다. 또한 특허권을 취득한 연후로는 그와 같은 견제력이 증폭되기 때문에 타인의 모방을 확실히 억제할 수 있다.

추가로 염두에 둘 사항

위와 같은 두 가지 관점으로 창업 동기가 된 아이디어를 보호하는 최소한의 조치가 취해졌다고 생각한다. 하지만 여기에 두 가지를 더 염두에 둬야 한다. 결국 우리가 원하는 건 창업을 성공시키는 것일 테므로, 때로 성공을 좌우하는 요소로서 특허보다 더 중요한 요소를 언급하지 않을 수가 없다. 첫째, 창업의 공신들, 즉 창업 초기에 함께 일하는 사람들로부터 아이디어를 잘 보호해야 한다. 창업 초기에는 온갖 노하우가 집중된다. 그리고 창업동기들이 노하우를 대부분 모두 알고 있기 때문에 그들이 회사를 그만두게 되는 경우 ―이런 경우가 상당히 많지만― 또 다른 강력한 경쟁자로 등장할 수 있다. 직원과의 계약서 작성이라든지 영업비밀준수의무를 부여하는 것도 하나의 방법이지만, 가장 효과적인 방법은 그들에게 변함 없는 비전과 낙관을 주는 일이다. 둘째, 시장의 변화상황을 정치, 경제, 문화, 기술적으로 잘 지켜보고 귀 기울여야 하며 또한 능동적이고도 신속하게 대처해야 한다. 예를 들어 홈 네트워크 분야는 건설경기와 밀접한 관련을 갖는다. 아파트가 많이 건설되고 분양될수록 홈 네트워크 설비 제품을 많이 팔 수 있다. 그런데 아파트 미분양이 많아지고 건설경기가 위축되게 되면 바로 생존을 위협받을 수 있다. 또 다른 예로 휴대폰을 통해 일련의 디지털 정보를 주고받는 비즈니스 모델 사업을 준비하는 기업이 있다고 하자. 그런데 아직 국내에서는 스마트폰이 판매되고 있지 않다고 가정하자. 해외에서 스마트폰이 엄청난 시장 반응을 얻고 있기 때문에 1~2년 내에 국내도 그와 같이 될 것이라고 예상되는 경우라면, 사업 모델을 신속히 변경해서 스마트폰 애플리케이션 개발로 과감히 방향을 바꿀 필요가 있다. 또한, 매력적인 애플리케이션을 개발했는데 관련 법규 개정으로 인해 그 사업 자체가 불법이 될 수 있다. 급격한 환율변동 문제나 정치상황의 급변으로 인해 발생하는 원료 수급 문제도 발생할 수도 있다. 이런 갑작스런 변화는 기업의 존망을 좌우한다. 따라서 창업자는 사회 다방면에 걸친 여러 시장의 변화에 관심을 갖고 민감하게 반응해야 한다. 한편 덩치가 큰 기업일수록 인적자원이 더 많다는 점에서 변화에 신속하게 대응할 수 있을 것 같아 보인다. 하지만 꼭 그런 것은 아니다. 인적자원 모두 저마다의 일로 매우 분주하다는 문제도 있지만, 기존 비즈니스를 위해 투자된 금액과 그 부산물이 많게 되면 빨리 움직이질 못하게 되는 생리도 있는 법이다. 그러나 이제 막 창업한 기업은 신속히 변화를 도모할 수 있다. 그 정도의 유연성도 없이 출발해서는 안 된다. 출발 시점에서의 관성과 환상을 유지하려 고집 피우다가 망하는 기업이 많다.

특허를 위주로 설명했으나, 지적재산권 중에서도 특허만 중요한 것은 아니다. 물건을 판매하는 것과 관련된 창업이라면, 그 물건에 대한 디자인등록을 빠트릴 수 없다. 등록된 디자인특허는 특허와 동일한 효력이 있는 매우 강력한 권리다. 이 권리는 기술원리가 아닌 제품(물품)의 '외관 형태'에 대한 것으로, 소비자를 유혹하는 좋은 디자인이라면 디자인 등록을 권고한다. 아이디어의 내용이나 제품의 외관 디자인보다 때로는 더 중요한 것이 있다. 그것은 브랜드의 보호다. 소비자는 브랜드로 기억한다. 편리하기 때문이다. 소비자가 그 회사와 제품에 보내는 신뢰는 모두 브랜드에 축적된다. 이와 같은 브랜드에 대한 특허가 바로 상표권이며, 어떤 의미에서는 상표권이 특허권보다 중요하다고 말할 수 있다. 타인의 특허권을 침해하면 제품 디자인을 바꾸거나 다른 방식으로 생산하거나 혹은 서비스의 내용을 조금 바꿔 해결할 수 있을지도 모른다. 하지만 상표권을 침해하면 간판을 내려야 한다.

20년이라는 특허의 권리존속기간

특허제도가 만들어진 것은 기술의 진보발전을 위함이다. "기술내용을 공개하라. 그러면 권리를 주겠다." 이것이 특허제도가 입법된 취지다. 초기의 입법자들은 권리를 주면 기술은 공개될 것이고 그러면 다른 사람들도 그 내용을 참조함으로써 기술이 누진적으로 발전할 것이라고 생각했다. 이미 완성된 기술과 똑같은 것을 개발하기 위해서 중복 투자를 하는 것은 국가적인 측면에서 보자면 쓸데없는 시간과 비용의 낭비라고 여겼던 것이다.

국가는 발명가에게 공개의 대가로 권리를 부여해야 하는데 두 가지 초점이 있었다. 하나는 '어떤 권리인가'이고 다른 하나는 '얼마나 오랫동안 권리를 줄 것인가'이다. 전자는 '특허실시에 대한 배타적인 권리'를 의미한다. 후자는 수 차례의 법개정을 통해 현재는 '특허권신청일로부터 20년'으로 정리됐다. 즉 특허권의 권리존속기간은 20년이다. 산업분야에 따라서 이 기간은 짧은 기간이기도 하며 지나치게 긴 기간이기도 하다. 기술의 라이프 사이클이 짧고 한 가지 제품에 수많은 특허들이 존재하는 전자분야 기업은 20년이라는 기간이 너무 길다고 생각할 것이다. 불확실성이 너무 오랫동안 지속되기 때문이다. 반면에 제약업체들의 생각은 다르다. 원천특허를 보유한 제약업체에게 20년은 매우 짧다. 반면에 복제약품을 제조하고자 하는 제약업체는 존속기간이 빨리 만료되기를 바랄 것이다.

재미있는 것은 특허를 받았을 때에는 그렇게 크게 산업화되지 않았고 재산적 가치도 별로 없었는데, 10년이라는 세월이 지나고 나서 그 잠자던 특허가 갑자기 위력을 발휘하기도 한다는 사실이다. 최신 특허에 대해서는 대응하기가 비교적 수월하다. 다른 기술로 대체하기 쉽고 해당 특허를 없앨 수 있는 자료(무효 증거)를 찾기가 용이한 까닭이다. 하지만 10년 전의 특허가 갑자기 각광을 받는다는 것은 그만큼 그 기술이 이미 검증되고 대세가 됐음을 의미하기 때문에 다른 것으로 교체하기가 어렵다. 또 오래 전의 자료를 입수해야 하기 때문에 무효 증거를 찾기도 어렵다.

자신과 무관한 특허에 대해서는 '특허의 권리존속기간이 20년'이라는 사실이 잘 와 닿지 않는다. 하지만 실제 경험을 해 보면 대단한 기간이다. "이건 예전부터 업계에서 통용되던 것이니, 뭐 문제가 되겠어?"라고 함부로 재단해서는 안 된다. 10년 전의 특허권이든 지금의 특허권이든 다 똑 같이 무서운 권리라는 사실에는 변함이 없다. 오히려 오래된 것이 더 무섭다. "어차피 특허를 받아 봤자지. 지금 할 것도 아닌데……"라고 함부로 포기하기보다는, "10년 후에는 어떻게 될까?"라고 곰곰이 따져 볼 문제다. 물론 그 10년 동안 시장에서 살아남아야 하는 것이 무엇보다 더 중요하다. 언제나 생존이 먼저고 다음이 특허다.

※ 주요 통계와 통계에 대한 간단한 주석

표 2-1은 우리나라 산업재산권 출원 추이를 나타낸다. 장기적으로 보면 실용신안은 특허제도로 사실상 흡수(제도 자체가 없어진다는 의미가 아니라)될 것으로 전망되며 점점 줄어들고 있는 추세다. 특허출원과 디자인출원은 정체되고 있는 모습이지만 상표출원이 계속 증가하고 있다. (출처: 특허청 2010년도 지식재산백서, 2011년 발행, 이하 같음)

(단위: 건)

구분	2008년	2009년	2010년
특허	170,632	163,523	170,600
실용신안	17,405	17,144	13,690
상표	99,986	103,433	108,450
디자인	56,750	57,903	57,223
계	344,773	342,003	349,963

표 2-1 최근 3년의 우리나라 산업재산권 출원 추이

표 2-2는 주요국의 산업재산권 출원 추이를 나타낸다. 중국이 압도적으로 많고 엄청난 속도로 증가하고 있다. 한국은 세계 4위 수준이다.

구분	2008년	2009년	2010년
중국	1,402	1,526	1,807
미국	861	898	838
일본	588	553	500
한국	380	344	342
독일	212	208	191

표 2-2 최근 3년의 주요국 산업재산권 출원 추이

표 2-3은 우리나라 특허출원의 주제별 건수 및 점유율을 나타낸다. 최근 대기업은 지속적으로 특허출원 건수를 줄여왔다. 예전에는 양적인 팽창을 중시해왔으나 지금은 특허의 질적 강화에 초점을 맞추고 있기 때문이다. 반면에 대학은 지속적으로 특허출원을 늘려가고 있다. 그러나 중소기업의 특허출원이 줄고 있는 대목은 인상적이다.

구분	2007년	2008년	2009년
대학	6,129(3.6%)	8,296(4.9%)	9,150(5.8%)
공공연구기관	7,784(4.5%)	7,207(4.2%)	8,298(5.3%)
대기업	54,749(31.7%)	46,951(27.5%)	37,809(24.1%)
중소기업	28,670(16.6%)	23,292(13.7%)	21,093(13.4%)

표 2-3 우리나라 특허출원의 주체별 건수 및 점유율

표 2-4는 최근 5년간 우리나라의 주요국가에 대한 특허출원 현황을 나타낸다. 우리나라 기업은 미국 특허출원을 가장 중시하고 있으며 그 다음으로 중국, 일본, 유럽 순이다. 미국 특허출원 건수가 중국의 거의 3배 가까이 많은 것은 여러 가지 요인이 있겠으나 삼성전자나 엘지전자 등의 IT 기업의 미국 특허전략이 큰 비중을 차지할 것이다. 일본 특허출원이 해마다 줄고 있는 현황은 눈에 띄는 대목이다.

(단위: 건, %)

구분		2005	2006	2007	2008	2009	평균증가율
미국	한국인출원	17,217(26.2)	21,685(26.0)	22,976(6.0)	23,584(2.6)	23,950(1.5)	12.5
	미국전체출원	390,733(9.5)	425,966(9.0)	456,154(7.1)	456,321(0.0)	456,106(0.0)	5.1
일본	한국인출원	6,845(18.4)	7,220(5.5)	6,347(-12.1)	5,599(-11.8)	4,782(-14.6)	-2.9
	일본전체출원	427,078(0.9)	408,674(-4.3)	396,291(-3.0)	391,002(-3.1)	348,596(-10.8)	-4.1
유럽(EPO)	한국인출원	3,854(34.2)	4,596(19.3)	4,934(7.4)	4,347(-11.9)	4,193(-3.5)	9.1
	유럽(EPO)전체출원	128,713(4.1)	135,231(5.1)	140,763(4.1)	146,150(3.8)	134,580(-7.9)	1.8
중국	한국인출원	8,131(38.8)	9,187(13.0)	8,467(-7.8)	8,022(-5.3)	-	9.7
	중국전체출원	173,327(32.9)	210,501(21.4)	245,161(16.5)	289,838(18.2)	314,573(8.5)	19.5

표 2-4 최근 5년간 주요 국가에 대한 우리나라의 특허출원 현황
주: 1. WIPO홈페이지 참고
   2. ( )는 전년대비 증가율

표 2-5는 2010년 산업분야별 특허/실용신안 출원현황이다. 전기전자 분야가 특허출원의 거의 45%를 점한다. 다른 분야보다 압도적인 비중을 차지하는 것을 보면, 우리나라 산업이 어느 부분에 집중되어 있는지를 알 수 있다. 외국기업은 전자 분야뿐만 아니라 화학분야에도 매우 많은 특허출원을 한다(20.1%). 반면에 우리나라 기업의 화학분야 특허출원의 비중은 낮다(8.2%).

(단위: 건, %)

권리	국적	기계	화학	섬유	전기	토목	채광	음료	사무	농림	잡화	기타	계
특허	내국	22,406 (17.0)	10,737 (8.2)	1,994 (1.5)	58,526 (44.4)	9,205 (7.0)	4,628 (3.5)	10,671 (8.1)	703 (0.5)	2,302 (1.7)	5,466 (4.1)	5,102 (3.9)	131,740
	외국	4,467 (11.8)	7,617 (20.1)	375 (1.0)	17,370 (45.9)	443 (1.2)	1,284 (3.4)	3,580 (9.5)	214 (0.6)	160 (0.4)	548 (1.4)	1,775 (4.7)	37,833
	소계	26,873 (15.8)	18,354 (10.8)	2,369 (1.4)	75,896 (44.8)	9,648 (5.7)	5,912 (3.5)	14,251 (8.4)	917 (0.5)	2,462 (1.5)	6,014 (3.5)	6,877 (4.1)	169,573
실용신안	내국	3,158 (23.9)	287 (2.2)	392 (3.0)	2,521 (19.1)	1,613 (12.2)	173 (1.3)	743 (5.6)	280 (2.1)	680 (5.2)	2,787 (21.1)	556 (4.2)	13,190
	외국	106 (22.7)	14 (3.0)	12 (2.6)	172 (36.8)	19 (4.1)	10 (2.1)	17 (3.6)	4 (0.9)	2 (0.4)	101 (21.6)	10 (2.1)	467
	소계	3,264 (23.9)	301 (3.0)	404 (2.9)	2,693 (19.7)	1,632 (11.9)	183 (1.3)	760 (5.6)	284 (2.1)	682 (5.0)	2,888 (21.1)	566 (4.1)	13,657
합계	내국	25,564 (17.6)	11,024 (7.6)	2,386 (1.6)	61,047 (42.1)	10,818 (7.5)	4,801 (3.3)	11,414 (7.9)	983 (0.7)	2,982 (2.1)	8,253 (5.7)	5,658 (3.9)	144,930
	외국	4,573 (11.9)	7,631 (19.9)	387 (1.0)	17,542 (45.8)	462 (1.2)	1,294 (3.4)	3,597 (9.4)	218 (0.6)	162 (0.4)	649 (1.7)	1,785 (4.7)	38,300
	소계	30,137 (16.4)	18,655 (10.2)	2,773 (1.5)	78,589 (42.9)	11,280 (6.2)	6,095 (3.3)	15,011 (8.2)	1,201 (0.7)	3,144 (1.7)	8,902 (4.9)	7,443 (4.1)	183,230

표 2-5 2010년 산업분야별 특허/실용신안 출원현황

(단위: 건)

순위	업체명	특허	실용	디자인	상표	합계
1	삼성전자	5,855	10	1,038	89	6,992
2	엘지전자	3,948	–	865	979	5,792
3	한국전자통신연구원	3,123	–	10	3	3,136
4	현대자동차	2,150	–	208	92	2,450
5	엘지이노텍	2,180	1	260	5	2,446
6	(주)아모레퍼시픽	265	114	529	1,401	2,309
7	엘지디스플레이	2,049	–	19	5	2,073
8	하이닉스반도체	1,945	3	–	–	1,948
9	삼성전기	1,753	–	12	2	1,767
10	포스코	1,328	–	1	77	1,406
	소계(내국인 출원중 점유율)	24,596(14.5)	128(0.9)	2,942(5.1)	2,653(2.5)	30,319(8.7)
	내국인 출원 합계	169,573	13,657	57,167	108,261	348,658

표 2-6 2010년 국내 10대 권리신청업체 현황

표 2-6은 2010년 국내 10대 권리신청업체 현황을 보여준다. 삼성전자, 엘지전자, 한국전자통신연구원 순서로 1, 2, 3위다. 아모레퍼시픽은 특허출원도 많이 하지만 우리나라에서 가장 많은 상표출원을 하는 회사다. 그만큼 기술뿐만 아니라 브랜드를 중시함을 반증한다.

표 2-7은 2010년 우리나라에 권리신청하는 나라의 현황을 나타낸다. 일본기업이 가장 많고 다음으로 미국기업 순서다. 과거 일본기업의 특허출원 숫자가 미국기업의 숫자보다 2배 이상 많았으나, 최근 몇 년간 일본기업의 특허출원이 격감했다. 한편 미국기업과 일본기업은 매년 3천 건 이상의 상표출원을 우리나라에 하고 있다.

(단위: 건, %)

순위	구분		특허	실용	디자인	상표	계		2009 순위
							건수	점유율	
1	일본	2009	14,168	23	1,205	2,574	17,970	37.1	1
		2010	14,191	37	1,499	3,028	18,755	36.1	
2	미국	2009	10,728	23	957	3,117	14,825	30.6	2
		2010	11,404	38	923	3,502	15,867	30.6	
3	독일	2009	3,002	7	123	205	3,337	6.9	3
		2010	3,352	9	203	220	3,784	7.3	
4	프랑스	2009	1,441	3	56	218	1,718	3.5	4
		2010	1,552	–	97	265	1,914	3.7	
5	스위스	2009	1,089	–	56	242	1,387	2.9	5
		2010	1,023	3	99	245	1,370	2.6	
6	네덜란드	2009	955	–	65	98	1,118	2.3	6
		2010	904	2	127	88	1,121	2.2	
7	영국	2009	586	–	40	298	924	1.9	7
		2010	569	4	81	383	1,037	2.0	
소계		2009	31,969	56	2,502	6,752	41,279	85.3	
		2010	32,995	93	3,029	7,731	43,848	84.5	
기타국		2009	4,238	287	467	2,135	7,127	14.7	
		2010	4,838	374	555	2,301	8,068	15.5	
계		2009	36,207	343	2,969	8,887	48,406	100	
		2010	37,833	467	3,584	10,032	51,916	100	

표 2-7 외국기업의 우리나라 산업재산권 출원현황

표 2-8은 2010년 외국인 10대 권리신청업체 현황을 보여준다. 퀄컴은 2010년 무려 1,376건의 특허출원을 했다. 2위 소니보다 거의 3배에 육박한다. 사람들은 퀄컴이 로열티로 앉아서 돈을 번다고 생각하는데 이는 오산이다. 이와 같은 엄청난 숫자의 특허출원을 우리나라에 신청하면서 나름대로 자기 이익을 지키기 위해 최선의 노력을 하고 있는 것이다. 퀄컴은 포스코보다 더 많이 우리나라에 특허출원하고 있다.

(단위: 건)

순위	출원인	국적	특허	실용	디자인	상표	합계
1	퀄컴인코포레이티드	미국	1,376	0	0	24	1,400
2	소니	일본	498	0	68	31	597
3	파나소닉	일본	427	0	37	5	469
4	도쿄엘렉트론	일본	446	1	17	0	464
5	IBM	미국	413	0	0	3	416
6	스미또모가가꾸	일본	386	0	0	2	388
7	쓰리엠컴퍼니	미국	330	1	31	12	374
8	케논	일본	355	0	1	2	358
9	도시바	일본	319	0	27	4	350
10	바스프에스이	독일	342	0	0	4	346

표 2-8 2010년 외국인 10대 권리신청업체 현황

3장
특허란 무엇인가?

삼성과 애플의 특허분쟁은 단지 기술특허의 침해만이 쟁점이 되지 않는다. 특별히 기술과 관련이 없는 스마트폰의 아이콘과 외관 디자인도 쟁점이 되고 있다. 그러나 이들은 모두 국가가 특별히 허가한 독점권이라는 점에서 모두 특허에 포섭된다. 결국 삼성과 애플의 특허분쟁은 특허권, 상표권, 디자인특허, 부정경쟁행위 등의 침해문제가 쟁점이 되며, 특허제도를 더 넓은 시각에서 바라볼 수 있게 해준다. 특허란 대체 무엇인가? 이 장에서는 특허의 정의와 범위 등에 대해 자세히 설명한다. 비즈니스 관점에서 특허를 생각하다 보면 우리는 지적재산권 전반에 대해 살펴볼 수밖에 없다. 특허뿐만 아니라 유사특허로서 상표권, 디자인특허, 저작권, 부정경쟁행위, 영업비밀에 대해서도 필요한 만큼 설명한다. 이 장에서 우리는 다양한 오해와 싸우게 된다.

특허는 로또가 아니다

우리는 지금 '비즈니스 관점에서의 특허'를 말하고 있다. 우선 우리는 학자가 아니다. 말하자면, 도서관에 소장되어 있는 책들을 열어 그 속에 잠자고 있는 활자들을 깨우려는 게 아니다. 대한민국 곳곳에서 구체적으로 살아 있는 비즈니스 현실에 관련하여, '특허'라는 주제를 가지고 이야기를 하는 것이다. 그러므로 대한민국의 정치, 경제, 사회, 문화와 떼려야 뗄 수 없는 이야기가 되고 만다.

　우리는 자주 언론의 선정주의에 대해 문제를 제기한다. 그러나 이것도 일종의 문화라서 잘 바뀌지는 않는다. 특허는 그 권리의 무서운 속성 때문에 선정주의의 좋은 먹잇감이 된다. 특허의 속성 자체만 꺼내서 이야기하면 '사느냐 죽느냐 그것이 문제'이기 때문이다. 어떤 기업이 특정 기술에 대해 특허를 취득하면 그 특허범위가 대체 어떤 것인지를 제대로 살펴보지도 않고 마치 그 기업이 해당 기술에 대해서는 여하한의 독점권을 취득한 것처럼 보도되기도 한다. 또한 특허분쟁도 마찬가지다. 다국적 기업 간의 특허분쟁은 애국심이 동원되기도 하고 성급한 파국의 시나리오가 앞다퉈 보도되기도 한다.

2009년 국내 거의 모든 매체에 대대적으로 보도된 기사가 하나 있었다. 국내 작은 벤처기업이 세계 유수의 일본 자전거 업체를 상대로, 일본에서 '1조 원 특허소송에서 승리'했다는 것이 기사의 요란한 제목이며 또 내용의 요지였다. 결론부터 말하자면, 이는 사실이 아니며 과장도 이런 과장은 없을 것이다. 오늘날 인터넷을 통해 번역된 한국의 신문기사들을 외국인도 읽을 수 있게 된 환경을 생각하노라면, 참으로 부끄러운 일이 아닐 수 없다. 꿈에 부풀어 '1조원'이라는 말을 사용하고 싶었던 그 벤처 기업의 젊은 사장의 마음이야 이해는 하지만, 사실 확인도 하지 않고 무분별하게 앞다퉈 보도한 언론의 선정적인 태도는 정말로 부끄러운 줄 알아야 한다.

요는 이러하다. 한국의 벤처 기업이 일본에서 취득한 '자전거 부품 특허'에 대해, 일본 자전거 업체가 행정심판의 일종인 '특허 무효 심판'을 청구했다. 그 절차에서, 일본 특허청—법원이 아니라—이 이 청구를 기각함으로써 한국 벤처 기업의 해당 특허가 일본에서 죽지 않고 살아 남았다는 내용이다. 그런데 인터넷을 통해 찾아보니 해당 벤처 기업이 청구인이 되어 일본 자전거 업체를 상대로 독일에서 벌인 '특허 침해 소송'에서는 패소했다는 기사도 있었다. 물론 전자는 행정심판에 불과하고 후자는 1심 재판 결과에 불과하다. 모두 외국에서 있었던 일이다.

특허 소송 절차에는 두 가지의 독립적인 절차가 있다. 하나는 '특허 심판 절차'이고, 다른 하나는 '특허 침해 소송'이다. 전자는 특허를 유지시킬까 말까 하는 것에 관한 것이어서 손해배상이나 특허침해와는 직접 관련이 없다. 따라서 특허 심판 절차에서 이겼다 해서 손해배상과 같은 경제적인 이익이 생길 리는 없다. 예컨대, "당신 특허는 유효하지만, 저 사람이 당신 특허를 침해하지는 않았소."라는 논리가 성립하는 것이다. 어떤 기업이 특허 소송에서 이겼다고 대대적으로 홍보하거나 또는 보도되는 경우에, 그것이 '특허 심판 절차'인지 아니면 '특허 침해 소송'인지 확인해 볼 필요가 있다. 더욱이 특허심판절차는 '특허청 → 특허법원 → 대법원'으로 이어지는 심급제도가 있어서, 특허청에서 이루어지는 행정심판의 재결('심결'이라고 부른다)만으로 무슨 확정적이고 대단한 일이 생기는 것도 아니다.

특허를 통한 눈에 보이는 경제적 이익은 타인으로부터 로열티를 받는다거나 또는 손해배상청구에서 승소하는 것에서 비롯된다. 모두 '특허침해소송'과 관련이 있다. 특허침해 소송은 민사 재판 과정을 거친다. 통상 '1심 법원 → 2심 법원 → 대법원'의 재판 절차를 거친다. 이 재판에서는 특허침해에 해당하느냐 해당하지 않느냐가 가장 핵심적인 주제가 된다. 로열티는 상호 협상을 통해 결정되며, 손해액은 법원의 판결에 의해 산정된다. 쉽게 말하자면, 특허 침해 소송에서의 손해액은 통상적인 로열티액을 참고해 산정하고, 원칙적으로는 자기가 입은 손해를 배상 받는 것이다. 로열티 액수와 손해액을 산정하는 것은 매우 어려운 일이 아닐 수 없다. 무릇 상대방이 있는 싸움은 힘이 드는 법이며, 서로 치열하게 공방하며 증거자료를 대면서 입증을 해야 하기 때문이다.

상대방의 매출액 전부를 손해액으로 치부하는 사람이 의외로 많지만 알고 보면 전혀 그렇지 않다. 일반적으로 매출액 중 극히 일부만이 손해액이 될 수 있을 뿐이다. 어떤 사람은 시장 전체 규모를 마치 특허권자의 이익으로, 즉 손해액으로 생각하는 사람도 있다. 터무니 없는 망상에 불과하다. 또한 자기는 전혀 제조하지 않으면서 제조업체의 판매 이익 전부를 손해액으로 주장하기도 한다. 이 또한 부질없는 착각이다. "당신이 입은 손해가 무엇입니까?"라는 질문에 먼저 답을 해야 하기 때문이다. 한편, 해당 특허가 제품 자체가 아니라 어떤 제품에 사용되는 부품 하나에 대한 것이라면, 그것이 기여하는 정도를 또한 판단해야 한다. 당연히 손해액도 생각보다 많지 않게 된다. 특허에 관해—꿈꾸는 것이야 자유이지만— 현실은 냉정하므로 여러 모로 머리를 식힐 필요가 있다.

다시 그 자전거 벤처 업체에 대해 생각해 보자. 사실관계는 이러하다. 단지 일본에서 벌어진 특허무효심판절차에서 자기 특허가 무효가 되지 않았음을 잠정적으로 판단받은 것에 불과하다. 그렇기 때문에 이를 두고 "특허 침해 소송에서 이겼다." 혹은 "이제 일본 자전거 업체는 한국 벤처기업의 허락 없이 자전거를 만들 수 없다."고 표현할 수는 결코 없다. 더욱이 독일에서는 특허침해가 아니라는 1심 판결도 눈에 선명하게 들어온다. 또한 해당 특허가 자전거 자체가 아니라 자전거의 한 부품에 대한 것이라는 사실도 확인됐다. 그런데 '1조 원 소송에서 승리'라는, 마치 전인류가 매일같이 자전거를 타고 다녀야만 가능할 것 같은 이 표현은 대체 무엇인가? 논리적으로 맞지 않고 사실도 아니다. 이런 기사들이 버젓이 보도되고 인터넷을 통해 광범위하게 유포되고 인용되는 현실이 바로 대한민국의 현주소라는 생각에 우울해진다.

어떤 투자가나 투자업체가 사실 확인도 안 된 그와 같은 수사에 현혹되어, 현명한 판단을 그르치게 될까 봐 우리는 걱정한다. 냉철하고 객관적인 근거에 기초하여 투자하는 것이야 걱정할 까닭이 없지만, 그것이 잘못된 사실에서 비롯된 것이라면 참으로 우울한 일이 아닐 수 없다. 또 누군가 헛된 '특허 꿈'을 꾸면서 잠 못 이룰까 그 또한 우려스럽다. '특허 = 일확천금'이 아니다. 특허는 로또가 아니다. 그렇다면 대체 특허는 무엇인가?

특허는 권리이며 눈치이며 가치다

특허란 새롭고 진보적인 출원발명에 대해 국가가 부여한 배타적인 권리. 이렇게 특허를 점잖게 정의할 수 있지만, 우리는 실무적인 비즈니스 입장에서 다시 정의를 찾아야 한다. 이 책의 독자가 전문적인 특허법 지식과 소양을 가져야만 하는 것은 아니므로 법이론의 정의를 인용하지 않겠다. 때로는 교과서에 구하는 지식보다 자유롭게 떠도는 시장통 이야기가 더 유용할 때가 있다.

특허는 '권리'다

'권리'라는 말에는 참으로 숱한 역사가 들어 있다. 오늘날 개인의 권리가 정립되기까지 수많은 희생이 있었다는 것쯤은 누구나 다 아는 사실이다. 여러 차례의 혁명과 전쟁이 있었고, 또 지난 세기 인류는 파시즘의 광기를 경험해야 했다. 눈물 겨운 수백 년의 역사를 거쳐, 인류의 뇌리와 가슴에 기록된 것이 '권리'이며, 이는 이제 법으로 보호된다. 따라서 모름지기 권리를 우습게 여기면 안 된다. 법원은 권리를 가진 자를 보호해주며, 권리를 침해한 자를 처벌하고 또 그 침해를 통해 얻은 부당이득은 어떤 식으로든 환수한다. 또 오늘날의 자본주의 체제는 그와 같은 법치 체제를 상부 구조로 모시고 있는 까닭에, 권리를 무시하는 사람들을 경쟁에서 배제하도록 엄명을 받고 있다.

이와 같은 역사 이야기를 통해서 어쨌든 '권리로서의 특허'에 대한 분위기는 환기되었다고 생각한다. 그러면 권리로서의 특허 내용에 대해 살펴보자. 발명은, 아이디어는, 또한 새로운 기술에 대한 개발은 누구나 자유롭게 실시할 수 있다. 이게 본디 원칙이다. 그런데 가만히 보니까 남의 아이디어를 함부로 모방하면서 건전한 시장을 교란하는 자들이 꼭 나타난다. 그래서 이를 규제할 필요가 생겼고, 특허라는 제도가 탄생하게 되었다고도 말할 수 있다.

특허는 사실상 독점권이다. 'A 발명'에 대해 특허를 취득하면, 'A 발명'에 대한 거의 모든 영업 행위를 독점할 수 있다. 독점권은 곧 타인의 개입을 배제한다. 그래서 '특허권의 본질은 배타권'이라는 말이 생기는 것이다. 배타권의 내용을 보자. 특허권자의 허락이 없다면, 타인은 'A 발명'을 '제조'할 수 없다. 또한 'A 발명'을 '사용'해서 뭔가를 하거나, 이를 '판매'할 수도 없다. 권리 없는 사람이 생산한 'A 발명'을 구입해서 '유통'하거나 '재판매'하는 행위도 안 된다. 타인이 'A 발명' 제품을 자사의 카탈로그 등 광고매체에 함부로 넣거나, 인터넷 홈페이지를 통해 광고하는 것도 금지된다. 동일한 제품을 다른 나라에서 만들어 국내로 수입하는 행위도 안 된다. 그러니까 요약하자면, 특허권자의 허락 없이는 특허범위에 포함되는 제품에 관한 모든 영업행위는 금지된다는 이야기다. 금지된 특허권 침해행위를 그래도 나는 하겠다 하면 어떻게 될까? 범죄행위이므로 처벌받는다. 형법상 7년 이하의 징역, 1억원 이하의 벌금이다. 민사상 손해배상도 해야 한다. 어디까지나 재판을 통해 확정판결을 받아야 처벌되지만, 고소를 당하면 경찰서와 법정에 오가야 할 것이고, 아주 괴롭다. 소송 수행에 들어가는 비용도 만만치 않다.

간과되기 쉽지만 두 가지의 더욱 무서운 현실이 숨겨져 있다. 첫째, 특허권을 침해한 제품을 유통하거나 판매하는 자도 특허권 침해에 해당할 수 있다. 그런데 그런 자들이 시장의 주도권을 쥔 경우가 많기 때문에 특허권자는 침해품 제조자를 공략하는 것이 아니라 그들의 유통 또는 판매 파트너를 공략한다는 것이다. 일종의 합법적인 영업방해 행위다. 특허권자가 침해품을 제조한 자를 괴롭히는 것이 아니라,

그 침해품을 유통, 판매하는 자를 적절하게 괴롭힘으로써 혹은 귀찮게 함으로써 침해자와 거래하지 말도록 유인한다. 법을 통해서가 아니라, 시장을 통해 침해자를 압박한다는 이야기다. 모기처럼 귀 주위를 맴도는 이 괴로움은 당해 보지 않은 사람은 모른다.

둘째, 가처분 판결의 위험성이다. 예컨대 생산금지 또는 판매금지 가처분을 말하는데, 가처분 사건은 6개월 이내에 끝날 수도 있다. 막대한 대출을 받아 제조하고 이제 판매만 하면 되는데, 창고에 딱지가 붙어 반출할 수 없게 되면 매출이 순식간에 제로가 된다. 일단 가처분을 당하면 풀기가 어렵다. 여기서 어렵다는 말은 몇 년이고 시간이 걸릴 수 있다는 말이다. 그러다 보면 자금 회전이 안 되기 때문에 기업은 도산한다. 그만큼 특허라는 권리는 무섭다.

물론, 정말 특허침해에 해당하는 것인지, 특허권의 보호범위가 어느 정도 되는지에 대해서는 복잡한 법리적인 매듭을 풀어야 한다. 때로는 지극히 간단한 매듭일 수도 있다. 이를 위해서는 먼저 대체 그 특허가 무엇이며 특허범위가 어떠한지에 대해서 정확히 조사할 필요성이 있다. 특허권의 내용도 모른 채, 그 특허가 대단하다느니, 우리가 특허를 가지고 있기 때문에 우리만 할 수 있다느니, 다른 녀석들은 다 불법이라느니 법석대는 사람들을 많이 보아왔다. '권리'라는 허울좋은 간판에 현혹되어서는 안 된다. 그 안에 들어가서 메뉴를 보면서 무슨 요리가 있는지 살펴보고, 어떤 요리가 맛있는지 차분히 앉아 음미하는 것이 필요하다.

특허는 '눈치'다

앞에서 살펴본 바와 같이 특허는 무서운 권리다. 내가 특허권을 가지고 있을 때와 상대방이 특허권을 가지고 있을 때는 서로 완전히 다른 입장이 된다. 그러나 우리는 같은 시장에서 서로 경쟁하며, 때로는 담합하는 분위기였다가 또 때로는 신경질적인 경쟁 관계를 보이기도 한다. 관객인 소비자들이 지켜보는 무대 위에 올라가 우리는 어쩔 수 없이 싸워야 한다. 권투 경기에서, 상대방의 무서운 주먹이 언제 나올지, 그 방향은 어떻게 될지 미리 알면 매우 유리할 것이다. 우수한 선수들은 순간적인 눈치로 그것을 감지하여 대응한다고 한다. 하지만 워낙 순간적인 일이기 때문에, 더 효과적으로 대비하기 위해서는 상대방의 스타일을 미리 연구하고 대비할 필요가 있다. 그래서 상대방이 이전에 벌인 경기의 비디오를 보거나 직접 경기를 관전하기도 한다. 그리고 부지런히 훈련한다. 특허라는 경기장에서도 마찬가지다. 일단 서로 공개해 놓고 싸우는 것이 특허제도의 핵심이기 때문이다.

특허권은 독점적이고 배타적인 권리이니까 국가가 함부로 주어서는 아니 된다. 그래서 국가는 엄격한 심사를 통과한 권리신청인에게 두 가지의 부담을 지운다. 첫째는 돈을 내라는 것이고, 둘째는 그 특허를 모든 사람이 길거리에서도 볼 수 있게 공개하겠다는 것이다(이 말은 다소 과장이지만, 요즘은 길거리에서도 인터넷을 할 수 있으니까 꼭 거짓말은 아니다). 후자가 중요하다. 즉 모든 특허는 공개된다. 감출 수 없다. 이와 같은 공개의 취지는 "이게 새로운 기술이라고 하는데 이 내용을 참조해서 연구하면 도움이 될 것입니다."라는 힌트다. "단, 타인의 특허권을 침해하면 안 됩니다."라는 단서가 붙는다. 눈치 빠른 사람은 벌써 특허의 본질을 알아차렸을 것이다. 특허권자에게 독점권이 있다면, 제삼자에게는 그 특허내용을 참조할 수 있는 '참조권'이 부여된다는 사실이다. 이 '참조권'의 내용으로는 다음과 같은 것들이 있다.

1. 특허내용보기
2. 심사절차와 제출서류 들여다 보기
3. 경쟁기업 보유 특허 보기
4. 특허동향 보기
5. 자기 기술에 응용해보기
6. 특허권을 피할 수 있는 전략 짜기

나한테 좋은 아이디어는 다른 사람한테도 좋은 아이디어일 수 있고, 나한테 필요한 것은 다른 사람한테도 필요하기 마련이다. 그러므로 특허검색을 해서 유용한 아이디어가 있는지 알아보는 행위는 현명한 일이며 또한 필요한 작업이기도 하다. 신규 시장에 진입함에 있어 이 시장이 기술적으로 블루오션인지 레드오션인지 알아보는 일도 중요하고, 그 길에 특허라는 지뢰밭이 어느 정도 깔려있는지 알아보는 것도 하나같이 소중한 일이다. 옛말에 돌다리도 두드리면서 걸으라 했다. "당하기 전에 대비하자"라는 문구를 생각할 수도 있다. 특허는 눈치이다. 재빨라야 한다.

특허는 '가치'다

통상 가치를 사용가치와 교환가치로 구분할 수 있다. 전자는 유용성에 관한 것이고, 후자는 그야말로 금전적인 가치를 의미한다. 특허의 교환가치에 대해서는 아직 명확한 기준과 정설이 없어 보인다. 특허에 대해 가치 평가를 하려는 시도가 있고, 또 그런 시도를 업으로 하는 사람도 있다. 여기서의 가치는 교환가치를 의미한다. 하지만 특허 가치 평가에는 확정하기 어려운 다양한 변수들이 존재하는 데다가 특허 이외의 재무와 시장현황 등을 복합적으로 고려해야 하며, 또 당사자들의 주관적인 의사가 개입되기 때문에, 확실성과 객관성을 유지하기 어렵다. '기술'에 대한 가치 평가도 어렵지만, 법리적인 접근을 전제로 하는 '특허'에 대한 가치 평가는 더더욱 어렵다. 그래도 사람들은 끊임 없이 특허에 대한 가치를 평가하려고 한다. 왜냐하면 특허를 얼마에 살지 또는 얼마에 팔지, 특허를 자산으로 산정하여 계상하고자 할 때 그 가액을 얼마로 평가해야 할지, 특허에 대한 투자가 성공할지 실패할지 등, 구체적이고 현실적인 과제가 바로 앞에 놓여 있기 때문이다. 그러나 이 역시 대답하기 어렵다.

특허의 사용가치, 즉 유용성에 대해 이야기해 보자. 교환가치와는 달리 특허의 사용가치는 더 명확하게 규명할 수 있다. 자본주의 사회에서 돈을 벌기 위해서는 경쟁을 해야 한다. 당연한 이야기다. 그런데 특허는 앞서 본 바와 같이 배타권으로서 경쟁을 배제하고자 하는 속성이 있다. 특허권자에게 우월한 지위를 보장한다는 것이고, 속된 말로 먹고 들어간다는 이야기다. 무한 경쟁의 긴장감 속에서 경쟁의 구도를 자기 쪽으로 유리하게 끌어올 수 있는 유용한 수단이 있다면 당연히 귀가 솔깃해지게 마련이다. 그것이 바로 특허며, 특허의 달콤한 유혹이다. 이에 대해서는 이미 2장에서 살펴본 바와 같다.

기업의 규모, 시장의 지배력, 시장의 성격, 기술 분야와 수준 등에 따라서 특허의 유용성이 달라진다. 어떤 기업은 스스로 특허 기업임을 자처하거나 또는 자사의 제품은 특허 제품이어서 우수하다고 홍보하며 특허를 마케팅 수단으로 이용한다. 또 어떤 기업은 경쟁자를 괴롭히기 위해서, 어떤 이는 투자를 유인하는 수단으로, 어떤 이는 확실하게 시장을 장악하려고, 어떤 이는 단지 방어적인 목적으로, 어떤 기업은 미래에 있을 협상에 대비하고자, 또 어떤 기업은 지식경영의 일환으로 회사의 무형 자산을 높이고 기술혁신을 도모하기 위해 특허를 이용한다. 물론 특별한 생각 없이 남이 중요하다고 하니까 특허를 중시하는 이도 많다. 남의 이야기를 들을 줄 아는 두 귀를 가졌기 때문에 나쁜 태도는 아니다. 오늘도 수많은 기업들이 특허의 이러한 유용성을 적절하게 활용하면서 성공을 기린다.

이와 같이 특허는 '권리'이자 '눈치'이자 '가치'다. 무한 경쟁의 자본주의 사회에서 특허만큼 유용한 수단은 많지 않다. 특허 딱히 내세울 무기가 없는 벤처, 중소기업에게는, 또한 이제 창업을 한 기업에게는 특허보다 매력적인 것을 찾기도 어렵다. 특허, 참 중요하다. 그러나 한편, 특허는 아무것도 아니기도 하다. 특허를 받기는 받았는데 그 기술 자체가 시장에서 유용성이 없어 소비자나 고객에게 인정받지 못하는 것이라면 그 특허는 아무 가치가 없다. 꿈을 현실로 만드는 일은 권리를 금고 속에 보관하거나 또는 금고 속 권리를 공공연히 뽐내는 데 있지 않다. 오직 시장에서 제품으로 또는 서비스로 인정받을 수 있도록 열정적으로 실천하는 일에 달려 있다.

'언어'에 묶여 있는 특허

전문적인 법리에 따라 설명하자면 특허는 '기술사상'에 관한 것이다. 어떤 기술에 대한 구체적인 생각을 말하는 것이며, 특허의 대상이 되는 기술이 갖고 있는 합목적적인 정체성을 의미한다. 하지만 이는 일반인이 잘 알아들을 수 없는 개념이기 때문에 이 책에서는 그와 같은 표현은 채택하지 않기로 한다.

일반인들의 잘못된 생각

일반인들은 특허란 좋은 아이디어에 대한 권리로 생각한다. 그 아이디어를 독점하는 권리로 이해하는 것이다. 만일 우리가 "아이디어의 어느 부분을 독점하는 것입니까?"라고 어떤 특허권자에게 묻는다면 상당수는 그 아이디어가 추구하는 '기능', '효과', '원리' 등을 독점하는 것이라고 대답한다. 이런 사람들은 특허를 모르는 사람이므로 위험하며 감정적으로 돌변할 가능성이 있다. 또 어떤 이들은 자기 제품을 설명하며 이런 것에 대한 특허라고 답하며 이 제품은 자기만 제조하고 판매할 수 있다고 말한다. 이들 생각으로는 자신의 제품이 특허로 보호받고 있다고 '당연히' 생각하기도 한다. 잘못된 지식을 갖고 있기 때문에 역시 위험하다. 또한 상당수는 자신들의 특허가 어느 부분을 독점하고 있는 것인지 모른다. 무관심과 무지가 결합되어 있기 때문에 역시 나쁘다. 자신의 특허가 아이디어의 어느 부분을 독점하는 것인지 정확하게 답할 수 있는 사람(기업)은 거의 없다. 대기업은 특허가 너무 많아서 문제고 중소기업은 특허에 대한 지식이 너무 부족해서 문제다.

아이디어가 입는 옷

그렇다면 특허는 아이디어의 어느 부분을 독점하는 것인가? 아이디어는 두 개의 옷을 입게 된다. 첫 번째 옷은 언어라는 옷이다. 마케팅을 위해 혹은 투자를 받기 위해 자신의 아이디어를 '말(언어)'로 표현해 제안하거나 약정하거나 판매한다. 자기 아이디어를 언어로 표현할 때 아이디어는 언어라는 옷을 입는다. 아이디어가 착용하는 두 번째 옷은 제품(서비스)이다. 아이디어에 따라 제품을 만드는 것에 성공했을 때 아이디어는 실물(實物)의 옷을 입는다. 실체화되는 것이다. 특허는 두 번째 옷에서는 절대로 나오지 않는다. 특허라는 권리 자체는 실물과는 아무런 상관이 없다(실물은 특허침해 시에 손해배상액 산정이나 침해 상대방의 고의/과실을 판단할 때 등 예외적인 경우에만 참조될 뿐이다). 특허는 첫 번째 옷을 입는 것과 같다.

특허는 언어 표현에서 나온다

아이디어가 아이디어 그 자체로 머물러 있거나 또는 제품이라는 옷을 입고 있을 뿐이라면 특허는 아직 잉태되지도 않는다. 그 아이디어에 대해서 특허권을 신청해야지만 비로소 특허가 비즈니스 안에서 잉태되어 자라나기 시작한다. 어떻게 특허권을 신청하는가? 아이디어를 '언어'로 잘 표현해 서류로 만들어 제출해야 한다. 200자 원고지 수십 페이지에서 수천 페이지에 이르는 분량의 특허서류를 제출해야 하는 것이다. 그리고 그 서류를 심사해 국가가 특허권을 허락해 준다. 특허권은 아이디어 그 자체가 아니라 아이디어를 글로 정리해서 적은 특허서류(특허명세서)에서 나온다. 그러나 아직 불충분하다. 특허서류에는 여러 가지 항목이 있다. 그 중에서도 원칙적으로 '특허청구범위'에 기재된 곳에서만 권리가 나온다.

결론적으로 특허권은 아이디어 그 자체가 아니며, 아이디어를 이용한 실물도 아니다. 오직 특허서류 중에 '특허청구범위'라는 항목에 쓰여진 언어 표현에서 나오는 것이다. 게다가 특허법은 언어 표현의 방식을 매우 엄격하게 제한한다. 기분 내키는 대로 적을 수도 없다.

다소 수사적인 표현을 쓰자면, 예쁜 언어로 아이디어를 표현하면 예쁜 특허가 되고, 나쁜 언어로 표현되면 나쁜 특허가 된다. 특허서류에 적힌 언어표현이 엉망이면 특허도 엉망인 특허가 되는 셈이요, 특허서류에 적힌 언어 표현이 아이디어를 비좁게 표현했다면 그 특허는 비좁은 특허범위를 갖는 것이요, 언어 표현을 훌륭하게 하면 훌륭한 특허가 되는 것이며, 특허서류에 엉뚱하게 표현되어 있다면 엉뚱한 특허가 되는 것이다. 당사자들은 두 개의 물건을 놓고 특허침해가 아닌지 심각하게 고민하고 있는데, 특허침해 여부를 판단하는 재판관은 아랑곳하지 않고 '아' 다르고 '어' 다르다고 한다. 과연 그렇다. 그러므로 특허는 '언어'에 묶인 셈이다. 언어로부터 벗어날 수가 없다.

변리사에게 의뢰할 때의 풍토
상당수의 많은 기업들이 마케팅을 함에 있어서는 자기 아이디어를 언어로 잘 표현하려고 무지 노력한다. 당연한 일이다. 그런데 특허권을 신청할 때는 언어로 표현하는 데 매우 서투르다. 만일 특허권의 신청이 어떤 비즈니스 목적을 달성하기 위한 요식행위에 불과하고 특허권을 취득하거나 행사하려는 의사가 전혀 없다면 언어 표현의 결핍은 문제가 되지 않는다. 그러나 권리행사까지 염두에 둔 것이라면 언어 표현의 부족은 매우 심각한 문제를 야기한다.

　이 문제를 어느 정도 해소하기 위해서 변리사에게 의뢰한다. 하지만 변리사도 의뢰인한테 전달 받은 언어 표현(그것이 문서이든 말로 설명한 것이든)에 상당 부분 의존하기 때문에, 의뢰인 스스로가 자기 아이디어를 글로 잘 정리하는 습관과 능력과 책임감이야말로 정말로 중요하다. 한두 시간 대충 글로 정리하여 변리사에게 주면서 알아서 하겠지, 라고 생각하는 풍토가 만연되어 있다. 논문 쓰듯이 자기 아이디어를 정리하고, 검색하고, 적어도 하루 이틀을 온전히 투자해 아이디어를 정리하는 것이 바람직하지만(그러다 보면 남의 기술이나 선행특허자료도 더 많이 입수하게 될 것이다), 바쁘고 어렵고 귀찮은 일이다. 회사는 특허를 매우 중요하게 생각하는데, 정작 아이디어를 정리하는 담당자는 대수롭지 않게 여기거나 미룬다.

　변리사가 아이디어를 글로 모두 정리하여 만든 특허서류 초안이 완성되었다고 하자. 이제 변리사의 언어 표현에 의해 특허범위가 좌지우지되는 순간이다. 서류는 의뢰인에게 보내질 것이다. 하지만 애석하게도 여기서 잘 검토가 되지 않는다. 우리 기업 현실이다. 변리사의 언어 표현이 너무 전문용어가 많고 이해하기 어려운 점도 한몫 했을 것이다. 그러나 막연히 잘 했겠지, 라고 생각하는 기업의 아마추어적인 태도가 더 문제다.

아이디어를 언어로 정리하는 방법
다음 사례는 특허권을 신청하려고 할 때 회사 담당자가 늘 부딪치는 벽에 대한 것으로서 어디까지 아이디어를 글로 표현할지에 대한 내용이다.

사례 005　특허출원을 위한 아이디어 정리
　홍길동 주식회사가 제품을 개발하는 과정에서 좋은 아이디어가 제안됐다. 그리고 이것에 대해서 특허권을 신청하기로 결정됐다. 이것을 변리사에게 의뢰하기로 하고, 임꺽정 과장이 담당자가 됐다. 임꺽정은 어느 정도 아이디어를 언어로 정리해야 되는가?

　앞서 설명한 것처럼 특허권을 신청하려면 아이디어를 언어로 표현한 특허서류(특허명세서)를 작성해야 한다. 이제 임꺽정은 아이디어를 정리해서 변리사에게 전달할 것이다. 사실 어느 정도까지 글로 정리해서 변리사에게 전달해야 할지는 분야마다 다르다. 때로는 단 한 줄의 문장만으로도 변리사가 수십 페이지에 달하는 특허서류를 작성할 수 있다. 비즈니스 모델 분야가 특히 그러하다. 반면에 어떤 경우에는 아이디어의 원리를 도식화한 그림과 구체적인 설명을 변리사에게 전달해 주지 않으면 특허서류를 작성할 수 없다. 기계/장치 분야가 특히 그렇다. 또 어떤 경우에는 그 아이디어의 성능을 실험한 구체적인 데이터가 필요하다. 화학분야의 아이디어가 그렇다. 이와 같이 그 아이디어의 기술분야와 내용에 따라 달라진다. 설계도나 시제품 같은 것은 있으면 좋고 없어도 무방하다.

첫째, 변리사는 만물박사가 아니라는 점을 전제로 해야 한다. 지나친 전문용어와 약어의 사용은 피하는 것이 바람직하다. 전문용어와 약어를 사용해서 아이디어를 정리하는 경우에는 그 용어와 약어에 대한 정의를 반드시 해야 한다. 당연히 문장으로 정리한다. 발명가가 이해하는 용어 개념과 변리사가 이해하는 용어 개념 사이에 차이가 있을 수 있고, 개념에 대한 것이기 때문에 사소한 차이라도 쉽게 넘어가서는 안 된다. 이 사소한 차이가 나중에 특허의 가치를 좌우할 수 있기 때문이다. 따라서 미리미리 용어에 대해 설명해 두는 것이 좋다. 마치 일반인에게 자신의 아이디어를 설명하는 것처럼 쉽게 글로 적는 것이 가장 좋다.

둘째, 도대체 이 아이디어가 나온 배경이 무엇인지 설명을 한다. 우리 아이디어가 제안되기 전에는 무슨 문제나 불편함이 있었는지에 대한 설명이다. 이른바 종래기술의 문제점을 말한다. 어떤 변리사들은 획일적으로 종래기술을 특허서류에 적지 않는다. 이와 같은 방식은 전세계적인 유행이 되기도 했다. 자기 특허서류에 기재된 종래기술로 인해서 특허를 못 받게 된다는—진보성이 부인된다는— 판례가 무서워서이다. 그러나 이는 가끔 맞는 말이지만 반드시 그렇지는 않다. 때로는 장차 있을 특허분쟁을 대비하여 종래기술과의 차이점을 두드러지게 표현할 필요가 있다. 어쨌든 적어도 변리사는 이 아이디어가 무엇을 해결하려고 제안됐는지를 제대로, 명확히 이해해야 한다. 그래야만 제안된 아이디어를 언어로 '예쁘게', '두드러지게' 표현할 수 있다.

셋째, 우리 아이디어와 유사한 문헌이나 종래기술이 입수되어 있다면 그 문헌은 변리사에게 제공되어야 한다. 그래야만 장차 있을 위험을 고려하면서 전략적으로 특허서류가 작성될 수 있다. 실제 특허서류에 그러한 것을 기재할지는 변리사가 먼저 판단할 것이다. 대부분의 불리한 자료는 특허서류에 언급되지 않는다.

넷째, 아이디어의 내용 중에서 어디까지가 우리의 새로운 아이디어이며, 어디까지가 예전부터 있었던 것인지를 분명히 해야 한다. 즉 아이디어의 내용 중 피아의 경계를 명백히 밝혀야 한다. 아이디어를 정리한 상당수의 발명가 문서를 보면 도대체 어디까지가 '내것'이고 어디까지가 '남의것'인지가 불분명한 경우가 있다. 특허서류가 논리적이지 않고 중구난방이 되는 대표적인 이유가 여기에 있다. 아이디어가 나온 배경을 생략하고 자기 아이디어만 장황하게 글로 쓰는 것은 좋지 못하다.

다섯째, 가공되지 않은 내부 자료가 있다면 그것을 모두 변리사에게 제공할 필요가 있다. 대부분은 대외비 자료일 것이다. 그러나 변리사는 고객의 비밀을 지켜야 할 의무가 있고 고객과 변리사 사이에 대외비 자료를 주고 받지 못할 정도의 신뢰라면 의뢰할 까닭이 없다. 가공되지 않은 내부 자료는 각종 기획서, 프리젠테이션 자료, 워드 문서 등이 될 것이다.

여섯째, 도면이 필요한 경우가 많다. 이 책 곳곳에서 강조되지만 도면 그 자체에서 특허가 나오는 것이 아니다. 단지 어떤 아이디어인지 그 내용을 설명하기 위하여 참고용으로 제출하는 것이기 때문에 기계

작동원리 같은 것이 아니라면 설계도처럼 자세할 필요는 없다. 어쨌든 장치에 관한 것이라면 장치의 구성에 대한 도면이 필요하다. 기계분야는 CAD 도면이 필요할 것이다. 전자분야는 회로 블록도나 제어 흐름을 나타내는 도면, 혹은 내부 구성도 등이 필요하다. 소프트웨어에 대한 아이디어라면 소프트웨어 모듈구성과 프로세스에 대한 블록도를 준비한다. 기기의 형상에 관한 것이 아니라면 손으로 스케치해도 된다.

이상의 가이드를 요약하자면 아래와 같다.

- 변리사는 기술 전문가가 아니기 때문에 쉽게 풀어 설명해줄 것
- 종래 기술이나 제품의 문제점이 무엇인지 요약할 것
- 유사한 종래 문헌을 알고 있다면 그 문헌을 제공해 줄 것
- 아이디어의 내용 중 어느 부분이 새로운 것이지 구별할 것
- 가공되지 않은 내부 문서가 있다면 그 문서를 제공할 것
- 아이디어를 이해하는 데 도면이 필요하다면 도면을 그릴 것

특허공보 보기

앞서 설명한 것처럼, 특허는 기술이나 아이디어에 대한 것이지만 제품이 아니라 '문헌'이다. 기술을 글로 상세히 설명한 후에 어느 부분에 대해 '내 권리'가 있는지를 표현하는, 그러니까 다수의 문장으로 이루어진 것이 바로 특허인 것이다. 그러므로 특허가 무엇인지 더 명료하게 이해하기 위해서는 이 '특허문헌'이 어떻게 구성되는지에 대해 살펴볼 필요가 있다. 어떤 기술에 대해서 '특허문헌'을 얻는 일은

매우 쉽다. 한국특허정보원의 웹사이트(http://www.kipris.or.kr)에 접속해 원하는 키워드를 입력하고 검색하면 그만이다. PDF 파일로 된 '등록특허공보'와 '특허공개공보'라는 명칭의 두 가지 특허공보를 얻을 수 있는데, 전자에서 '특허권'을 확인할 수 있다. 이 공보(公報)는 특허청이 발행하는 것으로 특허문헌을 만인에게 공개하는 역할을 한다. '특허공개공보'만 검색된 경우에는 해당 발명은 아직 심사 중이라거나 혹은 거절된 것이다.

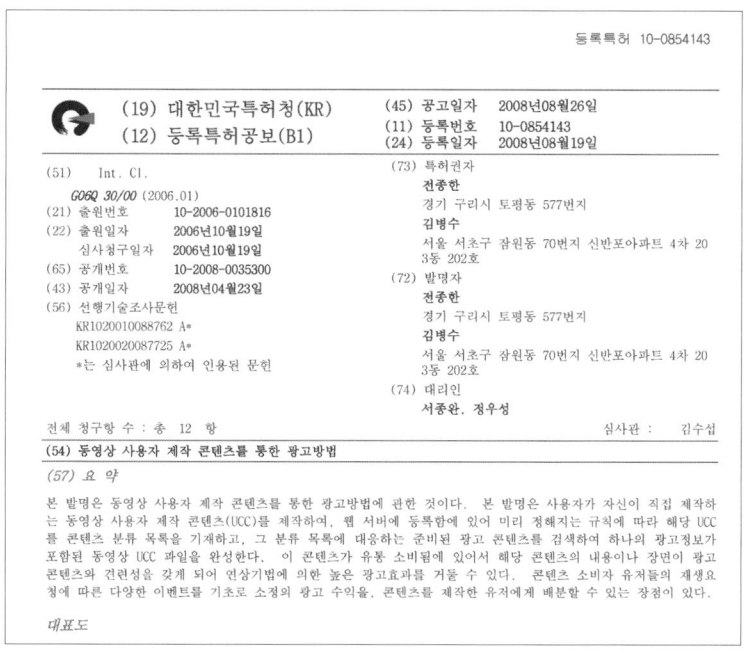

그림 3-1 특허공보

그림 3-1은 등록특허공보의 맨 첫 페이지를 나타낸다. 특허문헌의 일종의 표지인 셈이다. 여기에는 특허의 서지정보가 수록된다. 언제 특허가 신청되었으며 언제 공개되었고 언제 특허를 받았는지가 기재되어 있다. 특허번호는 (11)번으로 우측 상단에 표시되어 있는 '10-

3장 특허란 무엇인가? 107

0854143'이다. 숫자 10은 특허를 의미하는 것이기 때문에 실무상 특허 제854143호로 표현하기도 한다. 발명의 명칭은 '동영상 사용자 제작 콘텐츠를 통한 광고 방법'이다.

표지에는 '특허권자', '발명자', '대리인'이 표시된다. 이중 바뀌지 않는 정보는 '발명자'이며, '특허권자'와 '대리인'은 바뀔 수 있기 때문에 별도로 확인할 필요가 있다. '특허권자'에 관련한 정보는 중요하다. 어떤 기술 A에 대해서 특허권을 가진 사람(기업)은 기술 A의 이전 단계의 관련 기술 A-에 대한 특허권도 보유하고 있을 수도 있고, 또는 기술 A의 더 발전된 버전인 기술 A+에 대한 특허권도 보유했을 가능성이 있다. 따라서 그 특허권자가 보유 중인 다른 권리 내역도 함께 조사할 필요성이 있는 경우에는 매우 중요한 정보가 아닐 수 없다. 실제 예제특허의 경우도 동일한 사람이 또 다른 한 건의 선행 특허를 보유하고 있는데 그 선행 특허가 더 넓고 강한 특허범위를 갖는다.

'선행기술조사문헌' 중 별표가 표시된 것은, 이 특허가 심사를 받는 도중에 특허청 심사관이 유사하다고 생각해 제시한 선행특허공개문헌의 목록을 의미한다. 이렇게 표시된 선행문헌이 있다는 것은 심사과정에서 한번은 부정적인 심사결과가 있었음을 의미하기 때문에 왜 심사관이 문제 삼았으며 그때 특허권자가 무슨 주장을 했기에 특허를 받게 되었는지를 알 수 있다. 특허범위를 판단하는 데 매우 중요한 자료를 제공해 준다. 이에 대해서는 5장에서 상세히 다룬다. 등록특허공보의 첫 페이지 서지사항 밑에는 '요약'이 있다. 기술내용에 대한 간략한 요약이므로 내용파악에 도움이 될 수도 있다. 먼저 '요약'을 대충 읽은 다음에는, 소위 특허범위를 말해주는 '특허청구범위'를 본다.

> 등록특허 10-0854143
>
> **특허청구의 범위**
>
> **청구항 1**
>
> 생산측 사용자 단말이 컴퓨터 저장 매체에 저장되어 있는 동영상 파일을 동영상 원본 파일로서 선택하는 제 1 단계;
>
> 상기 생산측 사용자 단말이, 웹 사이트상에서 제공되는 UCC(User-Created Contents) 생성기를 통해 상기 동영상 원본 파일을 업로드하고 콘텐츠 분류 목록 기록 모듈을 이용하여 콘텐츠 분류 목록을 기록하여 동영상 UCC를 완성하고, 광고 콘텐츠 삽입 모듈을 이용하여 미리 구축된 광고 데이터베이스로부터 상기 콘텐츠에 기록된 콘텐츠 분류 목록에 대응하는 광고 콘텐츠를 삽입하여 광고 정보가 포함된 동영상 UCC 파일을 준비하는 제 2 단계; 및
>
> 상기 광고 정보가 포함된 동영상 UCC 파일에 대한 소비측 사용자 단말의 재생요청이 있는 경우, 상기 생산측 사용자 단말이 제작한 해당 동영상 UCC의 재생과 함께 상기 광고 콘텐츠도 상기 소비측 사용자 단말의 화면에 표시하는 제 3 단계;를 포함하는, 동영상 사용자 제작 콘텐츠를 통한 광고 방법.
>
> **청구항 2**
>
> 제 1 항에 있어서,
>
> 상기 동영상 원본 파일을 선택하는 제 1 단계는,
>
> 상기 웹 사이트에 접속하여 회원 인증 여부를 확인하는 단계;를 포함하는, 동영상 사용자 제작 콘텐츠를 통한 광고 방법.

그림 3-2 특허공보 중 클레임

그림 3-2는 특허청구범위다. 다시 말하자면 이것은 특허권자가 자기의 특허범위를 글로 표현한 대목이다. 여기서 특허권이 나온다. 그렇기 때문에 특허문헌에서 가장 중요한 부분이라고 할 수 있다. 특허청구범위는 다수의 '청구항^{Claim}'으로 구성된다. 청구항마다 특허가 나오므로 청구항마다 독립된 권리이다. 하지만 어떤 청구항은 특허범위가 넓고 어떤 청구항은 특허범위가 좁다. 특허분석을 할 때에는 가장 넓은 청구범위를 먼저 보는 것이 원칙이다. 일반적으로 "~에 있어서"라는 표현으로 다른 청구항을 인용하는 것은 특허범위가 좁고(이 특허에서는 청구항 2), 그런 표현이 없는 청구항이 특허범위가 넓다(이 특허에서는 청구항 1). 청구범위가 글로 표현되어 있고, 이것은 기술자체가 아니라 기술을 문장으로 표현한 것이기 때문에 해석이 필요한 경우가 있다. 다음으로 '발명의 상세한 설명'이다(그림 3-3 참조). 배경기술부터 설명해 아이디어의 구체적인 내용을 적는 곳이다.

```
등록특허 10-0854143

<31>  <기술분야>
<32>  본 발명은 콘텐츠와의 연관성을 갖는 광고방법에 관한다. 특히 콘텐츠의 내용이나 장면과 직간접적으로 관련된
      광고정보를 콘텐츠와 함께 제공함으로써 그 콘텐츠를 보고 듣는 사람에게 더욱 강한 광고효과를 거두기 위해 제
      공되는 기술이다.
<33>  <종래기술의 문제점>
<34>  본 발명의 발명가는 디지털 방송 프로그램의 영상·음성 데이터와 매치되는 광고를 제공하는 기술에 대해서 대
      한민국 특허 제616805호 "디지털 방송에서의 연상기법을 이용한 광고방법"으로 특허를 받았으며, 이를 통해 예
      컨대 TV 드라마, 쇼 프로그램 등에서 자주 등장하는 장면을 분류하여 각 장면을 통해 연상할 수 있는 상품을 설
      정하고, 방송 중에 미리 저장되어 있는 상기 상품에 대한 광고를 화면에 출력하는 방식의 광고방법을 제공하였
      다.  그리고 해당 특허를 통해 방송 콘텐츠의 구체적인 영상장면이나 음성과 직접적으로 매치되고 연상되는 기
      법의 광고방법을 "연상기법"을 이용한 광고방법으로 정의한 바 있다.
<35>  그러나 위의 특허는 디지털 방송 프로그램을 제작하는 방송업자와 광고 대행업주에게 광고콘텐츠를 제공하는 광고
      주(또는 광고주와 계약한 광고대행업자) 간의 상호 관계에서만 광고방법이 고려되었다. 즉 광고주는 연상기법
      에 의한 광고방법을 통해 광고효과를 거둘 수 있고, 방송업자는 광고주로부터 소정의 광고료를 받기 때문에 상
      호 이익을 공유할 수 있었다.  그러나 그 콘텐츠를 시청하는 유저는 단지 수동적인 위치에 있었고, 콘텐츠 제작
      에 관한 어떠한 능동적인 행위 또는 이익의 배분은 존재하지 않았다.
```

그림 3-3 특허공보 중 배경기술

특허문헌의 '발명의 상세한 설명'은 이와 같이 기술분야를 간단하게 설명하고 종래기술의 문제점을 지적하는 데서 출발을 한다.

```
              발명이 이루고자 하는 기술적 과제
<40>  본 발명은 위와 같은 종래기술의 문제점과 한계를 극복하고자 연구하고 노력한 결과의 산물이다.
<41>  본 발명의 기본적인 기술적 과제는 사용자 제작 콘텐츠(UCC)와 광고 콘텐츠의 결합을 도모하면서 각 콘텐츠의
      내용 또는 장면별로 분류된 목록에 의해 상호 연관성을 갖도록 하는 광고방법을 제공함에 있다.
<42>  본 발명의 목적은 사용자 개인이 동영상 콘텐츠를 제작, 편집, 등록하여 이를 네트워크상에 유통함에 있어 미리
      정해진 규칙에 따라 해당 동영상 콘텐츠를 사용자 스스로 특정 장면이나 키워드별로 분류하여 설정하도록 하는
      것을 목적으로 한다.
<43>  본 발명의 다른 목적은 사용자 개인이 제작한 동영상 UCC의 분류된 각 장면을 통해 연상될 수 있는 상품이나 서
                                          - 4 -
```

그림 3-4 특허공보 중 발명의 상세한 설명

다음으로 이 아이디어가 해결하려는 목적을 적는다(그림 3-4 참조). 그 다음부터는 도면을 이용해 발명의 상세한 설명이 하나씩 하나씩 논리적으로 기재된다. 마치 논문처럼 기술내용의 핵심적인 내용이 수록된다.

자기 전문분야가 아니면 기술은 쉽지 않다. 그런데 특허기술은 기

술 중에서도 "나는 새롭고 진보적인 기술이야!"라고 뽐내는 기술이다. 따라서 기술파악이 어려울 수도 있다. 그러나 특허문헌에서 기술파악보다 어려운 것이 법적인 혜안이다. 특허문헌을 보면서 기술내용도 파악해야 하지만, '특허범위'도 동시에 파악해야 한다. 따라서 앞에서 명시한 대로 특허 문헌을 읽는 것이 좋다. 먼저 맨 첫 페이지를 통해 서지정보와 요약을 대강 읽은 다음에, 특허청구범위의 청구항—좁은 청구항에서 시간을 지체하지 말고—을 살펴 본다. 그 다음에 이 특허가 무엇을 해결하려고 하는지를 살펴보고 첨부된 도면과 그 도면에 대한 상세한 설명을 읽으면 특허문헌의 대강을 파악할 수 있다.

이 책의 부록 II에는 실제 특허를 받은 특허문헌인 '등록특허공보'를 수록했다. 이 책의 독자가 특허공보를 아직 본 적이 없다면, 부록 II는 큰 도움이 될 것이다.

유사 특허

특허와 유사한 권리 속성을 갖는 것들이 있다. 본디 누구나 사용할 수 있는 것이지만 국가가 특별히 독점사용을 허가해 주는 권리로서 실용신안권, 상표권, 디자인특허가 있다. 이를 산업재산권이라고도 부르는데 국가가 허락해 주는 것이며, 따라서 소정의 심사를 거쳐야 하고 또 타인의 사용을 배제한다는 측면에서 '유사 특허'라고 일컬어도 무방하다. 심사를 거쳐서 권리가 나오는 것은 아니지만 법률에 의해 보호되며 타인의 무단 사용을 배제하는 것으로 저작권과 영업비밀이 있다. 이 또한 다소 거칠지만 '유사 특허'라고 말해 보자. 이들 권리는 기업의 무형재산이 되기도 하지만 한편으로는 기업활동에서 필수적으로 수반되는 여러 문제와 논란의 원인이 되기도 한다. 모두 형체가 없는 재산적인 권리이므로 지적재산권에 포섭된다. 여러 점에서 특허와 상당히 다르기 때문에 그 차이점을 특히 유념할 필요가 있다. 하지만 지면 관계상 그 차이점을 이 책에서 모두 실을 수 없는 까닭에 이들 유사 특허의 개요에 대해서만 설명한다. 특허와 마찬가지로 유사 특허에서도 치명적인 그러나 달콤한 비즈니스가 존재하기 때문이다. 하나 같이 중요하다.

상표권, 브랜드에 관한 권리

요컨대 상표권Trademark Rights은 브랜드Brand에 관한 특허다. 브랜드를 빼놓고 비즈니스를 논할 수 없다. 비즈니스 세계에서의 모든 활동은 결국 '나'와 '남'을 구별시키며 차별화 하려는 활동이다. 이 활동의 유형적인 결과물은 제품이나 서비스이며, 조직적인 결과물은 회사가 된다 (비영리법인이나 공공기관도 포함된다). 다시 말하면, 비즈니스 활동의 목적은 우리 제품을 다른 사람의 제품을 구별하려는 것이다. 우리 서비스를 다른 사람의 서비스와 구별하려는 것이며, 조직적으로는 우리회사를 다른 회사와 구별하려는 것이다. 이것들이 어디서 나왔는지를 알려주는 활동의 총체가 바로 비즈니스다. 그런데 대중들을 모아 놓고서 우리가 누구며, 우리 것이 무엇인지에 대해서 장황하게 설명할 수는 없다. 소비자들에게 위와 같은 비즈니스 활동을 간단명료하게 전달하려는 인식수단이 필요하며, 그것이 바로 브랜드이다. 상표법에서는 이를 일컬어 '상표'라고 표현한다. 면밀한 학술연구가 아니라면, 상표와 브랜드는 같은 말이라고 해도 좋다.

브랜드는, 그러니까 상표는 나와 남을 손쉽게 구별해 주는 문자, 숫자, 기호, 도형, 색채, 이미지, 홀로그램, 입체적인 형상 등의 표지다.

좁은 의미의 제품 브랜드인 상표뿐만 아니라, 기업의 상호도 상표법상의 상표로 간주된다. 회사 CI, 로고, 각종 마크도 마찬가지다. 상표법은 이들에 대한 독점적인 권리를 보장한다. 앞서 1장에서 설명한 것처럼, 애플은 아이폰의 아이콘에 대해서도 상표권을 보유하고 있으며(미국상표권, 우리나라에도 신청되어 있다.), 그것을 이용해서 삼성을 공격했다. 휴대폰의 화면에 아이콘을 표시하는 것을 두고 과연 상표적 사용이냐에 대해서는 논쟁적일 수 있다. 어쨌든 자신의 무형가치를 다각도로 보호하기 위해 이처럼 아이콘에 대해서도 상표등록을 하는 조치는 시사하는 바가 크다.

먼저 신청한 자에게 독점적인 권리를 부여한다

상표는 특허, 디자인, 저작권과 같은 창작활동의 결과물이 아니다. 예컨대 세상에 두루 알려진 여러 명칭 중에 자기가 마음에 드는 것을 골라 브랜드로 사용할 수 있다. 'Apple'이라는 상표가 바로 그런 예이다. 물론 어떤 이는 창의적인 고민을 거쳐 새롭게 브랜드 네임을 사용할 수도 있다. 이를테면 'Google'이나 아모레퍼시픽의 '설화수'가 그러하다. 하지만 내가 어떤 명칭을 창작하거나 그 명칭을 먼저 사용한다고 해서 나에게 그 명칭의 사용에 대한 우선적인 권리가 주어지는 것은 아니다. 원론적으로 보자면 다른 사람이 자유롭게 모방할 수도 있다. 상표 사용은 자유로운 선택을 전제로 하기 때문이다. 하지만 이런 상태로 방치하면 시장이 매우 혼란스러워진다. 시장에서 인기가 있고 신뢰와 명성이 생긴 브랜드를 누군가 자유롭게 모방하도록 방치하면 원래 상표사용자에게 심각한 경제적 피해가 돌아갈 것은 물론이고 소비자들도 그 브랜드를 믿고 샀는데 전혀 엉뚱한 제품인, 요컨대 '브랜드 사기'를 당하게 된다. 건전한 양식으로 비즈니스를 하는 기업을 보호하고 오인 혼동으로부터 소비자들을 보호하기 위하여 국가가 나서야 하며, 그런 목적으로 입법된 것이 상표법이다.

국가는 누가 먼저 상표를 사용했는지를 알 수 없다. 또한 국가는 누가 얼마나 자기 상표에 대한 애착을 갖고 그것을 알리기 위해 노력했는지도 알 수 없다. 상표사용자의 진정한 의사를 국가가 일률적으로 알기란 불가능한 일이다. 상표법은 가장 먼저 권리를 신청한 자에게 우선권을 부여한다(단, 미국 상표법은 먼저 상표를 사용한 자를 보호하는 법제다).

사례 006 선출원주의 상표제도 사례 1

홍길동은 A라는 브랜드를 2011년 1월 1일에 사용하기 시작했다. 임꺽정은 1개월 후인 2011년 2월 1일에 이 상표에 대한 상표권을 처음으로 신청했다. 홍길동은 A 브랜드의 최초 사용자이며, 임꺽정은 A브랜드의 최초 상표출원인이다. 품목과 업종은 같다. 누가 A 브랜드에 권리를 가지게 될까?

이 사례에서 임꺽정이 홍길동의 A 상표의 존재를 알고 있는지 여부는 거의 문제가 되지 않는다(홍길동의 상표사용과 임꺽정의 상표출원 사이에 1개월이라는 기간이 있지만, 이 기간은 너무 짧아서 홍길동의 A 상표가 국내 소비자들에게 잘 알려지기란 어려운 일이기 때문이다). 이 경우 한국상표법은 먼저 상표권을 신청한 임꺽정에게 우선적인 권리를 주며, 미국상표법의 경우에는 먼저 상표를 사용한 홍길동을 우선적으로 고려할 것이다.

사례 007 선출원주의 상표제도 사례 2

홍길동은 신규 여성복 브랜드 Bravo라는 브랜드를 2011년 1월 1일에 사용하기 시작했다. 임꺽정은 홍길동에게 부자재를 납품하는 업자다. 1개월 후인 2011년 2월 1일에 이 상표에 대한 상표권을 처음으로 신청했다. 홍길동은 Bravo

브랜드의 최초 사용자이며, 임꺽정은 Bravo의 최초 상표출원인이다. 누가 Bravo 브랜드에 상표권을 소유하게 될까?

이 사례는 홍길동과 임꺽정 사이에 일종의 영업상의 계약관계가 있는 경우다. 임꺽정은 홍길동과의 영업상의 관계를 통해 Bravo라는 브랜드를 알게 되었고, 이 브랜드가 성공할 것을 예상해 Bravo 브랜드에 대해 먼저 상표권을 신청해서 등록받았다고 가정하자. 우리 상표법은 이러한 관계에 있어서도 임꺽정의 상표권 취득에 하자가 있다고 보지는 않는다. 즉 역시 임꺽정이 우선적으로 보호된다.

사례 008 선출원주의 상표제도 사례 3

홍길동은 C라는 브랜드를 신규 런칭한 외국기업이고, 임꺽정은 홍길동으로부터 제품을 수입하는 수입업자다. 우리나라에 C 브랜드의 상표등록이 아직 신청되지 않았다. 그것을 안 임꺽정이 C 브랜드에 대해서 홍길동의 허락 없이 상표권을 신청해서 그 권리를 취득했다. 홍길동의 C 브랜드 최초 사용 시점과 임꺽정의 상표권 신청 시점은 그렇게 큰 차이가 없다. 임꺽정의 상표권 취득 행위는 괜찮은가?

이 사례에서 누가 상표권자인가? 당연히 수입업자인 임꺽정이 된다. 홍길동과 임꺽정 사이에 어떤 계약이 있다고 하더라도 그것은 그 둘만의 문제이고 상표권 자체에는 하자가 없다. 임꺽정은 상표권자임을 대외적으로 선언할 것이다.

이와 같은 사례들을 통해서 우리가 명확하게 알 수 있는 사실은 상표법은 "상표를 먼저 사용한 자보다 상표권을 먼저 신청한 자를 우선적으로 보호한다."라는 사실이다.

상표와 지정상품(품목이나 업종)은 서로 한 쌍이 된다

상표권은 두 가지를 하나로 묶어서 보호받는 것으로 어느 하나를 분리할 수 없다. 첫째는 '상표' 그 자체이며, 둘째는 품목이나 업종이다. 이 두 가지를 분리할 수는 없다. 상표법적으로 보자면, 'Apple'이라는 상표권이 있다는 말은 아직 의미를 가지지 못한다. "이런저런 품목(업종)에 대해서 'Apple'이라는 상표권을 보유하고 있다."라는 표현이 정확하다. 따라서 상표권을 신청함에 있어서 반드시 두 가지 작업을 해야 한다. 첫째는 보호할 상표를 정하는 일이며, 둘째 어떤 품목과 업종에 대해서 그 상표를 독점 사용하려고 하는지를 정하는 일이다.(부록 Ⅱ 참조)

그런데 세상에는 매우 많은 업종과 품목이 있다. 이것이 잘 정리가 되어 있지 않으면 상표제도가 제대로 관리되지 않기 때문에 국제조약이 체결됐다. 이 조약에 따르면 전 세계의 업종과 품목을 45개의 류^{Class}로 분류했다. 이를 니스분류$^{NICE\ Classification}$라고 부른다. 예컨대 화장품은 제3류, 전자제품은 제9류, 가방이나 가죽제품은 제18류, 의류나 신발은 제25류, 장난감은 제28류, 음식품은 제29~32류 등에 속한다. 각종 서비스업종은 제35~45류로 분류된다. 표 3-1은 니스분류의 체계를 각 류의 제목을 소개함으로써 매우 간략하게 나타내었다. 각 류마다 수 많은 품목들이 포함되며, 어떤 품목이 어떤 류에 속하는지에 대한 자세한 정보는 특허청 웹사이트에서 확인할 수 있다.

어떤 상표에 대해 상표권을 신청할 때 품목과 업종의 류의 개수를 많이 하면 할수록 상표권의 보호범위가 넓어지기 때문에 어떤 면에서는 좋다. 하지만 그만한 대가를 지불해야 한다. 1개류에 대해서 상표권을 확보함에 있어, 출원시에 '56,000원+변리사수수료'의 비용이 들고, 심사를 통과한 후 등록할 때에 '211,000원+등록세+변리사수수료'

류	제목
1	공업용, 과학용, 사진용, 농업용, 원예용 및 임업용 화학품; 미가공인조수지; 미가공 플라스틱; 비료; 소화제(消火劑); 조질제(調質劑)및 땜납용 조제; 식품보존제; 무두질제; 공업용 접착제
2	페인트, 니스, 래커; 방청제 및 목재보존재; 착색제; 매염제(媒染劑); 미가공 천연수지; 도장용, 장식용, 인쇄용 및 미술용 금속박(箔)과 금속분(粉)
3	표백제 및 기타 세탁용 제제; 청정제, 광택제, 연마재; 비누; 향료,정유(精油), 화장품, 모발로션; 치약
4	공업용 유(油) 및 그리스(Grease); 윤활유; 먼지흡수제, 먼지습윤제 및 먼지흡착제; 연료{자동차 휘발유를 포함한다}; 발광체; 조명용양초 및 심지
5	약제 및 수의용 약제; 의료용 위생제; 식이요법제, 유아용 식품; 깁스 및 연고류; 치과용 충전재료 및 치과용 왁스; 소독제; 유해동물 구제제; 살균제, 제초제
6	일반금속 및 그 합금; 금속제 건축재료; 이동식 금속제 건축물; 철도노선용 금속재료; 일반금속제 케이블 및 와이어{전기용은 제외한다}; 철제품, 소형금속제품; 금속관; 금고; 다른 류에 속하지 아니하는 일반금속제품; 광석
7	기계 및 공작기계; 모터 및 엔진{육상차량용은 제외한다}; 기계연결기 및 전동장치의 구성부품{육상차량용은 제외한다}; 농업용 기구{수동식은 제외한다}; 부란기(孵卵器)
8	수공구 및 수동기구; 칼붙이류; 휴대용 무기; 면도칼
9	과학, 항해, 측량, 사진, 영화, 광학, 계량, 측정, 신호, 검사(감시), 구명 및 교육용 기기; 전기의 전도, 전환, 변형, 축적, 조절 또는 통제를위한 기기; 음향 또는 영상의 기록용, 송신용 또는 재생용 장치; 자기정보기억 매체 및 녹음반; 자동판매기 및 동전작동식 기계장치; 금전등록기, 계산기, 정보처리장치, 컴퓨터; 소화기(消火器)
10	외과용, 내과용, 치과용 및 수의용 기계기구, 의지(義肢), 의안(義眼),의치(義齒); 정형외과용품; 봉합용 재료
11	조명용, 가열용, 증기발생용, 조리용, 냉각용, 건조용, 환기용, 급수용 및 위생용 장치
12	수송기계기구; 육상, 공중 또는 수상이동장치
13	화기(火器); 총포탄 및 발사체; 화약류; 불꽃
14	귀금속 및 그 합금과 귀금속제품 또는 귀금속도금제품{다른 류에 속하는 것은 제외한다}; 보석류, 귀석(貴石); 시계용구
15	악기
16	종이, 판지 및 종이나 판지제품으로서 다른 류에 속하지 않는 것; 인쇄물; 제본용 재료; 사진; 문방구용품; 문방구 또는 가정용 접착제; 미술용 재료; 화필(畵筆) 및 도장용 붓; 타자기 및 사무용품{가구는 제외한다}; 교육용 재료{장치는 제외한다}; 포장용 플라스틱 재료 {다른 류에 속하는 것은 제외한다}; 인쇄용 활자; 프린팅 블록(스테레오 타입, 연판)
17	고무, 구타페르카, 고무액(Gum), 석면, 운모 및 이들의 제품{다른 류에 속하는 것은 제외한다}; 제조용 압출성형플라스틱; 충전용, 마개용 및 절연용 재료; 비금속제 신축관
18	가죽과 모조 가죽 및 그 제품{다른 류에 속하는 것은 제외한다}; 동물가죽(獸皮); 트렁크 및 여행용 가방; 우산, 양산 및 지팡이; 채찍, 마구(馬具)
19	비금속제 건축재료; 건축용 비금속제 경질관(硬質管); 아스팔트, 피치 및 역청; 비금속제 이동식 건축물; 비금속제 기념물
20	가구, 거울, 액자; 목재, 코르크, 갈대, 등나무, 고리버들, 뿔, 상아, 고래수염, 조개 껍질, 뼈, 호박(琥珀), 진주모(珍珠母), 해포석(海泡石)을 재료로 하는 제품과 이들 재료의 대용품 또는 플라스틱 제품 {다른 류에 속하는 것은 제외한다}

(표 이어짐)

류	제목
21	가정용 또는 주방용 기구 및 용기; 빗 및 스펀지; 솔{회화용과 도장용은 제외한다}; 솔 제조용 재료; 청소용구; 강철 울(Steel wool); 미가공 또는 반가공 유리{건축용은 제외한다}; 유리제품, 도자기제품 및 토기제품{다른 류에 속하는 것은 제외한다}
22	로프, 끈, 망, 텐트, 차양막, 타폴린, 돛, 포대{다른 류에 속하는 것은 제외한다}; 충전용 재료{고무제 또는 플라스틱제는 제외한다}; 직물용 미가공 섬유
23	직물용 실(絲)
24	직물 및 직물제품{다른 류에 속하는 것은 제외한다}; 침대커버 및 테이블커버
25	의류, 신발, 모자
26	레이스 및 자수포, 리본 및 브레이드(Braid); 단추, 훅 및 아이(Hooks and eyes), 핀 및 바늘; 조화(造花)
27	카펫, 융단, 매트, 리놀륨 및 기타 바닥깔개용 재료; 비직물제 벽걸이
28	오락 및 놀이용구; 체조용품 및 운동용품{다른 류에 속하는 것은 제외한다}; 크리스마스트리용 장식품
29	육류, 어류, 가금 및 수렵대상이 되는 조수(鳥獸); 육(肉)즙; 절임, 조림, 냉동, 건조 및 조리된 과실과 채소; 젤리, 잼, 설탕에 절인 과실; 계란, 우유 및 그 밖의 유제품; 식용 유지(油脂)
30	커피, 차(茶), 코코아, 설탕, 쌀, 타피오카, 사고(Sago), 대용커피; 곡분(穀粉) 및 곡물조제품, 빵, 과자, 빙과; 꿀, 당밀(糖蜜); 효모, 베이킹파우더; 소금, 겨자; 식초, 소스(조미료); 향신료; 얼음
31	농업, 원예 및 임업 생산물, 곡물{다른 류에 속하는 것은 제외한다}; 살아있는 동물; 신선한(가공하지 않은) 과실 및 채소; 종자, 자연 식물 및 꽃; 사료; 맥아
32	맥주; 광천수, 탄산수 및 기타 무주정(無酒精)음료; 과실음료 및 과실주스; 시럽 및 기타 음료용 조제품(調製品)
33	알콜 음료{맥주는 제외한다}
34	담배; 흡연용품; 성냥
35	광고업; 기업관리업; 기업경영업; 사무처리업
36	보험업; 재무업; 금융업; 부동산업
37	건축물건설업; 수선업; 설치서비스업
38	통신업; 방송업
39	운송업; 물품의 포장 및 보관업; 여행대행업(Travel arrangement)
40	재료처리업
41	교육업; 훈련제공업; 연예업; 스포츠 및 문화활동업
42	과학적, 기술적 서비스업 및 관련 연구, 디자인업; 산업분석 및 연구 서비스업; 컴퓨터 하드웨어 및 소프트웨어의 디자인 및 개발업
43	음식료품을 제공하는 서비스업, 임시숙박업
44	의료서비스업; 수의사업; 인간 또는 동물을 위한 위생 및 미용업; 농업, 원예 및 임업 서비스업
45	법무서비스업; 재산 및 개인을 보호하기 위한 보안서비스업; 개인의 수요를 충족시키기 위해 타인에 의해 제공되는 사적인 또는 사회적인 서비스업

표 3-1 니스분류에서의 각 류의 제목

의 비용이 든다. 그런데 여기에 45개류 전체에 대해 상표권을 확보한다고 가정하면, '2,520,000원(56,000*45개류)+류마다 증가된 변리사 수수료'가 최초 소요되고, 또한 등록 시에도 '9,495,000원(211,000*45개류)+등록세+류마다 증가된 변리사 수수료'가 소요된다. 변리사 수수료까지 포함하면 비용은 훨씬 비싸다.

여러 가지 면을 고려해 볼 때, 자신이 현재 영업을 하고 있는 품목에다가 관련성이 있는 품목과 영업적으로 관심이 있는 품목을 더하는 정도에서 상표권을 확보하는 것이 바람직하다. 그리고 사업의 성공추이와 시장 반응을 고려하면서 추가로 상표권을 확장해 나가는 것이 좋다. (실무적으로는 각 류마다 허용되는 모든 품목을 모두 지정하는 것이 유행하고 있다. 특별히 고민 없이 그 류에 포함된 전체 상품을 지정하는 것인데, 매우 바람직하지 못한 행위다. 자기의 현재 영업과 전혀 관련이 없고 앞으로도 관련이 없을 품목까지 선점하는 행위는 철학적으로도 바람직하지 못하며 또한 정의롭지 못하다. 특허청 심사도 어렵게 만들고 나중에 뒷수습하기도 쉽지 않으며 마드리드 루트에 의해 해외상표권을 확보하는 데에도 방해가 되고 등록원부도 복잡해지며 괜한 불사용취소심판에 휩쓸리는 등 여러 가지 면에서 좋지 못하다.)

심사를 통과해야만 상표권이 부여된다

특허와 마찬가지로 상표권도 심사를 통과해야만 권리를 취득할 수 있다. 이 또한 매우 엄격한 절차다. 이 상표출원이 이미 등록되어 있거나 먼저 신청된 타인의 상표와 유사하지는 않은지, 이 상표출원이 타인의 유명한 브랜드를 모방하여 소비자들에게 출처의 오인 혼동을 일으키는 것은 아닌지, 이 상표출원에 대해 상표권을 주는 것 자체가 오히려 공익적인 불이익을 초래하고 건전한 상식에 반하며 건전한 경업질서 확립에 위해가 되는 것은 아닌지 등을 심사하게 된다. 주되게는 상표법 제6조 및 제7조 규정에 해당하는지 여부를 심사하게 된다.

모든 상표가 다 권리를 취득할 수 있는 것은 아니다

앞서 말한 바와 같이, 상표권을 취득하기 위해서는 심사를 통과해야 한다. 심사를 통과해야 한다는 것은 모든 상표출원이 등록되지 않는다는 것을 의미한다. 즉 상표는 등록될 수도 있지만 등록되지 못하기도 한다.

우선 타인의 유사한 선등록상표가 존재하면 심사를 통과하지 못할 것이다. 비교가 되는 두 상표의 외관, 발음, 의미 중에 어느 하나가 유사하면 그 두 상표를 서로 유사한 상표로 간주하는 것이 일반적인 상표 유사 판단의 원칙이다. 예컨대 'TOBY'와 'TOPY', 'ZENO'와 'GENO'는 발음이 유사하며, '平和'와 'PEACE'는 의미가 같다. 공존할 수 없는 상표다.

타인의 상표와 비교할 필요도 없이 아예 상표등록이 허용되지 않는 상표들이 있다. 공익적인 요청 때문이다. 브랜드 네이밍을 할 때 잘 고려하지 않으면 낭패를 볼 수 있다. 다음에 나열한 7가지 경우는 상표등록을 받을 수 없다. 특정인에게 독점 사용이 허용되지 않으므로 누구나 해당 상표를 사용할 수 있게 된다. 단 어떤 상표가 국내에서 '상표로서' 널리 알려진 표장에 해당하는 경우, 다음 7가지 사항의 어느 하나에 해당한다손 치더라도 부정경쟁방지법에 의해 보호될 수 있음을 유념해야 한다. 또한, 다음 경우에 해당하면 상표등록이 원칙적으로 불가하지만 다른 문자나 도형 등을 결합하는 경우에는 상표등록이 가능해질 수 있고, 오랫동안 사용해서 소비자들이 그것을 상표로서 인식하게 되었다면 역시 상표등록이 가능해지므로 단순히 기계적으로 이해해서도 안 된다.

1. 그 상품의 보통명칭만으로 된 상표: '사과'라는 상품에 누군가 'Apple'이라는 상표권을 취득한다면 시장은 어떻게 되겠는가. 누구든지 그 상품의 명칭에 해당하는 것에 대해서 권리를 취득할 수 없다. 하지만 'Apple'이라는 명칭을 '컴퓨터'의 상표로 사용하고자 하는 경우에는 당연히 등록할 수 있다. 사과와 컴퓨터는 아무런 관련이 없기 때문이다.

2. 그 상품의 관용명칭만으로 된 상표: 그 상품의 보통명칭은 아니지만 시장에서 통용되는 명칭이 있는 경우, 그 명칭에 대해서는 누군가에게 독점을 허용하지 않겠다는 것이다. '통신업'에 관련해서는 'cyber, web, tel, com, net'이라는 표현은 관용적으로 사용된다. '과자'의 경우 '깡'이 그러하다. 일본 청주 중에는 '正宗'이라는 브랜드가 있다. 일본에서는 브랜드다. 하지만 우리나라에서는 오래 전부터 청주를 '정종'이라고 관용적으로 불러왔다. 그러므로 우리나라에서는 '청주'의 경우 '정종'의 상표등록이 불가하다.

3. 그 상품의 성질표시만으로 된 상표: 사람들은 자기 상품을 소비자들에게 잘 호소하고자 한다. 그러다 보면 상품의 효능, 용도, 품질, 산지, 원재료, 특별한 생산방법 등을 상표로서 부각시키고 싶어진다. 하지만 그것은 상표가 아닌 상품 자체의 속성에 관한 것이어서 잘 구별이 되지 않고 또 누구나 하고 싶은 것이어서 특정인에게 독점시킬 수는 없는 노릇이다. 예컨대 '上, 中, 下, 品質保證, 優, 良, 可, 金牌, 銀牌, 特級, 特選, 特別, 一品, 名物, 純正, 元祖, 優秀, SUPER, DELUXE, NEW, COMPLETE, STANDARD, GENUINE, 으뜸, KS, JIS' 등에 대해서는 상표권을 줄 수 없다. '복사기'라는 상품에 'Quick copy'라는 브랜드, '가구'에 '우아미'라

는 브랜드, '전자레인지'에 '원터치'라는 브랜드, '화장품'에 '보들보들'이라는 브랜드, '통신용 소프트웨어'에 'Efficient Network', '립스틱'에 'Color Wearing', '콜라'에 'DIET COLA', '축구화'에 'KICKERS', '의류'에 'Summer Shirt', '타이어'에 'Four Season' 등의 브랜드에 대해서는 상표권을 원칙적으로 줄 수 없다는 것이다.

4. 현저한 지리적 명칭만으로 된 상표: 널리 알려진 지리적 명칭을 누군가 독점해서 사용한다는 것 또한 사리에 맞지 않는다. 어느 범위까지 널리 알려진 것인지 여부를 판단함에 있어서는 다소 논란이 있으나, 현저한 지리적 명칭으로 특허청 심사기준에서 예시한 것으로, '핀란디아, OXFORD, VIENNA LINE, HEIDELBERG, 뉴욕, MANHATTAN, GEORGIA, LONDON TOWN, BRITISH-AMERICAN, INNSBRUCK(인스브룩), HALLA(한라), 장충동왕족발, 종로학원, NIPPON EXPRESS, VENEZIA, 한라산, 충주호, 진도, 천마산곰탕, 남대문, 동대문, 불국사, 해인사, 현충사' 등이 있다. 현저한 지리적 명칭이 아닌 것으로 특허청 심사기준에 예시된 것으로는 '첨성대, 장안천, 가거도, 예천' 등이 있다. 국가명, 서울, 부산, 대구, 인천, 대전, 경기도 등의 광역시나 도의 명칭, 일반 시·군·구의 명칭, 저명한 외국의 수도명, 대도시명, 주 또는 이에 상당하는 행정구역의 명칭, 그리고 현저하게 알려진 국내외의 고적지, 관광지, 번화가 등의 명칭 등과 이들의 약칭에 대해서는 상표등록이 불가하다.

5. 흔히 있는 성이나 명칭만으로 된 상표: 예컨대 'KIM'은 흔히 있는 성이기 때문에 상표로서 기능하기 어렵다는 것이다.

6. 간단하고 흔히 있는 표장만으로 된 상표: 앞서 이야기한 바와 같이 상표는 나와 남을 구별시키는 기능을 갖게 되는데, 상표가

너무 흔하고 간단한 마크라면 그와 같은 구별 기능을 수행할 수 없게 된다. 따라서 너무 간단하고 흔한 마크에 대해서는 상표권을 허락해 줄 수 없다. 예컨대 'OMEGA', 'ALPHA', 'Beta', 'Ltd.', 'Co.' 등이 그러하다. 한국 특허청은 특히 2자 이내의 외국문자에 대해서는 상표등록을 해 주지 않는다. 영어 알파벳 상표라면 적어도 3개 이상은 되어야 하는 것이다. 또한 숫자 2개만으로 이루어진 경우나 숫자 1개와 영어 알파벳 1개로 이루어진 상표도 누구나 사용할 수 있는 것으로 전제된다. 상표로서의 구별기능이 인정되지 않는다는 이유다. 여기 재미있는 사례가 있다.

사례 009 **모방상표에 시달린 패션브랜드 A6**

네티션닷컴은 2001년 무렵 패션브랜드 'A6'를 런칭했다. 그런데 'A6'는 영문자 1개와 숫자 1개가 결합된 매우 짧은 브랜드다. 이렇게 간단하게 구성된 브랜드가 상표권에 의해 보호받을 수 있을까?

패션 의류업계에서는 무엇보다 브랜드가 중요하다. 2000년대 초에 런칭한 브랜드인 'A6'라는 의류브랜드가 있다. 앞서 본 바와 같이 영문자 1개와 숫자 1개로 이루어진 상표는 원칙적으로 상표권을 취득할 수 없다. 'A6'가 이에 해당한다. 상표등록이 불가능하다는 것은 결국 누구나 사용할 수 있음을 의미한다. 남의 상표를 모방하는 사람들 중에도 프로가 있는 법이다. 상표권이 가능하지 않다는 사실은 급속도로 퍼져나갔고, 버젓이 'A6'를 표시한 모방 제품이 유통되는가 하면 'A6'와 유사한 상표들(A6 자체는 어차피 상표권 취득이 안 되기 때문에)에 대한 권리신청도 무척이나 쇄도했다. 모방 상표권 신청만 200건이 넘고 그 중에서도 수십

건 이상이 등록됐다. 'A6'라는 브랜드를 네이밍한 사람은, 어찌 보면 이른바 '짝퉁 업자'보다 상표법 규정을 잘 몰랐던 것이다. 상표법 규정을 고려하지 않는 브랜드 네이밍은 그 대가를 치르게 마련이다. 그 경제적 피해는 적게는 수십억 원, 많게는 수백억 원 이상일 것이다.

7. 기타 구별기능이 없는 상표: 위의 1~6에 해당하는 상표 이외에도 여러 가지 이유로 상표로서 사회통념상 구별기능을 인정할 수 없다면 역시 상표권을 취득할 수 없다. 대표적인 예로 다수인의 현실적으로 사용하고 있는 경우에는 구별기능을 인정할 수 없게 된다. 예컨대, 통신분야에서 'CYBER, NET, COM, TEL, WEB'라는 상표, 정보를 제공하는 분야에서 'NEWS, DATA'라는 상표, 금융분야에서 'CASH, CARD, PASS'라는 상표가 그러하다. 또한, 'LAND, MART, CLUB, PLAZA, WORLD, OUTLET, DEPOT, 마을, 마당, 촌, BANK, VILLAGE, HOUSE, CITY, TOWN, PARK, 나라' 등의 경우에도 구별기능이 인정되지 않을 가능성이 높다.

상표권의 효력과 비즈니스

상표권을 취득하면 등록원부에 기재된 품목/업종에 대해 10년간 독점 사용할 권한을 갖게 된다. 그리고 10년마다 권리를 갱신할 수 있기 때문에 그 상표를 계속 사용하고자 한다면 반영구적으로 권리를 가질 수 있다. 그런데 상표권은 대체 어떤 효력을 갖는가? 결론부터 말하자면 특허와 동일한 효력을 갖는다고 말할 수 있다. 즉 상표 사용에 있어 독점적이고 배타적인 강력한 권리를 갖는다. 타인이 상표권자의 상표를 무단으로 사용하면, 해당 상표의 사용에 관한 일체의 영업행위를 금지시킬 수 있다. 해당 상품에 상표를 표시하는 행위, 그 상품의 포장에 상표를 표시하는 행위, 그런 상품을 수출하거나 수입하는 행위, 그 상표를 사용하여 간판을 걸거나 광고를 하는 행위 등 일체의 영업행위가 금지된다. 형사처벌도 받는다. 7년 이하의 징역 또는 1억원 이하의 벌금이다. 특허권과는 달리 특허권자의 고소가 필요 없다. 공권력이 알아서 조사하고 단속하여 처벌할 수 있다. 어떻게 보면 상표권이 특허권보다 더 치명적인 권리로 보인다. 상대방의 대응방법이 별로 없는 까닭이다. 특허권은 기술적인 내용에 관한 것이고 그래서 특허범위를 따지기가 쉽지 않으며 특허권 자체의 하자를 묻고 공격할 거리가 많다. 이와 달리 상표권의 상대방은 침해가 아니라고 주장할 것이 많지 않다. 상표침해에 해당하면 해당 브랜드에 대한 영업을 포기해야 한다. 이러한 권리 속성뿐만 아니라 소비자들이 어떤 제품을 구매하거나 그 제품에 대한 자신만의 신뢰와 평판을 가질 때에, 기억되는 것은 특허가 아니라 상표, 즉 브랜드임을 잊어서는 안 된다. 그러므로 비즈니스에 있어서는 특허보다 오히려 상표가 더 중요해질 수 있다.

디자인에 관한 권리

앞서 말한 바와 같이 비즈니스 활동은 결국 나와 남을 구별시키고 나를 차별화하는 활동이다. 나를 차별화함에 있어서 '디자인'을 빼 놓을 수가 없다. 소비자는 디자인의 심미감에 매료되어 그 제품을 기억하고 신뢰한다. 이런 점에서 디자인은 '브랜드'와 유사한 성격을 갖는다. 하지만 브랜드와 달리 디자인에는 기술적 요소 또는 예술적 창작 요소가 가미 되어 있기 때문에 '특허'와 '저작물'과 유사한 면이 있다. 이런 성격 때문에 특허나 브랜드보다 디자인의 보호는 다소 복잡한 면이 있다. 기술적인 요소가 강조되는 디자인이라면 특허법으로도 보호받을 수 있다. 창의적인 디자인은 기술에 활력을 불어넣으며 기술이 나아갈 좌표를 부여하고 기술 개발을 촉진시킨다. 이를 디자인 시프트Design Shift라고 부르고 싶다. 그러므로 디자인은 특허와 긴밀한 관계를 갖는다. 예술적 창작 요소가 강조되는 경우에는 저작권법에 의해 보호받을 수 있다. 특히 제품 디자인의 경우에는 적어도 그 외관의 형태에 대해서는 디자인보호법에 의해 보호를 받는다. 우리가 '등록디자인'이라고 말할 때에는 디자인보호법이 규정하는 절차에 의해 등록된 디자인을 의미한다. 흔히들 '디자인특허'라고도 부른다. 어찌 되었든 간에 새로운 창작물로서 가치가 있는 디자인은 당연히 법적으로 보호를 받을 수 있다.

비즈니스에서 고려되는 디자인은 결국 차별화된 제품과 서비스를 제공함으로써 고객(소비자)이 구매하도록 유인하는 일체의 활동과 그 활동의 결과물로 여겨진다. 기술은 어떤 제품이 만들어지는 직접적인 힘이 됨은 틀림 없는 사실이다. 그러나 기술력은 나한테만 있는 것이 아니라 직간접적으로 교육되고 경험되며 알려지기 때문에 누구나 일정 수준의 기술력에 다다를 수 있다. 기술적인 차별성을 강조하기 어렵다면 우리는 다른 차별성을 생각해야 한다. 브랜드의 차별성은 좋은 무기가 된다. 하지만 브랜드의 명성과 신용은 나만 가진 것이 아니라 경쟁자도 자기 브랜드의 신뢰성을 갖게 마련이다. 또한 지난한 검증의 시간이 필요하다. 게다가 좋은 브랜드일수록 그 브랜드의 명성과 신용을 유지하기 위해서는 더 많은 노력을 기울여야 한다. 이때 우리는 디자인 혁신을 생각하지 않을 수가 없다. 혁신된 디자인은 기술과 브랜드에 활력을 불어주기 때문이다. 디자인은 소비자를 사로잡기 위해 노력하고 또 사로잡을 수 있다. 디자인이 소비자를 사로잡기 위해 노력하다 보면 기술의 방향성을 잡아주게 되며 그 유용성을 높여줄 수 있다. 기술은 디자인에 의해 시프트 된다. 또한 매력적인 디자인이 소비자를 사로잡으면 브랜드 가치는 급상승하게 마련이다.

그림 3-5 애플의 화상디자인

최근 몇 년간 애플사의 스마트폰인 '아이폰'은 혁신적인 디자인을 선보이며 휴대폰 시장을 완전히 뒤바꿔놓았다. 휴대폰 기술의 방향도 애플리케이션 개발과 유통에 초점이 맞춰지게 됐다. 물론 애플사의 브랜드 가치는 이전과 비교조차 무의미할 정도로 상승했다. 디자인의 중요성은 이와 같다.

특허에 의해 보호받는 디자인
어떤 디자인이 기능적인 목적을 갖고 개발되었으며, 그 디자인에 의해서 종래보다 여러 기술적인 차이를 수반했다면 그 디자인은 특허로서 보호받을 수 있다. 대부분의 특허가 종래 알려진 기술을 이용하여 개선하고 개량한 아이디어에 관한 것이므로, 새롭게 완성된 디자인이 종래 제품의 구성, 형상, 작동, 순서 등을 개선함으로써 일정한 효과를 거두었다면 우선적으로 특허로 보호받을 수 없는가를 고려해야 한다. 즉, 기능적인 효과를 거둔 디자인이라면 디자인보호법을 우선시할 것이 아니라 먼저 특허로 보호받을 수 없는가를 검토하게 된다. 디자인보호법보다는 특허법에 의해 보호를 받는 것이 더욱 강력하기 때문이다. 물론 특허로 보호받기 위해서는 심사를 통과해야 한다.

디자인보호법에 의한 보호

디자인보호법은 특별히 디자인을 보호하기 위한 강력한 법률이다. 하지만 이 법률에 의해 보호받는 디자인은 어디까지나 산업 디자인을 의미하며, 더욱 정확하게는 산업적으로 생산되는 시각적인 '물품'을 전제로 한다. 원칙적으로 물품을 전제로 하지 않는 디자인은 디자인보호법으로 보호받을 수 없다. 그것은 저작권법으로 보호받아야 할 것이다. 디자인보호법에서 말하는 디자인은 '물품의 형상·모양·색채 또는 이들을 결합한 것으로서 시각을 통하여 미감을 일으키게 하는 것'을 말한다.

사례 010 디자인특허의 침해판단

홍길동은 어떤 물품에 대해서 'A'라는 디자인등록(디자인특허)을 했다. 그런데 임꺽정이 동일한 물품에 대해서 홍길동의 디자인을 모방하면서 약간 변형한 디자인 'a'를 사용하고 있다. 홍길동은 임꺽정에게 디자인특허의 침해를 주장할 수 있는가?

이와 같이 물품의 형태에 관한 디자인이 바로 디자인보호법에 의해 보호받는 디자인이라고 한다면, 눈치 빠른 사람은 의문이 생길 것이다.

위 사례 10에서 홍길동은 임꺽정의 행위를 막을 수 있는가? 먼저 디자인특허도 엄격한 심사를 거쳐서—유행성이 강한 품목들에 대해서는 무심사제도를 두고 있다— 예외적으로 국가가 독점권을 허락해 준 것이므로 특허권과 상표권과 같이 치명적인 권리행사를 할 수 있다. 동일한 디자인에 대해서 금지권을 행사할 수 있음은 당연하다. 그러나 모방하는 사람도 양심이 있고 똑똑하기 때문에 약간의 변형을 하기 마련이다. 이런 점에서 디자인의 유사성은 디자인특허의 보호범위를 판단함에 있어서 핵심적인 쟁점이 된다. 원칙적으로 디자인특허는 동일한 디자인뿐만 아니라 유사한 디자인에도 효력이 미친다. 대법원 판례 두 가지를 소개한다. 지적재산권의 법리적인 판단은 법의 규정에 의해서만 볼 것이 아니라 판례 사례를 통해 익혀야 하기 때문이다.

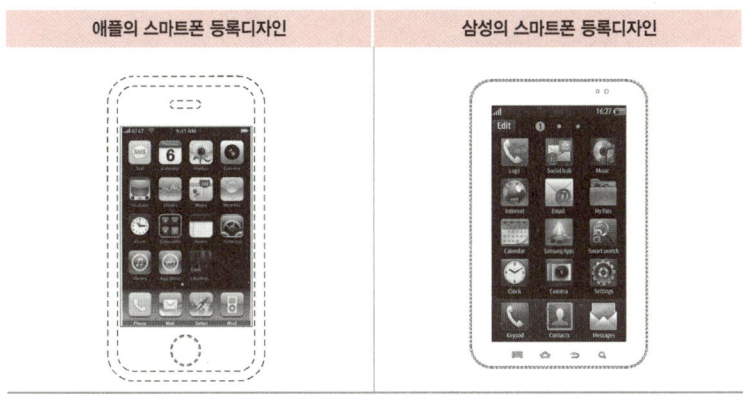

그림 3–6 분쟁 중인 디자인

디자인의 유사 여부는 이를 구성하는 각 요소를 분리하여 개별적으로 대비할 것이 아니라 그 외관을 전체적으로 대비 관찰하여 보는 사람으로 하여금 상이한 심미감을 느끼게 하는지의 여부에 따라 판단하여야 하므로, 그 지배적인 특징이 유사하다면 세부적인 점에 다소 차이가 있을지라도 유사하다고 보아야 하고, 한편 대비되는 디자인의 대상 물품이 그 기능 내지 속성상 사용에 의하여 당연히 형태의 변화가 일어나는 경우에는, 그와 같은 형태의 변화도 참작하여 그 유사 여부를 전체적으로 판단하여야 한다.(대법원 2010. 8. 26. 선고 2009후4148 판결)

디자인을 이루는 구성요소에는 형상과 모양뿐 아니라 색채도 포함되지만, 대비되는 두 디자인이 형상과 모양에서 동일하고, 색채의 구성에 있어서도 바탕색으로 된 부분과 채색되어 있는 부분의 위치와 면적 등 기본적인 채색 구도가 동일하다면, 그 두 디자인의 채색된 부분의 구체적인 색채가 다른 색으로 선택되었다는 점만으로는 특별한 사정이 없는 한, 보는 사람이 느끼는 심미감에 차이가 생긴다고 볼 수 없다.(대법원 2007. 10. 26.자 2005마977 결정)

위와 같이 디자인특허는 '시각적으로 느껴지는 심미감'이 매우 중요하다. 이러한 심미감은 반드시 어떤 형태적인 요소에 의해 결정되며 형태적인 요소는 '도면'에 의해 정해진다. 그러므로 디자인특허를 취득하기 위해서는 반드시 그 형태적인 특징을 정확히 알 수 있도록 '도면'이 제출되어야 한다. 그리고 심사를 통과해야 한다. 심사에 있어 가장 큰 관심사는 종전에 있던 디자인과 비교해 새로워야 하며 창작성도 인정되어야 한다. 여기서의 '창작성'도 결국은 종래 있던 디자인과의 유사성 문제가 된다. 대법원은 아래와 같이 그 기준을 제시했다.

디자인의 유사 여부는 이를 구성하는 각 요소를 분리하여 개별적으로 대비할 것이 아니라, 그 외관을 전체적으로 대비·관찰하여 보는 사람으로 하여금 상이한 심미감을 느끼게 하는지의 여부에 따라 판단하여야 하므로, 그 지배적인 특징이 유사하다면 세부적인 점에 다소 차이가 있을지라도 유사하다고 보아야 하고, 또한 디자인보호법이 요구하는 객관적 창작성이란 고도의 창작성, 즉 과거 또는 현존의 모든 것과 유사하지 아니한 독특함은 아니므로, 과거 및 현존의 것을 기초로 하여 거기에 새로운 미감을 주는 미적 고안이 결합되어 그 전체에서 종전의 디자인과는 다른 미감적 가치가 인정되는 정도면 디자인보호법에 의한 디자인등록을 받을 수 있으나, 부분적으로는 창작성이 인정된다고 하여도 전체적으로 보아서 과거 및 현재의 디자인들과 다른 미감적 가치가 인정되지 아니한다면 그것은 단지 공지된 디자인의 상업적, 기능적 변형에 불과하여 창작성을 인정할 수 없다.(대법원 2001. 6. 29. 선고 2000후3388 판결)

다시 한 번 말하자면, 물품을 전제로 한 디자인, 즉 제품 디자인이 디자인보호법에 의해 보호받을 수 있다. 물품을 전제로 하지 않는 디자인, 예컨대 환경 디자인, 공간 디자인, 상표로 기능하는 로고 디자인, 이런저런 물품에 인쇄되거나 부착되는 그런 종류의 디자인 자체는 디자인보호법에 의해 보호되지 않는다. 디자인특허를 침해하면 7년 이하의 징역 또는 1억원 이하의 벌금에 처해진다. 특허권과 동일한 효력을 갖는다고 볼 수 있다. 등록일로부터 15년 동안 권리가 존속하며 그 이후에는 누구든지 사용할 수 있다.

저작권에 의한 디자인 보호

어떤 디자인이 저작권법 규정의 저작물에 해당한다면 당연히 저작권법에 의해 보호를 받는다. 물품과 불가분의 관계를 갖는 산업 디자인의 경우 저작물로 보호될 가능성이 많은 것은 아니다. 저작권법에 의해 보호받기 위해서는 응용미술저작물로 인정되어야 하는데, 이것을 쉽게 인정해 버리면 저작권은 심사를 하지 않고 권리 존속기간도 사후 50년인 데 비해 디자인특허는 엄격한 심사를 거쳐야 하고 권리 존속기간도 15년이라는 불리함이 있어서 디자인특허 제도 자체의 취지가 사라질 우려가 있다. 원칙적으로는 물품과 독자성이 있는 디자인 창작이라면 저작물로 인정될 여지가 있지만, 물품과 불가분의 관계를 갖는 디자인이라면 저작권법에 의해서는 보호되지 못할 것으로 본다.

산업상의 대량생산에의 이용을 목적으로 하여 창작되는 모든 응용미술작품이 곧바로 저작권법상의 저작물로 보호된다고 할 수는 없고, 그 중에서도 그 자체가 하나의 독립적인 예술적 특성이나 가치를 가지고 있어 저작권법에서 말하는 예술의 범위에 속하는 창작물에 해당하여야만 저작물로서 보호된다고 할 것이다.(대법원 1996. 2. 23. 선고 94도3266 판결)

저작권

저작권은 저작권법에 의해 보호되며 그 보호 대상은 저작물이다. 저작물은 문화·학술 또는 예술의 범위에 속하는 창작물을 말한다. 인간의 지적·문화적 활동의 모든 영역에 속하는 것을 포함하는 개념이기 때문에, 비즈니스 활동에서도 저작권이 자주 이슈가 되기도 한다. 손쉽게 그리고 무비용으로 남의 창작물을 이용할 수 있기 때문에 불법 다운로드나 저작물의 무단 사용에 혹하게 된다. 그러나 저작권을 침해한 자는 5년 이하의 징역 또는 5천만원 이하의 벌금에 처해질 수 있기 때문에 함부로 저작권을 침해해서는 안 된다. 하지만 실제 저작권을 둘러싼 여러 법적인 문제는 매우 복잡하기 그지 없고 불투명하기까지 하다.

그 까닭은 저작권은 창작과 동시에 발생하는 것이고 그 권리의 발생 자체에 국가가 어떤 관여도 하지 않기 때문이다. 즉, 특허권이나 상표권, 디자인특허와 달리 무슨 심사절차를 거쳐야 권리를 취득하는 게 아니다. 창작과 동시에 그냥 권리가 발생하는 것이다. 그리고 재산권으로서의 저작권은 개인의 경우 사후 50년까지, 생존기간을 합쳐서 이를테면 100년 동안 보호될 수 있다. 게다가 민형사상의 금지조치를 취할 수 있는 강력한 권리이기도 하다. 그런데 권리가 발생함에 있어 국가가 아무런 관여를 하지 않은데다가 그 권리가 확증될 수 있는 방법으로 공시되지 않는 관계로, 대체 이 저작물의 저작권자는 누구인지, 이 저작물을 이용하기 위해서 누구에게 연락을 해야 하는지, 그가 자신이 저작권자라고 주장하는데 정말 그가 저작권자인지, 또 다른 저작권자가 있지는 않은지 등의 문제가 발생할 수 있다. 또한 보호받을 수 있는 창작의 범위가 어느 정도인지도 논란이 된다. 저작권등록 제도는 저작물을 저작권위원회에 등록하는 제도이지만, 이는 제삼자와의 비즈니스 관계에서 더욱 투명성을 확보하기 위한 것이지, 저작물을 등록했다고 해서 국가가 그 권리를 보증하는 것은 아니다.

어떤 면에서 저작권제도는 특허제도보다 비즈니스를 더욱 불투명하게 만든다. 저작권법이 규정한 저작물의 종류도 많고, 권리유형도 다양하며, 예외사항도 많기 때문에, 어찌 보면 귀에 걸면 귀걸이 코에 걸면 코걸이로 인식되기도 한다. 이 책의 주제는 특허제도이기 때문에 저작권법에 관련한 모든 사항을 여기에 요약할 수는 없으니, 비즈니스에서 특히 문제가 되는 사항을 몇 가지만 정리해 소개해보겠다.

단순한 표어, 슬로건, 캐치프레이즈, 제호(題號)에 대해서는 저작물로 인정되지 않는다. 좀 더 효율적인 마케팅을 하려다 보면, 슬로건이나 캐치프레이즈를 사용하는 경우가 많다. 소비자에게 분명한 메시지를 전달하기 위함이다. 그런데 표어, 슬로건, 캐치프레이즈, 제호와 같은 것에 대해서는 저작권이 인정되지 않기 때문에, 타인이 그것을 모방한다고 해서 저작권 침해를 주장할 수 없다. 만일 그 슬로건 등이 누구의 영업을 표시하는 것인지 소비자들에게 널리 알려진 것이라면, 부정경쟁방지법에 의해 보호받을 수는 있을 것이다.

인쇄용 활자에 관련한 서체는 저작권법에 의해 보호받지 못한다. 다행히 디자인보호법이 '글자체'를 디자인등록할 수 있게 개정되었기 때문에 디자인보호법에 의해 보호받을 수 있게 됐다. 그렇다 하더라도 글자체 한 개가 아니라 한 벌의 글자체를 보호한다는 점, 디자인등록을 해야만 권리가 발생한다는 점에 유의할 필요가 있다.

저작권 침해가 곧 손해배상책임을 의미하는 것은 아니다. 손해배상책임이 발생하려면 위법한 행위가 있어야 하지만 동시에 위법에 이르는 과실이 인정되어야 하며, 또한 저작권자에게 실질적인 손해가 있어야 한다. 타인의 저작권을 침해하기는 했으나 그 침해사실을 전혀 몰랐고 침해사실을 인지한 상태에서는, 그 원인을 즉시 제거했다면 심각한 문제는 생기지 않을 것이다. 자신의 회사 웹 사이트의 게시판에 업계정보에 관련한 뉴스기사를 수집했거나, 자신이 소개된 뉴스기사를 스크랩하여 업로드한 경우에 이런 행위가 저작권 침해에 해당하는지 상당한 논란이 있다. 저작권자의 관점에서 보자면 저작권 침해가 될 수 있고, 웹 사이트 운영자의 관점에서는 사적 사용이라고 주장할 여지가 있다. 어떤 언론사(또는 그들의 변호사)가 자신의 뉴스기사를 인터넷 게시판에 업로드한 사람(기업)을 조사한 다음에 그들을 상대로 저작권 침해를 주장하면서 소정의 합의를 한다면 봐 주겠다고 하여 금전적인 이익을 취득하려고 한다. 이 경우 상대방 입장에서는 싸울 필요가 없다. 사소한 법적 판단을 얻기 위해서 법원에까지 갈 필요는 없다. 바람직하게는 즉시 게시판에서 글을 삭제한 다음에 무

대응하거나, 또는 저작권을 침해하는지 전혀 몰랐다는 사실을 내용증명으로 보내고 게시판에서 글을 삭제하는 것이 좋다. 굳이 합의에 응할 필요도 없다. 그 합의는 특정된 것이 아니라 무작위로 종용되었을 뿐이기 때문이다. 한편 자사의 웹 사이트에 뉴스기사를 단순히 링크한 경우에는 무단 복제나 전송행위로 보기 어렵기 때문에 저작권 침해에 해당되지 않을 것이다.

'소리바다'처럼 음악이 저장된 파일을 유료 혹은 무료로 전송하는 서비스의 경우, 저작권자의 동의가 없다면 저작권자의 복제권과 전송권을 침해하게 된다. 비즈니스 자체가 저작물과 직접 관련된 경우다. 이와 같이 비즈니스 내용 그 자체가 저작권 침해 문제와 직접적으로 관련된다면 법적인 대응은 심각하게 고려될 수밖에 없다. 그러나 그렇지 않은 경우라면—대부분 그러하겠지만— 저작권 침해문제가 비즈니스에 크게 문제를 일으키지는 않을 것이다. 문제가 발생한다면 비즈니스 그 자체에 핵심이 되지는 않기 때문에 신속히 원인을 제거하는 편이 바람직하다. 신속한 원인 제거는 저작권자의 괜한 형사고소를 피할 수 있는 최선의 방법이다.

회사 카탈로그나 팜플렛, 웹 사이트, 제품 또는 제품의 포장에 부착되는 이미지는 타인의 저작물을 함부로 이용해서는 안 된다. 이런 이미지를 외주로 제작하는 경우에도 외주 제작자가 해당 이미지에 대해 라이선스를 갖고 있어야 한다. 최근 유행하는 스마트폰용 애플리케이션을 개발함에 있어서 사용되는 이미지도 타인의 저작권을 침해하지 않은 것인지 유의할 필요가 있다.

부정경쟁행위

부정경쟁방지 및 영업비밀에 관한 법률(이하, '부정경쟁방지법')은 타인의 유명한 표지를 모방해 사용함으로써 소비자들에게 오인 혼동을 일으키게 하거나 타인의 유명 표지의 명성과 신뢰를 떨어뜨리는 일체의 부정한 행위를 규제한다. 부정경쟁행위에 해당하면 3년 이하의 징역이나 3천만원 이하의 벌금에 처해질 수 있다. 이 법률은 한편으로는 부정경쟁행위를 다스리며 다른 한편으로는 영업비밀 침해행위를 다스린다.

부정경쟁방지법은 기업의 브랜드와 디자인을 관리함에 있어 매우 유용하다. 원칙적으로 브랜드는 상표법으로 보호받아야 하며, 물품에 관한 산업디자인은 디자인보호법으로 보호를 받고, 그렇지 않은 창작 디자인은 저작권법에 의해 보호를 받게 되지만, 각 법률의 요건에 충족하지 못해서 제대로 보호를 받지 못하는 경우가 있다. 그때 예외적으로 소비자 보호 또는 공정한 거래질서를 위해 보호 수단을 제공하는 것이 부정경쟁방지법이다. 예컨대 상표법으로 보호받을 수는 없지만 이미 국내 소비자들에게 널리 알려진 상표가 있다고 하자. 상표법으로 보호받을 수 없다고 해서 중구난방으로 타인이 모방하도록 방치하면 건전한 상거래가 훼손되고 소비자도 극심한 혼란에 빠지게 될 수 있다.

| 사례 011 | 불가리스 Vs. 불가리아 |

| 남양유업의 불가리스 | 매일유업의 불가리아 |

여기 좋은 사례가 있다. 일전에 있었던 남양유업의 '불가리스'와 매일유업의 '불가리아' 간의 브랜드 분쟁은 '불가리아'의 판매금지로 '불가리스'의 승리로 끝났다. 후발주자로 경쟁에 뛰어든 '불가리아' 상표 사용은 부정경쟁행위에 해당한다는 것이 그 이유다. 사실 '불가리아'는 국가명이고 현저한 지리적 명칭에 해당하기 때문에 상표등록이 불가하며, 이런 경우 상표법적으로는 누구나 사용할 수 있는 브랜드에 해당한다. 즉 상표법적으로는 매일유업의 브랜드 사용이 문제되지는 않는다. 하지만 상표등록이 불가능하더라도 그 상표가 국내에 널리 알려진 유명한 상표가 되면, 이와 같이 부정경쟁방지법에 의해 보호를 받을 수 있다. 남양유업의 '불가리스'는 1991년부터 사용되었고 국내에 널리 알려진 브랜드로 인정받게 된다. 따라서 매일유업의 '불가리아' 상표사용은 부정경쟁방지행위에 해당된다. 매일유업은 남양유업과의 소송에서 패소한 다음에 브랜드를 '도마슈노'로 바꿨다.

상표법과 부정경쟁방지법이 충돌하면 상표법이 우선한다(단, 상표권 취득행위 자체가 부정한 목적을 위법행위라면 그렇지 않다). 또한 상표권 침해가 문제되는 경우에는 침해 사실만 따지면 되기 때문에 매우 편리하다.

하지만 부정경쟁방지법에 의해 상표 사용을 금지시키려고 하면 우선 자신의 상표가 국내에 널리 알려진 유명상표임을 법적으로 '입증'해야 한다. 그리고 '부정한 행위'임을 함께 입증해야 한다. 물론 전자가 입증이 되면 후자는 추정 받을 수는 있지만, 무릇 소송에서 입증행위는 생각보다 매우 어렵고 비용과 노력이 소요되기 때문에 사실상 상표권을 취득하는 것이 무엇보다 바람직하다. 패션 브랜드 'A6' 사례에서, 앞서 말한 바와 같이 이 브랜드는 영문자 1개와 숫자 1개의 결합으로 된 것이어서 원칙적으로 상표등록이 불가하다. 결과적으로 수많은 모방상표가 출현하게 됐다. 'A6' 브랜드 소유자인 네티션닷컴은 이들 모방상표에 대해 부정경쟁행위를 주장했으나 어떤 사건에서는 승소했고 어떤 사건에서는 패소했다. 입증이 쉽지 않음을 보여주는 대목이다.

어쨌든 상표권 취득이 어려울 때 상표권자는 최후 수단으로 부정경쟁방지법에 의지하게 된다. 반대로 상대방의 입장에서는 상표권 침해만 생각할 것이 아니라 혹여 자신의 상표 사용이 부정경쟁행위에 해당되지 않는지를 반드시 점검해야 한다. 상표사용자나 모방사용자나 모두 부정경쟁방지법을 항상 염두에 두어야 한다는 의미다. 어떤 디자인이나 슬로건도 타인의 영업표지임이 분명하고 이것이 국내에 널리 알려지게 됐다면 마찬가지로 부정경쟁방지법에 의해 보호를 받을 수 있다. 부정경쟁방지법의 장점은 때로는 품목과 업종의 경계를 넘어서 브랜드의 명성이 훼손되는 것도 보호해 준다는 점이다. 이런 점에서는 상표법보다 강력하다. 그러나 어디까지나 소비자들에게 '유명'해야 함을 전제로 한다.

영업비밀

기업이 자기 기술을 보호하는 방법으로 3가지가 있다. 첫째는 특허로 보호받는 것이요, 둘째는 영업비밀(노하우)로 관리하는 것이고, 셋째는 계약에 의해 보호를 받는 경우다. 각각 장단점이 있다. 첫 번째 방법은 명실공히 대단한 권리(배타권)를 멋들어지게 주장할 수는 있으나 그 기술에 대한 가치판단(특허성 여부)을 받아야 하고 기술내용을 어느 정도 공개해야 한다. 두 번째 방법은 기술내용을 감출 수는 있으나 관리에 매우 큰 어려움이 따르고, 세 번째 방법은 미래의 적을 현재의 협력자로 묶어둘 수 있는 장점이 있으나 계약의 당사자만 구속하는 한계가 있다.

  기업이 기술을 특허로 보호하고자 할 때, 보호받고자 하는 범위에 무척이나 큰 제한이 따른다. 그것이 새로운 것이냐, 또 진보적인 것이냐, 법이 정한 바에 따라서 표현은 제대로 했느냐 등 엄격한 심사를 거쳐야 하기 때문이다. 당연한 이야기다. 특허의 본질이 배타권에 있다고 볼 때, 그 기술을 사용하고자 하는 제삼자를 고려하지 않을 수가 없기 때문이다. 제삼자를 고려하지 않고 특허권을 신청한 사람만 보호하면 자본주의는 공공성을 잃고 폭주하게 마련이다. 이러다 보니 기술에 대해 특허를 받고자 해도 특허를 못 받을 수가 있고 기술내용은 공개했는데 그 대가를 받지 못해 공연한 일만 했다는 푸념이 나올 수도 있다. 그러나 그 푸념보다 더 중요한 것은 부실한 심사로 생긴 특허로 인해 받는 제삼자의 고통이다. 또, 기업의 입장에서는 수백만 원에 달하는 비용도 내면서 특허를 받았는데 받아 놓고 보니 그 권리가 협소하여 돈만 낭비한 것은 아닌가 하는 생각도 들 수 있다. 이 역시 당연한 불만이다. 따라서 기업은 기를 쓰고 좋은 특허를 받기 위해 노력해야 한다. 특허는 영원히 주어지는 것이 아니고, 20년이라는 기간이 정해져 있다. 전자, 기계 분야에서는 무척이나 긴 행복한 시간일 수 있다. 매년 소요되는 특허료에 대한 부담만 없다면 말이다. 그러나 의약, 화학 분야에서는 20년도 너무 짧다고 아우성이다.

기술내용을 꽁꽁 감추고 사업을 하면 어떻겠는가? 공연히 특허출원비용도 안 들이고 말이다. 하지만, 세상에 공짜는 없는 법이다. 관리에 대한 노력과 비용이 훨씬 많이 소요될 것이다. 누군가에게 특허가 주어지지 않은 기술, 예컨대 특허존속기간이 만료되었거나, '특허감'이 안 돼서 거절된 경우에는 누구나 그 기술을 이용할 수 있다. 이것이 원칙이다. 그러나 모든 원칙에는 예외가 있는 법이어서 그 기술로 먹고 사는 기업에 소속된 사람은 조심해야 한다. 그 기술이 설령 특허를 못 받는 허접스러운 기술이라 하더라도, 즉 진보적인 기술이 아니라 하더라도 그 기술정보 자체가 기업의 재산인 점은 부인할 수 없다. 이것을 몰래 또는 공개적으로 밖으로 유출하거나, 전직하여 경쟁회사에서 사용하거나 또는 퇴직 후 자기 스스로 사업을 하는 경우에는 반드시 생각해야 할 것이 있다. '부정경쟁방지 및 영업비밀보호에 관한 법률'이라는 무서운 법률이 있어서 엔지니어가 전직해(또는 근무 중에) 타인에게 회사의 기술정보를 유출한 경우에—물론 몇 가지 전제조건이 있는 법이지만— 영업비밀침해행위로 처벌받을 수 있다는 것이다. "그거요. 특허도 못 받는 허접한 기술인데요?"라고 항변하기 어렵다는 것이 이 법률의 요체다.

기업의 관점에서 보자면, 굳이 비용 드는 특허출원을 하지 않더라도 그 기술내용이 공개되지 않도록 노하우로 잘 관리할 수 있다면 그것이 오히려 효율적이고 남는 장사로 여겨질 수 있다. 하지만 역시 세상은 녹록하지 않다.

> **사례 012** 영업비밀과 특허의 비교우위

홍길동 주식회사는 A라는 기술을 오래 전부터 개발했으나 특허권을 신청하지 않고 영업비밀로 관리하고 있었다고 하자. 그런데 임꺽정 주식회사가 동일한 A라는 기술에 대해서 나중에 개발해 특허를 받은 경우에 국가는 누구를 우선적으로 보호해 주겠는가?

임꺽정 주식회사가 특허권자로서 우선적으로 보호될 수밖에 없다. 국가는 임꺽정의 A에 대해서만 심사를 했지 홍길동의 기술은 관여하지 않았기 때문이다. 만일 홍길동 주식회사가 A가 자신의 앞선 노하우임을 재판에서 충분히 입증하지 못하면 오히려 특허권침해에 해당하게 된다. 치명적인 피해를 입을 수 있다. 홍길동 주식회사의 노하우 전략이 타당하기 위해서는 경쟁회사가 A라는 기술을 스스로 완성하기가 거의 불가능한 수준이어야 한다.

> **사례 013** 영업비밀을 알고 있는 직원의 전직

홍길동 주식회사의 연구원 장길산은 회사의 모든 내부 비밀을 알고 있다. 그가 퇴직한 후에 경쟁회사에 취직하거나 동일 업종에서 창업을 하려고 한다. 어떻게 될까?

비즈니스에서 가장 강력한 적은 내부의 적이다. 위와 같은 사례에서 보자면 홍길동 주식회사의 가장 강력한 경쟁자가 나타나는 것이다. 부정경쟁방지법은 위 사례 13의 경우에 대해 기업을 도와준다. 기업의 영업비밀을 함부로 누설한 자를 처벌한다. 그것도 매우 강력하게 다스리는데 5년 이하의 징역 또는 그 재산상의 이득액의 2배 이상 10배 이하에 상당하는 벌금에 처한다. 만일 외국기업에게 넘기려

고 한 경우에는 10년 이하의 징역에 처해질 수 있다. 하지만 직업선택의 자유를 제한하는 만큼 엄격한 전제 조건이 붙는다. 첫째, 그 정보가 비밀성이 있어야 한다. 이미 오래 전부터 알려진 것이라면 보호받을 수 없다. 둘째, 경제적 가치가 있어야 한다. 셋째, 상당한 노력에 의해 관리되어야 한다. 이 세 번째 요건이 매우 중요한데, 영업비밀을 법에 의해 보호받기 위해서는 상당한 노력이 전제되어야 하는 것이다. 노력하지도 않으면서 영업비밀의 보호를 원해서는 안 된다. 비밀의 부여 및 관리, 영업비밀의 중요성에 관한 직원 교육, 임직원과의 비밀준수 계약 등의 조치를 하지 않으면 영업비밀을 보호할 수 없다. 성장에만 목말라 하며 앞으로 질주하다 보면 회사의 내부 관리를 챙기지 못하는 경우가 자주 있다. 안타까운 일이다.

특허를 취득할 수 있는 기술에 대해서는 노하우로 보호할 것이 아니라 특허로 보호하는 편이 합리적이다. 특허는 외부의 적을 표적으로 한다. 내부의 임직원은 언제라도 외부의 적이 될 수 있다. 끔찍한 일이다. 하지만 부정경쟁방지법은 이를 효과적으로 막을 수 있는 방법을 제시한다. 부정경쟁방지법에서 보호되는 영업비밀은 반드시 특허를 취득할 수 있을 정도의 고도의 기술만을 의미하지 않기 때문에 보호할 수 있는 폭이 넓다. 또한 기술적인 비밀뿐만 아니라 고객정보나 영업 노하우 등의 비기술적인 정보도 보호할 수 있는 제도이기 때문에 내부의 임직원을 다스릴 수 있게 된다. 특허제도와 비교할 수 있는 사례를 한번 살펴보자.

사례 014 노하우 전략

홍길동은 특허출원을 하면 그 내용이 공개되기 때문에 경쟁자가 우리 기술을 알게 되는 계기만 될 뿐이라서 특허출원을 하는 것보다는 기업의 노하우로 보호하는 편이 낫다는 이야기를 들었다. 노하우와 특허, 어떤 쪽이 더 좋은 것인지 홍길동은 전문가의 자문을 구하고자 한다.

　잘못된 지식보다 더 위험한 것은 불충분한 지식이다. 그것은 오해를 낳고 잘못된 판단을 낳으며 결국 비즈니스를 망친다. 우선 결론부터 말하자면 기본적으로는 특허제도로 자기 기술을 보호하는 것이 맞고, 아주 예외적으로 노하우를 생각해 볼 수 있을 뿐이다.
　위 사례 14에서 홍길동이 들은 이야기처럼, 특허출원을 하면 그 내용은 과연 공개된다. 특허라는 권리는 공개에 대한 대가이기 때문이다. 대신 20년의 독점기간을 준다. 물론 공개되기 때문에 경쟁자도 공개된 우리 특허기술의 내용을 파악할 수 있다. 그것이 특허제도의 본질이기 때문에 어쩔 수 없는 일이다. 그렇다고 해서 그것이 바보 같은 행위는 아니다. 우선 그 공개가 특허출원 내용이 공개된다는 의미이지, 특허출원인이 실제 보유한 기술 전부가 공개된다는 의미가 아니다. 특허문헌에는 기술 노하우까지 모두 구체적으로 적어야 되는 것은 아니므로 확대해석해서는 안 된다. 더욱이 특허출원이 현명한 일이 아니라면 미쳤다고 국내외 유수의 대기업이 수천 건 이상의 특허출원을 하겠는가? 글로벌 기업들은 국경을 넘어서 특허출원을 하고 있다. 삼성전자는 미국기업이 아니면서도 미국 특허출원 전체 순위 2위다. 언론보도에 따르면, 삼성전자가 미국 내에서 보유 중인 특허는 총 2만 건이 넘는다고 한다(모두 등록 받은 특허인지 심사 중인 것까지 포함한 것인지는 불명하다). 퀄컴이 2010년에 우리나라에 특허출원한 개수는 1,300건이 넘는다. 자기 나라뿐만 아니라 큰 시장이라면 어느 곳이든 특허권을 신청한다. 기술내용을 공개해서 얻는 불이익보다, 특허를 확보해서 경쟁자를 견제하고 협상해서 얻는 이익이 훨씬 크기 때문이다. 또한 특허를 확보하지 않으면 이 치열한 경쟁에서 살아남을 수 없는 까닭이기도 하다. 더욱이 이 책에서 강조하는 것처럼 특허는 단지 권리가 아니라 재산이기도 하며, 기업을 혁신으로 이끄는 창의성 촉매제가 되기도 한다.

반면에 오늘날 '노하우'를 통한 핵심 기술의 보호는 매우 예외적인 경우를 빼고 장점이 거의 없어 보인다. 특허의 장점은 하나도 갖지 못한다. '노하우 기술'이란 기업이 그 기술을 공개하지 않고 비밀로 잘 관리하는 것에 있다. 하지만 극히 어렵다. 첫째, 인류의 기술수준이다. 인류의 기술수준은 놀라울 만큼 발전했으며 앞으로도 그러할 것이다. 또한 지금도 수많은 기업들이 더 많은 이윤을 추구하고 더 높은 생산력을 위해서 기술개발에 매진하고 있다. 어디 그뿐인가? 수많은 연구진들이 유수의 학회지에 연구 논문을 발표한다. 자 이런 상황에서 내가 노하우로 보호하고 있는 그 기술을 다른 사람은 개발하지 못하겠는가? 다른 사람에 의해 이미 만천하에 공개된 기술은 더 이상의 노하우로 보호할 가치가 없어진다. 더욱이 자사의 제품이 타인의 역설계, 즉 분해하거나 성분조사를 해서 그 구체적인 기술내용을 추측될 수 있는 것이라면 노하우로 보호할 대상이 아니다. 둘째, 특허권자와 싸우면 매우 불리해진다. 내가 먼저 A라는 기술을 개발했고 그것을 몰래 노하우로 가지고 있었다고 하자. 그런데 동일한 A라는 기술에 대해 나보다 나중에 '와타나베'라는 일본 사람이 개발에 성공해 세계 곳곳에 특허를 취득했다고 하자. 그러더니 그 와타나베라는 사람이 나한테 특허권 침해라고 손 들라는 것이다. 졸지에 모방자가 됐다. 자 그럼 나는 어떻게 대응할 수 있습니까? 법원에서 "내가 먼저 개발했던 것이에요"라고 항변할 수 있어야 하는데 이건 노하우였기 때문에 그것을 입증할 자료를 제출하기 어렵다. 사내 자료를 제출할 수는 있으나 상대방이 조작 가능한 자료라고 반박하면 어찌되는가? '선사용권'이라는 제도가 있다. 소정의 입증에 성공하면 내게 특허권이 미치지 않도록 보호해줄지도 모른다. 하지만 그것은 우리나라에서만 인정될 수 있다. 다른 나라에서는 선사용권 요건('국내에서'라는 요건이 붙음)을 충족시키기 어렵다. 셋째 관리가 안 된다. 노하우의 전제조건은 비밀로 잘 관리되어야 한다. 물샐틈없이 관리되어야 한다. 만일 그 노하우를 알고 있는 사람이 퇴사를 해서 관련 영업을 한다거나 밖으로 빼돌리면 그것으로 끝장이다. 치명타를 입을 수 있다. 그런데 우리나라는 이직이 심하다. 그리고 기업 내에서 노하우 관리가 잘 되지 않는다. 도대체 자기 회사의 여러 기술 중에서 어느 부분까지 자기네 고유한 기술인지도 잘 파악하지 못하는 경우가 허다하다. 이런 상황이라면 핵심기술을 노하우로 보호해서는 안 된다. 이렇게 생각해 보면, '노하우'로 기술을 보호하기 위해서는, 잘 관리할 수 있는 조직과 규율이 있어야 하며, 해당 기술이 세계 곳곳의 경쟁자들에 의해 자발적으로는 개발하기 극히 어려운 것이어야 하며, 학술논문으로도 발표되기 어렵고, 따라서 특허분쟁이 발생할 가능성이 없는 기술이어야 한다. 이런 기술이 과연 얼마나 되겠는가?

적절하게 타협하는 방법이 있다. 특허출원을 원칙으로 하되, 기술내용을 적는 명세서에 어느 정도 내용까지 기재하고 어느 정도 구체화할 것인지를 컨트롤 하는 것이다. 굵직굵직한 내용은 공개하되 상세한 부분에 대해서는 감출 수도 있다. 특허권의 신청은 실험데이터 모두를 제출해야 하거나 발명가와 인터뷰해서 그 내용을 받아 적거나 혹은 샘플을 제출해서 심사를 받는 것은 아니기 때문이다.

그러므로 우리가 노하우를 생각할 때에는, 오히려 핵심 기술보다는, 특허로 등록될 가능성이 적은 작은 개선 사항들, 기술을 매력적으로 만드는 구체적인 데이터나 영업상의 자료들과 여러 경제적 가치가 있는 정보들을 부정경쟁방지법을 통해 보호하는 것으로 초점을 바꾸는 편이 바람직하다.

계약

계약은 '유사특허'로 볼 수는 없다. 당사자에게만 효력이 있지 타인에게는 어떤 대세적인 법적 효력이 인정되지는 않기 때문이다. 하지만 기업 간의 비즈니스에서 계약이 덜 중요하게 취급되기도 한다. 계약서를 작성하는 행위는 요식행위로 간주되고 계약서 작성에 이르기까지 투자된 노력과 신뢰, 목전에 둔 비즈니스 성과만이 중시되기도 한다. 인터넷을 통해 남이 사용하던 계약서 양식을 다운로드 해 일부 표현만 바꾸고 계약서를 작성하기도 한다. 하지만 계약 당사자 간에 무슨 일이 생긴다면, 비즈니스 환경이 바뀌거나 무엇인가 사정 변경이 생긴다면 가장 먼저 하는 일은 계약서 문구를 보는 것이다. 계약의 중요성은 사후에 인지된다.

  계약은 양 당사자 사이에 '법률'을 입법하는 행위다. 만일 국회에서 입법된 법률의 강행규정을 위반하지 않는 상황에서, 법률의 규정과 계약이 서로 다르다면 계약 규정이 앞서서 적용된다. 즉 계약은 국회에서 만든 법률보다 우선시 될 수 있는 것이다. 계약은 곧 법이다. 그러므로 비즈니스에 있어 무엇보다 계약이 중요하고 성실하게 작성되어야 할 것이다. 하지만 '갑'과 '을'의 힘의 논리가 합리적인 계약서 작성에 큰 걸림돌이 되는 상황에서는 힘이 곧 법이 되기도 한다. 이런 점에서 '정의'가 비즈니스를 떠받치는 가장 중요한 주춧돌이다. 서로 구두로 합의하고 약속한 것도 계약이라는 점에서 더욱 그러하다.

4장
특허취득 요건과 절차

원칙적으로 말하자면 특허는 지구적인 사건이며 인류사적인 사건이다. 이런 특허제도의 속뜻을 잘 이해하면 상당수의 오해가 해소된다. 이렇게 눈을 깨끗이 한 상태에서 다시 현실을 생각하면 소위 전문가들의 기계적인 소견으로부터 벗어나 비즈니스를 회복할 수 있게 된다. 특허활동의 전반부는 창의성이 분출해 새로운 아이디어가 제안되며 특허출원을 준비하는 단계다. 특허활동의 후반부는 특허권을 취득한 후의 전략적인 활용에 있다. 4장은 그 전반부와 후반부를 잇는 교량역할을 한다. 모든 아이디어가 특허를 받을 수 있는 것은 아니다. 심사를 통과해야만 한다. 여기서는 특허심사에 대해서 설명한다. 애플과 삼성의 특허는 4장의 과정을 모두 통과한 이후의 특허활동 후반부의 싸움에 관한 것이다. 특허활동은 주요한 목적 중의 하나가 '불확실성의 해소'라고 볼 때, 특허가 거절되었다는 사실이 반드시 불행한 의미로만 해석되지는 않을 것이다. 특허거절이 갖는 긍정성도 4장에서 살펴본다.

특허취득의 요건

특허권을 취득하기 위해서는 반드시 엄격한 심사를 통과해야 한다. 특허청 심사관은 특허권을 신청한 발명에 대해 자격요건이 있는지를 심사하게 되는데, 이를 '특허요건'이라고 한다. 요컨대 '특허취득의 요건'이라고 말할 수 있겠다. 특허취득의 요건에는 발명의 내용에 신규성과 진보성이 인정돼야 하며, 그 밖에 최초로 특허출원된 발명인지, 발명의 대상이 되는지, 미풍양속을 해치는 것은 아닌지, 공유자 출원 규정에 위배되는 것은 아닌지, 특허문헌 기재에 불비한 점이 있는지, 무권리자의 출원은 아닌지, 잘못된 보정사항이 있는지 등의 요건을 모두 만족해야 한다. 그러나 이러한 요건들 중에서도 실무상 가장 문제가 되는 것은 신규성과 진보성의 인정 여부다. 다른 요건들은 적용 사례가 드물다거나 지나치게 전문적인 내용이어서 이 책에서는 굳이 다루지 않고, 신규성과 진보성에 대해서만 매우 자세히 다룬다. 실제 특허제도의 핵심과 비즈니스의 주된 관심사가 여기에 집중되어 있는 까닭이다.

새로운 아이디어인가?

특허권을 신청한다고 해서 국가가 쉽게 특허를 주는 것은 아니다. 어렵다. 또 어려워야 한다. 특허권이 존재하면 그 특허권이 있는 영역에서는 영업상의 자유가 제한된다. 따라서 국가가 함부로 특허권을 허락해서는 안 된다. 이를 위해 특허법은 특허를 받기 위한 요건에 관한 여러 규정을 두고 있다. 누군가 특허권을 신청하는 경우, 그 신청된 서류와 그 서류에 기재된 아이디어의 내용이 법규가 정한 요건을 만족하는지 여부에 대해 국가가 엄격하게 심사를 한다. 그것으로도 불충분하다. 국가가 하는 일도 사람이 하는 일이고, 제 아무리 뛰어난 공무원이라도 완벽할 수는 없다. 게다가 국가가 매년 처리해야 될 건수가 10만 건이 넘기 때문에, 공무원 1인이 1건의 특허출원을 심사하는 데 할애하는 시간은 매우 제한적일 수밖에 없다. 또한, 이론적으로는 수백 수천 만 개 이상의 문헌 데이터베이스를 검색해서 특허심사를 해야 하므로 불가능한 이야기다. 여러 모로 설령 특허를 받았다고 하더라도 하자가 있을 수 있다. 그래서 이미 특허를 받은 경우에도 제삼자가 무효를 주장할 수 있게 하고, 정말 무효인지 아닌지 여부를 법정에서 따질 수 있게 한다. "특허를 받을 수 없는 발명이 잘못해서 특허를 받게 되었습니다. 이 특허를 없애주세요."라는 무효 주장은 대법원까지 간다.

특허를 받을 수 있는 요건 중에 그 첫 번째가 "새로운 아이디어일 것"이다. 다른 말로는 "새로운 발명일 것"이며, 법률 용어를 빌자면 "신규성(新規性)^{Novelty}을 가질 것" 혹은 "공지(公知)된 기술이 아닐 것"이다. 특허를 받기 위해서 가장 기본적으로 갖추어야 되는 요건이다. 이미 기존부터 있던 것과 동일한 것에 대해 국가가 나서서 특정인에게 특허를 줄 수는 없다. 과거에 동일한 것이 있었는데, 요행히 그 사실이 드러나지 않아 특허를 받게 된 것이라도 당연히 무효다. 새로운 것에 대해서 권리를 주는 게 특허라는 사실쯤은 상식이 있는 사람이라면 쉽게 알 수 있고, 특별히 문제되지 않을 성싶다. 당연한 이야기이기 때문이다. 하지만 꼭 그렇지도 않다. 몇 가지 중요한 쟁점이 있고 또 사전 지식이 필요하다.

특허법의 규정을 보자. 이 규정을 한번 읽어본 다음에 특허요건으로서의 '새로움'에 대해 자세히 살펴보자. 여러 가지 오해와 잘못된 상식이 널리 퍼져 있기 때문이다. 우리는 다시 오해와 싸운다.

제29조(특허요건)
① 산업상 이용할 수 있는 발명으로서 다음 각 호의 어느 하나에 해당하는 것을 제외하고는 그 발명에 대하여 특허를 받을 수 있다
   1. 특허출원전에 국내 또는 국외에서 공지되었거나 공연히 실시된 발명
   2. 특허출원전에 국내 또는 국외에서 반포된 간행물에 게재되거나 대통령령이 정하는 전기통신회선을 통하여 공중이 이용가능하게 된 발명

위 규정을 쉽게 풀어 보면 다음과 같이 읽힐 수 있다.
① 어떤 발명(아이디어)이 특허를 받기 위해서는 산업적으로 이용될 수 있는 것이어야 하며,
   1. 특허출원 이전에 이미 대한민국이나 다른 나라에서 알려진 것과 동일해서는 아니 된다. 또한 대한민국이나 다른 나라에서 생산되었거나 사용되었거나 혹은 판매되었던 것과 같아서도 안 된다.
   2. 또한, 특허를 받고자 하는 발명이, 특허출원 이전에 대한민국이나 다른 나라에서 간행된 서적, 논문, 특허문헌, 잡지, 신문, 인터넷 웹 페이지 등에 기재된 간행물에 기재된 내용과 동일

해서는 특허를 받을 수 없다. 그 간행물에 사용된 언어는 한국어든 영어든 일본어든 중국어든 불어든 독일어든 스페인어이든 포르투갈어이든 러시아어이든 상관없이 무관하다.

이제 이 규정을 본격적으로 알아보자. 특허법상 '새로움'에 관해 우리가 알아야 할 첫째는, '새로움을 판단하는 공간적 기준'에 대한 것이다. 많은 사람들이 그 새로움의 판단 기준을 우리나라만 놓고 생각한다. 그러나 그렇지 않다.

> **사례 015** **잘못된 상식 1**
> 프랑스에서 어떤 제품을 수입하고 싶은데, 우리나라에는 처음 소개되는 제품이어서 적어도 우리나라에서는 특허권을 받을 수 있을 거라 생각하는 홍길동

> **사례 016** **잘못된 상식 2**
> 미국에서는 특허권이 있지만 한국에서는 없으니까 내가 먼저 특허권을 신청해서 권리를 확보할 수 있지 않느냐는 임꺽정

> **사례 017** **잘못된 상식 3**
> 일본을 여행하다가 어떤 제품을 본 적이 있는데 매우 기발해서 특허검색을 해 보았더니 우리나라에는 그런 것이 없고, 그러므로 먼저 특허권을 취득하겠노라는 장길산

이 세 가지 사례의 홍길동, 임꺽정, 장길산은 모두 틀렸다. 잘못된 생각이다. 우리 특허법 규정에 따르면 모두 특허를 받을 수 없다. 새로움의 판단 기준은 국내만 놓고 보는 것이 아니라, '지구적인 관점'

에서 판단한다. 이 지구상의 어느 나라에서 이미 알려진 것이라면, '새롭지 않다'고 판단하며, 새롭지 않으면 특허를 받을 수 없다. 결국 '새롭다 함은 지구적인 사건'인 셈이다. 원칙적으로는 아프리카 어느 왕국에서 알려진 기술이라면 대한민국에서도 특허를 받을 수 없다. 미국, 일본, 유럽 등의 선진국에서 알려진 기술, 판매된 제품, 제공된 서비스 등에 대해서는 더더욱 대한민국에서 특허를 받을 수 없다. 특허를 받기 위한 새로움은 이렇듯 공간적으로 엄격하다.

둘째, '새로움을 판단하는 시간적인 기준'이다. 특허권을 신청한 날(특허출원일)을 기준으로 판단한다. 즉 특허청에 아이디어가 기재된 특허서류를 접수한 날을 기준으로 그 아이디어가 새로운 것인지 새롭지 않은 것인지를 판단한다. 나에게 좋은 아이디어는 다른 사람에게도 좋은 아이디어이고, 그러므로 나만 생각했다고 볼 수는 없기 때문에 신속히 권리를 신청하고 볼 일이다. 그런데 간혹 가다가 아주 예전에 사용되었던 것인데—대한민국에서든 외국에서든— 현재는 사용되지 않는 기술 혹은 아이디어에 대해 특허권을 신청하는 경우가 있다. 예컨대 조선시대 기술이라고 하자. 그것이 수백 년간 잊혀져 있다가 혹은 몇몇 사람에게 비법으로만 전승되다가 이를 다시 재조명해 특허출원하는 경우다. 그러나 이 또한 인정받지 못한다. 특허요건으로서의 새로움의 판단은, 특허권을 신청한 날을 기준으로 인류 전 역사의 산물과 비교하는 것이다. 결국, 특허법상 '새로움이란 인류적인 사건'으로 부를 수 있다. 그것이 수백 년간 잊혀 있다가 다시 재조명하여 특허출원하는 경우에도 권리로 보장될 수는 없는 것이다.

셋째, '새로움을 판단하는 인적 기준'이다. 이것은 매우 중요하고 민감한 문제다. 그래서 여러 번 대법원까지 소송이 이어졌고 대법원 판례도 여러 있다. 현실 비즈니스 세계에서 자주 등장하는 사안과 관련되기도 한다. 어느 정도의 사람한테 알려져야만 새롭지 않다고 말할 수 있는가? 인류의 인구가 6~70억 정도 되는데 그 중 극히 몇 명에게만 알려진 경우에까지 새롭지 않다고 하여 특허권을 주지 않으면 너무 가혹한 것이 아니냐는 것이다.

사례 018 권리신청 전에 아이디어를 지인에게 자랑한 경우

홍길동은 세상을 더 풍요롭게 하는 새로운 기술 아이디어를 생각해 내었고, 이에 너무 감격한 나머지 모년 모월 모일 몇 명 지인들에게 자랑했다. 홍길동은 특허를 받을 수 있는가?

위 사례에서 홍길동의 아이디어는 몇 명의 지인들에게 알려진 것은 맞다. 이것을 가지고 권리 자체를 부인해버리는 경우, 그것을 정의롭다고 말할 수 있냐는 것이다. 이에 대해서 우리 대법원은 '불특정 다수에게 알려진 상태'가 된다면, 그 불특정 다수가 1인이든 더 많은 사람이든 아니면 실제로는 아무도 알지 못했다 하더라도, "새로움은 상실된다"고 판시한다. 그리고 특허법리적으로 특허권을 신청한 사람 이외에 다른 사람이, 특허권 신청한 날 전에 이미 1인이라도 알게 됐다면, 역시 새로움은 인정되지 않는다. 물론 개별 사안에서는 억울한 일이 발생할 수 있지만, 특허제도 자체가 국가가 어떤 조건을 걸고 예외적으로 인정하는 것이기 때문에, 특히 일관되고 공평하며 엄격하게 처리해야 할 필요성이 있다.

이와 같이 특허요건은 숨막힐 정도로 엄격하다. 그런데 다행이라고 해야 될지는 모르겠지만, 이 엄격함은 그렇게 기계적으로 적용되지는 않는다. 실제로는 허점이 매우 많다. 왜냐하면 '새로움'을 심사하는 이는 모든 것을 다 아는 절대신(神)이 아니라 인간이기 때문이다. 사람이 어떻게 세상의 모든 것을 다 알 수 있겠는가? 심사관이 특허권 신청 발명의 새로움을 부인해 특허등록을 거절하는 경우에는, "이거 어디서 본 것 같습니다"는 식으로 개인적인 느낌이나 지식에 의해 거절할 수는 없다. 모든 행정처분이 그러하듯이, 그 이유를 서면으로 제시해야 한다. 일반적으로는 그 발명과 동일한 내용이 기재된 서면을 제시해야 한다. 유사하다는 게 아니라 동일하다는 것을 입증해 주는 서면을 말한다. 일종의 심사관에게 부여되는 의무다. 특허권을 신청하는 이의 입장에서도 자신의 발명이 전세계적으로 그리고 인류역사적으로 정말 새로운 것인지 모두 조사해 볼 수도 없으며, 그런 불가능한 행위에 대한 의무도 없다. 이런 연유로 대부분의 특허출원발명(특허권을 신청한 발명)의 경우 새로움 요건을 통과한다.

특허권을 신청한 사람이 '새로움'에 대해 위에서 설명한 요건을 위반하긴 했지만, 그 위반 사실을 매우 소수만 알고 있는 경우에는, 심사를 통과하고 특허를 받는 데 사실상 어려움이 없다. 외국에서 이미 시판 중인 물건에 대해 심지어는 한국 시장에서도 일부 시판 중인 물건에 대해서도 특허권을 신청하고 또 등록을 받는다. 심사관이 그 위반 사실을 알 리가 없기 때문이다. 정의론적 관점에서는 문제가 있다. 일종의 양심을 속이는 행위이기 때문이다. 그렇다고 이러한 행위를 절대 하지 말자며 발벗고 나서서 자정운동을 벌이기도 어렵다. 또한 이 특허요건에 관해 도덕적으로 순결한 자세를 모든 이에게 요구할 수도 없다. 양심이나 정의론을 따지기 전에 해결되기 매우 어려운 문제가 있기 때문이다. 특허권의 속성은 남이 하지 못하게 하는 배타권에 있다.

사례 019 **대수롭지 않다고 여긴 기술**

홍길동과 임꺽정은 경쟁관계에 있다. 홍길동은 시장에서 매우 반응이 좋은 제품에 관한 중요한 기술을 갖고 있다. A라는 기술이다. 홍길동은 자신의 기술이 새로운 것이 아니라고 스스로 판단하여 굳이 특허권을 신청하지 않았다. 그런데 임꺽정은 동일한 기술 A에 대해 나중에 특허권을 신청해 그가 권리를 취득했다고 하자. 이들의 관계는 어떻게 될까?

홍길동은 매우 난처해진다. 임꺽정은 특허 A에 대한 홍길동의 실시를 금지시킬 수 있다. 홍길동은 자기 양심을 지키다가 결국은 큰 손해를 입을 수 있게 된 것이다. 홍길동에 의해 고용된 직원은 경영 악화로 해고될 수 있다. 이론에 정통한 이는 특허 A에 대해 '무효심판'을 청구하면 되지 않느냐, '선사용권'이라는 제도를 이용하면 되지 않느냐고 점잖게 말한다. 그러나 그것은 이론에 불과하고, 현실에서는 매우 쉽지 않은 과정을 거쳐야 한다. 첫째, 명백한 입증자료를 찾아야 한다. 그런데 재판관을 충분히 납득시킬 수 있는 입증 자료를 찾기가 참으로 어려운 일이다. 소송을 염두에 두면서 늘 증거자료를 수집하고 보관하면서 살지는 않는다. 그렇게 비즈니스 하는 회사가 세상에 얼마나 될까? 둘째, 값비싼 소송비용을 부담해야만 할 수 있다. 셋째, 바이어 등 영업 관계에 있는 제삼자들을 상대로 "특허권 A는 무효"라는 사실을 설득해야 한다. 이 설득은 통상 재판관을 설득하는 것보다 더 어렵다. 전문적인 법리를 모르기 때문이다. 전문가가 아니라면 법적인 판단은 언제나 어려운 일이고, 누구나 법적으로 위험부담이 있는 행위에 개입되기를 바라지 않는 까닭이다.

따라서 특허권을 신청함에 있어서, '새로움' 요건에 관해, 특허권을 신청한 이에게 함부로 양심과 정의론이라는 잣대로 특허권을 요구하지 말 것을 강요할 수는 없다. 순수한 인격체만이 비즈니스를 하는 것이라면, 또는 이 비즈니스 세계가 실천하는 양심으로 가득 찼거나 칸트의 도덕철학에 푹 빠진 사람으로만 가득 차 있다면, 사실 특허제도 자체가 무의미할 것이다. 한편 방어적인 목적으로 특허권을 신청할 수 있다는 점, 특허권을 취득했으나 권리행사는 하지 않을 수도 있다는 점을 고려해 볼 때에는 더욱 그러하다.

이상으로 특허요건으로서의 '새로움'에 관련된 법 규정에 대하여, 또한 법의 규정과 현실 사이의 괴리 문제까지 살펴보았다. 다시 한 번 실제 있었던 사례를 중심으로 이 요건을 들여다 보자. 비즈니스에 여러 모로 도움이 될 것이다.

사례 020 판매 중인 제품에 대한 제조방법 특허

홍길동의 제품 A에 대한 제조 방법 기술은 이전부터 사용해 오던 독자적인 기술이다. 그리고 제품 A도 판매되고 있다. 그런데 홍길동은 여러 영업 상의 이유로 제품 A에 대한 제조 방법에 대해 특허권을 신청하고자 한다. 홍길동은 특허를 받을 수 있을까?

제품 A가 판매되었기 때문에 제품 A 자체는 새롭지 않다. 따라서 제품 A 자체에 대해서는 특허를 받지 못할 것이다. 그러나 제품 A가 판매되었다는 것만으로 그 제품 A의 제조 방법 기술도 알려졌다고 볼 수는 없다. 따라서 이 부분에 대해서는 특허를 받을 수 있게 된다. 단, 그 제조 방법이 논문이나 간행물을 통해 알려진 경우라면 특허를 받지 못할 것이다. 또한 공장 견학 등을 통해 해당 공장에 외부인들이 올 수 있었고, 제조 방법이 그들에게 알려질 수 있는 상황이 있었다면, 역시 특허를 받지 못한다. 물론 심사관이 그런 사실을 알기 어렵다면 현실적으로는 특허를 받는 데 큰 어려움이 없을 것이다. 단지 무효가 될 수도 있다는 가능성만 남는다. 그렇지만 무릇 무효 가능성이란 모든 특허권이 내재된 속성이기 때문에 결과적으로 큰 문제는 되지 않을 것으로 보인다.

사례 021 비즈니스 파트너에게 아이디어 내용을 알려준 경우

홍길동은 새로운 기술 아이디어 B를 이용하여 비즈니스를 전개하려고 한다. 그래서 비즈니스 파트너를 찾다가 임꺽정을 알게 됐다. 아이디어 B가 기재된 제안서를 임꺽정에게 건네며 비즈니스 전개에 대해서 여러 협의를 진행했다. 그런 연후에 특허출원의 필요성을 느낀 홍길동이 특허권을 신청하고자 한다. 괜찮을까?

원칙적으로 타인에게 알려진 상황에서는 아이디어 B는 더 이상 새롭지 않다. 새로움을 잃고 결국 특허를 취득할 자격이 없어진다. 그러나 우리 대법원 판례는 그 타인의 범주를 제한해 준다. 즉 계약상 혹은 상관습상 비밀 준수 의무가 있는 자라면, 타인으로 보지 않는 것이다. 계약상 혹은 상관습상 비밀 준수 의무가 있는 자에게 알려진 경우라면, 아직 새로움을 잃지 않았다는 것이다. 근로계약이 대표적인 예이며, 기업간 체결하는 NDA^{Non-disclosure agreement}(기밀유지계약)도 그것에 당연히 포함된다. 위 사례에서는 임꺽정에게 과연 비밀준수 의무가 있느냐가 중요하다. 단순히 사업 제안을 하는 경우라면 비밀준수 의무가 없다. 그 경우에 임꺽정에게 사업 제안을 한 시점에서 기술 아이디어 B의 특허자격을 잃는다. 물론 특허를 주는 심사관이나 특허성을 최종 판단하는 대법관이 홍길동과 임꺽정 사이에서 있었던 일을 알고 있는 것은 아니어서 실제로는 큰 문제가 발생할 가능성은 거의 없다. 하지만 임꺽정이 먼저 B에 대해 특허권을 신청할 수 있다.

이 경우에는 심각한 문제가 된다. 또, 홍길동이 작성한 제안서에 제안 날짜까지 기재된 경우에는 나중에 큰 화근이 될 수도 있다. 그 제안 날짜 이후에 특허권이 신청되었다면 특허를 받았다 하더라도 그 제안서가 증거가 되어 차후에 특허무효가 될 수도 있기 때문이다. 따라서 임꺽정에게 B를 제안하기 전에 먼저 특허권을 신청하는 것이 바람직하다.

사례 022 권리신청 전의 시제품 판매와 특허취득

홍길동의 새로운 기술 아이디어 C는 '효과가 매우 좋은 밸브'에 관한 것이라고 하자. 홍길동은 이 아이디어 C를 이용해 시제품을 2개 만들어서 판매해 보았다. 반응이 상당히 좋아 기뻐하다가, "그렇지, 특허권을 확보해 둬야겠다."라고 생각한다. 괜찮을까?

법리적으로 홍길동의 C는 특허를 받을 수 없다. 새로움을 잃었기 때문이다. 2개든 2만 개든 중요하지 않다. 판매했다는 사실만이 중요하며, 판매된 시점에서 밸브 C는 더 이상 새로운 기술이 아니다. 특허를 받더라도 무효가 될 수 있다. 다만, 시제품 2개가 판매된 것은 사실이지만, 그 판매 사실을 제삼자가 확인할 길이 없다면, 예컨대 누가 구입했는지도 알 수 없고, 판매한 자료도 없다면, 큰 문제가 되지는 않는다. 심사관이나 재판관이 그 사실을 알 수 없기 때문이다.

사례 023 권리신청 전에 웹사이트에 기술을 소개한 경우

홍길동은 검색 엔진 D를 개발했고, 특허권을 신청하기 전에 자신의 웹 사이트를 통해 D를 소개한 바 있다. 홍길동은 이제 검색 엔진 D에 대해서 특허권을 신청하려고 한다. 괜찮을까?

법리적으로 보자면, 검색 엔진 D에 대해 웹 사이트에 어느 정도 기재됐는지가 확인되어야 한다. 일반적으로 웹 사이트에는 개략적인 기술내용만 소개되어 있지 기술 전부에 대해서는 기재되지 않기 때문에, 발명의 핵심 내용이 모두 기재된 것이 아니라면 크게 문제가 되지 않을 것이다(단, 진보성 판단에는 문제가 될 수 있다). 이런 점은 웹 사이트가 아니라 카탈로그나 팜플렛의 경우에도 마찬가지이다. 한편 여기에는 또 다른 문제가 있다. 뉴스를 제공하는 웹 사이트에서는 인터넷에 기사를 게재한 날짜와 시간을 적게 된다. 그러나 개인용 혹은 사업용 웹 사이트의 경우 각 웹 페이지에 날짜를 표시하지 않는 경우가 보통이다. 검색 엔진 D에 대한 내용을 웹 사이트에 올린 것은 맞지만 그 날짜가 기재되어 있지 않다면, 역시 문제가 될 가능성은 크지 않다. 문제를 제기하려면, 문제를 제기하려는 당사자가 해당 웹 사이트에 검색 엔진 D에 대해 기재한 날짜가 특허권을 신청한 날짜보다 앞섬을 입증해야 하는데, 이런 입증은 상당히 곤란하기 때문이다.

여기까지 이해하면 이제 특허제도의 속뜻을 어느 정도 이해했을 것이다. 그리고 저 엄격한 특허요건과 유동적인 현실 사이에 존재하는 큰 간극을 목격할 수 있게 된다.

진보적인 아이디어인가?

앞서 말한 것처럼 특허를 받기 위해서는 그 아이디어 발명이 '새로운 것'이어야 한다. 그러나 '새롭지 않다' 함은 기존의 제품이나 방법과 '동일'하다는 것을 전제로 한다. 이를 실무적으로 '발명의 동일성'이라고 부른다. 쉽게 말하자면 기존 것과 똑같아야 한다는 것이다. 하지만 자기 자신이 기존에 만들어 놓은 제품에 대해서 특허권을 신청하는 경우라면 '똑같다'라고 지적할 수는 있어도, 타인의 제품과 똑 같은 경우는 드물다. 사소한 뭔가가 달라도 다른 경우가 대부분이다. 이런 경우는 똑같지는 않고 '유사하다'고 말할 수 있을 것이다. 이와 같이 종래의 기술과 '유사한 경우'에 어느 정도 유사한지를 놓고 특허여부를 판단하게 된다. 그때의 요건을 '진보성'이라고 부른다.

특허여부를 심사하고 판단하는 심사관의 입장에서도 '진보성'을 문제로 삼지 '신규성(새로움)'을 문제 삼는 경우는 드문 일이다. 진보성이 없다고 하면서 특허를 거절하면 되기 때문에 굳이 '발명의 동일성'이라는 어려운 개념을 따지면서 심사를 할 필요가 없다. 그렇기 때문에 특허를 거절하는 대부분의 이유가 '진보성이 부족하다'라는 것이다.

본디 특허제도는 기술의 누진적인 발전을 위해 만들어진 제도다. 무엇인가 개선된 기술을 공개한 대가로 국가가 특허를 주는 것이다. 그런데 공개한 기술내용을 보니 종전보다 별로 개선 사항이 없는 경우까지 국가가 특허를 주면 이것은 일종의 특혜가 된다. 국가가 나서서 부당히 자유경쟁을 침해하는 꼴이므로 오히려 기술 발전을 저해한다. 이러한 단점을 막기 위해서 특허요건으로 규정되어 있는 것이 바로 '진보성' 개념이다.

그렇지만 참 어려운 개념이 아닐 수 없다. 종래와 유사하긴 한데, 어떤 경우에 진보성이 있고 어떤 경우에 진보성이 없는 것인지를 객관적으로 판단하기란 무척 어렵다. 이 '진보성'이라는 개념 자체가 매우 주관적인 개념인 까닭이다. 진보성 판단에 대한 국내외 판례와 법 이론을 정리하는 것만으로도 이 책 분량의 몇 배는 될 것이다. 그러나 전문가가 아니라면 그 내용을 일일이 알 필요는 없으므로 이 책에서는 간략하게만 요약하는 것에 그친다. 먼저 우리는 종래의 기술보다 무엇이 개선되었는지를 주목한다. 기존 기술과 비교할 때 무엇인가 다르긴 다른데 개선 사항이 전혀 없다면 진보성을 부인하기 쉬울 것이다. 개선되기는 되었는데 너무 뻔한 것이어서 누구나 충분히 예상할 수 있는 수준이라면 역시 진보성이 인정되지 않을 것이다. 예컨대 정해진 시간이 되면 '단순한 경고음'을 발생시키는 장치를, 정해진 시간이 되면 '멜로디'가 나오게 하는 장치로 개선한 경우에, 이 장치의 다른 구성이나 기능이 동일한 경우라면, 결국 '단순한 경고음'과 듣기 좋은 '멜로디'의 차이밖에 없다. 그러나 경고음이든 멜로디이든 '알리는 기능'에는 차이가 없고, 기술을 바꾸어 적용하는 데 아무런 어려움이 없으며, 누구나 예상할 수 있는 수준이다. 이런 경우에는 진보성을 부인하는 데 어려움이 없다.

한편 종전에는 전혀 없는 기술을 선보이는 경우에 진보성이 인정될 것임은 의문의 여지가 없다. 진보성이 없다고 거절하려면 그와 유사한 기술내용이 기재된 서면을 담당 심사관이 제시해야 한다. 그런데 종전에는 없었던 기술을 선보이게 되면 유사한 자료를 찾을 수 없게 되고, 심사관이 제시할 유사한 자료가 없다면 함부로 진보성을 부인할 수 없게 된다. 당연한 이야기다.

진보성이 어려운 경우는, 기존 기술과 비교해 볼 때 그 아이디어의 자체가 완전히 색다른 것은 아니지만, 무엇인가 차이가 있고, 그 차이로 인해 개선사항이 있으며, 그 개선사항은 일반인이 보기에 당연한 것은 아니면서도 그 분야의 당업자('당업자'란 진보성을 판단하는 주체를 지칭하는 법적인 용어다. 그 기술분야에서 평균적인 지식을 갖고 있는 자를 뜻한다)들에게는 익숙한 경우이다. 이런 경우는 사람마다 달리 생각할 수 있기 때문이다. 모든 발명이 원천기술이 아니고 대부분은 종전 것을 이렇게 저렇게 개선한 개량발명이라고 할 때 실무상 이런 경우가 대부분이라고 하겠다. 심사관이나 재판관에 따라 진보성에 대한 기준은 주관적일 수밖에 없다. 엔지니어일 경우도 마찬가지다. 심사관은 진보성이 없다고 거절했는데, 불복절차에서 재판관은 진보성이 있는 기술이라고 판결한다. 특허법원에서는 진보성이 없다고 판단했는데 대법원에서는 진보성이 있는 발명이라고 파기 환송한다. 운이 좋아서 특허를 받기도 하고 운이 나빠서 거절되기도 한다.

사례 024 특허 가능성에 대한 자의적 판단의 위험성

홍길동은 제품 A에 대해서 특허권을 신청할까 말까 고민했다. 가만히 생각해보니 간단한 개선에 불과해 특허 받을 가능성이 없다고 생각했던 것이다. 진보성이 없다고 스스로 판단했다. 그런데 홍길동과 경쟁관계에 있는 임꺽정은 혹시나 하는 생각에 제품 A에 대해서 특허권을 신청했는데 요행히 특허를 취득했다. 홍길동과 임꺽정 중에 누가 이길까?

이 사례 24는 사례 23과 유사하다. 그 사례 23에서는 신규성이 문제가 되었으나 지금은 진보성이 쟁점이 되고 있을 뿐이다. 결과는 다음과 같다. 제품 A에 대해서 홍길동은 제조하거나 판매할 수 없으며, 그러자면 임꺽정에게 허락을 받아야 한다. 홍길동은 억울하다. 그렇다고 법적으로 무언가 항변하자니 막막하기 그지없다.

그러므로 법의 규정과 해석 원리가 어떻든 간에, 자기 기술의 진보성 여부를 잘 모르겠거든, 즉 특허를 받을 수 있는 아이디어인지 특허를 받을 수 없는 아이디어인지 명확하게 판단을 내리기 곤란한 경우라면, 특허권을 신청하는 쪽으로 결론을 내리는 것이 바람직하다. 물론 그 아이디어가 개선된 효과를 불러와야 하며, 동시에 그 기술이 기업의 영업활동을 나타내거나, 기업의 현재나 미래와 관련성을 갖거나, 혹은 매출과 이익에 도움이 되는 기술이어야 하지 그냥 재미삼아 해서는 안 된다. 비용이 들기 때문이다.

한편 진보성 문제와 관련해서 빼놓고 생각해서는 안 될 것이 있다. 누구나 '강한 특허'를 원한다. 강한 특허는 유용한 기술에 대해서 특허범위가 넓은 특허다. 강한 특허를 보유하는 것이 지상과제인 것처럼 이야기하는 사람도 있다. 그들은 권리로서 윽박지르는 특허를 염두에 둔다. 물론 특허권자도 자기 특허범위가 넓기를 바란다. 이것 저것 다 내 특허를 침해한 것이라고 주장하고 싶은 마음이야 인지상정일지도 모른다. 하지만 강한 특허가 되려면 먼저 진보성이라는 벽을 넘어야 한다. 무작정 특허범위를 넓히면 넓힐수록 종전의 기술과 차이점이 점점 더 없어진다. 그러면 그럴수록 특허 받을 가능성은 낮아진다. 강한 특허든 약한 특허든 일단 특허를 받고 볼 일이다. 약한 특허를 무슨 큰 죄 지은 것처럼 함부로 취급해서는 안 된다. 약한 돌멩이라도 모으면 적을 상대할 수 있다. 특허를 받기 위해서는 무엇이 종전과 다르고 무엇이 새로운 것인지를 명확히 해 두어야 하며, 그 차이를 강조할 수밖에 없음을 잊어서는 안 된다. 기술 자체가 누가 보기에도 진보성이 있는 것이어서 그것에 합당한 강한 특허를 만드는 방법은 장인의 묘가 필요하다. 그 부분에 대해서는 누구나 강조해도 좋겠다. 하지만 기술 자체의 진보성이 불명확하거나 의문이 드는 상태에서는 강한 특허를 닦달하는 것은 좋지 못하다. 우선 특허를 받는 것 자체가 중요하며, 눈을 가리면 실패에 이르고 부질 없는 탐욕을 낳는다.

특허취득 절차

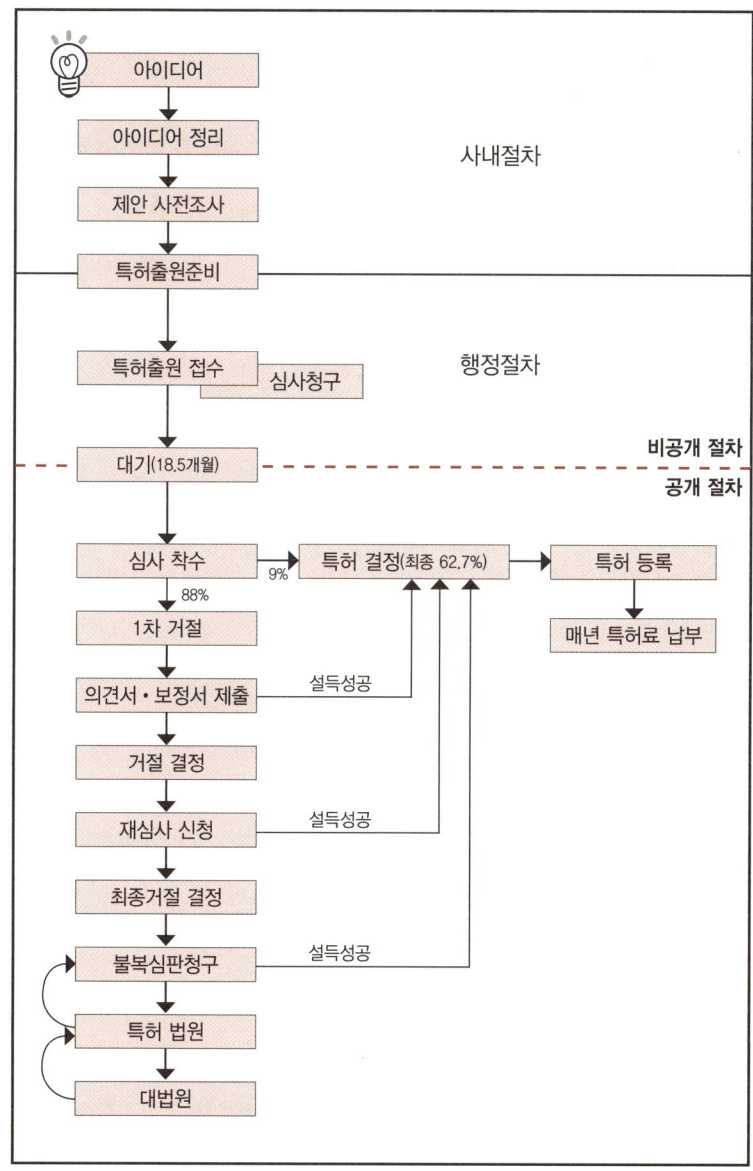

그림 4-1 특허취득 절차

4장 특허취득 요건과 절차 165

그림 4-1은 특허취득 절차를 나타낸다. 어떤 아이디어 발명에 대해 특허권을 취득하는 절차는 수많은 단계를 거치게 된다. 앞서 설명한 것처럼, 국가가 자유로운 경쟁에 개입해 누군가에게 강력한 독점권을 주는데 대충할 수는 없는 노릇이다. 또한 특허권을 신청하는 사람의 입장에서도 아이디어만 있으면 특허를 받을 수 있다고 안일하게 생각할 수도 없다. 절차가 있고 엄격한 심사를 통과해야 한다.

특허취득 절차는 크게 '사내 절차'와 '행정 절차'로 구분된다. 흔히 특허취득 절차를 행정 절차로만 이해하기도 한다. 낡은 생각이다. 단순히 특허권 1개를 취득하려는 목적만을 생각한다면 준비한 특허서류를 특허청에 제출한 다음에, 결과만 기다리면 된다. 하지만 특허를 결과의 관점이 아니라 활동의 관점에서 접근한다면(이에 대해서는 8장에서 상세히 다룬다), 즉 기업내부의 창의적인 에너지를 특허활동을 매개로 분출시키고 이를 통해서 기업을 더욱 강하게 만들고자 한다면 사내 절차는 매우 중요하다.

아이디어는 기업 내부에서 생겨난다. 엔지니어나 디자이너 1인이 제안할 수도 있고 연구팀이 공동으로 연구하는 과정에서 제안될 수 있다. 아이디어가 나오고 이 아이디어를 권리화할 필요성이 있다고 판단하면?그것이 잠정적인 판단이라고 하더라도?, 그 아이디어를 글로 잘 정리하는 것이 좋다. 이 단계에서는 아직 본격적으로 특허권 신청을 준비하는 것은 아니므로 요약식으로 정리해도 충분하다. 문서로 정리하면 아이디어가 분명해진다. 그래야만 다른 사람을 설득할 수 있으며, 사전 조사를 하기에도 좋다. 사전 조사는 동일하거나 극히 유사한, 혹은 그보다 훨씬 뛰어난 다른 사람의 특허기술이 있는지를 조사하는 과정을 의미한다. 학술논문과 업계동향을 검색하는 방법도 중요하다. 하지만 더욱 중요한 것은 3장에서 자세히 살펴본 것처럼 특허검색 사이트를 이용하는 방법이다. 헛되게 중복 투자해서는 안 된다. 또한 사전 조사를 하다 보면 다른 사람의 아이디어를 통해 배우는 바가 있고, 경쟁자의 기술 동향을 알 수도 있다. 무엇보다 아이디어에 윤곽이 생기며 더 좋은 아이디어로 승화될 수 있는 기회다.

다음으로 본격적으로 특허권 신청 준비 단계에 들어간다. 아이디어를 정리한 내용을 변리사에게 건네고 협의를 한다. 변리사는 특허법이 정한 요건에 맞게 특허서류를 작성한다. 작성된 특허서류를 발명가가 확인한 다음에 해당 서류를 특허청에 접수하게 된다. 이를 '특허출원'이라고 한다. 모든 특허출원에 대해 특허청이 심사를 하는 것은 아니다. 명시적으로 '심사를 해달라'라는 의사표시를 해야 하며, 그것을 '심사청구'라고 부른다.

특허출원도 했고 심사청구도 했다면 그 다음부터는 결과를 기다려야 한다. 서류를 접수했다고 해서 특허청 심사관이 바로 심사에 착수하는 것은 아니다. 배당된 사건이 많기 때문에 심사처리까지는 꽤 많은 시간을 기다려야 한다. 2010년 통계로 보면 평균 18.5개월이 소요된다. 평균이기 때문에 심사관 인사이동 등의 사정이 있는 경우에는 2년 넘게 소요될 수도 있다.

초기에 특허출원 내용은 기업비밀이기 때문에 잘 보호해야 한다. 특허출원일로부터 18개월까지는 당사자가 아니라면 특허출원 내용을 알 수가 없다. 특허청이 그 내용을 공개하지 않기 때문이다. 누구도 볼 수 없지만 당사자인 특허출원만은 그 내용을 안다. 공개되지 않는 동안에 해당 아이디어를 개량해 추가적으로 특허출원할 수 있도록 법이 배려한 것이다. 특허출원일로부터 18개월이 지나면 진행되고 있는 모든 특허출원은 공개된다. 한편 비공개는 특허출원인을 위한 것이므로 특허출원인이 일부러 빨리 공개해달라고 특허청에 요구할 수 있으며, 특허청은 그 요구에 따라 특허출원 내용을 조기에 공개한다. 그러나 이러한 조기공개신청은 특허출원인에게 별다른 실익이 없고 오히려 개량출원의 여지를 없애기 때문에 바람직하지 않다.

시간이 되면 이윽고 심사관이 심사에 착수한다. 이제 1차 심사결과가 나온다. 전체 사건 중 9%만 특허결정을 받고 약 88%는 부정적인 심사결과를 받는다. 나머지는 특허출원을 취하하거나 포기하는 경우이다.

특허결정을 받으면 돈(특허료)을 내고 등록한다. 특허번호가 나오며 비로소 '특허권'이 된다. 특허권은 특허출원일로부터 20년간 존속할 수 있지만 어디까지나 이론적으로 그렇다는 것이지, 현실적으로는 20년까지 가지 못하는 경우가 더 많다. 특허등록 후 3년이 지난 다음부터는 매년 특허료(이를 '연차료'라고 부른다)를 납부하게 되는데 납부하지 않으면 권리는 소멸한다. 특허기술의 가치가 사라진 경우에서 일부러 납부하지 않거나 혹은 기업이 도산해 납부 주체가 사라지면 특허권의 생명도 소멸한다.

대부분의 특허출원은 1차 거절을 피하기 어렵다. 심사관의 부정적인 1차 심사결과를 받은 다음에 대응하지 않으면 절차는 종료한다. 대응을 잘 하면 특허를 받을 수 있다. 특허출원인은 의견서와 특허서류를 수정하는 서면을 제출함으로써 대응을 하게 된다. 그 결과 담당 심사관을 설득하면 특허결정을 받게 된다. 이렇게 해서도 심사관을 설득하지 못하면 거절결정을 받게 된다. 그러나 국민을 상대로 한 대외적인 행정처분에 있어서 바로 종료되는 법은 없다. 언제나 불복할 수 있는 절차가 있으며, 이를 잘 활용하면 여전히 특허를 받을 수 있는 길은 열려 있다. 불복절차는 특허법원을 거쳐 대법원에 이른다. 대법원은 특허여부를 최종 판단하는 기관이다.

특허를 빨리 취득하는 방법

심사관이 심사를 해 1차 심사결과를 통지하는 데까지 소요되는 시간은 기술분야에 따라 다소 상이하고 담당 심사관마다 조금씩 다르지만 실무적으로 대략 18~23개월 소요되는 듯하다. 평균적인 심사처리기간에 대한 특허청 통계는 이보다 짧지만 조기에 심사를 받는 사건을 포함하므로 믿을 게 못 된다. 대부분의 시간은 줄 서서 기다리는 데 소요된다. 물론 새치기 할 수 있겠지만, 특허청에 아는 사람이 있어서 은밀히 부탁하여 빨리 심사해 달라고는 할 수 없다. 법령이 정한 바에 따라서 조속히 심사를 받을 수 있을 뿐인데 이것을 '우선심사제도'라고 한다. 우선심사제도를 이용하면 빠르면 3~4개월 이내에 심사결과를 알 수 있다. 이 제도를 이용하면 잘만 하면 6개월 내로 특허를 받을 수도 있다. 표 4-1에서 알 수 있는 것처럼 전체 심사 안건 중에서 우선심사이용율은 2010년 현재 13%가 넘는다.

(단위: 건)

구분	2007년	2008년	2009년	2010년
우선심사	12,792(8.2%)	16,198(10.2%)	20,307(13.7%)	20,832(13.3%)
일반심사	142,820(91.8%)	142,468(89.3%)	125,981(85.1%)	135,107(86.1%)
늦은심사	–	858(0.5%)	1,691(1.2%)	953(0.6%)
계	155,612	159,524	147,979	156,892

표 4-1 특허의 우선심사이용 현황 (출처: 특허청 2010년도 지식재산백서)

참여정부 시절에는 신속한 심사처리가 특허청 행정의 매우 중요한 과제였으므로 특허권 신청일 기준으로—정확하게는 심사청구일 기준으로— 1년 이내에 특허를 받을 수 있어서 여러 가지로 좋았다. 굳이 우선심사를 신청하지 않아도 조속히 특허여부를 알 수 있었으므로 중소기업에게는 특히 이로운 행정이었다. 하지만 최근의 특허청 행정의 주안점이 신속한 심사처리에서 심사의 내실화로 그 초점이 바뀌었다. 그러다 보니 예전보다 거의 1년 이상 심사기간이 지연되는 상황이 초래되기도 했다. 특허심사를 담당하는 공무원의 입장에서는 모든 안건에 대해 신속히 처리해야 하는 부담을 덜 수 있는 까닭에 한숨을 돌리게 되었지만 특허권을 신청한 사람(기업)의 입장에서는 너무 오랫동안 기다린다는 느낌을 갖게 된다. 국가의 입장에서 어떤 특허정책을 펼치는 것이 바람직한지에 대해서는 상당히 논쟁적이다.

어쨌거나 특허를 빨리 취득하기 위해서는 우선심사를 신청해야 한다. 모든 특허출원 안건에 대해서 우선심사를 신청할 수 있는 것은 아니다. 특허법령이 규정한 요건을 만족해야 한다. 그런데 최근 이 요건에도 큰 변동이 생겼다. 간단히 말하자면 누구든지 소정의 돈만 내면 우선심사를 할 수 있게 됐다. 소위 '확대된 우선심사 신청'이라는 것이다. 예전에는 특허권을 신청한 사람이 그 발명을 실시하고 있거나 실시하려고 준비 중임을 입증하는 서류를 내는 경우에 우선심사를 신청할 수 있었다. 특허권을 신청한 기업이 벤처기업인증을 받은 회사라면 역시 우선심사를 할 수 있었다. 또한 특허출원 발명이 특허법 시행령이 정한 요건에 해당하는 발명이라면 역시 우선심사를 신청할 수 있었다. 요약하자면 특허법령이 정한 요건을 좌우간 만족해야만 우선심사를 신청할 수 있었던 것이다. 그러던 것이 지금은 선행기술조사 전문기관에 소정의 비용(60만원)을 납부해 선행기술을 의뢰하고 그 사실을 특허청에 알리기만 하면(20만원 납부) 누구든지 우선심사를 받게 됐다. 이런 특허청 행정도 논란의 여지는 있지만, 특허권을 신청한 사람의 입장에서는 이 제도를 적극적으로 활용하는 것이 바람직해 보인다.

우선심사제도를 이용하면 3~4개월 내로 심사결과를 받을 수 있고, 우선심사를 신청하지 않으면 거의 2년 가까이 기다려야 한다. 대부분의 중소기업의 경우 특허권을 신청한 발명은 기업의 현존하는 영업활동에 직결되는 경우가 많다. 따라서 1년이 넘는 심사기간의 차이는 매우 크게 느껴진다. 더욱이 특허출원 발명이 거절되는 경우 출원인은 행정심판(거절결정불복심판)을 청구할 수 있는데, 우선심사를 한 안건은 심판도 빠르게 진행되는 장점이 있는 반면에 그렇지 않은 안건은 심판도 느리게 진행될 수 있다. 이런 점을 감안해 보면 우선심사를 신청하는 것이 기업활동을 고려할 때 바람직하다.

또한 해외에서 권리를 취득하고자 하는 경우에 특허출원인은 한국 특허출원일로부터 1년 이내에 무엇인가를 결정해야 한다(PCT 국제출원을 하든 아니면 파리조약에 의해 개별국가에 특허권을 신청하든지). 우선심사를 신청하면 특허여부를 알 수 있는 상태에서 해외에서의 권리화를 추진할 수 있게 되지만, 그렇지 않으면 우리나라에서 특허를 받을 수 있을지 여부를 모르는 상태에서 해외에서의 권리화를 추진해야 한다. 이런 점을 봐서도 우선심사 신청은 매우 유익한 일이다. 해외에서의 권리화에 대해서는 7장에서 자세히 살펴본다.

앞에서 잠시 살펴보았듯이 우선심사를 신청하는 데 선행기술조사 의뢰에 60만원이 소요되고, 특허청에 내는 비용으로 20만원이 추가로 소요된다. 변리사가 대리하는 경우 변리사 수수료가 추가될 수 있다. 그러나 이런 비용 부담보다 우선심사를 통한 시간의 이익이 더 크기 때문에 역시 우선심사 신청을 권하게 된다.

한 가지 아쉬운 것은 종래 이 제도를 간명하게 이용할 수 있는 사람(기업)에게 더 엄격해졌다는 것이다. 예컨대 벤처기업확인을 받은 기업의 경우 그것을 입증하는 A4 1장짜리 확인서를 제출하기만 하면 간단히 우선심사를 신청할 수 있었으나, 지금은 출원인 스스로 특허청이 정한 양식에 따라 선행기술조사 보고서를 작성해 제출해야만 한다. 선행기술조사는 본디 특허청이 해야 하는 작업이다. 그것을 출원인 스스로 해야 한다는 것은 국가가 해야 할 일을 개인에게 지우는 일이어서 바람직하지 않아 보인다. 우선 출원인 스스로 선행기술을 조사해 보고서를 작성하는 일 자체가 쉽지 않고 정확하지도 않다. 또한 만일 출원인 스스로 선행기술을 조사했는데 실제 비슷한 선행기술이 나온 경우에는 더욱 큰 문제다. 선행기술과 특허출원 발명을 비교하는 작업도 특허청 심사관이 해야 할 일인데 출원인이 해야 하는 본말전도의 모순이 발생하고, 또한 불리한 선행기술을 출원인이 제출하지 않아도 되는데 이 때에는 양심에 반하는 철학적인 문제가 발생한다. 이런 점을 고려할 때, 법령이 정한 요건을 만족하면 우선심사를 허용하고 굳이 출원인 스스로 선행기술을 조사해서 보고, 설명서를 제출하게 하는 추가 요건은 종전과 동일하게 없애는 것이 바람직하다.

결론적으로 말하자면, 특허권을 신청하고 그 긴 시간을 가만히 기다리는 것도 하나의 방법이지만, 좀 더 빨리 특허를 받고자 한다면 우선심사 제도를 이용하라는 것이다.

심사결과에 대한 출원인(변리사)의 대응

기술 아이디어를 특허법이 정한 서식에 맞게 글로 잘 정리해 특허권을 신청한다고 해서 신청한 내용대로 특허를 받는 것은 아니다. 표 4-2에 나타난 것처럼, 요즘은 특허심사가 엄격해져서 심사의 대상이 된 사건 중 90%에 육박하는 비율로 부정적인 심사결과가 통지된다. 심사관의 통지서의 공식적인 명칭은 '의견제출통지서'이다. 특허거절이라는 행정처분을 하기 전에 민원인에게 의견을 제출할 수 있는 기회를 준다는 의미에서 그와 같은 명칭이 사용되는 것이다. 실무적으로는 특허거절을 하는 이유를 통지한다는 의미로 '거절이유통지'라고 한다. 알기 쉽게 이해한다면 '부정적인 내용의 1차 심사결과 통지' 혹은 '임시로 거절하는 통지서'라고 말할 수 있다. 즉, 부정적인 심사결과를 통지하되 이것은 최종 결론은 아니다.

(단위: 건)

구분	계	등록결정	의견제출 통지	기타 통지	취하·포기	심사처리기간
2005년	131,115 (100.0%)	21,860 (16.7%)	106,096 (80.9%)	410 (0.3%)	2,749 (2.1%)	17.6개월
2006년	195,395 (100.0%)	39,440 (20.2%)	151,365 (77.5%)	912 (0.4%)	3,678 (1.9%)	9.8개월
2007년	129,147 (100.0%)	26,801 (20.8%)	96,997 (75.1%)	693 (0.5%)	4,656 (3.6%)	9.8개월
2008년	95,504 (100.0%)	12,190 (12.8%)	79,461 (83.2%)	505 (0.5%)	3,348 (3.5%)	12.1개월
2009년	94,300 (100.0%)	7,682 (8.1%)	83,280 (88.3%)	491 (0.6%)	2,847 (3.0%)	15.4개월
2010년	125,633 (100.0%)	11,276 (9.0%)	110,822 (88.2%)	573 (0.4%)	2,962 (2.4%)	18.5개월

표 4-2 특허 1차 심사처리 현황

이 통지서를 받은 다음부터가 중요하다. 여기서 특허여부의 갈림길이 생긴다. 만일 대충 대응한다면 최종적으로 거절될 것이요, 최선을 다해서 심사관 설득에 성공한다면 특허를 받을 수 있게 된다. 업계에서는 이를 '중간사건'이라고 부른다. 특허권 신청부터 특허등록 사이의 중간에 벌어지는 사건을 의미하기 때문이다. 이 중간사건은 전문적인 영역이어서 비전문가인 특허출원인이 직접 의견서를 작성하는 것은 여러 가지 의미로 힘이 들고 이례적이며 곤란하다. 대부분은 변리사가 의견서를 작성하여 특허청에 제출한다. 결국은 '변리사 의견서'가 특허취득에 관해 매우 중요한 의미를 갖게 된다. 대부분의 특허출원에 대해서 부정적인 심사결과가 나온다고 보았을 때, 결국 특허를 받은 대부분의 안건은 변리사 의견서가 한 번 이상은 제출되어야 한다는 의미다.

그런데 변리사 의견서만 제출되는 경우는 실무적으로 많지는 않다. 통상 특허명세서를 일부 수정하는 수정서도 함께 제출한다. 그 수정서를 법률용어로 '보정서'라고 한다. 특허명세서를 전혀 수정하지 않고 의견서를 제출하는 것만으로 심사관을 설득시키기는 쉽지 않다. 이는 담당 심사관에게 "당신이 잘못 심사했으니 잘못을 시인하고 다시 심사해서 특허를 주라"고 윽박지르는 꼴이 되기도 한다. 수정서도 제출하지 않았는데 담당 심사관이 1차 심사결과를 스스로 뒤집고 특허결정을 내리는 것은 이례적인 일이기도 하다. 따라서 서로 조금씩 양보하면서 대응하는 것이 만사 합리적인 처사가 되므로 통상 의견서를 제출하면서 동시에 수정서도 함께 제출하게 된다.

변리사 의견서는 고객의 특허를 받기 위한 변리사의 고충이자 노력이다. 그런데 내실 있게 변리사 의견서가 작성된다고는 단언할 수 없다. 의견서 작성 업무는 이미 자기 주관을 갖고 내심 결정을 내린 5급 공무원(혹은 그 이상의 직급)을 설득해야 하는 일인 까닭에 때로는 특허명세서를 작성하는 일보다 더 많은 노력을 들여야 할 경우가 많다. 하지만 우리나라에서는 무료이거나 소액 실비만을 청구하는 관습이 있다. 미국과 같이 변호사가 사용한 시간에 비례해 비용을 청구하는 경우라면 의견서 작성에 더 많은 노력을 경주할 수 있는 풍토가 조성될 수 있겠지만, 불행히도 우리 나라의 경우에는 그렇지 못한 현실이다. 부실한 의견서의 피해는 결국 고스란히 고객에게 돌아간다.

물론 변리사 의견서가 최선을 다해 작성되었다고 해서 곧 특허를 받게 되는 것도 아니다. 요즘은 심사경향이 매우 엄격해져서 어지간해서는 심사관의 1차 결정을 번복하기 어려운 상황이다. 더욱이 특허출원한 발명 자체가 선행기술과 너무 유사해 나쁜 결과를 피하지 못할 수도 있다. 하지만 진인사(盡人事)하고 대천명(待天命) 하는 것이 대리인으로서 바람직한 태도이리라.

물론 특허명세서의 기재가 일부 잘못되어 간단하게 수정하면 되는 경우, 특허청구범위^{claim} 중 일부 청구항은 거절되었지만 일부 청구항은 특허를 받을 수 있게 되어서 거절된 청구항을 삭제하여 특허를 받고자 하는 경우 등은 변리사 의견서가 그렇게 중요하지는 않다. 특허명세서를 수정하는 서류를 제출하는 것으로 특허를 받을 수 있기 때문이다.

한편 이론적으로 그리고 판례법적으로 보자면, 의견서와 특허명세서 수정서를 제출하는 것과 관련해 상당한 법적 쟁점이 숨어 있다. 거짓말하는 것은 반칙이다. 자기가 처한 상황에 따라 말을 바꾸는 행위도 역시 반칙이다. 이러한 반칙을 허용해서는 안 된다는 것이 오늘날의 사회적 합의다. 마찬가지로 법원도 이러한 반칙을 법적으로 보호해 주어서도 안 된다. 거짓말하고 툭하면 말을 바꾸는 행위는 신의에 반하는 행위이기 때문이다. 법률적인 용어로 금반언의 원칙이라고 해서 특허권의 행사에도 적용된다.

요는 이렇다. 특허를 받으려고 노력하는 단계에서 의견서를 통해 특허권자가 자기 발명의 특징은 이렇다, 심사관이 제시한 선행기술과는 이런 점에서 다르다, 심사관이 오해하고 있다 등으로 강조하여 특허권을 받았다고 하자. 특허를 받은 다음에 제삼자가 자기 특허발명과 유사한 제품을 만들고 판매하니까 그 제삼자를 상대로 특허권 침해를 주장하면서 특허를 받기 전과는 모순되는 주장을 하는 것이다. 특허심사 과정에서는 자기 특허범위를 좁혀서 엄격한 심사를 피하려 하지만, 특허권 행사 과정에서는 자기 특허범위를 넓혀서 침해자를 옭아매려고 하기 때문이다. 이런 거동에 대해서 법원은 일관되게 봐주지 않는다. 이런 법리를 고려하면 의견서가 특허권을 획득하는 데 매우 중요한 역할을 하지만, 다른 한편으로는 특허권의 범위를 제한하는 부정적인 역할도 하기 때문에, 이 부분에 대해서는 변리사와 출원인(기업) 간의 사전 소통이 중요하다. 불행히도 현실에서는 이러한 사전 소통은 쉽지 않다. 기업의 담당자가 특허법리에 대한 깊은 이해가 부족한 점도 원인이 되기도 하지만, 피차 다른 일로 너무 바쁘고 나중에 발생할 가능성만 있는 특허권 행사보다 특허권을 취득하는 것이 더 시급하다는 점이 주된 원인이다. 또한 제삼자와의 미래의 법적 다툼이 어떻게 진행될지 가만히 앉아 상상하기가 어렵기도 하다. 결과적으로는 변리사가 미래의 일까지 상상하면서 의견서를 준비해야 한다는 것인데, 여간 어려운 일이 아닐 수 없다.

특허출원이 거절된 경우

특허권을 신청한다고 해서 모두 등록되는 것은 아니다. 특허출원 중 대략 90%는 1차 심사를 통과하지 못하고 부정적인 지적을 받게 되며, 이런 저런 방법과 수단을 거쳐도 표 4-3에서 보는 것처럼 약 35%는 결국 거절결정서를 받게 된다. 이렇게 거절결정서를 받게 되면 어떻게 되는가? 유감스럽게도 이렇게 좋지 않은 소식에 대해서는 짧게 말할 수가 없다. 상황에 따라 매우 다르기 때문이다. 그리고 거절결정의 법적, 비즈니스적인 의미를 알게 되면 특허제도 자체가 좀 더 폭넓게 이해될 수 있는 까닭이다.

(단위: 건)

구분	계	등록결정	거절결정	취하·포기·무효
2005년	118,092(100.0%)	78,397(66.4%)	36,946(31.3%)	2,749(2.3%)
2006년	174,631(100.0%)	127,298(72.9%)	43,655(25.0%)	3,678(2.1%)
2007년	152,417(100.0%)	112,344(73.7%)	35,417(23.2%)	4,656(3.1%)
2008년	108,897(100.0%)	72,161(66.3%)	33,388(30.6%)	3,348(3.1%)
2009년	89,266(100.0%)	52,729(59.1%)	33,697(37.7%)	2,840(3.2%)
2010년	110,356(100.0%)	69,162(62.7%)	38,232(34.6%)	2,962(2.7%)

표 4-3 특허 심사종결처리 현황

어떤 단계에서 거절되었는가?

국가의 행정행위는 행정관청이 일차적으로 하고, 그것에 위법 부당함이 있으면 취소소송절차를 통해서 최종적으로 대법원이 판단하게 된다. 특허심사도 마찬가지다. 국가기관인 특허청에 소속된 심사관이 심사를 하고, 이 심사에 위법함이 있었다면 여러 가지 절차를 거친 끝에 결국은 대법원이 판단하게 된다. 원칙론적으로 말하자면, 특허성 여부에 대한 최종 판단은 대법관이 한다. 무엇이 기술인지는 박사학위 혹은 그것에 준하는 수준의 기술 지식을 가진 심사관이 판단하지만, 무엇이 정의인지는 법관이 내리게 되는 것이다.

앞서 설명한 바와 같이, 심사관이 1차로 거절한 단계, 즉 의견을 진술하지 않으면 거절하겠다는 통지를 한 단계에서는 일단 위급하지는 않다. 대부분의 특허출원에 대해 그런 통지가 발생하기 때문이다. 우선 변리사가 현명하게 대응하면 된다. 다음으로 1차 심사결과에 대응하는 변리사 의견서가 심사관을 설득하지 못한 경우에 심사관은 거절결정을 내리게 된다. 유감스럽게도 출원인은 거절결정서를 받게 된다. 그러나 아직은 여러 가지 방법이 남아 있다. 물론 2번이나 거절된 것이므로 여기서부터는 나중에 법원에서 하게 되는 재판절차를 염두에 두면서 조심해서 대응해야 한다. 특허를 청구한 부분을 일부 수정하여 재심사를 요청할 수 있다. 이때가 마지막 수정이다. 더 이상은 특허명세서를 수정할 수 없기 때문에 유의해야 한다. 재심사 단계에서도 담당 심사관이 또 거절했다면, 이것은 특허청 심사관이 3번이나 거절한 것이고 결국 심사 절차는 종료된다. 사실상 특허출원이 거절된 것이다.

이제 특허출원인이 할 수 있는 방법은 법적으로 싸우는 것이다. 쟁송절차이다. 먼저 행정심판을 제기하고 다음으로 법원에 행정소송을 제기한다. 행정심판은 특허심판원에 청구해야 하는데, 이를 법률적 용어로 '거절결정불복심판청구'라고 한다. 만일 특허출원이 우선심사를 신청한 안건이 아니라면, 사안에 따라 다르지만 대략 10개월 정도, 길게는 1년을 넘는 시간이 소요되기도 한다. 이 심판절차에서도 특허가 거절되었다면, 다음으로는 대전에 있는 고등법원인 특허법원에 특허심판원의 결정(이를 '심결'이라고 부른다)을 취소해 달라는—사실상 특허를 받을 수 있게 해 달라는— 행정소송을 제기할 수 있다. 그 다음이 대법원이다. 이와 같이 담당 심사관에 의해 부정적인 심사를 받고 그것에 대해 의견서를 제출했음에도 심사관을 설득하지 못했다면, 그 시점에서 대법원까지 대략 2년 이상의 시간이 소요될 수도 있다. 대법원까지 가게 되면 비용도 수천만 원에 이를 수 있음은 물론이다.

이와 같이 특허청 담당 심사관은 3차례에 걸쳐서 심사를 하게 되는데, 비용과 시간을 고려하면 이때 특허를 받도록 노력하는 게 좋다.

그렇지 않고 심판을 청구하고 특허법원에 소를 제기하게 된다면 적지 않은 비용이 소요되고 또 시간도 많이 걸린다. 따라서 특허권을 신청한 발명이 어느 정도 중요한지를 출원인(기업) 스스로 잘 판단해 봄 직하다. 변리사의 의견을 청취해 정말로 등록될 가능성이 있는 것인지를 판단하고, 또 여러 가지 법적인 혹은 영업적인 상황도 점검하는 것이 좋다.

비록 심사관의 거절결정이 취소될 확률이 아주 높은 것은 아니지만, 그 특허출원이 조약(PCT조약 혹은 파리조약)에 의해 해외에서도 권리 신청된 경우에는 해외에서 특허등록에 나쁜 영향을 주지 않기 위해 심판을 청구하는 게 바람직할 수 있다. 또한 그 특허출원이 투자의 주된 원인이 되었고, 기업의 비즈니스에도 지대한 영향을 미칠 수 있는 것이라면, 투자자와 주주의 이익을 위해 혹은 비즈니스에서의 활용도를 유지하기 위해 역시 심판소송 절차로 가는 게 좋다. 마케팅을 하면서 '특허출원중'이라는 표시를 적극적으로 사용했는데, 그 특허출원이 거절됐고 그에 대해 불복하지 않아 거절결정이 확정됐다면 그와 같은 마케팅은 부정한 행동이 된다. 또한 획기적인 혹은 매력적인 아이디어이며 또한 이것이 상업적 성공을 거둘 수 있다고 투자자를 설득해 적지 않은 투자를 받게 되었는데, 마찬가지로 그 특허출원이 거절됐고 그것에 대해 불복하지 않아 거절결정이 확정됐다면 그 사실을 적극적으로 투자자에게 알리지 않는 이상 이 역시 부정한 행위로 여겨질 수 있다. 따라서 그런 경우에는 최소한 거절결정불복심판 청구를 하는 편이 바람직하다.

특허출원이 거절되면 영업을 할 수 없는가?

특허를 받지 못한다는 것은 국가가 특허권을 신청한 자에게 독점적이고 배타적인 특허권을 허락하지 않겠다는 의미이지 그 이상도 그 이하도 아니다. 따라서 제품을 판매하거나 서비스를 제공하는 데 있어서 관련된 특허출원이 거절됐다고 하여 제품을 판매하지 못한다거나 서비스를 제공하지 못하는 것이 결코 아니다. 그와 같은 일상적인 기업활동과 특허가 거절되었다는 사실과는 상관성이 없다.

사례 025 특허심사결과와 특허침해여부 판단의 상관성

홍길동 주식회사가 제품 A에 대해서 특허권을 신청했다. 심사과정에서 심사관은 A 특허출원에 대해 거절하면서 그와 유사한 A1이라는 타인의 선행특허문헌을 제시했다. A1과 비교했을 때 A 특허출원의 진보성을 인정할 수 없다는 심사관의 주장이다. 그것 때문에 거절됐다. 홍길동의 제품 A는 A1 특허를 침해한 것일까?

사례 25의 거절결정은 제품 A에 대해서 국가가 홍길동 주식회사에게 독점적인 권리를 줄 수 없다는 것이지, 제품 A가 그보다 앞선 타인의 A1을 침해했다는 의미는 결코 아니다. 그런 판단을 특허청 심사관이 내릴 수는 없다. 침해 여부는 법원이 별도의 재판으로 판단하는 것이므로 특허청의 심사과정에서는 따질 수 없는 문제이다. 즉 특허청의 부정적인 심사결과는 홍길동 주식회사가 제품 A를 판매하는 데 영향을 미치지 못하기 때문에, 홍길동 주식회사는 특허심사 결과와 무관하게 열심히 영업을 하면 된다.

제품 A를 제조하는 것이 정말로 타인의 A1 권리를 침해하게 되는 경우라면, 몇 가지 필수 조건을 만족해야 한다. 첫째 A1이 대한민국에서 등록되고 현재 유효하게 권리가 유지되어 있어야 한다. 그런데 특허청 심사관이 제시하는 선행특허문헌의 상당수는 그와 같은 유효

권리가 아닌 경우가 많다. 둘째 A1의 특허범위에 제품 A가 포함되어야 한다. 이때 특허범위를 해석하는 원리가 적용되는데 실무적으로 심사관이 제시한 A1의 특허범위에 제품 A가 포함되어 특허침해가 성립되는 경우는 극히 드문 일이다. 좀 더 정확하게는 해당 사례마다 변리사에게 자문을 구하면 알 수 있지만, 일반적으로는 역시 특허심사 결과와 무관하게 열심히 영업을 하는 것이 중요하다.

거절된 이유가 무엇인가?

특허출원 발명이 거절되기 위해서는 이유가 있어야 한다. 국가가 국민에 대해서 행정처분을 함에 있어서는 반드시 법적인 근거와 이유를 제시해야만 한다. 우리 특허법도 거절결정이 되는 이유에 대해서 명확히 규정하고 있다. 통상 거절되는 이유는 선행기술과 유사하기 때문이다. 즉 '진보성'이 없다는 것이 주된 거절결정의 이유가 된다. 그런데 심사관이 "이 발명은 기술적 가치가 별로 없군요."라거나 "너무 단순합니다."라고 하면서 자신의 주관적인 판단에 의존해 거절할 수는 없다. 비교할 수 있는 문헌을 제시해야 한다. 일반적으로는 국내외 특허문헌이며 가끔 논문이 제시되기도 한다. 그것을 실무적으로 인용발명, 비교대상발명, 선행문헌, 선행기술이라고 부른다. 편의상 인용발명이라고 칭해 보자. 심사관에 의해 인용(引用)된 발명이라는 뜻이다.

인용발명을 잘 읽어 본다. 인용된 발명과 특허출원된 발명이 어느 정도 유사한지를 따지지 않고서는 특허거절에 대한 대응을 논할 수 없다. 기술적으로 보기에 정말로 유사하고 또 변리사의 의견도 그러하다면 거절결정불복심판을 청구하더라도 특허를 받을 가능성은 낮다. 기술적인 차이의 유무와 특허법적인 차이의 유무 사이에는 간극이 있다. 기술적으로는 다른데 특허법적으로는 같은, 혹은 그 반대의 경우가 많기 때문에 변리사의 분석 의견을 잘 청취하는 것이 좋다.

특허거절이 갖는 유용성

여러 번 반복해 설명하지만 특허권을 신청한다고 해서 모두 권리를 취득하는 것은 아니다. 엄격한 요건에 의해 심사를 받아야 하며, 심사를 통과해야만 권리를 갖게 된다. 심사를 통과하지 못하고 거절되면 아무 것도 아니게 된다. 특허권을 신청한 사람(개인 또는 법인)치고 특허를 받기 싫어하는 이는 없다. 특허신청이 거절됐다는 소식을 듣고 좋아할 사람도 없다. 외견상으로만 보자면 특허출원의 거절은 결국 돈만 날리고 무용한 일로만 보인다. 하지만 사실은 그렇지 않다. 달리 볼 일이다.

눈부신 과학기술의 발전과 지식의 확장에도 불구하고 비즈니스 세계는 불확실성으로 가득하다. 특허제도도 경영의 불확실성을 증대시키는 큰 요인 중의 하나로 작동한다. 자본주의는 수백 년 간의 역사를 거치면서 나름의 합리성을 쌓고 경쟁도 원칙과 상식에 기초해 이루어지도록 했다. 독점을 규제하고 부당한 경쟁행위를 법규에 의해 금지시키기도 한다. 경쟁을 하되 상대방을 존중하며 확실하게 경쟁을 하라는 것이다. 하지만 특허제도는 경쟁을 배제한다. 독점배타권이라는 특허의 속성과, 그 많은 권리의 개수(매년 한국에서만 10만건 이상의 특허출원이 이루어지고 있다), 특허범위 판단의 어려움과 모호함 등으로 말미암아 언제 어디서 특허침해 문제가 발생할지 확실히 알기가 어렵다. 물적 인적 투자를 이미 많이 하였고 사업 철수가 불가한 상황에서 특허침해 문제가 발생하여 이도 저도 못하는 상황에 빠지는 것만큼 괴롭고 짜증나는 일은 없을 것이다. 즉, 특허 자체가 경영의 불확실성을 초래한다. 이는 상표권이나 디자인특허의 경우도 마찬가지이다.

> **사례 026** **불확실성을 없애려는 목적의 특허출원**
> 홍길동 주식회사는 기술 A에 대해서 특허권을 신청하려고 한다. 그런데 변리사는 특허 받기가 극히 어렵다고 보고 했다. 그런데도 홍길동은 기어이 돈을 내고 특허출원을 하려고 한다. 홍길동이 특허출원을 표시하여 영업을 하려고 하거나 투자를 받으려는 의사는 없으며, 경쟁자인 장길산, 임꺽정, 성춘향이 이 기술 A에 대해서 행여 특허권을 취득할까 봐 다소 걱정하는 마음을 갖고 있다. 홍길동의 생각은 바람직한가?

위 사례에서 홍길동의 태도를 어떻게 평가해야 하는가? 요행히 특허를 받게 되면 영업상 활용할 수 있어서 좋다. 또한 유사한 선행기술이 있어 특허를 받지 못한다고 하여 결국 거절되면 이것은 특허를 받지 못하는 것임을 확실히 알 수 있어서 역시 좋다. 과연 그렇다. 특허출원이 거절되면 적어도 그와 동일하거나 극히 유사한 기술에 대해서는 특허를 받을 수 없고, 내가 특허를 받을 수 없으니 다른 이도 특허를 받을 수 없을 것이다. 그만큼 경영의 불확실성이 감소된다. 대체적으로 보자면 불확실성이 감소하는 것 자체는 경영에 도움이 된다. 좀 더 확실한 판단과 결정을 내려 비즈니스에 몰입할 수 있기 때문이다.

한편 경쟁자가 그 기술에 대해 어찌어찌 해서 특허를 취득한 다음에 나를 괴롭히더라도 손쉽게 대응할 수 있는 이점도 있다. 요컨대 자신의 특허출원이 거절된 것을 증거로 제출하거나, 거절될 때 제시된 선행문헌을 무효자료로 활용할 수 있게 된다. 이는 분쟁에 있어 실제 매우 유용하다.

물론 특허권을 신청한 사람의 관심사는 '거절'에 있지 않고 '특허등록'에 있다. 특허거절의 의미를 특허등록과 동일 선에서 생각하는 것은 아니다. 아무래도 특허를 취득하는 것이 당연히 여러 모로 도움이 됨은 부인할 수 없는 사실이다. 인생이 바뀌거나 기업의 가치가 폭등할 수도 있다. 변리사로서, 즉 대리인으로서는 좌우간 거절이 아닌 특허등록을 위해 최선의 노력을 하게 된다. 또한 그럼에도 부정적인 결과를 받게 되면 분하고 안타까운 마음도 인다. 당연한 일이다. 하지만 특허거절도 의미가 있음을 인식하는 자세는 곧 좀 더 넓은 시각으로 경영에 임하게 해준다.

이와 관련하여 방어적인 목적으로 특허출원하는 경우도 있다. 엄밀히 말해서 모든 특허출원에 대해서 국가가 심사를 하는 것은 아니다. 특별히 심사청구를 해야만 심사에 착수한다. 개인이나 중소기업의 경우에는 사업과 직결된 특허출원이 많기 때문에 대개는 특허출원과 동시에 심사청구를 한다. 그렇기 때문에 특허출원과 심사청구를 동일하게 취급하는 경향이 있다. 다만, 대기업 혹은 외국기업의 경우에는 특허출원을 하고 나중에(5년 이내) 심사청구를 하는 경우가 많다. 방어적인 특허출원이라 함은 심사청구를 하지 않고 그저 특허권 신청만 해놓는 것으로, 5년이 지나면 자동으로 해당 특허출원은 소멸되는데 그 사이에 기술내용은 공개가 되므로 나중에 경쟁자가 그 기술내용과 동일 혹은 극히 유사한 내용으로 권리 취득하는 것을 방지하겠다는 것이다. 심사를 받는 비용(심사청구료)을 절약할 수 있기 때문에 비용절감 차원에서 유용하지만, 위에서 설명한 거절을 받는 것보다는 경영의 확실성을 낮추는 힘은 작다. 연간 특허출원 개수가 많은 경우에는 비용 부담 때문에 적극적으로 전자의 방법을 검토해 봄직하다. 하지만 연간 특허출원 개수가 많지 않은 경우에는 차라리 심사를 받는 편이 더 낫다. 중소기업의 경우 1건의 심사청구료는 통상 10~20만원 내외다.

　이 장을 통해 특허를 취득하기 위한 요건과 절차를 자세히 살펴봤다. 특히 특허취득과 관련된 잘못된 생각과 오해가 상당 부분 해소됐으리라고 생각한다. 특허를 취득하는 것 자체는 사실상 전인류적인 사건이며 범세계적이며 역사적인 사건이다. 하지만 법률 규정과 현실 사이의 간극은 존재한다. 우리가 이 간극을 잘 인식해야만 비즈니스 관점에서 특허를 바라보는 시각을 유지할 수 있으며, 감정과 환상으로부터 비즈니스를 지킬 수 있는 것이다. 특허는 특허권을 신청하는 것으로 끝나는 것이 아니라, 시간 함수로서 심사관의 심사와 출원인(변리사)의 대응이라는 절차가 남아 있다. 어떤 면에서는 특허를 취득하기 위한 절차이며, 다른 면에서는 불확실성을 제거하기 위한 절차이기도 하다. 이런 절차가 모두 끝나고 특허등록을 해야만 비로소 특허권이라는 권리가 나온다. 기업 간의 특허전쟁도 이 절차가 종료된 후의 문제다.

5장
특허전쟁 속으로

5장에서는 기업 간 특허전쟁의 구체적인 내용을 자세히 설명한다. 이는 곧 특허권자는 어떻게 자기 권리를 행사하며, 그 상대방은 어떻게 자신을 방어할 것인지에 대한 설명이다. 통상 '특허분쟁'이라고 표현한다. 특허분쟁이 되려면 그 원인을 제공하는 행위가 선행돼야 한다. 즉 침해행위가 전제되어야 한다. 무엇이 침해인지 침해가 아닌지는 재판을 통해서 정해지는 것이므로 함부로 판단할 문제는 아니다. 그러나 예감할 수는 있다. 이 장은 그 예감할 수 있는 지식을 제공한다. 특허권자가 소장을 법원에 접수함으로써 특허분쟁은 본격적으로 개시된다. 그러나 특허침해문제를 법원의 판결을 통해서만 해결하는 것이 능사가 아니다. 여기에는 다양한 시나리오가 존재하며, 비즈니스 관점을 놓쳐서는 아니 된다.

특허권자의 권리행사

특허라는 속성이 배타적인 권리이기 때문에 경쟁에서 치명적인 영향을 미친다. 특허권자는 권리자이므로 당연히 권리를 행사할 수 있다. 권리자의 입장에서 보자면 경쟁자를 상대로 한 특허권의 행사는 매우 매력적일 수밖에 없다. 경쟁자를 시장에서 확 눌러버릴 수 있는 것이야말로 특허의 본성이다. 그러므로 우리가 어떤 기술에 대해 특허권을 가지고 있고, 경쟁자가 그 특허기술과 같은 기술을 사용하고 있다면, 마치 춤 추듯이 즐거운 마음으로 권리행사를 검토하게 된다. 특허권자는 생각한다. "내가 특허권자이니까 권리행사를 하는 것이야 당연하잖습니까?"라고. 그렇다. 이론적으로는 그렇다. 하지만 비즈니스는 일련의 시나리오를 생각하지 않을 수 없기 때문에, 먼저 침착해야 할 필요가 있다.

    권리행사는 곧 소송을 의미한다. 정식 소송에 돌입하지 않고 일련의 의사표현과 협상으로 끝날 수도 있지만, 그런 일들도 적어도 소송을 전제로 하기 때문에 어쨌든 권리행사는 소송과 떨어뜨려 생각할 수 없는 일이다. 변호사나 변리사는 당사자가 지더라도 언제나 소송의 승리자가 될 수 있다. 수임료를 받기 때문이다. 특허침해소송은 부추겨질 수 있다. 하지만 함부로 소송을 결행해서는 안 된다.

시장이 아직 작고 충분히 성숙하지 못했으며 이 시장의 발전 추이가 아직 지켜보아야 하는 단계에 머물러 있으면, 특허기술을 모방하는 업체가 생긴다는 것은 그만큼 시장 규모를 키워줌을 의미하기도 한다. 이런 경우에는 우선 그냥 두고 볼 일이다. 오히려 그런 경쟁자를 고맙게 생각하면서 지켜보는 인내심도 때로는 필요하다. 특허침해에 따른 손해배상은 소급해서 청구할 수 있기 때문에 조급해 하지 않아도 된다. 하지만 우리가 진심으로 말하고자 하는 속내는 이런 시기적인 고려가 아니다. 무릇 장기전에서 이기기 위해서는 장기전을 버텨낼 만한 체력이 있어야 한다. "과연 당신은 특허침해소송에 임할 수 있는 체력을 충분히 갖췄는가, 또한 지략은 있는가" 이것이다.

특허침해소송은 기술과 법리가 복합적으로 융합되어 있고, 긍정적/부정적 효과도 있기 때문에, 고도의 전략이 필요하다. 이를 위해 착실한 사전 준비와 검토 작업이 선행되어야 한다. 다음과 같은 사항을 우선 검토하게 될 것이다. 순서는 임의적이다.

- 이 소송에서 우리가 원하는 목적이 무엇인가
- 변리사를 신용할 수 있는가
- 소송에 착수하게 되면 어느 정도의 비용을 써야 하는가
- 법원의 최종 판결까지 어느 정도 시간이 소요되는가
- 우리의 특허범위는 어느 정도인가
- 승소할 수 있는가
- 어떤 위험 요소가 있는가
- 어떤 법적 수단을 사용할 수 있는가

- 상대방의 대응 방법에는 무엇이 있는가
- 협상 시나리오

권리행사의 목적이 무엇인가?

특허권자가 자기 특허권을 행사함에 있어서 다양한 목적이 있을 수 있다. 막연히 또는 감정적인 이유로 특허권을 행사해서는 안 된다. 목적을 분명히 함으로써 그에 따르는 방법이 효율적으로 택해질 수 있다. 목적은 다음과 같이 분류할 수 있다.

① 경쟁자를 시장에서 추방하기 위해
② 경쟁자의 공격을 방어하기 위해
③ 경쟁자와 협상하기 위해
④ 경쟁자를 다소 주춤하게 만들기 위해
⑤ 감정적인 이유로 경쟁자를 괴롭히기 위해
⑥ 마케팅을 위해
⑦ 더 중요한 다른 소송을 대비하기 위해

① 경쟁자를 시장에서 추방하기 위한 목적의 특허권 행사

가장 강력한 특허권 행사의 목적이 된다. 물론 경쟁자를 시장에서 완전히 추방한다는 것은 다소 현실성이 없는 표현이어서 선동적으로 들리지만, 그만큼 타협하지 않고 한번 싸워보겠다는 의지의 표현이다. 이러한 목적을 달성하기 위해서는 확실한 승소가능성을 전제로 해야 하며, 일단 분쟁절차에 진입하면 상대방에게 여유를 주지 않고 신속하게 절차를 리드할 필요성이 있다. 또한 모든 민형사상의 조치들을 검토하면서 다양한 방법을 제한 없이 사용할 수 있어야 한다. 침해제품에 대한 구체적인 증거도 명확해서 달리 다툼의 여지가 없을 정도로 증거 수집이 확실해야 하며, 변리사의 소송수행 및 커뮤니케이션 능력도 중요하게 고려된다. 미래는 모를 일이기 때문에 감정적으로 대응하지 말 것을 권고한다. ①번에서 바로 ③번으로 넘어갈 수 있기 때문이다.

② 경쟁자의 공격을 방어하기 위한 목적의 특허권 행사

상대방이 먼저 특허로 공격했을 때 또는 상대방이 다른 방법으로 시장에서 공략해 왔을 때에 대한 대응 수단으로 특허권 행사가 검토될 수 있다. 상대방이 특허로 우리를 공격한 경우에 상대방도 우리 특허를 침해하지는 않았는가를 먼저 검토하게 된다(사전에 이미 검토되는 것이 좋다). 대부분의 글로벌 기업 간의 특허전쟁은 이런 모습을 취한다. 상대방이 특허침해를 주장했을 때 가장 최선의 카드는 우리도 특허침해를 주장하는 것이기 때문이다. 다만 중소기업의 경우에는 보유한 특허가 많지 않은 관계로 이런 목적의 특허권 행사가 자주 생기는 것은 아니다. 신속해야 하며 상대방의 의중을 물어볼 필요가 없다. 단, 이것도 ③번과 함께 고려될 수 있기 때문에 감정적이어서는 안 된다.

③ 경쟁자와 협상하기 위한 목적의 특허권 행사

이는 특허권 행사로 어떤 대가를 얻기 위한 목적이다. 로열티를 받해 위해 또는 시장에서 어떤 양보를 얻기 위해 특허권 행사를 주장할 수 있다. 우리가 얻고자 하는 최선과 마지노선을 잘 정리해 둘 필요가 있다. 승소가능성이 확실하지 않아도 감행할 수 있다. 상대방의 소송 상의 주장을 보고 다양하게 판단할 수 있기 때문이다. 그러나 양보를 얻기 위해서는 반드시 승소가능성이 높아야 한다. 감정적이어서는 안

되며, 소송의 목적을 잘 숙지한 전문 변호사나 변리사가 나서서 대리하는 것이 좋다. 섬세한 특허권 행사 요령이 중요하다. 특허권 행사 초기부터 소송절차 진행까지 상대방의 감정을 자극하지 않아야 하고, 변리사의 서면이 지나치게 감정적이지 않은지도 검토할 필요성이 있다. 그렇다고 상대방이 대수롭지 않게 여기지 않도록 때로는 여유를 두고 때로는 기습적인 조치를 취하면서 강온책을 병행한다.

④ 경쟁자를 다소 주춤하게 만들기 위한 목적의 특허권 행사

특허권자가 갑자기 특허침해를 주장하면 상대방은 놀랄 수 있다. 특허권 침해의 파급력 때문에 상대방이 대수롭지 않게 넘어가기는 힘들다. 더욱이 특허권자가 상대방을 직접 공략하는 것이 아니라 상대방의 영업 파트너를 집중 공략할 때에는 신경을 쓰지 않을 수가 없다. 만일 대법원까지 가면 특허침해에 해당되지 않을 가능성이 높다고 하자. 요컨대 승소가능성이 적다고 하자. 이런 경우에 특허권자가 특허침해를 주장하고 법적인 조치를 취한다고 해서 특허권자에게 무슨 잘못이 있는가? '주장'을 함에 어떤 제약이 가해지지는 않는다. 이런 목적을 설정하고 특허권을 행사하고자 하는 경우에는, 승소가능성이 관건이 되는 것은 아니다.

그러나 상대방의 영업 파트너에게 특허침해를 경고하는 내용증명을 보낼 때에는 법리적으로 잘 준비되어야 한다. 너무 윽박지르듯이 작성된 내용증명(실무상 이러한 내용증명이 너무 많다)은 자칫 영업을 방해하는 불법행위에 해당할 수 있어서 법적 책임을 물게 되기 때문이다.

사례 027 특허권자의 영업방해 행위

홍길동은 신발을 만드는 특허권자이며 임꺽정은 경쟁제품을 만드는 제조사이고 장길산은 홈쇼핑 회사라고 하자. 임꺽정이 홍길동의 특허를 정말 침해했는지는 아직 알 수 없으나 가능성 정도는 있다고 가정하자. 홍길동은 임꺽정을 상대로 가처분신청을 할까 생각을 하다가 소송을 하면 돈도 드니 임꺽정의 주된 판매루트인 장길산을 공략하는 게 좋겠다고 생각했다. 그래서 변리사의 도움을 받아 '임꺽정 제품을 홈쇼핑 방송하는 것은 특허를 침해하는 것이다, 침해행위를 중지하라, 폐기처분하라, 각서를 써라, 일간지에 사과문을 게재하라'는 등의 강력한 내용의 내용증명을 장길산에게 보냈다. 홈쇼핑 방송사인 장길산은 법적 소송에 휘말리는 것이 귀찮아서 임꺽정의 방송을 취소했다. 홍길동의 행위는 정당한 것이었나?

일단, 비즈니스적으로 홍길동은 대성공을 했다. 그러나 이러한 홍길동의 행위는 지나치게 정의롭지 못하다. 우리 사회의 미래를 생각할 때 바람직하지 못하다. 홍길동의 행위는 영업방해의 불법행위에 해당할 수 있고 그 경우 임꺽정의 손해를 배상해야만 한다(대전지법 2009. 12. 4. 선고 2008가합7844 판결). 상대방이 아닌 상대방의 영업 파트너를 공략할 때에는 좀 더 세련되고 객관적인 논리가 필요하며 지나치게 공격적이어서는 안 된다. 때로는 '안내문' 형식으로 점잖게 특허침해를 경고하는 것이 바람직할 수 있다.

한편 경쟁자를 다소 주춤하게 만들고자 하는 목적의 특허권 행사에 있어서, 어느 정도에서 멈출 것인가, 가처분소송까지 갈 것인가, 상대방의 영업 파트너를 어느 정도 공략할 것인가를 비용과 효과 면에서 잘 검토해야 한다. 언제라도 특허권 행사를 그만 둘 수도 있다.

⑤ 감정적인 이유로 경쟁자를 괴롭히기 위한 목적의 특허권 행사

이런 경우도 있다. 무슨 원한관계가 있는 것처럼 경쟁자를 괴롭히기 위해서 소송을 하는 경우도 존재한다. 바람직하지 않지만 이것도 비즈니스의 한 부분이다. 민사적인 조치뿐만 아니라 형사적인 조치도 검토될 수 있으며 상대방의 영업 파트너가 주요 공략 대상이 되기도 한다. 그러나 이런 목적을 설정한 경우에 시장에서 신뢰를 잃지 않도록 유의해야 한다.

⑥ 마케팅 목적의 특허권 행사

기업을 알리기 위해서 특허침해를 주장하는 경우도 존재한다. 특허침해 사건이 사회적 이슈가 될 수도 있으며, 기자들에게 좋은 기사거리가 될 수도 있다. 이를 통해서 기업과 사업을 알리는 것도 하나의 마케팅 방법일지도 모른다. 그러나 소모적일 수 있으니 조심해야 한다.

⑦ 더 중요한 다른 소송을 대비하기 위한 목적

판례는 나중에 있을 재판에 영향을 미친다. 판결문은 아주 좋은 증거자료가 된다.

사례 028 특허권 행사에 있어 상대방의 선택

특허권자인 홍길동 주식회사의 특허를 침해하는 제품을 제조하는 경쟁사인 임꺽정, 장길산, 성춘향이 있다고 가정하자. 임꺽정은 영세한 업체이고 장길산은 시장 점유율이 꽤 높은 가장 큰 경쟁자다. 사실 홍길동 주식회사의 내심은 장길산에게 특허침해를 주장하고 싶다. 그러나 소송의 승패를 확실히 점치기는 어려운 상황이다. 갑론을박이 팽팽해서 좀더 유리한 논거나 증거가 필요하다. 특허권 행사자체는 아주 긴급한 상황이 아니어서 권리 행사에 다소 시간적인 여유가 있다.

상대방이 여럿 있는 경우에 특허권자는 상대방을 선택할 수 있다. 그 모두와 싸우는 것보다는 때로는 가장 강한 상대만을 혹은 가장 약한 상대만을 선택해 싸우는 것이 더 합리적일 수 있다. 위 사례 28에서는 가장 약한 상대를 선택했다. 그러나 진정한 화살은 가장 강한 상대를 겨누고 있는 것이다. 즉, 홍길동은 직접 장길산을 상대방으로 삼지 않고, 가장 약한 상대인 임꺽정을 대상으로 특허권 침해를 주장한다. 임꺽정과의 소송을 통해 침해를 인정하는 판결문이나 소정의 협상의 결과물(로열티 지불)을 얻어 낼 수 있다. 이 판결문과 로열티 계약서는 장길산을 대상으로 한 침해소송에서 유효적절하게 사용될 수 있으며, 이것이 바로 임꺽정을 대상으로 한 침해소송의 목적이 된다. 이를 위해서는 시간적인 여유가 필요하며 방법론적으로는 특허침해에 대한 좀 더 확실한 판단과 가처분 사건 등의 신속한 절차의 선택이나 유연한 협상 능력이 필요하다.

변리사를 신용할 수 있는가?

특허권의 행사는 소송과 직결되어 있다. 소송은 당사자가 직접 하는 것이 아니다. 변호사와 변리사가 대리하게 된다. 복잡한 기술과 법리가 얽혀 있기 때문에 전문적인 지식과 식견 없이는 변호사가 독자적으로 대리할 수는 없다. 틀림없이 변리사의 도움이 핵심이며 필수가 될 것이다. 결국 소송은 변리사가 수행하게 되므로 변리사와의 관계가 매우 중요하다. 변리사를 신용할 수 있는가? 신뢰성과 능력이 중요한 요소가 될 것이다. 개인적인 친분이든 사람 됨됨이든 아니면 의뢰인에 대한 충성도이든 간에 신뢰성은 언제나 중요하다. 능력은 지식과 경험의 면에서 접근될 수도 있다. 하지만 소송은 의뢰인과의 소통능력이 매우 중요하기 때문에 그런 관점에서 접근할 수도 있다. 여러 가지 측면을 골고루 고려해 선임할 변리사와의 높은 신용을 유지할 필요가 있다.

어느 정도의 비용을 써야 하는가?

애플과 삼성의 특허전쟁 같이 그 규모가 큰 소송은 변호사 비용만 수백억 원이 넘을 수 있다. 이런 소송을 여러 나라에서 동시에 수행하다 보면 소송 비용만 천억 원이 넘게 될 것이다. 예외적으로 그렇다.

소송비용은 현실적인 문제며, 매우 상대적인 문제다. 로펌의 경영정책과 전문가들의 자기 가치 수준에 따라 모두 차이가 있으므로 객관적인 비용을 가늠하기 어렵다. 따라서 이 책에서 변리사 비용에 관한 일체의 정보는 상대적이며 주관적인 것으로 받아들이길 바란다.

소송에 착수하기 전부터 비용이 소요된다. 특허분석 비용, 감정서 비용, 선행기술조사 비용, 침해를 경고하는 내용증명에 관한 비용 등이 그러하다. 이런 비용은 실제 소송에 진입할지 여부를 결정하는 중요한 판단자료를 얻는 것이며, 각각의 비용 자체가 몇백만 원선이고 기업이 감내할 수 있는 수준이어서(시간이 많이 소요되는 경우에는 수천만 원에 달할 수도 있다), 소송을 하지 않더라도 비용을 집행하는 의의를 충분히 달성할 수 있다.

소송비용을 산정할 때에는 특허권 행사가 어떤 방법을 동원하는가? 그리고 어떤 심급까지 올라가는가를 고려하지 않을 수가 없다. 또한 성공보수금이라는 것이 있기 때문에 성공여부도 중요하다. 유감스럽게도 수임료의 크기에 따라 변호사(변리사도 마찬가지다)의 투자되는 집중력이 달라지게 마련이다. 반면에 의뢰인은 가급적 낮은 비용 부담을 소망하는 입장이어서 잘 협의할 필요가 있다.

특허침해소송에는 가처분 사건, 손해배상청구(침해금지청구) 사건, 형사소송이 있고 각각 별도로 비용이 산정될 것이다. 또한 이 사건들은 각각 1심, 2심, 3심(대법원)의 심급 구분이 있어서 심급마다 비용이 추가될 것이다. 1심에서 특허침해소송을 이겨서 원하는 목적을 달성했다 하더라도 상대방이 불복하여 항소한 경우에 더 이상 비용을 부담하고 싶지 않아도 승소한 상태를 유지하기 위해서는 어쩔 수 없이 다시 싸워야 할 때가 있다. 그러므로 소요예산을 생각할 때에는 이와 같이 우리가 승리했어도 계속 추가될 수 있음을 염두에 두어야 한다. 이것은 순수한 일반 법원에서의 침해소송 절차다.

그런데 필요에 따라 행정심판절차를 피할 수 없는 경우가 있다. 특허무효심판 사건과 권리범위확인심판 사건이 그러하다. 이 절차는 특허심판원, 특허법원, 대법원 이렇게 심급이 나뉘어 있고, 각 심급마다 비용이 또 별도로 추가된다.

그밖에 권리행사에 필요한 협상과 특별한 조치 때문에 비용이 추가될 수도 있다. 이렇게 따지자면 특허권자가 권리를 행사하려고 할 때, 권리행사에 소요되는 소송비용만 수천만 원은 기본이요 억대의 비용이 소모될 수도 있음을 알게 된다. 물론 이 비용이 한꺼번에 지출되는 것은 아니어서 비용 집행에 시간적인 여유는 있다. 그러므로 특허권의 행사는 그것이 가져오는 경제적 효과가 적어도 이와 같은 높은 소송비용을 초과하고도 남는 정도는 되어야 한다.

어느 정도 시간이 소요되는가?

이것도 매우 민감한 사안인데 정확한 예측은 사실 불가능하다. 상대방의 소송능력이 낮거나 제대로 대응하지 못한 경우에는 단기간에 끝날 수도 있다. 예컨대 판매금지 가처분을 법원에 신청했는데 우리는 매우 치밀하게 대응을 한 반면에 상대방이 잘 대응하지 못했다고 가

정해 보자. 또는 특허침해가 확실해서 더 이상 논쟁할 수준도 안 되었다고 하자. 그러면 대략 6개월 내에 가처분결정이 내려질 수도 있다. 그것만으로 충분히 권리행사의 축복을 받을 수 있을지 모른다. 그러나 상대방의 대응이 만만치 않고 여러 가지 쉽지 않는 쟁점이 발생한다면 이 소송은 몇 년이 걸릴 수도 있다. 대법원까지 가기 때문이다. 기간이 길게 소요되는 만큼 그 사이 기간 동안 마냥 재판결과를 기다릴 것인가, 아니면 협상을 할 것인가, 아니면 좀 더 공격적으로 시장에서 특허침해사실을 홍보할 것인가 등을 다각도로 생각해 볼 필요가 있다. 방법론적으로는 가처분사건에 집중해서 침해제품에 대한 영업행위를 가처분시키는 것이 단기간에 가장 효과적이다. 물론 가처분결정도 불복할 수 있지만 뒤집기 어렵고 그것만으로도 상대방은 심각한 타격을 받게 된다. 때로는 그것만으로도 상대방을 경쟁에서 물리칠 수도 있다. 그러므로 조용히 소송준비에 공을 많이 들이고 시간을 충분히 써서 가처분 사건을 개시하고 온 힘을 들여 몰아붙이는 편이 바람직하다. 물론 이와 같은 방법을 항상 사용할 수는 없다. 특허침해사실이 분명하고 그만큼 증거자료와 논리가 분명해야 하기 때문이다. 준비도 철저해야 한다. 또한 가처분결정에 의해 이득을 보았다면 본안소송에서 진 경우 나중에 그에 대한 손해배상책임을 질 수도 있다.

우리의 특허범위는 어디까지인가?

무릇 싸울 때에는 자기의 수준이 어느 정도인지 먼저 파악해야 한다. 특허는 관련 기술을 싸잡아 권리로 주장하는 것이 아니다. 특허는 특허청구범위^{Claim}에 기재된 범위에서만 권리를 주장할 수 있다. 예컨대 홍길동 주식회사의 특허제품 A와 이를 모방한 임꺽정의 A 제품은 똑

같다고 하자. 외관이 약간 다를 뿐 기술내용은 동일하다. A 제품에 대해 홍길동 주식회사는 특허를 보유하고 있다. 그런데 이게 무슨 일인가? 특허권자인 홍길동 주식회사는 특허를 주장하더라도 이길 수 없다고 한다. 억울하지만 그럴 수 있다. 왜냐하면 특허는 특허제품과 모방제품이라는 실제 제품을 비교하는 것이 아니기 때문이다. 특허는 오직 특허문헌에서 정한 특허범위에 의해 정해진다. 따라서 특허권을 주장하기 위해서는 먼저 자기 특허의 권리범위가 어느 정도인지를 잘 파악하고 볼 일이다.

특허범위를 결정하는 것은 특허문헌의 '청구항'이다. 일반적으로 타인의 제품에 대해 특허권을 주장할 수 있기 위해서는 그 제품이 우리 특허의 청구항에 기재된 요소를 모두 포함하여야 한다. 예컨대 청구항에는 A, B, C라는 세 가지 구성요소가 적혀 있다고 하자. 그런데 타인의 제품에는 그 중 어느 하나가 빠져있다면, 특허범위에 속하지 않게 되고 결과적으로 특허침해가 성립되지 않을 수 있다. 그 밖에 특허를 받기까지의 여러 가지 사정도 종합해서 특허범위를 따지게 된다. 이에 대해서는 상대방의 대응을 소개하는 부분에서 다시 소상히 다룰 것이다.

승소할 수 있는가?

침해가 있고 침해제품이 특허범위에 포함된다면 당연히 승소할 가능성이 있다. 전문가의 입장에서 보자면 그다지 복잡한 문제는 아니다. 특허범위를 판단할 수 있고, 침해제품에 대한 기술자료도 있다면 여러 가지 경험과 전문적인 지식을 동원하여 승소 가능성을 판단해 볼 수는 있다. 그러나 우리가 말하고자 하는 승소는 비즈니스적인 승소를 의미한다.

소송에서는 이겼으나 비즈니스적으로는 남는 게 없는 경우가 있다. 대표적인 경우가 시장의 트렌드가 바뀐 경우다. 예컨대 일반휴대폰에서 스마트폰으로 빠르게 휴대폰 시장이 바뀌고 있는 것처럼 시장 자체의 트렌드 변화는 소송의 결과에도 영향을 미친다. 트렌드가 변화해 특허제품이 더 이상 시장의 관심이 아니게 되었다면, 즉 시장의 진화와 변화에 의해 과거의 기술로 치부되고 말았다면 이 특허의 권리적 측면에서의 유용성 자체가 사라지기 때문이다.

또 다른 경우가 손해배상청구의 경우다. 사람들은 가끔 착각을 한다. 우리나라의 법제는 실제 손해를 입은 만큼 배상하는 실손해배상이 원칙이며, 그것도 불법행위를 한 사람이 그 손해액을 입증하는 것이 아니라 손해를 주장하는 사람이 재판을 통해 입증하게 된다. 자기 손해를 제대로 입증하지 못하면 특허침해에 따른 손해배상청구를 해도 수확이 없을 수 있다. 나는 특허권자이고 다른 사람이 내 특허를 침해해서 성공을 거두었다고 하자. 나는 과연 손해를 입었는가? 손해를 입었다면 어느 정도인가? 만일 내가 특허를 보유하고는 있으나 사업을 하지 않거나 특별히 사업을 준비도 않는다고 가정하자. 그런데 어떤 제조회사가 내 특허를 침해하는 제품을 만들어서 판매할 때 나는 대체 어느 정도의 손해를 입은 것인가? 사실상 경제적인 손해를 입은 것이 없다. 따라서 손해배상청구를 하더라도 소송을 통해 얻는 금전적 이득이 없거나 적게 된다(따라서 이런 경우에는 손해배상청구를 할 것이 아니라 특허침해금지청구를 한 다음에 협상하는 것이 좋다). 이번에는 나도 제조사이며 침해자도 제조사이고 서로 시장에서 제품을 판매하고 있다고 가정해 보자. 이러면 이야기가 달라진다. 내 특허를 침해한 제품 때문에 시장에서 얻는 이익이 감소할 수 있기 때문이다. 어느 정도 감소했느냐에 따라 손해액이 정해지므로 그 금액을 재판을 통해 입증해야 한다.

특허권을 침해했다고 하여 침해자에게 징벌적으로 손해액을 배상하라는 제도는 우리나라에는 없다. 미국에는 있다. 그러므로 제품은 제조하지 않으면서 특허만 전문적으로 취득하여 제조사를 공격해서 경제적 이득을 챙기는 소위 특허괴물 Patent Troll이 양산되는 환경이 미국에서는 잘 조성되지만 우리나라에서는 그렇지 않다.

특허권자들은 자기 특허를 침해한 자들의 경제적인 성공을 보면서 그게 다 자기 것이 되었어야 한다고 생각하지만 그것은 특허권자의 탐욕이다. 특허를 침해한 자들도 원재료를 구매하며 사람을 고용하여 임금을 주어야 하고 마케팅을 위해 그 나름대로 엄청난 노력을 기울였을 것이다. 따라서 침해자의 매출액 전부를 내가 마땅히 받았어야 하는 손해액으로 생각해서는 안 된다. 이것은 너무 허황된 망상이다. 손해는 인정된다. 그렇다면 손해액이 있을 것이다. 이것을 어떻게 산정하는지 살펴보자.

(1) 침해제품의 양도수량 × 특허권자의 단위수량당 이익액

7개월 동안 침해자가 100,000개의 침해제품을 팔았고, 특허권자의 1개당 이익이 500원인 경우, 손해액은 50,000,000원으로 계산될 수 있다. 단, 특허권자가 해당 침해행위 이외의 사유로 판매할 수 없었던 사정이 있는 때에는 그 금액을 빼야 한다. 또한 자기의 판매능력을 초과한 부분까지 손해액을 주장할 수는 없다. 예컨대 침해행위가 있기 전에는 특허권자는 월 11,000개를 판매했는데 침해행위가 있는 동안 월 10,000개로 줄었다면, 그 차이 1,000개가 침해로부터 생긴 손해의 최대치로 볼 수 있다. 그러므로 특허권자의 손해액은 월 500,000원(1,000개×500원)을 넘을 수 없고, 침해기간 7개월의 합계인

3,500,000원으로 손해액이 줄게 된다. 또한 만약에 특허권자가 휴가나 파업 등의 다른 사정으로 생산을 못했다면 그 사정이 반영되어 손해액은 다시 줄게 된다.

(2) 침해제품의 양도수량 × 침해자의 단위수량당 이익액

다른 관점으로도 손해액을 계산할 수 있다. 7개월 동안 침해자가 100,000개의 침해제품을 팔았고, 침해자의 개당 이익이 300원인 경우에 손해액은 30,000,000원으로 계산될 수 있다. 표 5-1에서 (1)번의 경우에는 제품의 개당 이익의 액을 특허권자를 기준으로 계산한 반면에 (2)번의 경우에는 침해자의 이익의 액을 기준으로 계산했다. 손해액 산정에서 (1)번이 더 정확할 것이지만 특허권자는 손해액을 더 많이 받기 위해서 자기 이익을 부풀릴 가능성도 배제할 수 없으므로 (2)번으로 법원이 손해액을 추정했다고 해서 잘못은 아니다.

항목	내용	비고
침해기간	7개월	
침해전 특허제품의 월평균판매수량	11,000개	
침해기간 특허제품의 월평균판매수량	10,000개	
특허제품의 감소수량(월)	1,000개	침해제품 때문으로 추정
특허제품의 개당 이익	500원	
침해제품의 판매수량	100,000개	
침해제품의 개당 이익	300원	
(1)번 방법에 따른 단순 손해액	500,000,000원	100,000개×500원
(1)번 방법에 따른 최종 손해액	3,500,000원	1,000개×7개월×500원
(2)번 방법에 따른 손해액	30,000,000원	100,000개×300원

표 5-1 손해액 산정표

로열티 상당액을 손해액으로 청구할 수 있다

'로열티 상당액'을 손해액으로 청구할 수 있다. 특허권자가 다른 사람에게 정당한 계약에 의해 실시권한을 설정해 줄 때의 대가, 이를 로열티^{Royalty}라고 부른다. 이에 준하는 금액을 손해액으로 추정할 수 있다는 의미다. 그런데 대체 로열티 상당액을 어떻게 산정할 것인가? 어떤 이는 로열티로 매출액의 3%에 해당하는 금액을 받는 것이 통례라고 주장한다. 하지만 그런 '통례'를 입증하기 어렵고 사안에 따라 다르기 때문에 법원이 쉽게 받아들일 수는 없다. 만일 관련 제품에 대해서 제삼자와 계약을 체결한 사실이 있는데 그때 매출액의 2%를 받기로 라이선스 계약을 했었고, 그것이 기재된 계약서가 재판과정에서 제출된 경우에는 참작될 수 있을 것이다. 로열티를 매출액의 2%로 가정한다면 침해자의 침해제품에 관련한 매출액이 10억원인 경우 특허권자는 손해액으로 2,000만 원을 주장할 수 있는 것이다. 그러나 이런 방법보다는 앞서 말한 (1)번과 (2)번 방법에 의해 손해액을 산정하는 것이 실손해배상이라는 우리 법제에 더 적합할 것이다.

위와 같이 계산하다 보면 문득 손해배상청구로 받을 금액이 생각보다 적다는 것을 직감하게 된다. 특히 소송절차는 상대방이 있는 싸움이며 서로 치열하게 입증해야 하기 때문에 손해배상액이 위에서 계산한 금액보다 더 적은 금액으로 계산될 수 있다. 이런 점을 유의해야 한다. 이런 것을 충분히 고려하지 않고 손해배상청구를 하게 되면 변호사 비용이 실제 손해배상액보다 더 커질 수 있다. 결국 소송은 이겼지만 비즈니스적으로는 얻은 게 없는 소송이 될 수 있다.

어떤 위험 요소가 있는가?

이득과 위험부담은 비즈니스라는 동전의 양면이다. 이득이 크면 위험부담이 높고 반대로 이득이 작으면 그만큼 위험부담이 낮다. 특허침해소송도 마찬가지이다. 특허권자가 자신의 권리를 행사하는데 무슨 위험부담이 있겠냐고 생각하는 것은 지극히 일차원적인 생각이다. 특허침해소송을 하면 다음과 같은 위험부담이 따른다. 첫째, 인적자원의 투입이다. 이때 유능한 직원이 소송에 투입되게 마련인데 그만큼 회사의 본연의 업무입장에서는 손해다. 소송 때문에 그 직원이 퇴사를 해버리면 더욱 손해다. 둘째, 비용부담이다. 장차 이 소송을 진행함에 있어서 어느 정도 비용이 소요될 것인가를 생각해야 한다. 셋째, 시간이다. 소송은 쉽게 종결되지 않을 수도 있으므로 이와 같이 타인과의 분쟁이 긴 시간 지속되는 경우 어떤 불이익이 따를 것인가를 미리 생각해 보는 것이 좋다. 넷째, 시장의 반응이다. 특허분쟁사실을 시장에서 어떻게 받아들일 것인가를 생각해 볼 필요가 있다. 잦은 특허분쟁은 시장의 신뢰를 잃을 수 있으며 투자자를 불안하게 하고 부정적인 기삿거리가 될 수 있음에 유의해야 한다. 다섯째, 상대방과의 관계다. 어제의 적이 오늘의 동지가 될 수 있는 것이 비즈니스 세계다. 따라서 이 특허침해소송을 통해 악화된 상대방과의 관계를 어떻게 조정할 것인가도 염두에 두어야 한다. 특허침해소송은 때로는 감정적인 원한관계를 불러올 수 있다. 상대방은 악의적으로 행동할 수 있다. 언론사 등을 통해서 나쁜 이미지를 퍼트리는 것이다. 그것은 특허권자의 비즈니스에 도움이 되지는 않는다.

어떤 법적 수단을 사용할 수 있는가?

특허권자가 임의로 자기 구제를 하면 안 된다. 그것은 불법행위다. 원칙적으로 재판절차를 통해 권리를 행사해야 하며, 때로는 행정관청에 의지해서 권리행사를 해야 한다. 법원이나 행정관청을 통하지 않고 특허권자가 할 수 있는 일은 특허침해를 경고하는 일과 서로 협상하는 일밖에 없다.

특허권자는 침해자를 상대로 특허침해금지청구를 할 수 있다. 그러나 이런 소송을 하기 전에 가처분신청을 먼저 할 수 있다. 조속한 금지조치를 실현하기 위함이다. 모두 민사법원이 관할이다. 가처분신청을 해서 결국 이겼고 가처분 결정이 내려졌다면 특허권자는 이제 본안청구를 해야 한다. 가처분 사건은 권리자에게 임시적인 지위를 준 것에 불과하므로 이제 확실한 지위를 판단하기 위해서 본안소송에 돌입하게 된다. 가처분 사건은 침해금지 가처분, 예컨대 생산금지 가처분이나 판매금지 가처분 등을 신청하는 것으로 사실상 상대방의 영업행위를 봉쇄하는 것이어서 특허권자는 가처분결정만으로 매우 만족하게 된다. 따라서 본안소송의 소장을 제출하지 않고 기다리는 경우가 많다. 그러면 상대방이 제소명령을 신청하거나 그래도 제소를 하지 않으면 가처분 말소 신청을 하게 되는데, 상대방의 대응을 기다려서 본안소송의 소장을 제출하는 것도 영리한 방법이 된다. 본안소송은 특허침해금지청구이다. 또한 손해배상청구소송을 제기한 경우에는 그것이 본안소송이 된다.

특허침해 가처분 사건은 논쟁적이다. 어떤 이는 특허침해 가처분신청을 하더라도 시간이 많이 걸리기 때문에 가처분신청으로서의 소득이 없다는 것이다. 동의할 수 없다. 특허권이 확실하고 침해대상물이 정말로 특허를 침해하고 있음이 증거를 통해서 명확하면 가처분사건의 재판부가 가처분 결정을 미룰 까닭이 없다. 6개월 이내에 이기든 지든 가처분결정이 내려질 것이다. 가처분 결정을 내리기 위한 기초사실인정에 관한 중요한 쟁점이 있고, 이 쟁점을 판단함에 있어 실험결과나 공인된 감정 등이 필요한 사정 등이 있어 미루어질 수 있지만, 특허권자가 치밀하게 잘 준비하면 가처분 법원이 결정을 미룰 까닭이 없다.

한편, 어떤 이는 어차피 대법원에 가서 패소하면 가처분 결정 이후의 상대방(침해자)이 입은 손해를 특허권자가 배상할 책임이 있으므로 특허권자에게 이득이 없다고 주장한다. 법리적으로는 그럴 수 있다. 하지만 비즈니스 관점에서는 그렇지 않다. 가처분 결정이 내려지면 상대방은 극심한 피해를 입을 수 있고 때로는 기업의 존망을 위협받기 때문에 협상의 계기가 마련될 수 있다. 이때 특허권자의 위험부담은 협상을 통해서 해소될 수 있다. 또한 나중에 특허권자가 본안소송에서 패소하여 그 결과 가처분결정이 취소되었다고 하더라도 특허권자가 부담해야 할 손해배상액이 당연히 산정되는 것은 아니다. 상대방이 별도로 소송을 제기하여야 하고 또한 손해액을 입증하는 등의 소송행위가 전제되어야 한다(가처분결정만으로 회사가 망했다면 그와 같은 소송을 제기하는 것도 어려워질 수 있다. 그만큼 특허권자는 유리하다). 그렇다면 시장의 경쟁에서 상대방을 배제함으로써 얻는 경제적 이득(가처분 결정을 통해)과 나중에 특허권자가 상대방에게 배상할 금액(특허권자가 최종 패소한 경우)을 비교하는 일이 남는다. 실손해배상이라는 측면에서 보자면 특허권자가 불리하다고 말할 수는 없다. 그렇기 때문에 글로벌 기업 간 특허전쟁의 경우 가처분 신청 방법이 널리 이용되는 것이다.

이와 같은 사정을 고려한다면, 가처분 사건은 상대방의 소송대응력이 낮을수록, 상대방이 침해행위를 한 기간이 짧을수록 유리하다. 반면에 오랫동안 침해제품에 관련한 영업을 했고 그 규모가 크다면 가처분신청보다는 손해배상청구를 하는 것이 위험부담이 적다. 만일 후자의 경우에 가처분신청을 하였다면 본안소송에서 반드시 승소한다는 확신이 서거나 혹은 소송이 진행되는 동안에 협상을 통해 해결하려는 전략이 있어야 한다.

특허권자는 형사적인 조치를 취할 수도 있다. 고소를 해서 수사기관에 수사를 의뢰하고 결국 형사법원을 통해 침해자의 형사처벌을 구하는 방법이다. 특허권 또는 전용실시권을 침해한 자는 7년 이하의 징역 또는 1억원 이하에 처해진다. 법인의 대표자나 법인의 경우에는 그 행위자를 벌하는 외에 3억원 이하의 벌금을 과할 수 있다. 이러한 특허침해죄가 성립하기 위해서는 특허권침해사실뿐만 아니라 고의가 인정되어야 한다. 특허침해자에 대한 가장 강력한 권리행사지만 고의를 입증하는 것이 쉽지 않다. 일반적으로 기업간의 특허침해소송에 있어서, 형사고소 방법은 침해자를 실제로 처벌하려는 목적보다는 경쟁기업의 임직원을 형사재판에 불러들임으로써 괴롭히고자 함에 있고, 그 재판결과를 민사재판에 증거로서 활용하려는 목적을 갖는다. 또한 이 괴롭힘이 때로는 협상에 유리하게 작용하기도 한다. 하지만 감정을 격화시켜 협상의 여지를 없애기도 하는 단점이 있다. 이 또한 3심 제도로 운영되며, 특별한 경우가 아니라면 인신구속이 어렵고, 대법원의 최종판결까지 통상 2~3년 이상의 시간이 소요될 수 있다.

　이와 같은 특허권자의 법적인 조치를 표 5-2에 요약해봤다.

　이밖에 특허권자는 침해대상물이 자기 특허범위에 속한다는 전문적이고 객관적인 행정관청의 결정(심결)을 구하는 심판을 '특허심판원'에 제기할 수 있다(권리범위확인심판). 또한, 특허권을 침해한 제품을 해외에서 국내로 수입하여 판매하는 행위, 또는 침해제품을 수출하거나 수출을 목적으로 국내에서 제조하는 행위를 불공정무역행위라고 주장해 '무역위원회'에 그 사실을 조사해 줄 것을 서면으로 신청할 수도 있다. 잠정적으로 통관조치를 해 달라는 것으로 침해제품이 수출되거나 수입되는 경우에 유용하게 활용할 수 있다. 그러나 이러한 행정적인 조치보다는 결국 재판을 통한 해결이 가장 기본적인 방법이므로 늘 재판을 통한 해결을 염두에 둬야 한다.

방법	내용	장점	단점	비고
내용증명	특허침해를 경고하는 내용증명으로 상대방은 굳이 답변하지 않아도 된다.	아래의 민형사상의 조치를 취할 때 상대방에게 고의나 과실을 추정하게 하는데 의미가 있다. 협상을 촉구하는 의미를 갖기도 한다.	실무적으로 특허침해를 경고하는 내용증명이 지나치게 감정적인 경우가 많다. 이는 장차 있을 협상의 여지를 초기부터 봉쇄하는 불이익을 초래할 수 있다	전략적으로 고려되어야 한다. 지나치게 감정적이어서는 안 되며, 장차 있을 법적인 공방과 협상을 고려하여, 지나치게 구체적인 주장을 할 필요는 없다
가처분신청	민사법원 관할이다. 손해가 급박하니 법원의 결정으로 임시적인 구제조치를 취해달라는 신청이다. 본안소송의 1심 판결 이후에도 가능하다.	조속한 결과를 얻을 수 있으며, 상대방에게 결정적인 피해를 줄 수 있다. 협상에서 유리한 위치를 점할 수 있다.	본안소송에서 패소한 경우 상대방이 입은 손해를 배상할 책임이 생긴다.	특허침해여부에 대한 확실한 판단과 명확한 증거자료 수집이 필요하다. 본안패소의 경우를 고려하면, 침해행위의 기간이 짧을수록 유리하다.
특허침해금지청구	민사법원에서 관할하는 본안소송이다. 전형적인 특허침해사건의 정식재판이다.	특허침해에 관련한 가장 기본적인 판결을 얻을 수 있으며, 양 당사자의 감정적 반응을 최소화할 수 있다.	판결까지 시간이 오래 걸릴 수 있다.	손해여부 판단이 어려운 상황이거나 협상을 함에 있어 유리한 판결을 얻고자 할 때 이용할 수 있다.
손해배상청구	민사법원에서 관할하는 본안소송이다. 특허권자가 입은 손해를 배상하라는 청구이다.	특허침해로 인해서 발생한 손해를 금전적으로 배상받을 수 있는 재판이다.	손해액입증이 어렵다. 판결까지 시간이 오래 걸릴 수 있다.	특허침해금지청구와 병합할 수 있으며, 손해액 입증을 위한 전략이 필요하다.
형사고소	고소하고 수사기관이 수사하며 검사가 기소하고 형사법원에서 심리하는 절차이다.	침해자를 확실히 괴롭힐 수 있다.	고의의 입증이 어렵고 양 당사자가 감정적인 반응을 보일 수 있다.	미래의 비즈니스 관계나 협상 여지를 생각할 때, 최후적으로 고려하는 것이 바람직하다.

표 5-2 특허권자 권리행사 방법의 장단점

상대방의 대응 방법에는 무엇이 있는가?

특허분쟁은 공격자가 있으면 방어자가 있는 싸움이다. 특허권자가 위와 같이 다양한 조치를 취하면 상대방도 마찬가지로 다양한 조치를 취할 수 있다. 자세한 것은 이 장의 뒷부분에서 다시 설명한다.

특허권자가 상대방에게 특허침해를 경고하는 내용증명의 경고장을 보냈다면, 상대방도 경고장에 대한 답변을 내용증명으로 발송하는 것이 일반적이다. 반드시 그렇게 해야 할 의무는 없지만, 경고장을 무시하면 고의가 추정될 수도 있기 때문에 적절하게 대응하는 편이 좋다. 이 단계에서 상대방은 특허를 분석하게 되고, 어떻게 방어할 것인지 전략을 짜게 된다.

상대방이 특허권자에 대항하는 가장 유효한 무기 중 하나는 '특허무효심판'을 청구하는 것이다. 특허심판원에 제기하는 특수한 행정심판이다. 특허 자체를 없애서 분쟁의 원인을 제거하겠다는 공격적인 방어전략이다. 단, 확실한 무효증거가 있어야 하기 때문에 증거를 찾기 위한 필사적인 노력을 해야 하는 부담이 있다. 무효심판의 청구인용률, 즉 특허무효가 될 확률은 통계적으로 보자면 약 50%에 이른다. 매우 높은 수치다. 이는 특허침해소송의 상대방이, 저 무서운 특허권으로부터 완전히 벗어나기 위해, 사력을 다해 선행기술을 찾아 내 '증거'로 제출하기 때문이다. 때로는 '권리범위확인심판', 즉 확인대상 제품은 해당 특허의 권리범위에 속하지 않는다는 확인을 구하는 심판을 청구하기도 한다. 이 두 가지 심판을 함께 청구함으로써 특허권자를 몰아붙이는 것도 법리적으로 좋은 방법이다.

가처분 절차에서 지면, 특허침해소송에서 지는 것과 같기 때문에, 가처분절차에서 특허무효를 주장하거나 특허침해가 해당되지 않음을 들어 본안소송에서 항변할 수 있다. 특허를 침해하지 않았다, 그 특허는 무효이다 등의 주장을 하면서 손해배상책임이 없다거나 청구를 기각해달라는 항변을 하게 된다. 손해배상사건에서는 예비적 항변으로 손해배상액을 낮추기 위한 소송행위를 하게 된다.

협상 시나리오

소송은 양 당사자들의 에너지가 너무 많이 소비되는 절차다. 일도양

단 식의 승패를 분명히 하는 전략은 양 당사자 모두에게 위험 부담이 된다. 현재는 경쟁관계이지만 장래에는 우호적인 관계가 될 수도 있다는 점을 고려하면, 서로 공방의 강약을 조절할 필요가 있다. 따라서 기업 간 특허침해소송에서는 반드시 협상 가능성을 열어 놓는 것이 바람직하다. 경고장이나 답변을 주고받은 후 소송전 협상 자리를 마련하거나 소송 단계에서의 합의가능성도 열어 놓는 것이 효율적일 수 있다(실무적으로는 대리인의 협상에 관한 의지나 능력이 매우 부족한 실정이다).

가급적 특허권자가 상대방으로부터 받을 반대급부를 미리 생각해 놓을 필요가 있다. 그것은 금전적 이득(로열티)일 수 있으며, 아니면 기술권리의 공유(크로스 라이선스)가 될 수도 있다. 바람직하게는 로열티의 하한치를 미리 설정해 두는 것도 좋다. 이때 전문가의 의견을 반드시 청취하되, 나중에 협상을 통해 조정될 수도 있음을 메모해 둬야 한다. 그래야만 분명한 목표의식이 생기고 유연하게 대응할 수 있기 때문이다.

침해문제에 효과적으로 대응하기 위한 11가지 방법

이제 특허권자의 상대방 관점에서 설명한다. 특허침해문제에 효과적으로 대응하기 위해서는 우선 특허침해 여부를 판단할 수 있어야 한다. 판단에 이르는 방법은 특허권을 둘러싼 모든 논쟁의 핵심이다. 특허침해 판단결과에 따라 한 기업이 도산하기도 하며 또 어떤 기업은 욱일승천한다. 부동산이나 동산과 같은 소유권은 내 것 네 것 분명하며 소유권의 크기를 둘러싸고 그게 어느 정도 되는지 다툴 것도 없다. 금전채권이나 유가증권도 마찬가지다. 그런데 지적재산권은 형체가 없는 까닭에 틀림없는 재산권이요 소유권인데도 그 크기를 알 수 없고 어디까지가 권리인지도 명확하지 않다. 그래서 언제나 논란이 되며 특허권도 역시 그러하다.

특허침해여부를 판단하기 위해서는 먼저 특허범위(이를 보호범위, 권리범위 혹은 기술적 범위라고 부른다)가 어느 정도까지인지를 먼저 알아야 한다. 특허법에서는 특허권이 특허청구범위^{Claim}에 기재된 사항에 의해 정해진다고 규정한다. 이 간단한 규정에 모든 것이 포함되어 있으며 여기에 다양한 법리들이 붙어 있을 뿐이다. 그런데 특허청구범위에 기재된 사항은 어떤 제품의 설계도도 아니며 추상적인 원리나 새로운 제품의 기능을 정리한 것도 아니다. 설계도와 같은 도면이라면 그것이 나타내는 바가 명확해서 파악하기는 쉬울 테지만 그 설계도와 다르게 그려지면 특허침해가 되지 않는 까닭에 특허권자에게 불리하다. 반면에 추상적인 원리나 기능이라고 한다면 특허권자에게 매우 유리해진다. 내용이 없거나 내용이 달라도 결론만 같다면 특허권 침해를 주장할 수 있기 때문이다. 특허청구범위에 기재된 사항이란 다름아닌 발명(아이디어)의 핵심적인 특징에 대해 구성요소를 중심으로 기술을 글로 표현한 것이다. 기술을 이해하기도 어려운데 그것을 글로 표현했으니 그 글을 어떻게 해석할지 여부가 문제이며, 쉽지 않은 작업이다. 특허청구범위의 해석에 대해 여러 가지 주장과 원리가 연구되었으며, 국제적으로도 공론화되어 왔고, 이제는 전문가 사이에 어느 정도 공통된 합의가 형성된 것으로 보인다. 하지만 이 책의 독자들이 특허 전문가가 아니라고 가정한다면, 특허청구범위의 해석에 대한 전문적인 법리를 소상히 소개하는 것은 무리가 아닐 수 없다. 그것은 법학전공자나 변리사의 몫이지 일반인의 몫은 아니다. 기업생활을 하다면 특허침해판단이 쟁점이 되는 상황에 처하게 된다. 이하의 특허침해문제에 효과적으로 대응하기 위한 11가지 방법은 그와 같은 상황을 잘 파악하는 데 도움을 줄 것이다. 그러나 그 도움은 대략적인 감을 잡을 수 있을 정도로 안내하겠다는 것이지 이것이 곧 해답이 되는 것은 아니다. 해답은 구체적인 상황에 따라 각각 개별적으로 검토되어야 하며, 특히 법리적으로 옳아야 할 뿐만 아니라 기술분야의 특수한 사정에 적합해야 한다. 최종 판단은 변리사와 협의해 구체적으로 판단하기를 권고한다.

한편, 이제부터 나열하는 11가지 방법은 특허권자의 상대방의 관점에서 서술됐다. 하지만 우리가 항상 특허권자의 상대방의 입장이 되는 것은 아니다. 때로는 우리가 특허권자의 입장이 될 수도 있다. 어느 편에 있든지 간에 이 11가지 방법을 잘 숙지하고 있으면 특허침해에 관련된 기업 간 특허전쟁이 어렵게 느껴지지 않을 것이다.

특허문헌을 살펴본다

고객과 상담을 하다 보면 자주 겪게 되는 일이 있다. 고객이 두 개의 제품을 가지고 와서 이것이 특허제품이고 요것이 우리 제품이다, 이런 저런 점에서 차이가 있다는 등의 설명을 한다. 특허제도를 잘 모르는 일반인의 입장에서는 특허제품과 우리제품을 놓고 실물을 비교하는 것이 가장 납득하기 쉬운 방법일 것이다. 그러나 법리적으로는 '특허제품'이라는 개념은 존재하지 않는다. 물론 비즈니스 세계에서는 특허제품이라는 용어가 널리 사용되지만, 그것은 일종의 마케팅 용어이지 법리적인 용어는 아니다. 단지 특허권자가 만든 제품이다. 특허침해소송에 있어서 판사가 특허권자가 만든 제품에 대해 특히 관심을 가질 때에는, 손해액을 산정하기 위해서 특허권자가 만든 제품의 매출이익이 어느 정도 되는지를 알아 보고자 하는 경우이거나, 가처분

소송에서 가처분을 할 보정의 필요성이 있는지를 판단하고자 할 경우다(이 경우에도 소위 특허제품을 분석하는 것이 아니라 그 제품이 판매되고 있는 사실만이 중요하다). 즉, 특허침해를 판단함에 있어서 특허권자가 만든 제품은 단지 참고만 할 뿐이지, 전혀 중요하지 않다. 특허라는 권리는 실제 제품에서 나오는 것이 아니라, 특허권을 신청하면서 제출한 글로 요약된 기술문헌인 '특허문헌'에서 나오기 때문이다. 국가는 특허권자가 제출했던 '특허문헌'을 보관하며 그것을 보증하고 있을 뿐이다. 특허권자가 특허제품을 국가에 제출한 적도 없고 그럴 수도 없으니 특허제품 자체가 보호받는 것은 아니다. 제품이 아니라 기술이 보호받는 것이다. 특허제품을 놓고 비교해서는 안 된다. 앞서 3장에서 살펴본 것처럼 특허는 언어에 묶여 있기 때문이다.

특허 도면은 참고로만 활용한다

지적재산권에 관한 전문가들은 그렇지 않겠지만, 많은 사람들이 특허문헌에 있는 도면을 보고 특허범위를 짐작하는 경우가 많다. 매우 위험한 행동이다. 우리가 특허범위를 이해하고 특허침해여부를 판단하기 위해서는 앞에서 설명한 바와 같이 특허문헌을 들여다봐야 한다. 특허문헌은 글로 쓰인 부분과 그림으로 그려진 부분으로 나뉜다. 그림으로 그려진 부분을 도면이라고 한다. 특허문헌 중 글로 서술되어 있는 부분을 읽노라면 우리말로 쓰인 것은 분명한데 무슨 난독증에 걸린 것처럼 도무지 이해가 되지 않는 경우가 많다. 그 특허문헌을 작성한 사람의 나쁜 문장능력도 한 요인이 되지만, 수십 년간 관용적으로 사용되어 오던 외래식 표현들, 특허범위를 넓게 하고자 일부러 모호하게 선택된 용어들 때문이다. 그러다 보니 사람들은 편의상 도면을 보게 된다. 도면은 마치 실제 제품을 보는 것과 같은 편리함을 제공하므로 기술을 이해하는 데 큰 도움을 주는 것도 사실이다.

하지만 도면에서는 어떤 권리도 나오지 않는다. 특허권이 특허제품에서 나오지 않는 것처럼 마찬가지로 도면에서 특허권이 나오는 것이 아니다. 특허문헌에서의 도면은 특허발명의 기술내용이 좀 더 쉽게 이해되도록 도움을 주는 데 그 문헌적인 의미가 있다. 따라서 예시적인 것이며, 도면의 형상과 구조에 의해 특허범위가 제한되거나 혹은 확장되지는 않는다.

사례 029 착오에 빠진 특허권 분석

홍길동은 비즈니스를 하다가 매우 강력한 권리라고 여겨지던 영국 사람 로버트의 특허 A를 알게 됐다. 홍길동은 막연히 이 특허가 어떤 것인지 도면을 통해 판단했다. 특허문헌의 도면에 블록도로 표시된 회로 구성을 보고 특허 A의 내용을 이해했다. 그리고 특허 A를 피해가기 위해 다르게 회로 구성을 하면 되겠다고 생각해서 회로의 설계변경을 위해 많은 시간을 투자했다.

사례 29에서, 홍길동은 도면을 보고 특허범위를 짐작했던 것이다. 실제로 있던 사례다. 우연히 그 홍길동과 상담을 하면서 그의 잘못된 판단과 접근방향을 수정해 주었는데, 결과적으로 그는 쓸데없이 시간을 허비한 것이다. 특허 A의 요체는 도면에 표현된 회로 구성에 그치는 것이 아니라 그것보다 더 넓은 회로 구성을 포괄했다. 특허 A를 피하기 위해서는 회로 구성을 변경해야 하는 것이 아니라 다른 요소를 변경함으로써 가능하고 오히려 그 방법이 더 쉬웠던 것이다.

공개특허공보가 아니라 등록특허공보를 본다
특허문헌은 크게 두 종류가 있다. 특허는 기술공개의 대가로 국가가 권리를 부여하는 제도이므로, 모든 특허출원은 공개되어야 한다. 특허권을 신청한 날로부터 18개월이 되면 특허출원은 공개된다. 이 때의 특허문헌이 특허공개공보이며 편의상 첫 번째 특허문헌이라고 하자. 이 특허공개공보는 단순히 기술내용을 공개한다는 데 의미가 있을 뿐이다. 모든 심사를 통과하고 국가가 드디어 특허를 부여하는 경우에 두 번째 특허문헌이 발행된다. 그것이 바로 등록특허공보다. 우리가 특허범위를 판단하고 특허침해여부를 알기 위해서는 특허공개공보를 봐서는 안 되고 반드시 등록특허공보를 분석해야 한다.

　대부분 경우 특허공개공보는 아직 심사를 통과하지 않은 것이고, 또 심사과정에서 통상 특허범위가 바뀌기 때문에, 특허공개공보를 보고 판단을 하고 중요한 결정을 내리는 것은 어리석은 행위가 아닐 수 없다. 입수한 특허문헌이 특허공개공보인지 등록받은 특허공보인지를 확인하는 일은 대단히 쉽다. 발행된 공보 명칭에 '공개'라는 단어가 들어가 있으면 특허공개공보다. 또한 발행된 공보에 제10-0123456호와 같은 형식이 번호(특허번호)가 기재되어 있으면 특허공보이며, 제10-2011-0123456호와 같이 연도가 들어가 있으면 특허공개공보다.

특허가 살아 있는지 소멸했는지 확인한다

살아 있는 권리만이 의미가 있다. 죽은 권리를 가지고 걱정할 까닭이 없다. 독점에 대한 대가로 특허권을 유지하기 위해서는 매년 특허료를 국가에 납부해야 한다. 특허료를 제때에 납부하지 못하면 특허는 소멸한다. 특허료를 계속 납부한다고 해도 20년이 지나면 역시 권리 존속기간 만료로 소멸한다. 돈을 내지 않아 소멸한 특허를 가지고 특허권자가 권리행사를 하겠다고 하는 경우는 거의 없다. 우연히 혹은 계획적으로 검색 조사를 해 보았는데 침해문제가 될 만한 특허를 발견한 경우라면 먼저 그 특허가 살아 있는지를 확인해야 한다. 특허청 고객센터(1544-8080)에 전화를 걸어 물어보면 바로 알 수 있다. 특허번호만 이야기 해 주면 되는 극히 간단한 일이기 때문에, 이런 확인도 거치지 않고 어떻게 하면 이 특허를 피해갈 수 있을지를 걱정할 필요는 없는 것이다. 해외 특허의 경우에도 해당 국가의 특허청 웹사이트를 통해 조회할 수 있다. 전문가 입장에서 보자면 권리의 소멸 여부 확인을 가장 먼저 해야 하지만, 통상적으로 순서는 중요하지 않다.

특허청구범위에 기재된 사항은 어느 하나 과소평가할 수 없다
앞에서 설명한 네 가지 방법은 누구나 특별한 어려움 없이 간단하게 확인할 수 있는 방법이다. 이제부터는 전문적이고 법리적인 이야기가 된다. 하지만 그렇다고 아주 어려운 것도 아니기 때문에 독자들이 어렵지 않게 따라올 수 있을 것이다. 하나 같이 중요한 방법들이다.

특허법은 특허권은 특허청구범위^{Claim}에 의해 정해진다고 규정한다. 법규정은 이렇게 표현이 간단하다. 대법원의 판례를 들어보자. 대법원은 특허청구범위의 해석에 대해 다음과 같은 일관된 판례입장을 취한다.

> 특허권의 권리범위는 특허청구범위에 기재된 바에 의하여 정하여지는 것이므로, 발명이 특허를 받을 수 없는 사유가 있는지 여부를 판단함에 있어서 특허청구범위의 기재만으로 권리범위가 명백하게 되는 경우에는 특허청구범위의 기재 자체만을 기초로 하여야 할 것이지 발명의 상세한 설명이나 도면 등 다른 기재에 의하여 특허청구범위를 제한 해석하는 것은 허용되지 않는다.(대법원 2006. 10. 13. 선고 20004후776 판결)

그러므로 어떤 특허권의 권리범위를 분석하고 침해여부를 판단하고자 할 때에는 먼저 특허문헌 전체를 볼 것이 아니라 특허청구범위에 기재된 사항을 집중해서 보아야 한다. 그 기술분야에 대해 나름의 지식과 경험을 갖고 있는 개발자나 전문가들은 특허문헌에 기재된 있는 '기술내용'에 더 관심을 갖게 되기 마련이다. 때로는 그들의 지식과 경험이 그들의 눈을 가릴 위험이 있다. 특허문헌에 쓰여 있는 기술내용이 중요한 것이 아니라 특허문헌의 청구범위에 어떻게 기재되어 있느냐가 관건이다. 대법원은 특허청구범위에 "A 성분이 1중량% 이하"라는 기재를 해석함에 있어서, 그것은 결국 "A 성분이 0%"를 의미할 수도 있다고 판시하기도 했다(대법원 2001. 9. 7. 선고 99후737 판결). 그 특허에는 A 성분이 없을 수도 있다는 것이고, 이렇게 해석하면 해당 특허에 대한 대응방법이 전혀 달라지게 된다. 따라서 특허침해문제를 효과적으로 대응하기 위해서는 반드시 해당 특허의 청구범위에 기재된 사항은 어느 하나 과소평가해서는 안 된다.

한편, 특허청구범위는 1개 이상의 '청구항'으로 이루어져 있다. 대개는 다수의 청구항으로 구성되는데, 어떤 청구항은 특허범위가 넓고 어떤 청구항은 특허범위가 좁다. 특허범위가 넓은 청구항을 피해갈 수 있다면 특허범위가 좁은 청구항은 굳이 따져볼 필요조차 없다. "~항에 있어서"라는 표현이 없는 청구항(예컨대 청구항 제1항)을 독립항이라고 하여 일반적으로 특허범위가 넓다. 반면에 청구항 첫 시작에 "제1항에 있어서"라는 전제부 표현이 있는 경우에는 "제1항의 필수구성요소를 모두 포함하고"라는 의미로 해석될 수 있어서 이런 청구항은 종속항이라고 하여 일반적으로 특허범위가 좁다. 그러므로 "~항에 있어서"라는 앞선 청구항을 인용하는 표현이 없는 것을 우선적으로 검토해야 한다.

특허와 비교되는 실물의 기술내용을 글로 잘 정리해 비교해야 한다

앞서 첫 번째 방법에서, 특허라는 권리는 실제 제품에서 나오는 것이 아니라, 특허권을 신청하면서 제출한 글로 요약된 '특허문헌'에서 나온다고 설명했다. 특허침해문제에서는 2개의 기술이 서로 대립관계에 선다. 한쪽은 '특허문헌'의 모습을 한 특허권이며, 다른 한쪽은 이 특허권을 침해하는지 여부를 놓고 고심 중인 비교대상이다. 비교대상은 문헌이 아니고 실제 제품/서비스(편의상 이를 '실물'이라고 하자)이다. 특허침해에 해당하게 되면, 비교대상이 기재된 문서를 불태우라고 판결하는 것이 아니라, 비교대상이 되는 제품 혹은 서비스에 관한 모든 실질적인 영업행위를 금지한다는 것이다. 따라서 한쪽은 '문헌'이며 다른 한쪽은 '실물'이 된다. 이를테면 '글'과 '실물'의 싸움이 되는 것이다.

하지만 침해여부를 판단하는 모든 곳에서 '문헌'과 '실물'을 원칙대로 비교하는 것은 아니다. 이를 테면 재판 과정에서는 통상 서면으로 서로 싸우고 또 판단하기 때문에, 비교대상 '실물'도 글로 정리되어야 한다. 특허침해소송이 발생하면 최선을 다해 재판에 임해야 하기도 하지만, 특허권자가 재판이 아닌 시장에서도 특허침해를 했다는 주장을 공연히 알리고 다니며 우리 영업 파트너도 괴롭히는 것을 좌시할 수만은 없다. 실제로는 이 쪽이 더 위협적이고 중요하다. 따라서 시장에서의 신뢰를 지키기 위해 시장 관계자들에게도 충분히 납득시켜야 할 설명의무가 있다. 그런데 이때 '문헌'과 '실물'만을 놓고 일일이 비교한다는 것은 불가능한 일이다. 따라서 결국은 양쪽 모두 '글'로 표현될 수밖에 없다.

기왕에 이런 구조로 흘러갈 수밖에 없다면, '비교대상'을 미리 글로 잘 정리해 놓는 것은 대단히 필수적인 작업이다. 글로 정리할 때에는 특허문헌과 유사한 목차를 만들어 정리하되, 특허문헌의 특허청구범위에 기재된 사항과 무엇이 같고 무엇이 다른지를 명확히 알 수 있도록 상세히 작성하는 것이 좋다. 특히 다음과 같은 접근이 필요하다. 첫째, 스스로 잘 이해될 수 있도록 작성되어야 한다. 둘째, 시장의 관계자들이 쉽게 납득할 수 있도록 쉽고 명확하며 논리적이어야 한다. 셋째, 특허청구범위의 구성요소 하나하나를 일일이 비교해야 한다.

이렇게 '비교대상'을 글로 미리 작성해 놓으면, 특허침해여부를 판단함에 있어서 좀 더 객관적인 자세로 임할 수 있게 되며, 변리사와의 의사소통도 명확해지고, 효과적인 대응 전략을 짤 수 있게 된다.

All Element Rules에 입각해 판단한다

All Element Rules이라는 것이 있다. 다소 기계적인 판단 방법인데, 말하자면 이렇다. 특허청구범위에 기재된 사항을 보건대 'A, B, C, D'라는 네 가지 구성요소를 갖는 장치가 특허라고 가정하자. 이때 이 네 가지 구성요소 모두가 필수적인 것이므로, 만일 비교대상 중에 이 중 어느 한 가지 구성이 없다면 특허침해가 아니라는 원리, 곧 특허청구범위의 구성요소를 모두 포함해야만 특허침해가 성립한다는 원리다. 예컨대 홍길동이 'A, B, C'라는 구성요소로 이루어진 장치를 판매하고 있는 경우에는 'D'가 없기 때문에 특허침해가 아니다. 또한 장길산이 'A, B, C, D, E'라는 구성요소로 이루어진 장치를 판매하고 있는 경우에는 비교대상 장치에 'A, B, C, D' 구성요소 네 가지가 모두 포함되어 있으므로 특허침해라는 것이다. 우리 법원의 판례도 이러한 설명과 같다.

특허발명의 청구항이 복수의 구성요소로 되어 있는 경우에는 그 각 구성요소가 유기적으로 결합된 전체로서의 기술사상이 보호되는 것이지, 각 구성요소가 독립하여 보호되는 것은 아니므로, 특허발명과 대비되는 확인대상발명이 특허발명의 청구항에 기재된 필수적 구성요소들 중의 일부만을 갖추고 있고 나머지 구성요소가 결여된 경우에는 원칙적으로 그 확인대상발명은 특허발명의 권리범위에 속하지 아니한다.(특허법원 2007. 7. 26. 선고 2006허4383 판결)

이른바 'All Element Rules'이라는 특허침해 판단방법은 다분히 기계적인 원리여서 일반인이 이해하기 어렵지 않으며, 특허침해가 문제되는 경우의 상당수가 바로 이 판단방법에 의해 해결될 수 있다. 매우 단순하고 편리하며 보편적인 방법이다. 또 국제적으로 통용되고 있기도 하다. 눈치 빠른 사람은 이 판단방법이 특허권자에게 불리하고 상대방에게는 유리하다는 점을 알아차렸을 것이다. 특허청구범위의 구성요소는 특허문헌을 작성할 때 특허권자 스스로 결정할 수 있는 사항이었으므로 자기 책임의 원칙에서 보자면 정의롭지 않다고 볼 수는 없다. 흥미로운 것은 이와 같이 특허청구범위에 어떤 구성요소들이 기재되어 있느냐에 따라 특허범위가 크게 좌우되건만, 대부분의 특허권자들은 자신의 특허청구범위가 어떤 구성요소들로 이루어졌는지조차 알지 못한다. 대개는 경쟁자의 침해(인 것처럼 보이는) 행위가 발생하고 특허권자가 그 사실에 적극적인 관심을 가졌을 때, 즉 사후에 인식된다.

균등론이라는 변수가 있다

앞선 일곱 번째 방법의 'All Element Rules'을 지나치게 기계적으로 적용하기에는 무리가 따른다. 특허권자는 자신의 우수한 기술내용을 공개했고 그 대가로 특허를 받게 되었는데 이 권리를 지나치게 축소해 버리면 대가의 의미가 사라질 수 있기 때문이다. 앞에서 살펴본

예를 다시 들어보자. 'A, B, C, D'라는 네 가지 구성요소를 갖는 장치라는 특허에 대해서, 비교대상이 이들 구성요소 모두를 포함하거나 어느 하나가 없는 경우라면 특별히 문제가 될 것이 없다. 전자는 특허침해이며 후자는 특허침해가 아니다. 그런데 특허발명의 구성요소 중 일부가 없는 것도 아니고 있는 것도 아닌 애매한 상황이 발생할 수 있다. 말하자면 비교대상의 구성요소가 'A, B′, C, D'인 경우이며, 이때 B와 B′가 다르긴 다른데 유사한 기능을 갖는 구성요소인 경우라고 하자. 이때 이 경우에도 특허권 침해가 아니라고 해야 할지 아니면 특허권자를 봐주어 특허침해로 판단할지 논란이 된다.

법원은 일정한 원칙을 제시하면서 어떤 경우에는 특허침해이고, 어떤 경우에는 특허침해가 아니라고 판단했다. 특허침해가 성립되는 경우 B와 B′의 관계를 '균등관계'라고 부르고 이러한 법리를 '균등론'이라고 한다. 실제로 이러한 균등관계가 성립되는 경우가 많기 때문에 주의 깊게 생각해야 한다. 먼저 우리 법원의 판결을 보자. 확립된 판례이며 해외에서도 유사하게 채택되고 있는 법리다.

> 특허발명과 대비되는 발명에 특허발명의 각 구성요소와 구성요소 간의 유기적 결합관계가 그대로 포함되어 있거나, 대비되는 발명에서 구성요소의 치환 내지 변경이 있더라도, 양 발명에서 과제의 해결원리가 동일하고, 그러한 치환에 의하더라도 특허발명에서와 같은 목적을 달성할 수 있고, 실질적으로 동일한 작용효과를 나타내며, 그와 같이 치환하는 것을 그 발명이 속하는 기술분야에 통상의 지식을 가진 사람이 용이하게 생각해 낼 수 있을 정도로 자명하여 균등관계에 있는 것으로 볼 수 있다면, 그 대비되는 발명은 특허발명의 권리범위에 속한다고 할 것(특허법원 2007. 6. 27. 선고 2006허7719 판결)

균등관계의 판단방법에 대해서 말하자면 길다. 또한 다양한 적용사례를 통해서 균등론을 더 깊게 이해할 수 있다. 하지만 균등관계여서 특허침해가 되는지 여부는 재판을 통해서 판가름나며, 기술내용마다 다르고 또 어떤 점에서는 논리 싸움이며 소위 '말싸움'이기도 하기 때문에, 위 특허법원 판결요지만 알고 있어도 충분하다. 특허문헌과 비교대상을 대비하고 이때 특허청구범위에 기재된 구성요소 중 일부 구성요소가 차이가 있다는 사실(일부 구성요소가 아예 결여된 것이 아니라)을 발견했다고 해서 안심하기는 이르다. 그 차이가 실상 당업자에게 예상하기 어려운 차이가 아니고 또 유사한 기능을 수행하는 구성임이 맞는다면 균등론이 적용될 수 있고 결국 불리한 상황을 맞이할 수 있음을 잊지 말아야 한다. 이러한 위험을 인지하고 또 대비하는 것이 특허침해문제에 효과적으로 대응하기 위한 여덟 번째 방법이 진실로 의미하는 바이다.

특허권자가 함부로 말을 바꾸지 않았는지 알아본다

말을 바꾸는 것은 통상 좋은 행동이라고 볼 수 없다. 그런데 힘을 갖고 있는 '권리자'가 자기에게 유리한 상황을 만들기 위해 말을 바꾸면 그것은 '정의'롭지 못한 것이고 신의를 저버리는 반칙 행위가 된다. 이렇게 신의에 반하게 되는 행위까지 국가가 권리자를 보호를 해 줄 수는 없다. 이른바 '금반언(禁反言)의 원칙'이 특허침해판단에도 그대로 적용된다.

특허권자가 특허를 받는 과정에서 불리한 심사결과가 있었고 이를 극복해 등록받는 과정에서 'A+B+C+D' 구성요소를 'A+B′+C+D'로 변경했다고 가정하자. B를 B′로 변경한 것이다. 이렇게 특허를 받은 다음에 나중에 다른 사람의 유사한 제품(A+B+C+D+E)을 보고 특허침해를 주장했다고 가정하자. 결론을 말하자면 특허침해가 아니다. 금반언의 원칙이 적용되기 때문이다.

앞서 우리는 '균등론'에 대해서 설명했다. 균등론의 적용여부가 쟁점이 되면 특허권자의 상대방이 불리해진다. 논리 싸움을 해야 되는데 누가 이길지 예상할 수 없고, 이런 경우에는 권리자에게 유리할 수 있다. 하지만 금반언의 원칙을 주장할 수 있다면 상황이 완전히 급변하게 된다. 따라서 균등론의 적용여부가 쟁점이 될 수 있는 상황이라면, 특허권자가 특허를 받는 과정에서 특허청에 어떤 의견서를 제출했으며 특허범위를 어떻게 수정했는지를 조사해 볼 필요가 있다. 자료는 얻는 것은 어렵지 않다. 특허청으로부터 온라인을 통해 자료를 얻을 수 있으며, 거래하는 변리사에게 부탁하면 손쉽게 받을 수 있다.

등록된 특허도 무효가 될 수 있다
엄격한 심사를 통해 특허를 받았다고 해서 항상 유효한 것은 아니다. 특허심사도 사람이 하는 일이라 당연히 완벽하지 않으며 특허를 받아서는 안 되는 기술이 특허를 받게 되는 경우도 많다. 특허를 받기 위해서는 해당 발명이 새로운 것이어야 하며 또한 진보적인 것이어야 한다. 더욱이 특허문헌의 기재도 법이 정한 방식에 잘 부합해야만 한다. 이들을 통상 특허요건이라고 부르는데, 특허요건에 하자가 있는 특허에 대해서는 무효심판을 청구해 소멸시킬 수 있다. 실무적으로 보건대 사실 상당수의 특허가 무효가 될 수 있다.

해당 특허를 무효심판을 통해 소멸시키지 않으면 도저히 특허침해를 피할 수 없는 경우가 있다. 특허권자와의 분쟁을 피할 수 없다면 이런 경우에는 어쩔 수 없이 무효심판을 청구해야 한다.

또한 굳이 무효시키지 않더라도 앞서 설명한 'All Element Rules'

등과 같은 법리를 통해서 특허침해가 성립되지 않을 수도 있지만, 다른 사정이 있어서 무효심판을 제기하는 경우가 있다. 법리싸움은 재판정에서 하지만 실제 당사자들 간의 싸움은 시장에서 벌어진다. 시장에서 누가 생존하느냐, 누가 시장에서 더 많은 신뢰를 얻고 더 많은 이익을 얻느냐를 두고 서로 경쟁하며 싸운다. 특허권 분쟁도 단지 재판에서의 싸움으로 그치지 않고 시장에서의 치열한 경쟁에 있어 적절하게 이용된다. 특허권자는 경쟁사의 제품이 자신의 특허를 침해했다며 그 '사실'을 시장에 공공연히 알린다. 그것이 사실인지 여부는 법원의 판결을 통해 확인해야 함에도 특허권자는 마치 특허침해가 기정 사실인 것처럼 홍보하기도 한다. 일종의 네거티브 마케팅일 수 있다. 특허권자와 경쟁하는 상대방의 입장에서는 특허권자의 네거티브 마케팅으로부터 자신의 시장을 보호해야 할 의무가 있다. 즉 상대방은 그 의무이행의 일환으로서 근본적인 위협의 원인을 제거하기 위해 무효심판을 청구하고 또 그 사실을 시장에 알리는 것이다.

물론 특허권자와 협상을 하기 위해서, 무효심판을 청구해 특허권자에게 소송상의 부담을 주고 유리한 증거자료를 수집하기 위해서 혹은 단순한 감정상의 이유로 무효심판을 청구하는 경우도 있다. 어쨌든 특허가 무효가 되면 해당 특허는 애당초부터 존재하지 않았던 것으로 간주되어 소멸하기 때문에 특허침해문제는 더 이상 따질 것도 없어진다. 가장 강력한 대응 방법이다.

일반적으로 특허를 무효화하려면 무효심판을 청구해야 하며, 무효 이유를 명확히 주장해야 하고, 증거자료를 제출해야 한다. 통상의 무효증거자료는 해당 특허발명의 신규성과 진보성을 부인하는 국내외 선행 특허문헌이 된다. 증거싸움에서는 공적으로 확인된 간행물이 가장 효과적이기 때문이다.

마지막 묘수, 우리 기술의 격을 떨어트린다

앞서 열거한 열 가지 방법을 잘 활용하면 특허침해문제에 효과적으로 대응할 수 있으리라고 본다. 그런데 특허범위가 넓고 구성요소를 비교하는 것만으로는 특허침해를 피해가기 어려운 경우가 있다. 더욱이 특허를 무효시키기도 어려운 경우라면 남은 방법이 별로 없다. 이런 경우에는 협상도 좋은 방법이다. 하지만 협상도 협상기술이 필요해서 쉬운 방법이 아니며 특허권자가 합리적이어야 하고 로열티 문제가 수반됨을 잊지 말아야 한다. 문제가 되는 제품의 생산(또는 서비스의 제공)을 중단하는 것도 생각할 수 있는 방법이다. 그러나 그 제품이 회사의 존망에 영향을 미치지 않는 경우에만 채택될 수 있을 뿐이다. 또한 특허침해에도 불구하고 당분간 영업을 그대로 유지하되 특허권자와의 분쟁에 대해서는 시간 끌기 전략으로 대응하고 그 사이에 대체품을 준비하는 방법도 생각할 수 있다. 특허침해에 따른 손해배상보다 시장에서의 신뢰성이 더 중요할 때 생각해봄직한 방법이다. 그러나 이러한 방법들은 주도권을 잃는다는 공통점이 있어서 아프다.

마지막 묘수로는, 그것이 가능하다는 전제하에서, 우리 기술의 격을 낮추는 방법이다. 즉 우리 기술(제품)은 해당 특허권의 신청일 이전부터 이 분야에서는 널리 알려져 있거나 또는 당업자라면 용이하게 생각해낼 수 있는 기술(제품)이라고 주장하는 방법이다. 이른바 '자유기술의 항변'이라고 한다. 이 원리는 판례에 의해서도 지지받는 것으로서, 특허권과 대비할 필요도 없이 특허침해가 성립되지 않게 된다. 그런데 문제는 '항변'만 해서 되는 게 아니라, 명확한 증거를 제출할 수 있어야 한다. 우리 기술을 구체적으로 설명한 후, 이러한 내용이 동일 또는 극히 유사하게 기재된 논문, 잡지, 카탈로그, 각종 간행물, 특허문헌 등을 제출하면 되는데, 반드시 그 발행날짜는 문제가 되는 특허의 신청일 이전이어야 한다.

특허침해 대응 연습 1

이제까지 설명한 11가지 방법을 이용해 실사례 연습을 해 보자. 새로운 제품이나 서비스를 개발하고 있는 중이라고 하자. 많은 기업이 선행특허조사를 하지 않고 개발에 착수하는 경우가 많다. 특허에 대한 인식이 부족한 경우도 있겠지만 상당수의 경우는 인력과 시간과 비용이 부족하기 때문이다. 어쨌든 특허 데이터베이스에 기술 키워드 검색을 통해 알아냈든 아니면 경쟁사의 이름을 키워드로 하여 조사했든 간에 위협이 될 수 있는 특허의 존재를 알게 되었다고 하자.

> **사례 030 개발 중에 알게 된 타인의 특허에 대한 대응 방법**
>
> 홍길동 주식회사는 초음파와 이온을 피부에 도입하는 피부미용장치를 개발 중에 있다. 그런데 개발 중인 기술에 대해서 비즈니스를 위협할 수 있는 '특허 A'가 존재함을 알게 됐다. 개발을 중단해야 하는지, 개발 방향을 바꾸어야 하는지 아니면 계속 지금 상태로 개발해도 되는지 고민이다.

이제 11가지 방법을 활용한다.

① 특허 A의 특허문헌을 보자. 권리는 실제 제품에서 나오는 것이 아니라 특허문헌에서 나오는 것이므로 지나치게 경쟁회사의 실물에 빠져서는 아니 된다.
② 특허 A의 도면을 본다. 어디까지나 참고용이다.

③ 입수한 특허문헌이 등록된 특허공보인지 확인한다. 만일 등록된 특허공보가 아니면 거절되어 이미 소멸된 것은 아닌지 살펴보고 아직 심사 중이라면 요주의로 메모해 두고 거래하는 변리사에게 심사 중인 그 기술에 대한 최종 특허범위가 어떻게 되는지, 그 결과가 나오면 알려줄 것을 요청한다.

④ 특허 A의 특허공보가 입수됐다면 이것은 일단 특허를 받은 것이다. 1544-8080에 전화를 걸어, 혹은 특허정보원 웹사이트(www.kipris.or.kr)를 통해 소멸된 것인지 아직도 유효한 것인지를 조사한다. 만일 소멸된 것이라면 특허 A를 살펴볼 필요도 없다.

⑤ 유효한 권리라면 이제 특허청구범위를 본다. 특허청구범위는 다수의 청구항으로 이루어져 있는데 그 중 가장 넓은('~항에 있어서'라는 표현이 없는) 청구항이 어떻게 기재되어 있는지 살펴본다. 그리고 청구항의 구성요소를 분리해서 번호를 붙여본다. 예컨대 표 5-3처럼 나누어 본다.

원래 청구항 1	정리된 청구항 1
교류 전원이 입력되는 전원부와; 상기 전원부에서 공급되는 직류로 동작되고, 진동폭, 시간 및 이온 영동 전류량을 제어하는 프로세서부와; 상기 전원부와 교류로 연결되어 초음파로 공진시키는 공진부와; 상기 공진된 펄스를 증폭시키는 증폭부와; 상기 증폭부와 연결되어 표면에 부착된 압전소자에 의해 진동이 발생되는 접촉판으로 피부에 접촉된 상태에서 전기 영동 및 초음파 세척을 가능케 하는 전기 영동 진동부를 포함하는 피부 관리장치.	구성요소 1: 전원부(교류전원이 입력됨) 구성요소 2: 프로세서부(진동폭, 시간, 이온 영동 전류량 3가지를 제어함) 구성요소 3: 초음파를 공진시키는 공진부 구성요소 4: 증폭부 구성요소 5: 접촉판(압전소자에 의해 진동되며, 전기영동 및 초음파 세척이라는 기능을 수행함)

표 5-3 특허범위 요약정리 1

⑥ 개발 중인 우리 제품의 기술 내용을, 그 효과와 그 기술적인 구성을 중심으로 간략하게 기재해 본다

⑦ 특허 A의 구성요소(예컨대 위 표 6-3의 구성요소 1~5)와, ⑥에서 정리한 우리 제품의 구성요소가 1:1로 매치되는지 확인한다. 만일 특허 A의 구성요소 중 일부가 빠져있다면 특허침해가 아니기 때문에 특별히 걱정하지 않아도 된다. 그런데 특허 A의 구성요소 일부가 빠져있는 게 아니라 '비슷한 기능인데 서로 다른' 구성요소라면 다음 단계로 넘어간다.

⑧ 균등관계에 있는지 살펴본다. 즉 ⑦번에서의 차이가 당업자가 보기에 자명한 정도이고 그 효과도 유사한 것이라면 특허침해가 성립할 수 있다. 예컨대 위의 ⑤번 예에서 구성요소 1처럼 교류전원을 전원부로 하는 구성이라면 이는 220V 상용전원을 이용하는 구성이다. 즉 집 벽에 설치되어 있는 콘센트에 플러그를 꽂아 사용하는 장치인 것이다. 그런데 우리 개발 제품은 건전지를 이용하는 것이며 따라서 직류전원을 전원부로 하는 구성이라고 해 보자. 일반적으로 이 정도라면 전원을 제공한다는 효과가 동일하고 그 구성의 변경이 어렵지 않기 때문에 균등관계에 있다고 볼 수 있다. 하지만 자체 판단은 위험하며 변리사의 조언을 구하는 것이 바람직하다.

⑨ 균등관계에 있을지도 모른다는 위험이 인지되면, 특허 A가 등록될 때까지 어떤 주장을 특허청에 제기하였는지 살펴본다. 변리사의 도움을 구하면 쉽게 자료를 입수할 수 있다. 특허청에 제출한 자료를 살펴보니, 특허 A의 특허권자는 '전원부의 교류전원'을 특히 강조했다고 하자. 즉 애초의 청구범위에는 구성요소 1이 단순히 '전원부'였는데, 이를 '교류 전원이 입력되는 전원부'

로 수정하면서 특허가 등록되어야 한다고 주장했다고 하자. 이제 우리는 매우 중요한 자료를 얻게 됐다. 금반언의 원칙에 의해, 직류전원이 입력되는 전원부(대개 휴대용 장치이다) 구성을 갖는다면 특허 A를 침해하지 않는다는 결론에 이르게 된다.

⑩ 만일 여기까지 검토해 명백히 특허침해에 해당하지 않는다는 결론에 이르면 특허무효 여부를 검토하지 않아도 된다. 하지만 특허 A의 특허권자가 우리만을 괴롭히는 것이 아니라 우리와 영업관계에 있는 제삼자를 상대로 특허침해 주장을 함으로써 영업상의 신뢰관계를 공격하는 경우가 있다. 이를 효과적으로 대비한다는 생각으로 무효심판 여부도 검토할 수 있다. 이때 해야 할 일은 특허 A의 특허출원일보다 앞선 선행기술 간행물을 찾는 일이다.

⑪ 만일 위에서 명백히 특허침해에 해당하지 않는다는 결론에 이르면 자유기술항변설을 고려하지 않아도 된다. 스스로 자기 개발 기술의 가치를 떨어트리는 일이기 때문에 개발 중의 단계에서는 바람직하지 않다. 하지만 위 ①~⑩ 방법에 의해서도 불안한 경우에는 이 방법을 적극적으로 고려한다. 현재 개발 중인 우리 기술은 이 기술분야의 공지되고 관용적인 기술을 그대로 혹은 약간 변형해서 개발한 기술에 불과하다는 것인데, 이를 뒷받침하는 증거를 잘 찾아야 한다. 즉, 우리 개발 제품과 유사한 기술 내용이 기재된 논문이라든지 기타 문헌들을 찾는다. 국내 문헌도 좋고 해외 문헌도 좋다.

위와 같은 방법으로 분석하고 진단했음에도 여전히 특허침해 문제가 해소되지 않았다면, 여전히 불안하다면 우리는 기술개발의 방향성을 변경할지 여부를 놓고 깊이 생각해야 한다. 어쩔 수 없으면 바꿀 수도 있다. 슬기로움이 필요하며 행동에 옮기기 전에 변리사에게 자문을 구해 보자.

특허침해 대응 연습 2

바로 앞에서 신규 제품을 개발 중인 경우에 대해서 선행 특허에 대한 분석 연습을 해 보았다. 이제는 이미 개발이 끝나서 판매 중인 제품(서비스)이 있는데 공교롭게도 우리 영업을 위협하는 타인의 특허가 발견된 경우에 어떻게 할 것인가를 연습해 보자. 물론 거의 차이가 없다.

사례 031 판매 중에 알게 된 타인의 특허에 대한 대응 방법

홍길동 주식회사는 여드름 치료기라는 제품을 제조, 판매하고 있으며 시장에서 호평을 받고 있고 회사에 상당한 이익을 주고 있다고 가정하자. 그런데 홍길동 주식회사를 상대로 미국 특허권자 로버트가 특허 B를 침해했다고 주장한다. 홍길동은 어떻게 대응해야 하는가?

이제 홍길동 주식회사는 어떻게 대응해야 하는가? 특허침해문제에 대응하기 위해서는 먼저 객관적이고 냉철한 분석이 선행되어야 한다. 앞에서 소개한 11가지 방법은 분석에 관한 것이며 이제 적용해 보자.

① 특허침해를 주장하는 경우 특허권자는 자신의 특허의 존재를 알려야 하기 때문에 특허 B의 특허문헌 입수는 매우 용이하다. 그

특허가 특허 제303157호 '피부관리장치'라는 것이라고 하자. 경쟁회사의 실물은 그저 참고용이다.

② 특허 B의 특허문헌에 첨부된 도면은 어디까지나 보기만 하자. 참고용이다. 여러 번 반복해서 말하지만 마치 도면이 표현한 것에 의해 권리가 나오는 것처럼 착각해서는 안 된다.

③ 입수한 특허문헌이 등록된 특허공보인지 확인한다. 특허 B는 공개공보와 특허공보 두 개가 있다. 공개공보와 특허공보의 특허청구범위는 상당히 다르기 때문에, 등록된 특허공보만 본다.

④ 특허 B의 특허공보가 입수되었다면 특허 받은 것임에 틀림 없다. 1544-8080에 전화를 걸어, 혹은 특허정보원 웹사이트(www.kipris.or.kr)를 통해 소멸되어 있는지 아직도 유효한 것인지를 조사한다.

⑤ 유효한 권리라면 이제 특허청구범위를 본다. 특허청구범위는 다수의 청구항으로 이루어져 있는데 그 중 가장 넓은('~항에 있어서'라는 표현이 없는) 청구항이 어떻게 기재되어 있는지 살펴본다. 그리고 청구항의 구성요소를 분리해서 번호를 붙여본다. 예컨대 아래의 표 5-4처럼 정리해 본다.

원래 청구항 1	정리된 청구항 1
검체의 피부와 접촉하는 계면, 계면을 48℃ 내지 53℃ 범위의 온도로 가열할 수 있는 가열기, 계면을 48℃ 내지 53℃ 범위의 온도에서 적어도 20초 동안 지속시킬 수 있는 가열기 제어기 및 사용자가 안전 범위내의 다수의 사전프로그램된 설정으로부터 사전프로그램된 설정을 선택하도록 하는 입출력 장치를 포함하고, 이때 선택된 각각의 사전프로그램된 설정이 특정 유형의 피부 환부에 최적 치료를 제공하는, 피부 환부 치료용 전기 장치.	구성요소 1: 계면(피부접촉부분) 구성요소 2: 가열기(48℃~53℃ 범위의 온도) 구성요소 3: 가열기 제어기(가열시간(20초)을 제어) 구성요소 4: 입출력장치(버튼과 LED (LCD) 소자로 보임) 구성요소 5: 사용자가 설정을 선택되도록 하는 구성

표 5-4 특허범위 요약정리 2

⑥ 우리 '여드름 치료기' 제품의 기술 내용을, 그 효과와 그 기술적인 구성을 중심으로 간략하게 기재해 본다.

⑦ 특허 B의 구성요소와 우리 제품의 구성요소가 1:1로 매치되는가 확인한다. 만일 특허 B의 구성요소 중 일부가 빠져있다면 특허침해가 아니기 때문에 특별히 걱정하지 않아도 된다. 그런데 특허 B의 구성요소 일부가 빠져있는 것이 아니라 '비슷한 기능인데 서로 다른' 구성요소라면 다음 단계로 넘어간다. 분석한 결과 다른 구성은 모두 같으나 구성요소 5가 없다고 가정하자. 즉 사용자가 설정하는 것이 아니라, 기능은 이미 설정되어 있고 사용자는 그저 온오프 버튼만을 누르는 것이라는 차이점이 발견됐다. 특허침해가 아니라는 결론에 이른다.

⑧ 앞선 ⑦ 단계에서 일부 구성이 다르다면 굳이 균등관계를 살펴볼 필요가 없지만, 그렇지 않은 경우에는, 즉 ⑦번에서의 차이가 당업자가 보기에 자명한 정도이고 그 효과도 유사한 것이라면 특허침해가 성립할 수 있기 때문에 숙고하면서 따져보아야 한다.

⑨ 특허 B가 등록될 때까지 어떤 주장을 특허청에 제기했는지 살펴본다. 변리사의 도움을 구하면 쉽게 자료를 입수할 수 있다. 특허청에 제출한 자료를 살펴보니, 특허 B의 특허권자는 특허를 받기 위해서 '사용의 기능설정 구성'을 특히 강조했다고 하자. 금반언의 원칙에 의해, 사용자가 기능을 설정하지 않는 구성이라면 특허 B를 침해하지 않는다는 결론에 이르게 된다.

⑩ 만일 위에서 명백히 특허침해에 해당하지 않는다는 결론에 이르면 특허무효 여부를 검토하지 않아도 된다. 하지만 객관적으로 명백하지 않다면 무효심판여부를 적극적으로 검토해야 한다. 또한, 특허 B의 특허권자가 우리만을 괴롭히는 것이 아니라 우리

와 영업관계에 있는 제삼자에게 악의적으로 특허침해를 주장함으로써 영업상의 신뢰관계를 공격하는 경우가 있다. 이를 효과적으로 대비한다는 생각으로 무효심판 여부도 검토할 수 있다. 이때 해야 할 일은 특허 A의 특허출원일보다 앞선 선행기술 간행물을 찾는 일이다.

⑪ 만일 위에서 명백히 특허침해에 해당하지 않는다는 결론에 이르면 자유기술항변설(우리 제품은 이 분야에서 널리 알려진 기술을 그대로 혹은 단순변형한 것에 불과하다는 주장)을 고려하지 않아도 된다. 위 ⑩번 단계의 무효자료를 찾으면서 함께 자료를 찾는다.

위와 같은 11단계의 방법을 적용하다 보면 어느덧 우리는 선행 특허가 어느 정도 위험한지를 직감할 수 있게 된다. 특별히 문제될 것이 없으면 자신감을 갖고 영업에 정진하면 되고, 조금이라도 위협이 될 것 같다면 섬세한 대응 방법을 찾아야 한다. 변리사에게 연락을 하자.

우리는 이 5장을 통해서 특허전쟁 속으로 들어가 보았다. 특허침해 여부를 판단하는 방법과, 당사자들이 이용할 수 있는 다양한 수단과 고려해야 할 사항들을 자세히 살펴보았다. 어떤 것들은 순전히 법리적인 것이며 또 어떤 사항들은 비즈니스 관점에 의해 고려된다. 기업 간의 특허전쟁은 특정 특허를 침해했는지 안 했는지의 문제로 단순화되지 않는다. 하지만 언론에서 보도되는 가십거리나 근거 없이 구전되는 잘못된 지식에 의해 판단을 흐려서는 안 된다. '특허권자가 이렇게 대응했을 때 상대방은 어떻게 대응하는지', 혹은 '상대방이 이렇게 나왔을 때 특허권자는 어떻게 대응하는 게 좋은지'에 대해 5장에서 설명한 구체적인 지식은 어느 날 갑자기 우리가 특허분쟁에 맞닥뜨리게 됐을 때 매우 큰 도움을 줄 것이다. 글로벌 기업 간의 특허전쟁을 올바르게 이해하는 데에도 우리의 시각을 제대로 유지해 줌은 물론이다. 5장을 모두 읽은 후에 다시 1장을 읽으면 글로벌 기업 간의 특허전쟁이 더 분명하게 보일 터이다.

6장
특허관리 방법

특허는 관리하지 않으면 소멸한다. 특허관리는 기본적으로 권리가 사느냐 죽느냐에 관련된다. 그러나 전략적인 특허관리는 특허권을 행사할 것인가 말 것인가, 어떤 특허를 취득할 것인가, 상대방의 위협적인 특허에 어떻게 대응할 것인가, 어떻게 라이선스를 하는 것이 좋은가 등의 대응을 포함한다. 어떤 이들은 특허관리전담부서를 기업 내에 별도 조직으로 설치해야 한다고 목소리를 높인다. 하지만 필요성을 절감한 대기업은 이미 오래 전에 전담부서를 설치했고 더욱 강화했다. 삼성전자와 엘지전자 같은 경우에는 전담부서만 수백 명의 인원이 배치되어 있다. 그러나 대부분의 기업은 그럴 여유도 없고 그럴 필요도 없다. 우리가 어떤 정책을 이야기할 때에는 기업의 한정적인 자원을 고려하지 않을 수가 없다. 이 장에서는 특허 전담부서가 아닌 우리나라 대부분의 기업이 참고할 수 있는 방법론을 제안한다.

특허관리의 필요성

특허는 끊임없이 관리하지 않으면 소멸한다. 이것이 다른 재산권과 구별되는 큰 차이이기도 하다. 또한 기업의 창의성 분출은 새로운 특허를 계속 만들어내기 때문에 특허라는 권리를 양산하면 할수록 관리의 부담은 증대된다. 한편 언제 어떻게 특허라는 치명적인 공격과 함정이 비즈니스를 뒤흔들지 알 수 없는 노릇이다. 지적재산권이 야기하는 불확실성을 최소화하기 위한 전략적인 특허관리가 요구되기도 한다. 그러므로 특허는 관리되어야 한다. 특허관리란 대체 무엇인가? 이것에 대해 명확히 정의를 내리기는 어렵겠지만 편의상 기본적인 관리와 전략적인 관리로 구분해서 접근해 봄직하다. 전자는 재산권으로서 특허가 죽지 않도록 유지하는 것과 관련되며, 후자는 특허문제와 관련된 기업의 능동적인 대처능력을 증진시키려는 노력이 강조된다.

기본적인 특허관리

우선 자기가 어떤 특허를 갖고 있는지조차 모르는 회사가 많다. 한두건의 특허 정도라면 어렵지 않게 기억하지만 그것도 세월이 지나거나 담당자가 교체되면 잊혀지기도 한다. 또한 특허개수가 수십 건 혹은 수백 건에 이른다면 어떤 특허를 보유하고 있는지 그 목록조차 파악하지 못하기도 한다. 따라서 자사가 보유한 특허를 잘 정리하는 일은 기본적인 관리 업무에 속한다. 그러나 우리 회사가 어떤 특허를 갖고 있는지 잘 모른다고 하더라도 그 권리가 살아 있기만 하다면 큰 문제는 아니다. 살아만 있다면 다시 잘 관리할 수 있기 때문이다.

특허는 죽을 수 있으며 또 자주 죽는다. 특허제도에는 '마감기한'이라는 것이 있다. 그것도 매우 많다. 마치 국가가 특허라는 권리를 주면서 혹은 그 권리를 주기 전에 쉽게 죽으라고 일부러 각종 함정을 판 것처럼 느껴진다. 하지만 마감기한을 적절하게 둠으로써 법적인 안정성을 도모할 수 있다. 특허라는 것이 예외적으로 주는 권리로 이해될 필요가 있고 또 권리 위에 잠든 자를 국가가 일부러 보호한다는 것 자체가 넌센스이기 때문에 오히려 당연한 이야기이다. 마감기한의 종류에는 법률의 규정에 의해 정해진 법정기간과 담당 심사관 등에 의해 지정되는 지정기간이라는 것이 있다. 법정기간의 경우에는 법률이 별도로 정하는 것이 아니라면 원칙적으로 연장될 수 없고, 지정기간은 당사자의 사정에 의해 연장될 수 있다. 또한 법정기간을 지나치면 더 이상 어떻게 해보지 못하고 권리가 죽는 문제가 발생하지만, 지정기간의 경우에는 기간을 놓쳐도 바로 권리가 죽는 것은 아니며 잘 고민해 대응책을 마련할 수 있다. 일반인들에게는 모두 중요한 '마감기한'으로 이해될 수 있다. 그렇기 때문에 굳이 법정기간과 지정기간으로 마감기한을 구별하지 않더라도 큰 문제는 없다. 그러므로 이하에서도 따로 구별하지 않는다. 마감기한을 놓쳐서 소멸하는 권리가 상당하기 때문에 특허제도에 어떤 마감기한이 있는지를, 기업의 특허관리에 있어 꼭 알아야 할 사항(실제로는 중요한 마감기한이 아래에서 정리한 것보다 훨씬 많다)을 중심으로 살펴보자.

(1) 해외 특허출원 마감기한 1 (파리조약)

여기 오래된 국제조약이 있다. 공업소유권에 관한 파리조약이다. 대부분의 국가가 가입되었다고 봐도 큰 무리는 없다. A라는 국가와 B라는 국가가 이 파리조약에 가입되어 있다고 하자. A국에서 특허출원을 했다면 그 특허출원일(정확하게는 '우선일'이라는 개념을 이해해야 하지만 여기서는 편의상 상세설명을 생략한다)을 기준으로 1년 이내에 B라는 국가에 특허출원을 하는 경우 B국에서의 특허성 판단에 있어 A국가에 특허출원한 날로 소급시켜준다. 만일 1년이 지난 다음에 특허출원을 하면 그와 같은 기간의 이익을 얻을 수 없다. 그런데 대부분의 중소기업은 자기 나라인 A국에서 특허출원을 한 다음에 비즈니스 목적으로 해당 특허출원발명에 대해 공개행위를 하기 마련이다(제품의 출시 등). 그 경우에 B국 특허출원일을 기준으로 보자면 이미 '신규성을 상실한 발명'이며 특허를 줄 수 없게 된다. 따라서 1년이라는 기간의 이익은 해외에서의 권리취득에 결정적인 영향을 미칠 수 있게 된다. 자세한 것은 제7장에서 다룬다. 상표와 디자인의 경우에는 6개월이다.

(2) 해외 특허출원 마감기한 2 (특허협력조약-PCT)

해외 특허출원은 비용이 많이 든다. 국내변리사 수수료뿐만 아니라, 번역료, 해외 현지의 변호사 비용 및 현지 특허청 비용이 추가되기 때문이다. 1년이라는 기간 안에 다수의 국가에서 각각 별도의 비용을 부담하고 또한 별도의 절차를 거쳐 특허출원하기란 쉽지 않다. 비즈니스에 있어 1년은 매우 짧은 기간임에 틀림없다. 특허권을 신청한 제품을 수출하는 국가가 현재는 2개국밖에 되지 않지만 2년 후에는 10개국으로 늘어날 수도 있다. 영업의 성과는 영업을 하려는 입장에서 일방적으로 정할 수 없으며 스케줄대로 되는 것이 아니다. 미래의 영업 성과는 정말로 모를 일이다. 그런데 파리조약의 문제점은 그것을 1년 이내에 정하라는 것이어서 현실적으로 부담이 될 수밖에 없다. 이것을 보완해 별도의 조약을 만든 것이 바로 특허협력조약$^{Patent\ Cooperation\ Treaty}$이다. 또한 이것을 이용한 해외 특허출원을 PCT 국제출원이라고 부른다. 1년이라는 기간을 원칙적으로 2년 6개월(30개월)로 연장할 수 있다. 바로 여기에 이 조약의 핵심이 있다.

우선 이와 관련된 일차적인 마감기한은 앞의 (1)번과 같다. 즉 A국의 특허출원일을 기준으로 1년 이내에 수리관청에 PCT 국제출원을 해야 한다. 쉽게 말하자면 대한민국 특허청에 특허출원을 한 다음에, 동일한 발명에 대해 1년 이내에 다시 대한민국 특허청(이때에는 국제출원서를 수리하는 관청의 지위를 갖는다)에 PCT 국제출원서를 제출해야 한다.

(3) 해외 특허출원 마감기한 3 (PCT 절차의 실제 해외특허출원 단계)

앞서 설명한 바와 같이, PCT 국제출원의 핵심은 파리조약의 12개월 마감기한을 30개월 마감기한(국가마다 다소 상이하다. 7장 참조)으로 바꾼 데 있다. 예컨대 대한민국 특허청에 특허출원을 한 날 기준으로— PCT 국제출원일이 아니라— 30개월 이내에 진심으로 특허를 받고자 하는 국가의 특허청에 정식 특허출원서를 제출해야 한다. 그렇지 않으면 그 30개월이 지난 시점에서 해외에서 특허를 받을 권리가 소멸하게 된다. 자세한 것은 7장에서 다시 다룬다.

(4) 심사청구 마감기한

모든 특허출원에 대해서 특허청이 심사하는 것은 아니다(물론 미국에서는 심사청구제도가 없기 때문에 모든 특허출원에 대해 심사를 한다). 특허출원을 하면서 "이것을 심사해주세요"라는 특별한 표시를 해야만 심사에 착수한다. 통상 중소기업은 특허출원과 동시에 심사청구를 하지만, 비즈니스 목적으로 심사청구를 하지 않는 경우가 있다. 또한 대기업과 외국기업(조약에 의해 우리나라에 특허출원한 경우)은 심사청구를 나중에 하는 경우가 많다. 이런 경우에 특허출원일로부터 5년 이내에 심사청구를 해야 한다. 마감기한 5년이 지나면 해당 특허출원은 소멸한다.

(5) 의견서 제출 마감기한
특허청 심사관이 심사를 했는데 어떤 하자가 발견되어 특허를 줄 수 없다고 하자. 그러면 바로 특허거절을 하는 것이 아니라 특허출원인이 반박하거나 하자를 치유할 수 있는 기간을 준다. 이때 잘 대응하면 특허를 받을 수 있고 그렇지 못하면 특허를 못 받게 된다. 통상 2개월의 마감기한이 정해진다. 그리고 이 기간은 보통 4개월까지 연장할 수 있다. 특별히 연장하지 않고 마감기한이 지나버리면 최종적으로 거절처분을 받게 된다.

(6) 분할출원 마감기한
분할출원은 특허출원을 2개 이상을 쪼개는 것이다. 예컨대 특허출원 발명의 일부는 특허를 받을 수 있고 나머지 일부는 특허를 받을 수 없다는 심사결과가 나왔다고 하자. 그런데 그 나머지 일부에 대해 특허를 받을 수 없다는 심사관의 의견에 동의할 수 없다고 하자. 그러면 이것을 두 개로 나눠 특허를 받을 수 있는 부분에 대해서는 특허를 받고, 그렇지 못한 부분은 좀더 싸워보는 방법을 택할 수 있다. 여기에 분할출원의 즐거운 묘미가 있다. 때로 이 제도가 좀더 고차원으로 활용되기도 한다. 비즈니스상 전략적으로 중요한 아이디어에 대해서는 권리를 중첩적으로 보호하는 게 유리할 수 있으므로 원래 특허출원에서 3, 4개 이상으로 쪼개어 특허를 다수 확보할 수도 있다. 전략적인 분석과 접근이 필요한 방법이다. 분할출원의 마감기한과 관련하여, 첫째, 1차 심사결과가 나오기 전까지는 언제든지 출원을 분할할 수 있다. 둘째, 1차 심사결과가 부정적으로 나온 경우에는 (5)번처럼 의견서제출 마감기한이 분할출원 마감기한이 된다(통상 2개월). 셋째, 최종 거절결정된 경우에는 거절결정에 대한 심판청구가 가능한 날까지가 마감기한이 된다. 종래에는 꼭 심판청구를 해야만 특허출원을 분할할 수 있었지만 지금은 심판청구를 하지 않고 특허출원을 분할할 수 있다.

분할출원은 정식 특허출원이다. 특허출원과 동일한 비용을 납부해야 한다. 특허를 받게 되면 분할출원할 수 없다. 특허출원절차가 모두 종료되었기 때문이다.

(7) 심판청구 마감기한

특허출원이 최종 거절되면 특허심판원에 행정심판을 제기할 수 있다. 마감기한은 거절결정등본을 송달받은 날로부터 30일이다. 이 마감기한이 지나면 특허출원에 관련된 모든 절차는 종료되고, 해당 아이디어에 대한 특허를 받을 권리는 소멸한다. 더 이상의 절차는 없다.

(8) 소제기 마감기한

특허심판원의 결정이 만일 부정적이라면, 심판청구인은 특허법원에 불복의 소를 제기할 수 있다. 심결취소소송을 의미한다. 이 소송을 제기할 수 있는 마감기한은 특허심판원의 심결등본을 송달받은 날로부터 30일이다. 이 마감기한이 지나면 더 이상 법적으로 다툴 수 없다. 특허청의 행정처분은 확정된다.

(9) 상고 마감기한

만일 특허법원에서의 심결취소소송에서 패소했다면 대법원에 불복할 수 있다. 대법원 상고 마감기한은 특허법원의 판결등본을 송달받은 날로부터 2주다.

(10) 연차료(특허료) 마감기한

특허를 받으면 관리해야 한다. 국가에 매년 돈을 납부해야 한다. 독점적인 권리를 보유함으로써 그 대가로 국가에 매년 납부하는 특허료를 '연차료'라고 부른다. 2011년 1월 2일에 특허등록을 했다고 하자. 이때 최초 3년분의 연차료를 일시에 납부한다. 그러면 2014년 1월 2일이 4년분의 연차료 납부 마감기한이 되며, 2015년 1월 2일이 5년분의 연차료 납부 마감기한이 되고, 2016년 1월 2일이 6년분의 연차료 납부 마감기한이 된다. 특허의 권리존속기간(특허출원일로부터 20년)까지 매년 납부해야 한다. 이것을 납부하지 않으면 특허권은 소멸한다.

상당수의 등록특허들이 연차료를 납부하지 않아 소멸된다. 물론 기업 스스로 더 이상 비용부담을 하기를 원하지 않고 해당 특허의 유용성이 더 이상 없다고 판단되는 경우에는 일부러 비용을 납부하지 않음으로써 권리를 소멸시킬 수도 있다. 또한 기업이 도산하고 비즈니스가 사라진 경우에는 사실상 관리 주체가 사라지기 때문에 비용을 납부하지 못하게 되며 그로써 권리가 소멸되는 경우도 있다. 뿐만 아니라 기업의 담당자가 없는 경우 혹은 담당자가 교체된 경우에, 그 특허가 꼭 필요함에도 불구하고 마감기한까지 돈을 납부하지 못해 특허가 소멸되는 경우도 적지 않다.

만일 해외에서 취득한 특허가 있다면 이 또한 연차료를 납부해야 하기 때문에 잘 관리할 필요가 있다.

전략적인 특허관리

앞에서 살펴본 기본적인 특허관리가 특허가 소멸되지 않고 유지시키는 데 중점이 놓인다면, 전략적인 특허관리는 기업이 이니셔티브를 주고 적극적으로 특허를 활용하는 데 초점이 놓인다. 또한 전략적인 특허관리는 제삼자의 특허공격으로부터 기업의 비즈니스를 옹호함과 동시에, 경쟁자와의 분쟁과 협상 시의 다양한 카드를 차곡차곡 준비하는 작업을 의미할 수 있다. 또한 이것은 특허의 재산적 가치를 더욱 고양시키려는 기획이기도 하다.

전략적 특허관리에는, 예컨대 아이디어에 대해서 어떤 부분에 특허를 취득할 것인지, 현존하는 혹은 가까운 장래의 회사 비즈니스에 가장 적합한 특허 포트폴리오는 어떻게 이루어져야 하는지, 우리가 보유하고 있는 특허권과 관련하여 특허범위는 정확히 어떻게 되는지—즉 독점의 범위가 어떻게 되는지—, 기업 비즈니스와 관련된 기술분야에 있어 동종업자들의 특허동향은 어떠하며 그 중 중요한 것으로는 어떤 것들이 있는지, 현실적으로 다가온 혹은 가까운 미래에 발생할 수도 있는 특허침해 문제로 어떤 것이 있으며, 이에 대해서는 어떻게 대응하는 것이 비즈니스에 가장 좋을지, 라이선스 계약을 어떻게 만들고 유지해야 할지 등에 대한 숙련된 고민이 투영된다.

위에서 살펴본 기본적인 특허관리와는 달리, 특허에 대한 전문적인 지식과 경험이 전제되어야만 한다. 이것이 없다면 전략적으로 특허를 관리하는 것은 사실상 가능하지 않으며 어설피 했다가는 오히려 부작용만 낳게 된다.

당신의 특허는 잘 관리되고 있는가?

기업마다 다른 자원 현실

우리 속담에 뱁새가 황새를 따라가면 다리가 찢어진다는 말이 있다. 압도적인 시장지배력을 가진 대기업을 무작정 따라하다간 경영 위기가 닥칠 수도 있으므로 조심해야 한다. 마찬가지로 글로벌 기업의 해외 경험을 흉내 내서도 안 된다. 중소기업의 인적자원과 물적자원은 대기업과 너무 크게 차이가 나기 때문이다.

지적재산권을 관리하는 업무에 관해서도 마찬가지다. 국내외 대기업의 성공과 실패 사례들은 중소기업에게 참고가 되기 어렵고 또 함부로 참고가 돼서도 안 된다. 대표적인 것이 '특허전담부서' 설치 이야기다. 기업 조직 내에 특허전담부서를 설치해 기업 스스로 적극적인 특허전략을 짜고 전문적인 특허경영을 할 수 있게 하자는 내용이 그 요체다. 낡은 생각이며 오해다. 그것은 삼성전자나 엘지전자와 같은 대기업에서나 가능한 이야기이며, 그것도 그들이 전담부서를 설치하기 전에 말할 수 있는 주장일 뿐이다. 대부분 기업에서는 불가능하다. 극소수의 기업에게만 써먹을 수 있는 그런 주장이 국가기관 혹은 민간 전문가들에게 유행했던 것을 보면 우리나라 시책이 얼마나 대기업 위주인가를 알 수 있다.

(단위: 개)

분류	인적규모	2007년	2008년	2009년
소기업	5~9인	57,821	54,630	54,234
	10~19인	33,125	30,835	29,975
	20~49인	19,563	18,449	18,753
	소계	110,509	103,914	102,962
중기업	50~99인	5,102	5,149	5,188
	100~199인	2,305	2,281	2,358
	200~299인	590	613	618
	소계	7,997	8,043	8,164
대기업	300~499인	332	330	308
	500인 이상	294	289	288
	소계	626	619	596
제조업 업체 합계		119,132	112,576	111,722

표 6-1 우리나라 제조업 인적규모에 관한 통계 (출처: 통계청)

표 6-1을 통해 알 수 있는 것처럼 대부분 기업은 특허전담부서는 커녕 특허전담자조차 두기 어려운 인적 규모다. 표 6-1의 지표 중에 100인 이상의 중기업(대략 3,000개 정도의 기업)의 경우에는 전담부서를 둘 수 있지 않겠냐고 누군가 말할 수 있을지도 모른다. 100인 이상의 중기업이라고 하더라도 소기업에 비해 인적 규모만 컸지 실상은 그럴 여유가 없다. 대부분 기업은 자신의 지적재산권을 단순히 관리하는 것조차 어려워한다. 이것이 진실에 가깝다.

특허전담자가 없는 기업에서, 특허 업무를 관리하는 기업 담당자는 그 일만 하는 게 아니다. 다른 주된 업무가 있고 거기에 지식재산관리라는 업무가 더해지는 꼴이다. 기업은 지적재산권을 창출하고 또한 유지하기 위해서 소정의 비용을 지출한다. 비용지출 업무라는 성격을 중시하는 경우에는 총무과 혹은 경리부서 직원이 지적재산권을 담당하고 관리한다. 기술이사나 개발팀장이 그 업무를 맡는 경우도 있는데 이런 경우에는 새로운 특허출원이나 침해 이슈가 생길 때에만 관심을 가질 뿐이다. 지적재산권에 관한 업무는 용어 자체도 낯설고 전문적인 지식을 필요로 하기 때문에 자기 업무로 바쁜 사람들에게는 사실 귀찮을 수밖에 없다. 결정권한도 없고 힘도 없는 사원에게 이 일이 흘러가게 마련이다. 그러다 보면 담당자가 자주 교체되기도 한다. 담당자가 자주 교체되면 기업 스스로 특허전략을 제대로 수립하기는커녕 자기가 갖고 있는 특허가 뭔지도 모르는 상황을 맞게 된다. 그나마 사내의 인사이동은 인수인계라도 잘 되지만, 퇴직에 의해 담당자가 교체되는 경우에는 그마저도 잘 이루어지지 않게 된다. 이것이 대한민국의 현실이다.

지식재산권의 창출과 관리를 기업 스스로 적극적으로 수행하고자 한다면 당연히 전문적인 지식과 경험이 필요하다. 하지만 역시 어렵다. 그런 정도의 지식과 경험을 갖기 위해서는 특허전담자를 둬야 하는데 한정된 인적 자원 하에서는 사실상 어렵다. 우연히 혹은 일시적으로 풍부한 상상력과 경험을 가진 특허전담자를 채용했다 하더라도 그가 지속적으로 근무한다는 보장 또한 없다. 그 담당자에게 관련 업무가 일임되는데 만일 그가 갑자기 퇴직이라도 하면 그 동안의 모든 투자와 노력이 허사가 될 수도 있다. 이런 점을 고려하면 일시적으로 특허전담자를 둘 바에야 아예 없는 편이 낫다. 특허는 존속기간이 20년이며 상표는 반영구적이고 저작권은 50년이며 영업비밀은 보호기간의 제한이 없다. 지식재산권의 권리속성이 장기간 유지된다는 점에서 특허전담자가 필요하다면 그만큼 장기근속할 수 있는 사람이어야 한다. 계속 발전 일로에 있는 기업이며 한 명이 아닌 여러 명의 전담자를 채용할 수 있는 상황이라면 모를까, 그렇지 않은 상황에서 특허만을 전담하게 하는 담당자를 채용한다는 것은 뱁새가 황새를 따라가는 행위가 아닐까 싶다.

특허관련 업무도 사람이 하는 일이다. 누구에게 이 일을 맡겨야 하는가? 우리나라 대부분 기업 현실에서는 특별할 것도 없는 고민일지도 모른다. 대부분의 기업이 경험하는 가장 크고 단단한 벽이 바로 불충분한 인적자원인 까닭이다. 특허경영이든 마케팅이든 아니면 다른 부문에서든 우리가 기업의 현실을 놓고 여러 가지를 고려할 때마다 한정된 인적자원을 먼저 생각하지 않을 수 없다. 이는 대부분 대한민국 기업에 관련된 이야기다. 극히 제한된 인적자원을 고려하면서 우리는 무엇을 어떻게 할 것인가?

기업의 특허관리

대기업의 경우, 특허가 중요하며 또한 인적자원과 물적자원이 풍부하다면 특허전담부서를 설치하는 편이 바람직하다. 필요하다고 이미 판단한 대부분 대기업은 이미 설치해 뒀을 것이다.

중소기업의 경우를 보자. 표 6-2는 우리나라 중소제조기업의 신기술 보호 방법에 2009년 통계를 나타낸다. 이 자료는 2005년에 표본 기업을 대상으로 설문 조사된 것이어서 지금과는 다를 수 있다. 어쨌든 이 통계에는 매우 재미있는 것이 있다. 신기술 아이디어에 대해서 특허출원하지 않고 내부 비밀로 보호하는 비율이 20%를 넘는 매우 큰 비중을 차지하는데, 정작 내부 비밀을 관리하는 기업은 5%도 되지 않는다는 사실이다. 사실상 관리를 못하고 있는 실정이다. 사정이 이러하니 특허관리도 제대로 이루어지지 않을 것임은 불 보듯 뻔하다.

(단위: %)

인적규모	5~19인	20~49인	50~99인	100~299인	소기업	중기업
특허출원 등으로 제도적으로 보호	41.3	44.1	38.9	40.1	42.3	39.4
특허출원하지 않고 기업 내부 비밀로 보호	26.7	25.7	24.5	22.2	26.4	23.6
경쟁사에 앞서 시장 선점	19.3	18.5	21.3	25.2	19.0	22.8
타기업에서 모방하기 어렵게 설계	6.7	5.9	6.3	4.2	6.4	5.5
기술개발인력 이직방지책 마련	4.1	2.8	4.1	4.4	3.7	4.2
산업기밀 유출방지 시스템 도입/운영	1.9	2.9	4.9	3.9	2.3	4.5

표 6-2 우리나라 중소제조기업의 신기술 보호 방법

　우리는 다음과 같이 제안한다. 이것이 정답이라고는 생각하지 않는다. 가장 좋은 답은 기업 스스로 찾아야 하기 때문이다. 기업이 추구하려는 가치와 비전, 기업을 제한하는 인적 물적 자원의 한계 등을 종합적으로 고려하면 될 것이다. 기업의 가치와 비전에 있어서 특허권이나 상표권 등의 독점적인 권리가 전혀 중요하지 않을 수도 있다. 그것이 맞는다면 굳이 그쪽에 인적자원을 배치할 필요가 없다. 그러나 기업의 미래 가치와 비전에 있어서 특허권이 매우 중요하거나 나름 중요한 의미를 갖는다면 소정의 인적자원을 배치해야 한다.

장기 근속이 가능한 사람

첫째, 장기 근속이 가능한 사람이 이 업무를 맡는다. 기업의 경리가 담당하든 마케팅 부서에서 담당하든 개발자가 맡든 연구소장이 담당하든 중소기업의 임원이 직접 챙기든 크게 상관이 없다. 가능한 한 회사에 오래 근무하는 사람에게 특허 관련 업무를 맡기는 편이 좋다. 꼭 특허에 관한 지식이 많지 않아도 된다. 각종 서류들을 잃어버리지 않게 잘 정리하고, 현황 자료를 잘 업데이트 하는 것만으로도 훌륭하다. 굳이 똑똑한 사람이 아니어도 된다. 굳이 다른 중책을 맡고 있는 사람이 아니어도 된다. 그런 인적 자원은 회사의 긴급하고 중요하며 전략적인 분야에 더욱 집중할 수 있도록 괴롭히지 않고 그냥 놔 두는 편이 좋다. 사실 그래야만 한다.

　회사의 재산은 존중받을 가치가 있으며 존중받아야 한다. 그렇지 않으면 그 회사는 망하기 마련이다. 눈에 보이는 유형의 재산이 존중되어야 하는 만큼 눈에 보이지 않는 무형의 재산도 귀한 대우를 받아야 한다. 내일 모레면 회사의 문을 박차고 나갈 사람에게 회사의 재산을 관리시킬 수는 없다. 만일 그렇게 관리했고, 또 그 사람 때문에 도대체 회사 재산이 어디에 있고 어느 정도인지 도무지 알 수 없게 되었다면, 이는 모두 그 사람에게 일을 맡긴 경영자의 책임이라고 볼 수 있다.

적절한 업무량

둘째, 가급적 업무량이 증대되지 않게 한다. 장기 근속이 가능한 사람이 이 업무를 담당하게 하되, 가급적 업무량이 증대되지 않도록 노력해야 한다. 왜냐하면 그가 능력을 발휘하는 다른 업무—대개는 그 다른 업무가 주된 일이다—에 방해돼서는 안 되기 때문이다. 누구나 성과를 내고 싶고 능력을 인정받고 싶어 한다. 그것을 통해 회사도 성장할 뿐만 아니라 직원도 승진하고 성공하게 된다. 누구나 사내에서의 성공을 꿈꾼다. 자기 자신에게 주어진 본연의 업무를 충실히 수행하고 그런 모습을 경영진으로부터 인정받고자 하는 것은 인지상정이다. 그런데 특허업무는 잘 눈에 띄지 않는 업무이다. 성과를 내기도 어렵다. 경영진에게 능력을 인정받기도 어려운 업무이며 오히려 그것도 하나 제대로 파악 못하냐며 문책 받기 십상이다. 주 업무가 아닌데 이 일 때문에 시간을 빼앗기거나 지적을 당하게 되면 본연의 주된 업무에 집중하지 못할 수도 있다. 특허업무는 괜한 짐이 된다. 따라서 기회만 생기면 이 짐을 다른 사람에게 떠 넘겼으면 하는 바람이 생긴다. 이런 상황은 특허업무의 연속성—매우 연속적이어야 하는 업무 속성—을 심각하게 저해할 수 있다. 이런 상황을 방지하기 위한 효과적인 방안은 이 업무에 배치된 인적 자원의 부담을 낮추는 일이다. 즉, 욕심을 내지 않는 것이다. 욕심을 내서 될 일도 아니고 또 눈에 띄는 성과가 생기는 것도 아니기 때문에 굳이 그럴 필요도 없다.

아웃소싱

셋째, 아웃소싱을 잘 한다. 기업이 부담을 낮추었다면 어느 쪽에선가 그 부담을 받아주어야 한다. 그 부담을 변리사에게 전가한다. 특허사무소를 운영하는 변리사는 어차피 고객의 권리 현황 관리를 하게 되고 계속 업데이트를 할 수밖에 없다. 그것이 일이기 때문이다. 기업은 변리사에게 "특허권을 잘 신청해 주십시오, 우리 권리를 잘 관리해 주십시오." 등의 요청을 한다. 그런데 이 요청은 아웃소싱이 아니다. 그것은 '의뢰'다. 단지 법적인 대리 행위를 의뢰하는 것일 뿐이다. 우리가 말하는 아웃소싱이라 함은 마치 기업의 한 부서와 같이 변리사가 행동하게 하는 것이다. 변리사의 다양한 경험과 전문지식을 마치 회사의 재산처럼 적극적으로 활용하기 위한 것이 우리가 제안하는 아웃소싱의 목적이다. 이를 위해서는 최소한 다음과 같은 조건이 만족되어야 한다. 모두 만족한다면 더할 나위 없겠지만, 그 중 두세 가지 정도가 만족되어도 훌륭하다.

(1) 변리사와 원활한 커뮤니케이션이 확보되어야 한다

담당 변리사가 자주 바뀌거나 기업 담당자가 자주 교체되면 소통이 잘 되기 어렵기 때문에 어느 쪽이든 오랜 관계 유지가 좋다. 하지만 어느 한 쪽이 금방이라도 바뀔 수 있기 때문에 소통 채널을 단일화하는 것은 그다지 좋지 않다. 주된 소통 채널은 있으나 누구든지 채널을 새롭게 만들 수 있어야 한다. 지금은 담당자가 아니지만 누가 담당자가 될지 아무도 모르는 일이기 때문이다. 또 궁금한 사항에 대해서는 가장 빠르고 정확하게 파악하는 게 비즈니스의 미덕인데, 담당자가 비전문가라면 변리사의 의견을 정확하게 전달하는 것 자체도 어렵거니와 귀찮기도 하다. 그런 점에서 누구든지 언제든지 변리사에게 전화를 걸 수 있는 분위기는 매우 중요하다. 대표이사이든 아니면 말단 사원이든 회사의 지적재산권을 관리하는 변리사에게 직접 전화를 걸어 문의를 한다고 해서 크게 문제될 것은 없다.

심리적 문턱은 소통에서 큰 영향을 끼친다. 심리적 문턱이 있으면 전화를 걸기 어려울 뿐 아니라 부담이 된다. 담당하는 변리사나 회사의 담당자가 상호 신의와 성실을 지키며 소통을 하되, 회사의 사정을 감안해 자문변리사로 정식위촉 하는 방법도 심리적 문턱을 낮추는 데 도움을 준다. 만일 담당 변리사에게 직접 전화를 걸어 문의하고 상담하고 조언을 듣는 게 어렵다면, 또한 심리적 문턱이 너무 높다면 다른 변리사를 찾아보는 것도 또 다른 방법이 될 것이다.

(2) 변리사에게 정확한 정보가 전달되어야 한다

변리사는 여러 가지 정보를 수집한 다음에 그것에 기초해 판단을 한다. 이때 자신의 전문적인 지식과 경험을 최대한 이용할 것이다. 하지만 아무리 전문 지식과 경험이 뛰어나다고 해도 사실관계 자체가 잘못된 경우라면 최악의 컨설팅이 될 수 있다. 무릇 모든 법적인 것과 관련된 컨설팅은 먼저 명확한 사실 전달이 전제되어야 한다. 그렇지 않으면 만사가 허사이며 당연히 이길 소송도 지게 된다. 물론 변리사는 회사에 소속된 사람이 아니라 외부인이기 때문에 여러 가지로 조심하려는 자세는 십분 이해가 된다. 그러나 변리사의 자문을 구하려고 할 때에는 그 자문에 필요한 가급적 모든 정보가 제공되어야만 비로소 좋은 의견을 청취할 수 있다는 점은 역시 변하지 않는다. 더욱이 변리사는 고객으로부터 알게 된 비밀을 함부로 제삼자에게 누설할 수 없는 법적인 의무를 지고 있기 때문에 특별히 걱정하지 않아도 된다.

(3) 변리사를 사내 회의에 참석시키도록 유도한다

사내 회의에 변리사가 참여를 하면 여러 가지 이점이 있다. 우선 변리사에게 좋다. 회의에서 논하는 이슈가 어느 정도 중요한지, 회사가 알고 있는 지식과 판단이 어느 정도 정확한지, 변리사의 전문적인 의견이 필요한 지점이 어디인지, 누가 이 논의를 주도하고 있는지에 대해 변리사가 여러 가지 직감과 정보를 얻을 수 있기 때문이다. 때로는 이슈가 명약관화하기 때문에 굳이 만날 필요도 없는 경우가 있다. 그런 경우에는 이메일이나 전화로도 충분할지도 모른다. 하지만 직접 미팅을 통해서만 얻을 수 있는 전문가의 감이라는 게 있다. 또한 회사의 입장에서도 상당히 유용하다. 변리사를 사내 회의에 참석시켜서 논의를 하게 되면 변리사와의 심리적 문턱을 낮출 수 있다는 장점이 있다. 자주 보면 정이 쌓이고 더 믿음이 가게 마련이며 나중에 전화나 이메일로 격의 없게 연락할 수 있는 이점이 있다.

더욱이 변리사가 논의에 참석하면 예와 아니오를 전문가의 관점에서 분명하게 말하면서 주위를 환기하기 때문에, 회의에 참석한 사람들의 몰입도를 올려준다. 이와 같이 몰입도가 높아지면 창의적인 아이디어와 더 좋은 제안들이 전구에 불이 들어오듯이 생기기도 한다. 그것만으로도 회사의 무형 재산이 한 폭 더 증가한다고 말할 수 있다.

(4) 변리사가 직접 작성한 문서를 요구한다

예컨대 변리사가 회의에 참여해 자기 의견을 개진했다거나 혹은 전화통화를 하면서 이런 저런 의견을 밝혔다고 하자. 그 경우에, 그 '말'만 믿고 아무 기록도 남기지도 않은 채 어떤 결정을 하거나 무엇인가를 진행하는 것은 바람직하지 않다. 몇 개월 혹은 몇 년이 지나 그때 무슨 이야기가 오고 갔는지를 확인할 길이 없기 때문이다. 반드시 문서로 남겨야 한다. 그런데 회사 담당자가 변리사가 말해준 이야기를 별도의 보고 문서로 정리하기란 보통 어려운 일이 아니다. 대개 법률적인 용어는 낯설고 아주 미묘한 차이로 전혀 다른 의미가 되기 때문에 법적인 내용의 문서를 잘 정리하기란 몹시 어렵고 짜증까지 난다. 가장 효과적인 방법은 전화로 상담했든 아니면 직접 만나서 회의를 가졌든 간에 그 내용을 전문가인 변리사 스스로 문서를 작성해주는 것이다. 일종의 변리사 보고서다. 비용이 드느냐는 때에 따라 다르다. 어떤 변리사는 하기 싫어할지도 모른다. 말을 글로 잘 정리하는 일은 누구에게나 귀찮고 시간이 들기 때문이다. 보고서를 잘 쓰는 변리사가 많지 않고 또 고객을 위해 보고서를 쓰면서 먹고 산다는 변리사를 들어본 적도 없기 때문에 쉽지 않은 일이다. 하지만 회사 담당자의 지혜가 필요한 대목이기도 하다. 한 두 쪽이라도 좋으니 간단히 정리해 달라고 요청하자. 한 줄이라도 좋다. 때로는 강하고 때로는 따뜻하게 말이다. 이렇게 이슈가 된 여러 사안마다 거래처 변리사가 마치 내일처럼 보고서를 잘 작성해주면, 회사 특허담당자는 무척 편해진다. 보고서를 가공하지 않고 그대로 위에 올림으로써 자신의 보고 업무를 간명하게 끝낼 수 있기 때문이다.

위와 같은 방법은 우리가 현업 실무에서 경험한 내용이다. 거기에 직관적인 성찰이 가미되어 있다고 말할 수 있다. 이와 같이 함으로써 기업 담당자의 업무 부담이 획기적으로 줄 수 있으며, 게다가 더 정확한 전문가 컨설팅을 받을 수 있기 때문에 여러 모로 유익하다. 설령 기업의 담당자가 교체되거나 이직을 했다 하더라도, 혹은 그 담당자가 아니더라도 누구든지 변리사에게 전화를 걸 수 있고 문의를 할 수 있다. 또한 모든 자료들은 문서로 남아 있을 뿐만 아니라 변리사도 고객이 무엇을 중점적으로 생각하고 있는지를 좀 더 잘 파악할 수 있게 된다. 이것이야말로 적어도 잠정적인 수준에서는 우리나라 대부분 기업 현실에 맞는 특허관리 방법이라고 생각한다.

변리사 보고서의 활용

보고서는 참 중요하다. 비즈니스의 역사는 보고서를 통해 이뤄진다. 기업경영도 때로는 보고서에서 시작되고 때로는 보고서로 끝난다. 중요한 결정도 보고서를 통해 이뤄지기 때문에 잘못된 보고서는 회사를 큰 위기로 몰아넣을 수도 있다. 좋은 보고서는 인재를 평가하는 척도가 되기도 하고 또 좋은 보고서는 회사를 개선시킨다. 인사이동에 의해 사람이 교체되어도 보고서는 그대로 남는 까닭에 아무 문제 없이 회사는 잘도 돌아간다.

앞서 살펴본 것처럼 특허전담부서는커녕 '전담자' 1명도 없는 것이 우리나라 대다수 기업의 실정이다. 그리고 전담부서를 마련할 능력이 되지 않는다. 상황이 이러하니 변리사가 역할을 해 주어야 한다. 기업을 위해 변리사가 그 공백을 메워주어야 한다. 그러므로 변리사의 보고서는 매우 중요하다. 더욱이 잦은 인사이동, 전근, 이직, 퇴사 후 창업 등 특허업무 담당자가 자주 교체되기 때문에, 후임자는 전임자가 무슨 일을 어떤 고민으로 했는지 제대로 인수인계가 되지 못하는 경우가 많다. 낯선 일들은 빨리 잊혀진다. 담당자가 교체되지는 않았어도 시간이 흐름에 따라 예전 일들이 잊히는 경우도 잦다. 그래서 변리사에게 더 많이 의존하게 된다. 그러므로 어떤 중요한 이슈가 있을 때마다 변리사의 보고서를 남기는 게 중요하다고 할 수 있다.

전문가의 보고서라면 어떤 보고서가 좋은 보고서일까? 어려운 질문이다. 첫째는 거짓말을 해서는 안 되며, 둘째는 명확해야 한다. 당연하기 그지 없어서 더 덧붙일 것도 없다. 셋째는 타인에 대한 배려가 있어야 한다. 보고서를 받는 사람의 입장에서 작성되어야 한다는 말이다. 타인에 대한 배려는 그쪽의 입장에서 생각하여 기업의 주된 관심사나 알고 싶은 사항을 잘 찾아서 정리할 수 있음을 의미하기도 한다. 그러나 무엇보다 알아 듣기 쉽게 설명되어야 한다. 보고서를 받는 사람의 입장에서 보고서를 작성했지만 어려운 용어나 난해한 표현이 많고 뭔가 대단히 복잡한 듯한 기분이 들게 한다면 타인에 대한 배려가 부족한 보고서가 된다.

대리, 과장, 차장, 부장은 결정권자가 아니다. 그 또는 그녀는 결정권자에게 보고해야 한다. 변리사가 전문가의 관점으로 보고서를 작성하면 용어 자체도 어렵고 전체적으로 결론만 남고 잘 이해가 되지 않게 된다. 이렇게 되면 회사 담당자는 공들여 공부해야 하며 다시 페이퍼 작업을 해야 한다. 자기도 잘 이해되지 않는 사항을 위에 보고

했다가는 돌아오는 질문에 제대로 답을 할 수 없기 때문이다. 그런데 그 담당자는 특허업무만 전담하는 사람이 아니며 다른 일로 바쁘기도 하기 때문에 난처한 입장이 된다. 가장 나쁜 경우는 담당자가 잘못 보고함으로써 경영자의 판단을 그르치는 경우다. 따라서 변리사 보고서를 받는 상대방이 대리, 과장, 차장, 부장인 경우에는 이 사람이 다시 경영진에게 보고할 것이라는 전제하에서 보고서가 작성되는 것이 좋다. 담당자가 따로 페이퍼 작업을 하지 않아도 사장에게 그대로 전달할 수 있는 보고서를 염두에 둘 필요가 있다. 그래야 기업 담당자의 시간을 절약해 줄 수 있으며 또한 경영자가 판단을 그르치지 않게 함으로써 기업을 보호할 수 있다.

한편 임원진은 판단을 내린다. 결정을 해야 한다. 아무리 법적이고 전문적인 영역이라 하더라도 변리사가 최종 판단을 할 수는 없다. 변리사가 할 수 있는 최선의 행동은 경영진이 좋은 판단을 내리도록 도와주는 일이다. 그러기 위해서는 어려운 일이지만 대표이사의 입장에서 생각해 여러 방안의 장단점을 두루 고려할 수 있도록 근거를 함께 제공할 필요가 있다. '특허'의 관점만 지나치게 확대하는 기분으로 보고서를 작성해서는 곤란하다. 기업경영에는 특허만 있는 게 아니다. 지나친 과장으로 대표이사의 판단을 흐려서는 안 된다.

전문가 보고서라면 당연히 비용 문제를 생각하지 않을 수가 없다. 비용이 들지 않는 경우가 있다고 하더라도 전문가의 견해서를 항상 무료로 받을 수는 없을 것이다. 기업만 비즈니스 하는 것이 아니라 전문가도 비즈니스를 하는 것이기 때문에 상응하는 대가는 염두에 두는 것이 좋다. 그래야 서로 충실해진다.

주소 관리

오늘날 특허청에 내는 각종 서류는 대부분 온라인을 통해 접수된다. 전체 특허출원 건수의 99% 가량이 온라인 접수를 통해 이루어진다. 이를 이용하기 위해서는 사전에 특허청에 이름과 주민(법인)등록번호와 주소 등을 등록하고 '출원인코드'라는 고유번호를 부여받아야만 한다. 결과적으로 특허청은 특허출원인의 기본 정보를 갖고 있다. 여러 가지 이유로 특허출원인—법인이든 개인이든 간에—은 주소지를 옮긴다. 그러나 주소를 변경하면서 특허청에 등록된 정보를 수정하지 않는 경우가 많다. 주소를 바꾸지 않았다고 해서 권리 자체에 나쁜 영향이 생기는 것은 아니다. 권리 자체에는 아무런 문제가 없다. 하지만 주소를 제대로 바꾸지 않으면 그 권리를 관리함에 있어서 불이익이 초래될 수 있기 때문에 유의할 필요가 있다.

앞서 우리는 기본적인 특허관리 업무 중에서 각종 마감기한이 있음을 설명한 바 있다. 마감기한을 지키기 위해서는 먼저 그 마감기한이 임박했는지, 언제인지를 알아야 한다. 주소가 변경되어 특허사무소와 연락이 되지 않으면 보고를 받을 수가 없다. 잘못하면 마감기한을 놓치게 되고 결국 권리가 소멸하고 만다.

최근 우리 특허청은 대국민서비스를 강화해 왔다. 그 일환으로 심사청구 마감기한이나 연차료 마감기한을 국민에게 알려주는 서비스를 제공한다. 특허청에 등록되어 있는 주소를 이용하여 일종의 알림 통지서를 보내주는 서비스인데, 권리 유지에 있어 매우 유용하다고 하겠다. 그런데 이 서비스 제공 자체는 특허청의 의무가 아니다. 따라서 변경된 주소가 특허청 데이터베이스에 반영되지 않으면, 즉 특허청에 주소변경 신청을 하지 않으면 위와 같은 마감기한 알림 통지서를 받을 수 없게 된다.

　개인발명가이든 법인이든 주소지가 변경되면 그 사실을 특허청에 신고해 자기가 직접 주소지를 변경할 수 있다. 하지만 거래하는 특허사무소에 연락해 주소 변경 신청을 부탁하는 편이 더 바람직해 보인다. 훨씬 신속하고 용이한 방법이기 때문이다. 일반 기업 담당자가 특허청에 등록되어 있는 주소를 변경하는 일은 쉽지 않지만, 특허사무소에서 한다면 달라진다. 쉽게 변경할 수 있다. 기업 담당자가 할 일은 거래하는 특허사무소에 전화를 걸어 주소 변경을 요청하는 일이다.

공유특허의 법리

　부동산을 공유로 할 수 있는 것처럼 무형의 지적재산권도 공동으로 소유할 수 있다. 특허권의 신청, 즉 특허출원도 공동으로 할 수 있으며, 상표권이나 디자인특허의 경우도 마찬가지다. 공동으로 소유함에 있어 별다른 어려움이 없지만 일단 공유가 되면 처분을 함에 있어 상당한 제한이 가해진다. 처음에는 뜻이 맞아서 함께 공유권리로 했다가 나중에 서로 불신과 다툼이 생겨 이도 저도 안 되는 경우를 많이 보아왔다. 권리가 애물단지가 되기도 한다.

　특허가 공유되는 대표적인 경우는 공동으로 특허출원을 했을 때이다. 공동으로 연구한 경우, 계약에 의해 공동 출원하기로 약정한 경우, 투자자와 개발자가 공동 명의로 특허출원 하는 경우 등이 그러하다. 또한 최초 출원 시에는 단독 명의였으나, 출원 후에 그 지분의 일부를 타인에게 양도한 경우에도 결과적으로 '공동출원'이 된다. 출원 후 심사를 거쳐 등록이 되면 '공유특허'가 된다. 공동출원이든 공유특허이든 그 법리는 같다. 공동출원은 법적인 용어로 '공유출원'이라고도 표현할 수 있다. 공유출원의 법률관계에 대하여 법적인 표현을 풀어서 설명하자면 다음과 같다.

- 첫째, 공유자 1인은 다른 공유자의 동의 없이 자기 발명을 자유롭게 실시할 수 있다.
- 둘째, 공유자 1인이 타인에게 자기 지분을 양도하고자 하는 경우에는, 반드시 다른 공유자의 인감이 날인된 서면 동의를 얻어야 한다.
- 셋째, 공유출원이 특허를 받은 경우에는 공유특허권이 되며, 위 두 가지 경우가 역시 적용된다. 이때 해당 특허권에 대한 실시권한을 타인에게 허락함에 있어 반드시 다른 공유자의 동의를 얻어야 한다.

사례 032 공유 권리의 지분 양도

홍길동과 임꺽정이 공동 명의로 특허출원을 했다. 홍길동은 자기 지분을 제삼자인 장길산에게 넘겨주려고 한다.

앞에서 설명한 법률 관계에 기초해 사례 32에 있어서 홍길동과 임꺽정의 관계를 설명한다.

- 첫째, 홍길동은 임꺽정의 눈치를 보지 않고 영업을 할 수 있으며, 그 영업 행위에는 제조, 판매, 수출, 수입 등이 포함된다. 임꺽정도 홍길동의 눈치를 보지 않아도 된다.
- 둘째, 제삼자와의 관계에서는 제한이 따른다. 권리의 이전 문제에

관련되는 중요한 이슈이다. 홍길동이 제삼자인 '장길산'에게 자기 지분 전체 또는 그 일부를 이전해 주려고 한다. 그러나 임꺽정이 인감을 찍은 동의서를 제공하지 않는 한, 그 이전은 효력이 없다. '장길산'이 홍길동에게 권리 이전에 대한 대가를 주든, 아니면 무상 이전이든 마찬가지이다. 또한 '장길산'이 홍길동과 친한 사이이든, 인척 관계이든 상관없다. 권리 이전이 되려면 반드시 임꺽정의 인감이 날인된 서면 동의를 받아야 한다.

- 셋째, 홍길동이 사망하여 상속되는 경우, 또는 홍길동이라는 법인의 경영권이 제삼자에게 합병된 경우에는 임꺽정의 동의가 필요 없이 이전될 수 있다. 포괄승계이기 때문이다.
- 넷째, 라이선스 계약을 함에 있어서도 제한이 있다. 홍길동이 제삼자인 '장길산'에게 권리를 양도하지 않고, 특허발명의 제조할 수 있는 권한을 주며, 그 대신에 로열티를 받는 계약을 체결하려고 한다. 라이선스 계약이며 특허를 받았다는 전제 하에서 따져 보자. 이 경우에도 임꺽정의 인감이 날인된 서면 동의가 필요하다.
- 다섯째, 어쨌든 제삼자와의 관계에서는, 홍길동과 임꺽정 서로 동의가 필요하다.

이와 같이, 공유출원의 경우에는 여러 가지 중요한 법적 제한이 생긴다. 따라서 공유자의 신뢰관계가 매우 중요하다. 하지만 장기간의 영업 과정에서 그 신뢰 관계가 깨지는 사례가 현실적으로 많다. 따라서 공동으로 특허권을 신청하고자 할 때에는 따뜻한 감정에서 바라볼 것이 아니라 미래 비즈니스를 생각해서 매우 신중하게 판단해야 한다. 또한 특허의 실시사업과 관련해서는 계약서에 의해 명확히 규정해 두는 것이 바람직하다.

법인과 법인이사간의 거래에 관련해서는 중요한 논점이 있다. 법인과 법인의 등기이사가 공동 명의로 특허출원하는 경우가 종종 있다. 이러한 형태의 공동출원은 법률적으로 충분한 검토가 선행되어야 한다. 상법에는 법인과 법인이사 간 거래를 함에 있어서는 반드시 법인 이사회의 의결을 거치거나 주주총회의 승인이 있어야 한다고 규정되어 있다. 그만큼 법인과 법인 이사 간 거래행위를 보편적인 절차로서 엄격히 통제하겠다는 것이다. 이러한 형태의 공동 출원이 기업의 비즈니스에 특별한 문제를 야기하는 것은 아니지만, 만일 법인의 이사가 퇴직하는 경우에는 문제가 된다. 서로의 이익이 상충될 수 있기 때문이다.

한편, 공동출원인인 법인의 이사는 자신의 이름으로 그 발명을 자유롭게 실시할 수 있지만(즉 사업주체로서), 다른 회사에 전직해 임직원으로서 그 발명을 실시할 수는 없다. 사업의 실시 주체가 그가 아니라 제3의 업체가 되기 때문이다. 따라서 법인과 이사의 공동명의 특허가 있고 그 특허가 실제 중요한 경우라면, 공유특허권자인 이사가 퇴사하고자 하는 경우 법인이 그 이사의 지분을 매수하는 것이 바람직하다.

특허의 이전

특허를 취득하는 방법은 두 가지가 있다. 하나는 보편적인 절차로서 자신의 아이디어에 대해 특허권을 신청하고 심사를 받아서 특허라는 권리를 취득하는 방법이다. 다른 하나는 다른 사람이 이미 취득한 권리를 유상 또는 무상을 이전 받는 것이다. 유상으로 특허를 이전 받는 것은 일종의 비즈니스 거래며 매매다. 종전의 특허권자는 특허를 팔아서 경제적인 이득을 취하고, 새로운 특허권자는 돈을 지불하는 대신에 원하는 권리를 취득한다. 단지 특허의 확보라는 결과론적인 관점에서 보자면 특허거래를 통해서 타인의 특허권을 내 것으로 확보하는 방법도 매우 슬기로운 일이다. 특허를 받기까지 많은 시간이 소요된다. 이에 비하여 타인의 특허를 구입하면 즉시 특허를 취득하게 되는 장점이 있다.

특허는 양도 가능한 재산권이다. 유효하게 등록된 권리라면 원칙적으로 이것을 다른 사람에게 양도하는 데 특별한 문제가 없다. 특허권의 양도뿐만 아니라. 아직 심사를 통과하지 못한 특허출원도 양도할 수 있다. 특허권의 양도는 독점적인 권리의 양도며, 특허출원의 양도는 특허를 받을 권리의 양도다. 모두 권리 이전이라는 성격을 갖기 때문에 특허를 받았든 특허를 받지 못했든 절차적으로는 차이가 없다. 권리 이전이기 때문에 모두 까다로운 절차를 거쳐야 한다. 까다롭다고 해서 양도 절차가 매우 복잡한 것은 아니며, 구비서류를 잘 준비해야 한다는 의미이다.

특허거래 활성화는 가능한 일인가?

아직 특허거래가 활성화되어 있지는 않다. 특별한 인연이나 직접적인 필요성 없이 매도자와 매수자가 만나서 특허거래를 한다는 것은 지극히 우연한 일이 아닐 수 없다. 매도자는 좋은 가격을 받기를 원하며 매수자는 낮은 가격에 좋은 특허를 사기를 원한다. 그러나 소위 특허장터에 나온 특허가 모두 좋은 특허, 즉 특허범위도 넓고 또한 동시에 유용성이 있는 특허라고 볼 수는 없다. 어떤 특허는 특허범위가 좁고, 또 어떤 특허는 특허범위가 넓지만 기술 자체가 유용성이 없다.

구매자가 특허거래를 통해서 얻은 특허로 시장에 영향력을 행사하기 위한 목적이라면, 넓은 특허범위와 기술 자체의 유용성이 겸비되어야 하는데 실제로는 어려운 일이다. 구매자의 대다수가 그런 목적이라면 특허거래의 활성화는 기대하기 어렵다. 넓은 특허범위 그리고 시장에서 쉽게 성공할 수 있을 정도의 기술 유용성을 겸비한 특허가 얼마나 될 것이며, 그런 특허라면 특허장터에 나오는 일 자체가 드물 것이기 때문이다.

그러나 구매자가 특허거래를 통해서 얻은 특허로 시장에 영향력을 행사하기 위한 목적이 아니라면, 예컨대 국가의 각종 지원/인증 사업에 있어 좀 더 적합한 자격 요건을 갖추기 위해 보유 특허 개수를 늘리기 위한 것이라면 혹은 이와 유사하게 권리의 외형이 중요하게 고려되는 경우라면 특허거래의 활성화를 기대할 수 있을지도 모른다. 하지만 특허거래가 구매자의 주관적인 관심에 의존한다는 측면에서는 특허거래의 활성화가 과연 가능할까라는 회의감이 든다.

어떤 경우에 특허가 이전되는가?

사업 주체의 변경에 따른 특허 이전이 있을 수 있다. 개인 사업자인 경우에는 그 상호로 특허권을 신청할 수 없으며 개인 명의로 법률행위를 해야 한다. 개인 사업자로 특허사업을 하였는데 '법인'을 설립하고 영업을 하게 되는 경우에 그 '법인'으로 특허를 양도하는 경우가 있다(반드시 그래야만 하는 것은 아니다). 이때 무상으로 양도할 수 있으며 적절하게 평가하여 유상으로 양도할 수도 있다. 원칙적으로 후자가 바람직하지만 아무런 생각 없이 무상으로 이전되는 경우도 많다. 한편 특허에 관련된 사업을 하다가 여러 가지 영업상의 이유로 그 사업을 제삼자에게 매각할 수 있다. 이 또한 사업 주체의 변경이다. 무상으로 양도할 수 있으며 마찬가지로 유상으로 양도할 수도 있다.

매수자(특허구매자)에게 특허건수가 필요한 경우에 특허가 이전될 수 있다. 국가의 각종 인증 또는 지원 사업에 참여함에 있어서 적절한 특허건수는 자격 요건 심사에 있어 플러스 요인이 된다. 특허를 많이 보유하지 못한 회사의 경우에는 타인으로부터 특허권을 양수받는 것이 좋다. 이 경우에 그 회사의 비즈니스와 관련된 특허를 보유하고 있는 사람(기업)을 찾아야 하며, 그 특허권자가 그 특허를 더 이상 보유할 의사가 없어야 하며, 또한 적절한 가격 타협점을 찾아야 한다. 특허장터를 찾아보거나 아는 변리사에게 부탁하는 방법이 있다.

사례 033 영세한 특허권자의 집요한 괴롭힘

홍길동 주식회사가 모자를 제조해서 판매하는 사업을 하고 있었는데, 임꺽정이라는 사람이 자신의 특허 A를 홍길동 주식회사가 침해하였다고 주장한다. 그리고 주장만 하는 것이 아니라 소송 또는 이에 준하는 행위로 공격하고 있으며, 언론 플레이를 하거나 또는 영업관계에 있는 제삼자를 괴롭히기도 한다고 가정하자.

특허분쟁을 해결하기 위한 특허의 이전이 있다. 이 경우에 홍길동 주식회사가 소송을 통해 대응할 수도 있지만 시간이나 비용 소모도 문제거니와 스트레스도 상당하므로 그냥 임꺽정의 특허 A를 매수할 수도 있다. 그러면 간명하게 특허분쟁이 해소된다.

특허 이전의 대가는 어느 정도가 적절한가?

특허 이전에 있어 가장 핵심이 되는 이슈다. 이 특허를 얼마를 주고 팔 것인가? 혹은 이 특허를 얼마를 지불하고 살 것인가? 유감스럽게도 정해진 답은 없다. 답이 없기 때문에 기술평가를 한다거나 전문가의 자문을 구하기도 한다. 하지만 기술평가가 특허의 객관적인 값을 도출할 수 없다. 어떤 전문가도 정확한 견해를 말할 수 없다. '특허의 가치평가'와 '기술의 가치평가'를 혼동하는 사람들이 있다. 특허의 가치평가가 기술의 가치평가로 치환되어서는 안 된다. 후자가 전자보다 포괄적인 개념이다. 특허의 가치를 제대로 알기 위해서는 특허범위를 자세히 따져서 분석해야 하며 기술적인 유용성도 따져야 하고 시장의 흐름도 보아야 한다. 이런 점들을 모두 고려할 때 특허 이전의 대가를 어떤 '전문가'가 나서서 객관적으로 산정하기란 거의 불가능에 가깝다고 생각된다. 하지만 '가격'은 양당사자의 흥정에 달려 있다. 양당사자가 합의하면 그것이 답이다.

  가치의 관점에서 특허를 금전적으로 계산하려는 시도는 복잡하기만 하고 무의미한 시도이다. 차라리 '최소 비용'과 '최고 비용'을 생각해볼 수는 있을 것이다. 가장 낮은 대가와 가장 높은 대가를 말하는 것이다. 전자는 특허를 취득하기까지 소요된 비용이 대강의 기준이 될 것이다. 만일 그 특허 매수에 대해 상대방이 관심을 두는 것이 사실이라면, 특허취득까지 소요된 비용(특허출원비용, 중간처리 비용, 특허등록비용, 특허유지비용 등이 합산된 금액)이 최소비용이 될 수 있다. 단, 특허권자가 부도 직전이어서 더 이상 특허를 유지할 의사가 없다면 최소비용은 감정적 한계치까지 떨어지게 마련이다. 권리가 죽으면 경제적 가치는 0원이 된다. 이때 100만원의 매수가격이 제시되고 그것이 감정적인 한계치 이하로 떨어지지 않는다면 그것이 특허의 매매 가격이 된다.

  한편 '최고비용'은 특허를 사려고 하는 측, 즉 매수자가 감내할 수 있는 최대치가 될 것이다. 만일 특허권자가 A라는 특허를 1억원에 팔려고 하는데 상대방의 가용 현금이 7,000만원밖에 없다거나, 특허권자가 양보하거나 다른 변형 방법을 찾지 못하면 거래는 성사되지 않는다. 7,000만원이 최고비용이 된다. 그런데 제삼자가 나타나서 특허를 구입할 의사가 있고 이에 대한 가용 현금이 1억5,000만원에 이른다면 최고비용은 그렇게 변경될 수 있다. 이런 모든 것을 종합해 보면, 양 당사자 사이의 협상력이 중요한 관건이라고 하겠다. 또한 협상력은 양 당사자가 처한 수준, 의사, 경제력 등을 잘 고려할 필요가 있다.

특허 이전 대가에 관련해 최근 국내외적으로 유명해진 사례 세 가지를 소개한다.

사례 034: KT의 특허무상양도 사례

KT는 2011년 7월 보유하고 있는 600건을 자신의 협력사에 무상으로 양도해 준다고 공개적으로 발표했다. 이는 언론에 널리 홍보됐으며, 그 발표 제목은 '동반성장을 위한 특허 무상양도'였다. 단, 특허권을 양도하는 데 소요되는 비용은 협력사가 부담하는 것을 조건으로 했다.

사례 34는 특허가 무상으로 이전되는 사례다. 이 사례를 통해 특허의 가격은 0원으로 거래될 수도 있음을 알게 된다. 1건이 무상으로 이전되는 게 아니라 600건이 무상으로 이전되는 대표적인 사례로 기록될 것이다. KT가 꼭 손해를 보는 것은 아니다. 우선 협력사와 동반성장을 한다고 홍보함으로써 기업의 이미지를 제고할 수 있다. 또한 특허유지에 따른 비용부담을 조금이나마 없앨 수 있는 장점이 있다. 특허권을 유지하기 위해서는 국가에 매년 특허료를 납부해야 한다. 특허기술의 외관을 갖고 있기는 하지만 기술의 라이프사이클이 이미 끝난 경우가 있다. 특허로서의 경제적 가치는 거의 사라지고 비용 부담만 남게 된다. 어차피 비용을 납부하지 않음으로써 소멸시키는 것보다는 이 특허들을 다른 기업에게 무상으로 이전해 주는 것이 더 나을 수 있다. KT는 이들 600건이 없어도 이미 수천 건의 다른 특허를 보유하고 있기 때문에 그 정도의 특허는 사실상 없어도 된다. 실제 600건의 특허를 들여다 보면, 그 중 특허를 등록한 지 이미 10년이 지난 특허가 351건이고, 5년 이상 지난 특허가 534건으로, 대부분의 이전 대상 특허가 기술 수명이 다한 특허일 것으로 추정된다. 1건당 평균 10년의 존속기간이 남아 있고, 매년 50만원씩 특허료를 납부한다고 가정할 때, 만일 KT가 600건의 특허 무상 이전을 마무리하면 대략 30억 원의 비용을 절감하는 효과를 거둘 수 있다. 어쨌든 개별 사정에 따라 이와 같이 특허는 무상으로 거래될 수 있으며, 다음에 나열하는 사례 35, 36과 같이 천문학적인 액수로 거래될 수도 있다.

사례 035 | 애플 컨소시엄의 노텔 특허 매수

2009년 캐나다 통신장비업체 노텔이 파산했다. 그러나 노텔은 통신기술에 대한 6,000개 이상의 특허를 보유하고 있었으며, 이 특허들은 경매시장에 나오게 됐다. 통신기술에 대한 특허 포트폴리오가 취약한 구글과 애플이 노텔 특허를 매수하기 위해 경쟁이 붙었다. 결국 2011년 7월 1일 애플, 마이크로소프트, RIM, 소니, EMC, 에릭슨 6개 회사의 컨소시엄이 45억 달러로 노텔 특허를 매수하는 데 성공했다.

이 사례는 삼성과 애플의 특허전쟁이 본격화되고 있는 상황에서 발생한 대규모의 특허 이전 사례다. 특허 포트폴리오가 제대로 갖춰지지 못한 것이 애플의 약점이라고 지적되고 있는 상황에서 애플은 공격적으로 대규모의 특허를 매수하는 데 성공했다. 노텔이 보유한 6,000건의 특허가 과연 45억 달러의 가치가 있는 것인지는 중요하지 않다. 그보다는 특허 매수에 치열한 경쟁이 있었다는 점, 특허 매수의 배경에는 격렬한 비즈니스 경쟁이 있다는 점, 매수하려는 당사자가 모두 애플 컨소시엄과 구글이라는 글로벌 톱 기업이라는 점, 애플과 구글 모두 보유 특허가 취약하기 때문에 특허전쟁에 필요한 무기를 구입할 수밖에 없었다는 점이 더 중요하다. 이런 점들 때문에 특허 이전의 대가는 천문학적으로 높아질 수밖에 없다. 이와 같이 특허 이전의 대가는 기술 하나 하나의 가치에 의해 정해지는 것이 아니라, 실상은 그 특허를 보유하고 있는 기업과 그 특허를 매수하려는 기업이 처한 환경에 의해 정해지기 마련이다.

사례 036 구글의 모토로라 모빌리티 M&A

80여 년의 역사를 자랑하는 모토로라는 2000년대 초반까지만 해도 노키아와 함께 세계 휴대폰 시장의 최강자로 군림해왔다. 그러나 최근 몇 년간 경쟁에 밀리며 적자에 시달렸다. 2011년 8월 구글은 모토로라 모빌리티(모바일 기기 사업부, 이하 '모토로라')를 125억 달러라는 거액으로 인수했다. 기업을 인수했기 때문에 모토로라가 보유한 1만 7,000건의 특허도 당연히 구글의 손에 떨어졌다.

사례 35와 사례 36은 완전히 다르다. 애플 컨소시엄의 노텔 특허 매수에 관한 사례 35에서는 특허만 이전되고 사업은 이전되지 않았다. 기업이 파산했기 때문에 특허만 경매로 나왔을 뿐이었다. 반면에 사례 36은 특허 매수가 아니다. 정확하게 말하자면 구글은 모토로라의 특허를 인수한 적이 없고, 기업 자체를 인수한 것이다. 따라서 그 대가인 125억 달러는 특허에 대한 이전 대가가 아니라, 모토로라의 유무상의 모든 재산을 양수한 것에 대한 대가다. 이와 같이 특허만을 사겠다는 것이 아니라 회사 자체를 인수함으로써 특허도 동시에 손에 줄 수 있다. 모토로라는 구글의 것이고, 따라서 모토로라의 특허를 구글이 사용할 수 있게 된다. 구글은 모토로라의 이름으로 경쟁자를 상대로 특허권 행사를 할 수 있다.

특허 이전에 필요한 서류와 절차

국내에서는 '인감'이 제일 중요하다. 필요한 서류는 인감이 날인된 양도증과 인감증명서이다. 만일 변리사가 대리하는 경우에는 대리인 위임장도 준비해야 한다. 양도증은 법정된 양식으로 정해져 있지는 않기 때문에 자유롭게 만들어서 사용할 수 있다. 그렇지만 양도증에는 다음과 같이 기재되어야 한다.

- 양도인(특허권자)의 이름, 주민(법인)등록번호, 주소
- 양도인의 선명한 인감
- 양수인(특허권자)의 이름, 주민(법인)등록번호, 주소
- 양도일자
- 이전 받을 특허의 번호와 발명의 명칭

이렇게 작성한 양도증 원본과 인감증명서 원본을 특허청에 제출함으로써 특허를 이전하게 된다. 선명하지 않은 인감, 인감을 서류에 직접 날인한 것이 아니라 서류를 칼라 인쇄한 경우, 주소의 불일치 등이 발생하면 서류가 불수리되기 때문에 한번에 잘 준비해야 한다. 만일 A, B 공유특허이며 A의 지분을 C에게 양도하는 경우, B의 인감이 날인된 동의서와 B의 인감증명서도 필수적이다.

한편 법인과 법인 이사 간의 거래행위에 있어서 상법의 규정상 법인 이사회의 의결을 거치거나 주주총회의 승인이 있어야 하기 때문

에 그와 같은 의결과 승인을 입증하는 서류를 제출해야 한다. 주주총회에 관련한 서류를 준비하는 것보다는 이사회의 의결에 관한 서류를 준비하는 것이 더 용이하다. 따라서 법인과 법인 이사 간의 특허이전의 경우에는 그 사항을 의결하는 이사회 회의록을 제출한다. 미국에서 특허 이전을 하는 경우에는 인감제도가 없기 때문에 원칙적으로 당사자의 서명에 의한다.

특허청구항의 개수

특허문헌에는 1개 이상의 '청구항Claim'이라는 것이 있다. 이 청구항이 특허범위를 결정한다. 특허범위는 청구항에서 나온다. 즉 특허라는 권리는 청구항에 어떻게 기재(표현)되었느냐에 달려 있다. 또한 특허권이 신청된 발명이 과연 새로운 것이며 과연 진보적인 것인지를 심사함에 있어서도 청구항을 대상으로 삼는 것이지, 특허문헌의 다른 곳을 보면서 신규성이나 진보성을 따지는 것은 아니다. 이렇듯 청구항은 중요하다. 여기까지는 법리적인 이야기다.

그렇다고 해서 청구항의 개수가 많다고 무조건 좋은 것은 아니다. 우선 특허청에 납부하는 비용을 보자. 청구항에 개수에 따라 심사청구료가 정해진다. 청구항 1개당 4만원이다. 20개이면 특허청에 내는 비용만 80만원이 추가된다. 심사를 통과했다고 치자. 청구항마다 39,000원이 추가 된다. 물론 중소기업의 경우 70% 할인이 되기 때문에 어느 정도 비용부담을 떨어트릴 수 있다. 하지만 매년 납부하는 특허연차료도 청구항마다 가산되는데 4년차분부터는 할인이 없다. 또한 국내 특허출원을 기초로 해외특허출원을 하는데 그 청구항을 모두 가져가면 비용이 다시 한 번 크게 증가하게 된다. 만약에 심사를 통과하지 못했다고 하자. 특허를 받기 위해서는 불복심판청구를 해야 한다. 마찬가지로 청구항 마다 금액(15,000원)이 가산된다. 여기까지는 특허청에 납부하는 비용이다. 만약에 변리사 비용도 청구항마다 가산된다면, 청구항 5개일 경우와 청구항 25개일 경우의 비용차이는 매우 크다고 할 수 있다.

 청구항의 개수가 많으면 좋을 수도 있겠으나, 그만큼 기업의 비용부담은 늘게 된다. 대기업은 큰 부담이 안 될지 몰라도 중소기업은 부담이 될 것이다. 만일 기업의 비용부담이 정말로 중요하지 않다면, 즉 대기업처럼 충분한 자금을 갖고 있다면, 1건의 특허출원에 대해 청구항을 30개 만드는 것보다 대여섯 개 청구항을 가진 특허출원을 세네 건 진행하는 편이 더 바람직할 수 있다. 그것이 기업의 권리를 더 중첩적으로 보호할 수 있는 방법이며 전략적인 접근이다. 그러나 해외 특허출원의 경우에는 높은 비용도 함께 고려해야 하기 때문에 특허출원의 개수를 늘린다고 능사가 아님을 유의하자.

 청구항에는 '독립항'이라고 불리는 특허범위가 넓은 청구항이 있고, '종속항'이라는 특허범위가 비교적 좁은 청구항이 있다. 예컨대 청구항 제1항은 독립항이 된다. 그리고 '제1항에 있어서'라는 인용형식을 취한 청구항들은 종속항이 되는데, '제1항에 있어서'라는 표현은 제1항의 구성요소를 모두 포함한다는 뜻으로 해석될 수 있다. 결국 '제1항 구성요소 + 알파'의 구성이 된다. 그래서 추가되는 '알파'만큼 특허범위가 좁게 된다. 매우 실무적인 이야기이지만, 특허명세서를 작성하면서 기술적 특징을 종속항의 '알파'로 모두 추가하려는 경향이 있다. '알파' 자체가 그 기술분야에서 당연한 수단 정도에 그친다면 청구항으로 추가해 보았자 실익이 없으며, 만일 '알파'로 추가했는데 심사관이 단순설계변경이라느니 진보성이 없는 수단의 부가라고 심사를 해버리면 그 '알파'를 이용해서 특허를 받는 것 자체가 봉쇄될 우려가 있다. 따라서 '알파'에 대해서 무조건 청구항으로 추가할 것이 아니라 심사관의 심사결과를 보고 그때 가서 청구항에 추가하는 방법도 생각해 봄직하다. 특히 요즘처럼 부정적인 1차 심사결과가 전체 건수의 90%에 육박할 정도의 엄격한 경향을 보이고 있다면 특히 그러하다.

이상으로 특허를 어떻게 관리할 것인지에 대해 자세히 살펴봤다. 특허는 권리이지만 시간의 함수로서 시간이 지남에 따라 권리 유지를 위해 여러 가지로 관리가 필요하다. 관리를 하자면 비용이 들고 전문지식이 필요하며, 인력이 투입되어야 한다. 또한 권리를 유지하는 데 초점을 두는 기본적인 관리 이외에 기업은 특허가 자신의 비즈니스를 지키고 더욱 고양시킬 수 있게 하는 전략적인 관리도 해야 한다. 실사구시의 정신이 필요하다. 특허전담부서에 의해 특허를 관리하겠다는 접근은 일부 대기업의 입장에서는 타당하지만 대부분 기업 현실에서는 탁상공론에 불과하다. 기업의 인적, 물적자원을 충분히 고려할 필요가 있으며 이를 위해서 좀더 적극적으로 변리사를 활용할 필요가 있다.

7장
글로벌 마케팅과 특허

전 세계에 통용되는 특허란 없다. 우리나라 기업이 미국에서 비즈니스를 하려는데 미국특허가 필요하다면 미국에 특허권을 허락해 달라는 신청서류를 접수해야 한다. 마찬가지로 미국 기업이 우리나라에서 특허권을 행사하고 싶으면 우리나라 특허청에 특허출원서류를 접수해야 한다. 모두 꽤 많은 비용을 지불해야 한다. 이 장은 글로벌 시장을 진출함에 있어서 특허권 확보의 중요성을 말한다. 또한 해외에서 특허권을 확보하는 방법을 구체적으로 설명한다. 삼성과 애플의 특허전쟁은 여러 나라에서 전면전으로 확전됐다. 이것이 가능했던 이유는 삼성과 애플이 이 장에서 설명되는 국제 특허출원 절차를 이용해서 서로 여러 나라에서 특허권을 취득했기 때문이다.

글로벌 마케팅과 특허

특허의 치명적인 함정과 유혹은 비즈니스를 근심에 빠트린다. 이러한 근심은 국내에서보다 외국에서 더욱 심해진다. 특허가 초래하는 불확실성은 국내시장보다 외국시장에서 더 크기 때문이다. 남의 집에서 폼 잡기는 어렵다. 글로벌 마켓에서는 주인이 아니라 손님으로 행동할 수밖에 없게 된다. 인맥과 경험이 없고 언어와 법제가 다르고 비즈니스 문화도 다르며 세력도 없기 때문에 국내에서보다 훨씬 대응하기 어렵다. 게다가 문제를 해결하는 데 소요되는 비용의 크기도 상당하다. 이런 모든 어려움에도 불구하고 기업은 글로벌 마켓을 포기할 수 없다. 내수 시장에서 확실한 생존과 성장의 조건이 확보되지 않는 이상 기업은 글로벌 마켓으로 갈 수밖에 없다.

글로벌 마켓에 진출하겠다는 것은 그만큼 어떤 경쟁력을 갖고 있기 때문이다. 열정만으로는 되지 않는다. 지금, 또는 가까운 장래에 혹은 꿈 꾸는 미래에 당신은 어떤 경쟁력을 지니고 있는가? 그리고 그 경쟁력을 어떻게 달성하고 유지하려 하는가? 우선 기술적인 우월성은 좋은 경쟁력이 된다. 아마도 그것은 글로벌 마케팅의 앞 바퀴가 될 것이다. 우수한 기술과 매력적인 디자인은 글로벌 마켓에 진입하는 필수 조건이 될 수 있다. 반면에 외국 소비자들에게 신뢰를 받는 '브랜드'를 확보하는 일은 글로벌 마케팅의 뒷바퀴가 될 것이다. 기술적인 요소(우수한 디자인은 기술적인 요소와 결합된다)와 브랜드가 글로벌 마케팅에서의 성공을 좌우하는 핵심 열쇠가 된다.

그러나 이것들은 뜬금없이 이루어지지 않는다. 자생적인 힘을 발휘할 수 있는 지사를 설치하지 않는 한 현지 파트너와의 비즈니스 관계가 전제될 것이다. 현지 바이어와의 관계가 원만하게 이루어지지 않는다면 성공은 요원하다. 이를 위해 신뢰할 수 있는 현지 파트너를 찾기 위해 노력하게 되며 우연히 혹은 부단한 노력의 결과로 계약을 체결한다. 하지만 글로벌 마켓에서의 비즈니스 관계는 어느 곳에서나 마찬가지이지만 유동적이다. 계약은 관계를 창설하고 유지하기 위한 최소한의 조치에 불과하다. 계약서에 서명을 했다고 해서 비즈니스 관계가 지속되는 것은 아니다. 이쪽도 그렇지만, 저쪽도 더 이익이 되는 파트너를 찾기 위한 안테나가 꺼져 있는 것은 아니다.

신뢰는 계약에 앞선다. 언제나 신뢰가 앞장서고 계약이 따른다. 하지만 신뢰에도 수심이 있다. 얕은 신뢰는 금세 흔들린다. 수심을 알 수 없는 깊은 신뢰는 비즈니스 관계에서 가장 큰 자원이 된다. 오랜 기간 쌓아온 우호적인 역사는 비즈니스 관계를 더 오래 지탱해 줄 수 있는 가장 믿을 만한 자산이다. 그와 같은 신뢰관계는 하루 아침에 소멸되지 않기 때문이다. 하지만 그럴 만한 신뢰가 아직 없다면, 또한 서로 우호적인 신뢰를 쌓기까지 시간이 필요하다면 우리는 다른 방법을 생각하지 않을 수가 없다. 글로벌 마케팅을 시작한 지 적어도 5년 이내에는 상대방에게 신뢰를 쌓기 위한 노력 이외에—그것이 인간적인 것이든 아니면 제품 자체의 우수성에 기인한 것이든 간에— 특허권과 상표권에 관련된 조치가 함께 이루어져야 한다.

> **사례 037** 글로벌 비즈니스에서의 모방 제품 출현
>
> 홍길동 주식회사는 제품 A를 미국 기업 X에 납품하는 계약을 체결했다고 하자. 개당 10달러의 가격으로 미국 회사인 X에 공급하는 비즈니스다. 그런데 중국 기업 Y가 사실상 동일한 모방 제품인 A′를 개당 2 달러의 가격으로 미국 기업 Z를 통해 미국 시장에 출시하려고 한다. A와 A′ 사이에 가격 이외에 경쟁에 미치는 차이가 거의 없다고 가정하자. 이 비즈니스는 유지될 수 있을까?

 이 사례에서 홍길동 주식회사가 능동적으로 취할 조치가 전혀 없다면, 홍길동 주식회사와 미국 기업 X와의 비즈니스 관계는 틀어질 것이다. 현지 파트너인 X가 경쟁자인 Y와 Z를 효과적으로 견제할 수 없다면, X가 뻔한 실패를 감내하면서까지 홍길동과의 비즈니스 관계를 유지할 까닭이 없다. 오히려 홍길동과 관계를 끊고 중국 기업 Y에 손을 내미는 것이 더 자연스럽다. 위와 같은 사정이 '현재'는 없다고 하더라도, 가까운 장래에 발생할 가능성이 있다면 역시 X는 불안해진다. 이러한 사정을 근본적으로 바꿀 수 있는 방법은 사실상 '특허' 밖에는 없다. 특허라는 독점적이고 배타적인 권리 속성은 어느 나라나 동일하기 때문이다. 제품 A에 대한 미국 특허를 갖고 있다면, 위 사례에서 Y와 Z가 저가 모방제품으로 시장을 함부로 교란하지 못하게 할 수 있다. 이러한 경쟁자의 견제가 실제 가능한 것인지는 오히려 부차적일지도 모른다. 중요한 것은 홍길동과 현지 파트너인 X와의 신뢰 관계이다. 현지에서 특허를 취득하려는 홍길동의 노력은 현지 파트너인 X의 심리적인 불안감을—그 불안감을 일소할 정도로 실제 특허범위가 강력하다면 더욱 좋겠지만— 어느 정도 해소해 줄 것이며 이는

초기 신뢰 관계에 있어 매우 중요하다. 따라서 해외시장 마케팅에서 특허활동이 필요해진다. "내가 당신을 위해 해줄 수 있는 것은 이 제품밖에 없습니다."라는 말은 때로는 감동적으로 들리지만 때로는 매우 무책임하게 들릴 수 있다. "당신의 비즈니스를 위해 특허까지 신청해 뒀습니다."라고 말할 수 있다면 그쪽이 더 믿을 만하다.

브랜드에 관련한 사례를 보자.

> **사례 038** **글로벌 비즈니스에서의 상표권 취득**
>
> 임꺽정은 자사 브랜드인 Bravo라는 제품을 일본에 수출하려고 한다. 일본 회사 J를 통해 자사 제품을 일본에 출시하는 비즈니스이다. 임꺽정은 어차피 자기는 제조회사라서 그저 일본에 자기 제품을 많이 수출하면 될 뿐이라며 자기 브랜드 Bravo에 대한 일본 상표권을 신청하지 않았다. 대신 현지 파트너인 J가 Bravo에 대한 상표권을 취득했다. J의 상표권 취득행위가 위법한가?

그런데 이 사례에서 임꺽정이 수출한 제품이 일본에서 크게 성공했으며 소비자들에게 Bravo는 유명 브랜드가 되었다고 가정하자. Bravo 브랜드가 갖는 명성과 시장에서의 신뢰는 누구 소유가 되는가? 원소유자인 임꺽정이 아니라 일본상표권자인 파트너 J의 소유가 된다. 만일 J가 임꺽정과의 거래 관계를 끊고 중국기업 C로부터 동일한 제품을 공급받기로 하는 경우에(특허문제는 없다고 가정하자), 임꺽정은 일본에 자기 브랜드 제품을 임의로 수출할 수 없다. 또한 다른 루트로 일본에 진출하고자 한다면 당연히 브랜드 명칭을 바꿔야 하고, 그 경우에 자기 제품이 오리지널임에도 시장에서는 오히려 이른바 '짝퉁' 제품으로 취급당하게 된다. 시장은 J가 주도하며 J의 도움 없이는 임꺽정도 어쩔 수 없는 상황이 찾아온다. 상표권이 J에게 넘어가 있기 때문이다. 글로벌 마케팅에서 자기 브랜드에 대한 해외 상표권 등록을 게을리 하면 이와 같이 치명적인 위험에 빠지게 된다. 위 사례에서 만일 상표권을 원소유자인 임꺽정이 보유했다면 해외 파트너인 J와의 비즈니스 관계를 주도할 수 있게 되었을 것이다. 하늘과 땅 차이다.

글로벌 마케팅에 있어서 특허권과 상표권의 확보는 참으로 중요하며 또한 글로벌 마케팅의 여러 프로세스에 있어 선행되어야 한다. 물론 OEM 방식으로 수출하는 경우에는 특허나 상표가 중요하지 않을 수 있다. 이런 경우에도 거래처와의 신뢰관계를 계속 쌓기 위한 연구개발 노력을 게을리 할 수 없으며, 연구개발의 성과가 새롭게 제안될 수 있으며 역시 특허출원으로 연결될 수 있을 것이다. 또한 제품 브랜드만이 브랜드로 고려되는 것은 아니다. 상표법은 제조사의 상호도 브랜드로 취급된다. 그러므로 제품 또는 그 제품의 포장에 제조사가 표시된다면 역시 그 상호에 대해 상표권을 신청하는 편이 바람직하다.

해외에서 특허권을 취득하는 방법

각국의 특허제도는 서로 독립되어 있다. 외국에서 특허를 받기 위해서는 그 나라에 별도로 신청해야 한다. 예컨대, 미국에서 특허를 받고자 하면 미국특허청에 서류를 접수해야 하고, 일본에서 권리를 취득하려면 당연히 일본특허청에 서류를 접수해야 한다. 한국어 특허명세서를 현지 법제에 맞게 번역하고, 현지 변호사(변리사)를 고용하는 절차다. 적지 않은 비용이 소요되고 타이밍도 중요하다. 물론 제품을 외국에 수출한다고 해서 반드시 그 나라에 특허권을 신청해야 되는 것은 아니다. 어디까지나 당사자가 자유롭게 선택할 수 있다. 하지만 앞서 설명한 것처럼 그 나라에서의 마케팅, 바이어와의 관계, 모방 제품 출현 등에 적절하게 대응하기 위해서는 가능한 한 특허권을 신청해야 한다.

한국 변리사가 외국 특허청에 직접 특허서류를 접수할 수는 없다. 우선, 한국어 특허서류를 현지 언어로 번역해야 하며, 또한 현지의 특허변호사(변리사)를 선임해야 한다. 그러다 보니 외국 특허출원을 하려면 적지 않은 비용 부담을 질 수밖에 없다. '기업(특허출원인) ⇄ 한국 변리사 ⇄ 현지변리사 ⇄ 현지특허청'의 구조다. 한국 변리사 없이 직접 외국 현지의 특허변호사를 선임하는 것도 가능하다. 한국 변리사에 지급되는 비용을 절감할 수 있는 장점이 있다. 그러나 비용을 다소 낮출 수는 있지만 그 밖의 모든 것은 문제가 될 것이다. 회사 내에 특허전담부서가 없다면 외국 특허출원을 제대로 준비할 수가 없다. 현지 변호사를 잘 통제할 수 없으며 현지 변호사의 잦은 문의와 보고를 잘 이해할 수 없게 된다. 요컨대 권리를 제대로 관리할 수 없다. 그 때문에 한국 변리사를 통하지 않고 외국 특허출원을 하는 것은 바람직하지 않다. 실제 강력한 특허전담부서를 두고 있는 글로벌 대기업도 국내변리사를 거쳐서 외국에 특허출원을 하게 된다. 이렇게 생각하면 외국 특허출원에 소요되는 비용을 줄이기가 쉽지 않다는 결론에 이르게 된다.

일반적으로 1국가마다 특허출원 시점(특허권을 신청하는 시점)에 400~1,000만원이 소요된다(한국 변리사 비용을 포함해서 그러하다). 주요 국가 중 출원 시점에서는 미국이 비교적 저렴한 편이고 유럽과 일본이 비싸다. 그러나 2~3년의 심사과정을 거치는 과정에서 300~400만원의 추가 비용이 발생할 수 있다. 어디까지나 대략적인 추정치다.

외국에서 특허를 받기까지 소요되는 비용에는 여러 증감 요소가 있다. 현지 물가에 영향을 받을 것이다(예컨대 잘 사는 나라는 다소 비싸고 못 사는 나라는 다소 저렴하다). 특허명세서의 분량이 많은 경우에는 번역료 때문에 비용이 증가할 것이다. 특허 청구항^{Claim}이 많은 경우에도 비용이 커질 것이다. 또한 환율에도 영향을 받는다. 쉽게 특허를 받게 되면 비용이 커지지 않지만 현지 심사관과 다투면서 어렵게 특허를 받게 되면 그만큼 비용이 증가한다. 노력한 만큼 비용이 증가하게 된다. 노력한 만큼 현지 변호사가 비용을 청구하기 때문이다.

이 책의 6장에서 간략하게 소개한 것처럼 외국 특허출원을 함에 있어서 일반적으로 두 가지 방법이다. 파리조약에 의한 방법과 또 다른 조약인 PCT에 의한 방법이 있다. 이 두 가지 방법의 공통점은 모두 한국에서 먼저 진행한 특허출원일자로 현지에서 소급 받는 것을 전제로 한다. 예컨대 한국에서 2011년 5월 1일 특허출원한 발명을 첫 번째 방법에 의해 2012년 5월 1일에 일본에 특허출원했다거나, 또는 두 번째 방법에 의해 2013년 11월 1일에 일본 특허출원을 했다고 가정하자. 실제 일본에 특허출원하기까지 상당한 시간이 소요된다. 이때 이 두 가지 방법의 공통적인 장점은 한국 특허출원일인 2011년 5월 1일을 기준으로 일본에서 특허성 여부를 심사한다는 것이다. 이것이 중요한 이유는 그 기간 사이에, 즉 2011년 5월 1일 이후 다른 사람이 먼저 그 나라에 신청했다거나 발명 자체가 공개됐다고 하더라도, 그러한 사실 자체를 무시할 수 있다는 점이다. 이런 장점은 정말로 중요하다. 하지만 이 두 가지 방법을 이용해야 유리하고 그렇기 때문에 일반적으로 이런 방법들이 이용되는 것이지 반드시 이러한 방법들을 택해야 하는 것은 아니다. 선택의 여지는 있다. 조약을 이용하지 않고 외국에 특허출원할 수도 있다.

우선일이라는 개념

우선일은 조약당사국에서 이루어진 가장 앞선 특허출원일을 의미한다. 대한민국 기업을 기준으로 보자면, 대개 한국 특허출원일이 우선일이 된다. A라는 한국 특허출원을 했고, 나중에 약간 개선한 B라는 한국 특허출원을 했다면, 외국에 특허출원할 때 A와 B를 합쳐 진행할 수 있는 경우가 있다. 이때의 우선일은 A 특허출원일자가 된다. A라는 한국 특허출원을 했고 나중에 이것을 약간 개량해서 A를 취소시키고 A′로 특허출원을 바꾸었다고 하자. 이를 A′를 국내우선권 주장 특허출원이라고 한다. 그리고 A′에 대해 외국에 특허출원하고자 하는 경우 이 때의 우선일은 A′의 특허출원일이 아닌 A의 특허출원일이 된다. 우선일은 가장 먼저 특허출원일이 이루어진 날이다. 대개는 한국 특허출원일자이며, 특허출원이 복수 있는 경우에는 가장 앞선 날짜가 된다. 이와 같이 '우선일'이라는 개념을 자세히 살펴본 까닭은 외국으로 특허출원할 때 법리적으로도 중요하고 비즈니스적으로 매우 중요한 기준이 되기 때문이다.

파리조약을 이용한 루트

공업소유권에 관한 국제조약인 파리조약을 이용하여 외국 특허출원을 할 수 있다. 파리조약은 '우선일로부터 1년이라는 소급혜택'을 준다. 2011년 7월 1일에 우리나라에서 특허출원을 했다면 2012년 7월 1일까지 현지 외국에 특허출원을 하면 그 나라에서 특허심사의 기준이 되는 시점은 우리나라 특허출원일인 2011년 7월 1일로 소급된다.

사례 039 　외국 특허출원 시기

홍길동이 아이디어 A에 대해서 2011년 7월 1일자로 우리나라 특허청에 특허출원서를 제출했다. ① 홍길동이 그 특허출원일로부터 3개월 정도 지난 시점에 아이디어 제품을 만들어 판매한 경우, ② 미국인 로버트가 홍길동의 A와 유사한 아이디어 A´에 대해서 2011년 11월경에 미국에서 국제 논문에 발표한 경우, ③ 일본인 다나카가 홍길동의 A와 동일한 아이디어를 생각해내고 2012년 1월에 일본 특허청에 특허출원을 한 경우가 각각 있다고 가정하자. 홍길동은 2012년 6월 현재 일본에 특허출원하려고 한다. 홍길동은 일본에서 특허를 받을 수 있을까?

예컨대 만일 파리조약을 이용하지 않고 그냥 일본에 특허출원을 하면, 위 세 가지 경우 모두 홍길동은 일본에서 특허를 받을 수 없다. ①과 ②의 경우에는 일본 특허출원일을 기준으로 더 이상 새롭지 않기 때문이며, ③의 경우에는 다나카의 특허출원이 더 앞서기 때문이다. 그러나 파리조약을 이용해 일본에 특허출원을 하면, 위 세 가지 경우 특별히 문제가 생기지 않는다. 우선일로부터 2012년 7월 1일까지 파리조약에 의한 특허출원을 하면, 우리나라 특허출원일인 2011년 7월 1일로 특허심사의 기준이 되는 시점이 소급되기 때문이다.

이 방법에 의한 외국 특허출원은 절차가 간단해 이해하기 좋고, 좀 더 신속하게 권리를 받을 수 있다는 장점이 있다. 하지만 조기에 비용을 집행해야 하는 단점이 있다. 기업 입장에서 보면 1년이라는 소급혜택은 고마운 일이지만, 이것을 누리기 위해서는 반드시 1년 내에 현지 특허출원이 이루어져야 한다. 1년이 지나면 소급혜택을 누릴 수 없다. 소급혜택을 누리지 못하면 영영 특허를 취득하지 못할 수도 있다. 이것이 파리조약의 가장 큰 단점으로 지적된다.

해외에서 특허를 취득하려면 먼저 어떤 나라에서 특허를 받을지 결정해야 한다. 비즈니스적으로 효용가치가 있는 시장이 고려될 것이다. 이 넓은 지구촌 중에서 시장으로서 가치가 있거나 유의미한 비즈니스가 있는 나라를 1년 이내에 정해야 한다. 그것도 한국 특허출원일로부터 늦어도 11개월 이전에 특허를 받고자 하는 나라를 정해야 한다. 그래야만 번역 준비 등을 거쳐서 위에서 말한 1년이라는 기간을 지킬 수 있기 때문이다. 법적으로만 보자면 1년은 충분한 기간일 수도 있다. 하지만 비즈니스 관점에서 보자면 1년은 금방 지나가버리는 기간이다. 그 사이에 '특허를 활용할 시장'을 종국적으로 정하는 것이 무척이나 어려운 일이다.

특허를 받고자 하는 나라가 3~4개국 이내이고, 그것도 미래가 아닌 바로 현재 비즈니스가 진행되고 있는 경우에 더욱 신속하게 특허를 받고자 한다면 파리조약에 의한 외국 특허출원 방법을 이용할 수 있다. 그렇지 않다면 아래의 PCT 국제출원을 이용하는 것이 비즈니스 관점에서 현명하다.

PCT 국제출원

위의 첫 번째 방법의 단점을 개선하고자 만들어진 조약이 특허협력조약^{PCT}이며 이것을 이용한 국제출원을 PCT 국제출원(PCT 루트)이라고 한다. 앞서 설명한 것처럼, 파리조약에 의한 외국 특허출원 방법의 치명적인 약점은 1년이라는 준비기간이 너무 짧다는 것에 있다. 따라서 두 번째 방법, 즉 PCT 국제출원은 1년의 기간을 대폭 연장해 준다는 데 그 핵심 요체가 있다. 다시 말하면 PCT 국제출원은 "1년은 너무 짧아요. 2년 반은 되어야 합니다. 기간을 연장해 주세요."라는 국제적인 신청을 의미한다고 볼 수 있다.

항간에는 PCT 국제출원이 마치 전세계에서 특허를 취득했다거나 또는 전세계에 특허를 신청했다고 생각하는 오해가 횡행하기도 한다. 이 정도면 매우 심각하게 잘못된 지식이다. 확정적인 권리로서의 '국제특허'라는 개념은 존재하지 않는다. 동시에 지구촌 모든 나라에 대해서 특허출원을 동시에 신청하는 제도도 현재로서는 없다. 다시 말하지만 PCT 국제출원은 '국제적인 기간 연장 신청'에 불과하며, 이 제도를 이용하더라도 나중에는 첫 번째 방법(파리조약)처럼 각 나라별로 별도로 특허출원 절차를 밟아야 한다.

PCT 국제출원의 절차는 다소 복잡해 보이기도 한다. 하지만 자세히 들여다 보면 또 그렇지도 않다. PCT 국제출원을 하면 스위스에 있는 국제지적재산권기구^{WIPO} 사무국에 서류가 보내진다. 그런데 이 신청절차는 비싸다(관납료만 200만에 가깝다). WIPO나 그것에 관련된 관청(각 나라의 특허청)이 앉아서 돈을 받기만 할 수는 없으므로 비싼 만큼 여러 가지 서비스를 제공하게 된다. 예컨대 국제공개공보를 발행한다거나, 국제조사를 해 준다거나, 서류를 수정할 수 있는 기회를 준다거나, 국제사무국에 명의 이전 사실을 등록해 준다거나 하는 서비스다. 이런 서비스들이 많기 때문에 복잡해 보일 뿐이다. 단순 명료하게 생각한다면 우선일로부터 보통 30개월 이내에 원하는 나라를 선택해 정식 특허출원을 해야 한다는 것이다(다음 표 7-1은 세계 여러 나라에서 정한 마감기한이다). 기업은 이것만 알아도 어쩌면 충분하며 무엇인가 부족하다고 느낀다면 틈틈이 변리사에게 전화를 하면 된다. 나머지는 변리사가 알아서 할 것이다.

PCT 루트를 이용함에 있어서 유의해야 할 두 가지 사실이 있다. 하나는 비즈니스에서 중요한 것이며 다른 하나는 일종의 해프닝이다. 대만은 조약에 가입되어 있지 않다. PCT 조약뿐만 아니라 파리조약에도 가입되어 있지 않다. 중국의 반대 때문이리라. 그런데 대만은

국가	기한(개월)	국가	기한(개월)
가나	30	과테말라	30
그레나다	30	그루지아	31
나미비아	31	나이지리아	30
남아프리카공화국	31	노르웨이	31
뉴질랜드	31	니카라과	30
대한민국	31	덴마크	31
도미니카	30	독일	30
라오스	30	라이베리아	30
러시아	31	레소토	30
루마니아	30	룩셈부르크	20
리비아	30	리투아니아	31
마다가스카르	30	마케도니아	31
말라위	30	말레이시아	30
멕시코	30	모로코	31
모잠비크	31	몰도바	31
몽골	31	미국	30
바레인	30	바베이도스	30
베트남	31	벨라루스	31
벨리즈	30	보스니아헤르체고비나	34
보스와나	31	북한	30
불가리아	31	브라질	30
산마리노	31	세르비아	30
세이셸	31	세인트루시아	30
세인트빈센트그레나딘	30	세인트키츠네비스	30
수단	30	스리랑카	30
스웨덴	31	스위스	30
스페인	30	슬로바키아	31
시리아	31	시에라리온	31
싱가포르	30	아랍에미레이트	30
아르메니아	31	아이슬란드	31
아제르바이잔	30	알바니아	31
알제리	31	앙골라	30
앤티가바부다	30	에스토니아	31
에콰도르	31	엘살바도르	30
영국	31	오만	30
오스트레일리아	31	오스트리아	30

(표 이어짐)

국가	기한(개월)	국가	기한(개월)
온두라스	30	우간다	21
우즈베키스탄	31	우크라이나	31
유럽특허청	31	이스라엘	30
이집트	30	인도	31
인도네시아	31	일본	30
잠비아	30	잠비아	30
중국	30	짐바브웨	30
체코	31	칠레	30
카자흐스탄	31	캐나다	30(42)
케냐	30	코모로제도	30
코스타리카	31	콜롬비아	31
쿠바	30	키르기스스탄	31
타지키스탄	30	탄자니아	21
태국	30	터키	30(33)
투르크메니스탄	30	튀니지	30
트리니다드토바고	30	파푸아뉴기니	31
페루	30	포르투갈	30
폴란드	30	핀란드	31
필리핀	30(31)	헝가리	31
흐르바트스카	31		

표 7-1 PCT 개별국가 진입 마감 기한(계산시점: 우선일로부터)

WTO의 가맹국의 지위를 갖고 있기 때문에, 비록 파리조약의 가맹국이 아니더라도 우선권기간 1년의 소급혜택을 받을 수는 있다. 따라서 대만에 특허권을 확보하고자 한다면 PCT 루트를 이용할 수 없기 때문에 우선일로부터 12개월 내에 대만에 특허출원해야만 소급혜택을 누릴 수 있음을 잊어서는 안 된다.

해프닝은 묘한 서신으로 엮인다. PCT 국제출원은 스위스에 있는 국제사무국에 의해 공개된다. 공개된다는 것은 누구나 볼 수 있다는 의미다. 나도 볼 수 있고 당신도 볼 수 있다. 우리들도 볼 수 있고 우리의 경쟁자도 볼 수 있다. 마음이 고운 사람도 열람할 수 있으며 사기꾼들도 볼 수 있다. 어느 날 PCT 국제출원인, 즉 기업 주소로 영문 서신이 하나 온다. 서신을 보낸 명의는 오스트리아나 유럽에 소재하는 어떤 기관(마치 공공기관처럼 보이는)인 것 같은데, 수천 달러에 달하는 돈을 자신의 계좌로 입금하라는 것이다. 절대 입금해서는 안 된다. 자신들의 특허 데이터베이스(사설 데이터베이스를 의미한다)에 등록해 주겠으니 소정의 비용을 입금하라는 것인데, 거칠게 예를 들어 표현하자면 내가 개인 블로그를 운영하고 있는데 당신이 200만원을 입금하면 내 블로그에 당신 특허문헌을 게재해 주겠다는 것과 같다. 일체의 PCT 국제출원에 관련한 특허문헌은 WIPO 사이트(www.wipo.int)를 통해 등록되고 공개되는데 별도로 어디에 또 등록한단 말인가? 또한 PCT 국제출원에 관련하여 어떤 특별한 사정이 없는 한(실무적으로는 거의 존재하지 않는다), WIPO 국제사무국은 추가 비용을 국제출원인에게 요구하지 않는다.

다시 PCT 루트의 절차에 대해서 살펴보자. 우선일인 한국 특허출원일로부터 12개월(1년)이 되기 전에 PCT 국제출원을 한다. 이때 특허를 받고자 하는 전세계의 PCT 가맹 국가를 지정한다. 이를테면 전세계 나라에 대해 기간연장을 신청한 것이다. 그리고 연장된 마감기한은 언젠가는 임박해 올 것이다. 우선일로부터 30개월이 되기 전에 이제는 특허를 받고자 하는 나라를 선택해 그 나라의 언어로 특허서류를 번역해서 그 나라의 특허청에 서류를 접수해야 한다. 이를 '국내단계 진입'이라고 말한다. 이때 상당한 비용이 소요된다. 그 다음부터는 파리조약의 루트와 동일하고 그 나라 특허청의 절차에 따른다.

국제적인 기간연장 신청인 PCT 루트에도 단점이 있다. 조속히 특허를 받고자 하는 경우에는 다소 번잡하고 자칫 해당 나라에서 특허를 받기까지 너무 오랜 시간이 소요될 수 있다는 점이다. PCT 국제출원에 소요되는 총비용은 350만원 내외인데 특허사무소마다 다소 차이가 있다. 다음 표 7-2는 PCT국제출원을 이용하는 우리나라 기업순위다.

(단위: 건)

'10순위	'09순위	출원인	2005	2006	2007	2008	2009	2010
1	1	LG전자	432	691	895	1,173	1,098	1,334
2	2	삼성전자	463	549	616	659	536	690
3	3	LG화학	211	319	282	248	197	176
4	6	LG이노텍	33	37	59	85	80	136
5	4	한국전자통신연구원	182	258	427	485	184	98
6	8	한국과학기술원	16	28	38	39	59	73
7	5	서울대학교	38	41	68	57	85	66
8	7	SK텔레콤	58	33	30	53	74	61
9	*	한국생명공학연구원	13	32	49	62	33	43
10	9	한양대학교	10	7	22	25	51	40
		계	1,456	1,995	2,486	2,886	2,397	2,717

표 7-2 우리나라 PCT 국제출원 기업 순위 현황

어떤 방법으로 외국 특허출원을 할 것인가?

파리조약의 루트를 이용하든 PCT 루트를 이용하든 간에, 결론적으로 각 나라의 절차로 진입할 적에는 동일한 비용을 지출할 수밖에 없다. 그 나라 특허청에 서류를 접수한 이후로는 차이가 없기 때문이다. 앞서 몇 번씩이나 반복해서 설명한 것처럼, 1년의 유예기간을 갖느냐 2년 반의 유예기간을 갖느냐의 차이에 불과하다(이 차이가 비즈니스적으로는 매우 큰 차이이지만).

따라서 3~4개 국가 이내로 이미 특허출원 대상 국가가 정해졌고, 그 이상의 나라에 대해서는 특별히 관심이 없는 경우에는 굳이 PCT 루트를 이용하지 않고 파리조약의 루트를 이용하는 것이 더 좋을 수 있다. 만일 대만에서 특허를 받고자 하는 경우에는 앞서 말한 바와 같이 PCT 루트를 이용할 수 없기 때문에 유의해야 한다. 반면에 현재 여러 나라에서 비즈니스가 진행되고 있고 글로벌 마케팅이 계속 확장될 것으로 예상된다면 PCT 국제출원 방법을 선택하는 것이 바람직하다.

  이 두 가지 방법을 병용할 수도 있다. 비즈니스 상 긴급히 특허출원이 필요한 나라가 몇 군데로 정해진 경우에는 그 나라에 대해서 파리조약 루트에 의해 특허출원을 진행하고, 동시에 나머지 국가에 대해서는 PCT 국제출원을 하는 방법이다. 이것은 매우 전략적이고 유효한 외국 특허출원 방법이지만 많이 활용되고 있지는 않다. 이것 아니면 저것이라는 잘못된 편견이 있기 때문이다. 유럽연합에 가입된 국가는 유럽 특허청EPO을 지정해 단일 절차로 심사를 받을 수 있다. 현재 38개국이 가입되어 있다. 경제적이며 효율적인 절차이다.

> **EPO 가입국:** 알바니아, 오스트리아, 벨기에, 불가리아, 스위스, 씨프러스, 체코, 독일, 덴마크, 에스토니아, 스페인, 핀란드, 프랑스, 영국, 그리스, 크로아티아, 헝가리, 아일랜드, 아이슬란드, 이탈리아, 리히텐슈타인, 리투아니아, 룩셈부르크, 라트비아, 모나코, 마케도니아, 몰타, 네덜란드, 노르웨이, 폴란드, 포르투갈, 루마니아, 세르비아, 스웨덴, 슬로베니아, 슬로바키아, 산마리노, 터키

기간을 지나쳤다고 보고만 있을 텐가?

앞서 우리는 외국에서 특허권을 신청함에 있어 기간의 중요성을 강조했다. 정상적인 방법으로 외국에서 특허권을 취득하기 위해서는 우선일로부터 1년 이내에 파리조약에 의해 외국 특허출원을 하는 파리조약 루트를 이용하거나, 또는 1년 이내에 우선 PCT 국제출원을 해서 여유 시간을 확보한 다음에 다시 우선일로부터 30개월 이내에 원하는 외국에 특허출원을 하는 PCT 루트를 이용해야 한다. 그런데 만일 그 기간을 놓친 경우에는 어떻게 할 것인가? 한국 특허출원일로부터 1년이 지나버려서 파리조약 루트도 PCT 루트도 이용할 수 없다면

방법이 전혀 없는 것인가? 혹은 PCT 루트를 이용해서 30개월 이내에 실제 외국 특허출원을 했어야 했는데 기간을 지키지 못했다면 어떻게 해야 하는가? 비즈니스를 하다 보면 여러 가지 이유로 기간을 놓칠 수 있다. 예컨대 기간이 임박했을 무렵에 외국 특허출원을 할 자금이 없었을 수도 있다. 또는 별로 중요한 시장이 아니라고 판단해서 일부러 그 나라에 특허출원을 시도하지 않았는데 이제 와서 보니 특허출원을 할 필요가 발생했을 수도 있다.

법리 전문가의 관점에서 보자면 외국에서 특허를 받을 가능성은 거의 없거나 불가능하다. 이론적으로는 그렇다. 그러나 실제로는 그렇지 않을 수도 있다. 파리조약 루트도 PCT 루트도 이용할 수 없는 상황이라면, 기초가 되는 한국 특허출원이 이미 공개됐을 가능성이 높다(특허출원일로부터 18개월이 지나면 해당 특허출원은 공개된다). 또한 공개되지 않았더라도 자기 판매에 의해 또는 제3의 공개에 의해 외국 특허출원 시점에서는 더 이상 '새로운 것'이 아닐 수도 있다. 이와 같이 신규성을 상실했다면, 이론적으로 지구촌 어느 나라에서도 특허를 받을 수 없게 된다. 하지만 절망하지 말고 다시 생각해 볼 필요가 있다. 신규성을 잃어버려서 이론적으로 특허를 받지 못한다는 것이지 특허권을 신청하는 행위 자체가 봉쇄되는 것은 아니다. 특허출원은 언제나 가능하다.

기업이 해외에서 특허취득을 시도하고자 함은 반드시 특허라는 권리를 그 나라에서 행사하겠다는 것을 의미하지는 않는다. 돈도 돈이지만, 우리나라에서도 특허권 행사가 쉽지 않은데 법제와 문화가 다른 해외에서의 권리행사는 더 더욱 어려운 일이다. 물론 해외 시장에서 특허를 행사하기 위해 외국 특허출원을 하는 경우도 있다. 대기업의 몇몇 특허에 대해서는 과연 그러할 것이다. 하지만 해외 파트너와의 계약 때문에 특허출원이 필요한 기업도 있다. 반면, 단지 특허출원 번호가 필요한 기업도 있다. 이런 경우에는 기간이 지났다 하더라도 특허출원이 가능함을 기억해 두는 것이 좋다.

한편 기초가 되는 우리나라 특허출원이 이미 공개되었다고 하더라도 영어로 공개되는 것이 아니라 한글로 공개되는 것이기 때문에, 외국의 특허청 심사관이 그 공개 사실을 모를 수 있다. 우리에게 불리한 사실이 외국 심사관에게 알려지지 않았고 또 그 사이에 유사한 기술이 알려지지 않았다면 '때 늦은 외국 특허출원'도 효력이 있는 것이다. 비록 우선권을 주장할 수 있는, 즉 소급혜택을 주장할 수 있는 기간을 놓쳤다 하더라도 바로 끝나는 것은 아니다.

여기 때 늦은 외국 특허출원에 관련된 두 가지 유용한 사례가 있다.

사례 040 시기를 놓친 외국 특허출원 1

홍길동은 2011년 1월 2일 A 기술에 대해 우리나라에서 특허출원을 했다. 2012년 4월 말이 되어 갑자기 해외에서의 권리화가 필요하게 됐다. 미국과 중국과 일본 바이어들이 A기술에 대해 관심을 갖는다. 홍길동은 어떻게 하면 좋을까?

소급혜택을 주는 조약은 최초 특허출원일(우선일)로부터 1년 이내에 무슨 조치를 취하라고 규정한다. 그러나 지금은 우선일로부터 16개월이 된 시점이다. 파리조약 루트를 이용할 수 없다. 그런데 아직 홍길동의 대한민국 특허출원이 공개되지 않았기 때문에 그나마 안심이다. 특별히 A기술의 내용에 대해 간행물(논문, 잡지 등)을 통해 자세히 공개하지 않았다면 특별히 문제될 것은 없다. 그 사이에 다른 제삼자가 먼저 특허권을 신청했다거나 다른 공개 특허문헌이 생기는 경우가 있는데 그것은 모든 특허출원에 대해 생길 수 있는 문제여서 어쩔 수 없는 일이다. 따라서 미국과 중국과 일본에 대해 우선권 주장 없이 그냥 각각 특허출원을 하면 된다. PCT 루트를 이용할 수 있는가? 물론이다. 다만 우리나라 특허출원을 가지고 우선권 주장을 할 수 없으며, 소급혜택을 누릴 수 없을 뿐이다.

사례 041 시기를 놓친 외국 특허출원 2

임꺽정이 2010년 1월 1일 B 제품에 대해서 특허출원을 했고 지금은 2011년 8월 1일이다. 오랜 노력을 기울인 끝에 B 제품이 외국으로 수출하게 되었고 현지에서의 특허출원이 필요하게 됐다. 임꺽정은 어떻게 하면 좋을까?

첫 번째 사례와 달리 우리나라 특허출원이 공개됐다. 따라서 매우 안 좋은 상황이다. 이런 상황이라면 이론적으로는 B 제품에 대한 해외에서의 권리화는 끝난 셈이다. B 제품에 대한 우리나라 특허출원이 공개되었으므로 B 제품은 더 이상 새로운 것이 아니다. B 제품이 시판되고 있는 상황에서는 더더욱 그렇다. 임꺽정은 마음을 비워야 한다. 해외에서 특허권을 행사하겠다는 마음보다는 어떻게 이것을 비즈니스에 활용 할 것인가에 주안점을 두어야 하겠다. 원하는 나라에 B 제품에 대해서 특허출원을 할 수 있다. 이때 우리나라 특허출원의 내용과 동일하게 하지는 말고 다소 변경하거나 개선사항을 추가하고 도면이나 용어들을 다소 수정한 다음에 외국 특허출원을 하는 편이 바람직하다. 소급혜택은 인정되지 않기 때문에 파리조약 루트를 이용하는 것은 불가능하고 우선권 주장 없이 원하는 나라에 각각 특허출원하게 된다. 우선권 없는 PCT 국제출원도 가능하지만, PCT 루트에서는 중간에 국제조사를 하게 되는데, 국제조사심사관이 한국 특허청이 소속된 한국 심사관이므로 B제품의 공개된 한국 특허출원을 검색해

낼 가능성이 높다. 따라서 굳이 PCT 루트를 이용할 것이 아니라 개별적으로 외국 특허출원을 진행하는 것이 좋다.

외국에서의 상표권 취득

글로벌 마케팅과 관련된 중요한 권리는 크게 세 가지로 나뉜다. 첫째는 당사자들 사이에서 정한 계약에서 비롯되는 권리요, 둘째는 특허권이며, 셋째는 상표권이다. 계약은 당사자 사이에서의 약속이라서 권리의 폭이 매우 좁다(하지만 당사자끼리는 깊고 강한 권리이다). 특허권에 대해서는 앞서 충분히 설명했다. 이들 권리 중에서 가장 중요하고 활용 가치가 높은 권리를 하나 꼽으라고 한다면 아마도 '상표권', 즉 우리가 흔히 알고 있는 '브랜드'라 할 것이다.

    기술은 변하고 제품도 바뀌지만 브랜드는 오래 지속될 수 있다. 그 무엇도 소비자들의 좋은 기억과 신뢰를 대신할 수 없다. 현지 시장에서 타인의 특허권과의 충돌이 문제가 된다면 판단이 어렵기 때문에 (어려운 기술과 법리를 함께 분석해야 한다) 여러 가지 대응이 가능할지도 모른다. 특허라는 것이 원래 그렇다. 하지만 현지 시장에서 타인의 상표권과의 충돌이 문제가 된다면 판단이 매우 쉬워서(양 상표가 유사한지 눈으로 보아서 상식적으로 판단할 수 있다) 갑자기 통관금지가 될 수 있기 때문에 시장 진입 자체가 봉쇄될 수 있다. 따라서 그만큼 상표권이 중요하다. 또한 상표는 '새로움'을 따지지 않는다. 특허처럼 기간 제한이 있어서 어느 시점이 되면 권리화를 포기해야 하는 것도 아니어서 언제든지 권리 확보가 가능하다. 그 말은 언제든지 제삼자의 악의적인 모방이 가능하다는 것이다. 그러므로 우리가 해외 시장에 진출한다면 우리 브랜드에 대한 우선적인 보호가 특허보다 더 중요할 수 있음을 잊어서는 안 된다. 제품 또는 제품의 포장에 상호를 표시하는 경우에 그것이 상표로 고려될 수 있음도 기억하자.

외국에서 상표권을 확보하는 방법은 간단하다. 현지 변호사나 변리사 등의 대리인을 선임해 상표출원을 하면 된다. 이를 위해서 보호를 받고자 하는 상표 이미지 파일을 준비하고(보통의 문자상표라면 굳이 이미지 파일을 준비하지 않아도 된다), 보호받고자 하는 품목/업종을 선택하게 된다. 우리나라 기업이 현지 외국 대리인을 선임해서 직접 진행하여도 좋다. 그러나 전문적인 의사소통과 관리부담을 줄이기 위해서는 국내 변리사를 통하는 것이 바람직하다. 상표 업무에 관련한 국내 변리사의 수수료는 비교적 낮은 편에 속하므로 큰 부담은 되지 않을 것이다.

특허에서 설명한 파리조약을 이용할 수도 있다. 상표에 관한 파리조약의 우선권기간은 6개월이다. 먼저 우리나라에서 상표출원을 한 후에 그 날로부터 6개월 이내에 외국에 상표출원을 하면 그 나라의 심사기준일을 우리나라 상표출원일로 소급해 준다는 것이다. 그러나 특허에 비해 상표의 경우는 이러한 소급혜택이 크게 주목 받지는 못한다. 상표는 새롭지 않아도 되기 때문이다. 10년이 지난 상표도 외국에 상표출원할 수 있어서 신규 론칭한 브랜드가 아니라면 6개월이라는 기간을 지키지 못하는 경우가 대부분이다.

마드리드 프로토콜Madrid Protocol이라는 국제상표출원 절차가 있다. 마드리드 의정서라는 뜻의 마드리드 프로토콜이라는 조약의 루트를 이용하여 외국에서 상표권을 취득하는 방법이다. 이 제도는 특허의 PCT 국제출원과는 상당히 다르다. PCT 국제출원은 각 나라에 특허출원을 할 수 있는 기간을 연장해 달라는 것이며, 각 나라의 특허청이 실제로 심사를 진행하는 것은 아니다. 그렇게 하려면 해당하는 나라에 직접 특허출원서류를 접수해야만 한다. 하지만 마드리드 루트에 따른 국제상표출원은 실제로 심사에 착수한다는 점에 큰 특징이 있다. 마드리드 루트로 원하는 나라를 선택해서 상표출원을 하면(조약 가입국에 제한된다), 그 나라 특허청이 자동으로 심사를 착수하는 시스템이다. 이 제도의 유용성은 현지 변호사를 선임하지 않아도 된다는 점에 있다. 현지 특허청이 상표심사를 한 결과 특별히 문제 삼지 않았다면 현지 변호사 선임 없이 바로 등록될 수 있고 추가 비용도 내지 않는다. 이 제도는 비용 면에서 엄청난 이득을 줄 수 있다.

하지만 중요한 전제 조건이 있는데 기본이 되는 '우리나라 상표권'이 존재해야 한다는 것이다. 만일 기본이 되는 우리나라 상표권이 죽는 경우에는 특별한 조치를 취하지 않는 한 연관된 외국의 권리도 연쇄적으로 소멸할 수 있다는 단점이 있다. 아직 우리나라에서 등록 받지 못했고 심사 중인 상표출원을 이용해도 된다. 하지만 이 경우 우리나라에서 심사를 통과하지 못하면 문제가 더 복잡하게 꼬이기 때문에 유의해야 한다. 즉, 마드리드 루트로 외국에 상표권을 신청하기 위해서는 먼저 우리나라 권리가 확실히 안정되어 있어야 함을 잊어서는 안 된다.

또한 마드리드 루트로 외국에 상표출원을 하기 위해서는 또 다른 중요한 고려사항이 하나 있다. 브랜드가 글로벌 마케팅에 적합한 것이어야 한다. 한글은 외국에서 기호로 파악되지 외국 소비자들에게 문자로 인식되지는 않는다. 발음할 수 없으며 그 의미를 알 수 없기 때문이다. 그런 점에서 영어상표가 중요하다. 따라서 글로벌 마케팅을 고려하자면 영어 브랜드에 대한 대한민국 상표권 확보가 중요한 의미를 갖는다. 실무적으로 보면 우리나라 상표권 중에는 영어상표와 한글상표가 함께 결합되어 등록된 경우가 많다. 마드리드 프로세스를 이용함에 있어서 바람직하지는 않다. 과연 해외에서 그와 같이 영어와 한글을 함께 결합해서 사용할 것인지 의문이다.

　기업 간 특허전쟁은 국경을 가리지 않는다. 국내기업끼리 특허분쟁을 하는 경우에는 우리나라 법원에서 싸우고 우리나라에서 등록된 권리의 침해여부가 쟁점이 된다. 하지만 우리나라 수출기업이 외국 시장에 진출하는 경우에는 언제든지 그 나라에서 불의의 분쟁에 휘말릴 수 있음을 잊어서는 안 된다. 그것은 특허권과 관련된 침해 분쟁일 수 있으며, 브랜드에 관한 분쟁일 수도 있다. 모두 치명적인 위협이 된다. 외국 시장에 진출하기 위해서는 반드시 특허권과 상표권을 확보하기 위한 노력을 해야 한다.

8장
특허 인 비즈니스

창의성, 새로운 것을 생각해 내는 힘을 뜻한다. 특허, 새로운 아이디어에 대한 권리다. 새로운 아이디어는 새로운 것을 생각해 내는 힘에 의해 촉발된다. 그리고 이것은 앞서 자세히 살펴본 바와 같이 특허를 취득함으로써 온전한 권리가 된다. 그러므로 창의성과 특허는 떼려야 뗄 수 없는 관계를 갖는다. 혁신, 완전히 바꾸어서 새롭게 함을 뜻한다. 창의성은 에너지가 되며 그 실천적인 힘은 혁신과 만난다. 우리는 창의성과 혁신을 비즈니스에 연관시켜서 말하며 생각하지만, 창의성과 특허 혹은 혁신과 특허는 잘 연관시키지는 못한다. 그 까닭은 특허를 '결과물'로서 생각하기 때문이다. 그러나 이 장에서는 결과물로서 특허에 대해 접근하는 것이 아니라, '특허활동'이라는 프로세스의 관점으로 접근한다. 이를 통해 창의성의 에너지를 북돋는다. 최종 목적은 비즈니스를 혁신하기 위함이며 이것이야말로 기업의 미래에 공헌할 것이다. 우리가 일관되게 강조해 온 것처럼 이를 위해서는 '특허 인 비즈니스'라는 관점이 먼저 정립되어야 한다.

기업의 자원과 특허

비즈니스와 특허를 떼놓고 생각할 수는 없다. 우리는 이미 비즈니스에서의 특허의 다양한 유용성을 살펴 보았다. 비즈니스 활동에서는 주체적인 역량이 고려되지 않을 수가 없다. 그것은 바로 자원이다. 한편으로는 '사람'에 관한 문제인 인적자원이며 다른 한편으로는 결국 '돈'과 관련되는 물적자원이다. 시장을 과점한 대기업이 생각하는 특허와 이제 시장에 진입하려는 작은 기업이 생각하는 특허가 같을 수는 없다. 물론 동일한 특허제도이고 누가 특허권자이냐에 따라서 권리의 속성이 달라지는 것도 아니다. 하지만 특허문제는 어떤 목적으로 특허를 취득할 것인가, 어떤 기술에 대해 특허를 신청할 것인가, 이 기술에 대해 어느 정도의 범위와 강도를 갖는 권리를 취득할 것인가, 해외에서도 특허출원을 해야 하는 것인가, 발생된 특허침해 문제에 어떻게 대응할 것인가, 그런데 이 일은 누가 담당할 것인가 등의 구체적인 질문을 회사에 던진다. 그런데 이런 질문들은 회사의 인적자원과 물적자원에 따라 답이 달라진다.

예컨대 충분한 자금이 있는 기업은 좀 더 적극적이고 공격적인 특허전략을 수립할 수 있고, 더 많은 아이디어에 대해 특허권을 신청할 수 있으며 좋은 인력을 채용해 관련 업무를 담당하게 할 수 있다. 특허업무만을 전담하는 직원들이 있을 정도로 인적자원이 괜찮으면, 충분한 고민을 할 수 있고 또 장기적이고 지속적인 특허전략을 수립해 일관되게 대응할 수 있을 것이다. 반면에 자금이 충분하지 않은 기업은 비용절감을 고려하지 않을 수가 없어서 필요불가결한 범위에서 특허권을 신청하게 되고, 공격적인 특허전략은 쉽지 않게 될 것이다. 또한 인적자원이 취약한 경우에는 사실상 전략특허 업무만 전담하는 담당자는 있을 수 없다. 전문적인 식견에 기초한 충분한 검토도하기 힘들 것이다. 장기적이고 지속적인 전략 수립은 현실적으로 거의 불가능에 가깝다. 일반적으로 인적자원과 물적자원이 풍부한 기업은 많지 않더라도 상당한 시장 점유력을 가진 기업이라는 특성을 갖는다. 이런 기업은 우리나라에서는 삼성전자나 엘지전자 같은 글로벌 IT 기업과 이에 준하는 몇몇 기업들, 특허가 매우 중요한 소수의 제약회사 외에는 극히 드물다. 반면에 인적자원과 물적자원이 부족한 기업은 시장에서 차지하는 위치가 지배적이지 않거나 초입 단계에 있는 기업들로 대부분 우리나라 기업이 여기에 속한다. 물론 얼마간의 시장 지배력이 있지만 실상은 자원이 풍부하지 않고 오히려 열악한 재무구조를 갖는 기업도 있다. 그런 경우에는 역시 자원이 부족한 기업으로 분류될 것이다.

특허 인 비즈니스는 비즈니스 관점으로 특허문제를 생각하며 그러므로 기업이 저마다 처한 자원에 기초해 생각한다. 특허는 현실이며, 현실 속에서 산적한 문제들을 헤쳐가야 한다. 자신의 객관적인 수준과 역량을 인식하는 것만큼 중요한 것은 또 없다.

특허전쟁과 기업의 자원

기업 간 특허전쟁은 특허에 관한 가장 뜨거운 주제다. 때로는 비즈니스 근간을 뒤흔들 수 있는 위험이 도사리고 있기 때문이다. 모든 소송의 변함 없는 승자는 소송 당사자가 아니라 그 소송을 대리하는 대리인이다. 변호사는 수임한 소송에서 지더라도 이미 받은 수임료를 돌려주지는 않는다. 변리사도 마찬가지다. 침해소송을 수임하면 수임할수록 이익이 남는다. 하지만 우리는 특허전쟁을 감행하려는 기업의 옷자락을 붙잡는다. 그것이 과연 기업의 이익에 도움이 되는지를 다시 한 번 고려하도록 기회를 주기 위함이다. 좀 더 정확하게는 송사를 통해 특허권 침해를 주장하려는 것을 막으려는 것인데, 기업이 보지 못하는 여러 가지 가능성과 불이익을 점잖게 알려 줌으로써 냉정을 찾게 만드는 일이 변리사의 임무이기도 하다. 물론 모든 송사를 막으려는 것은 아니어서 변리사 입장에서 침해소송을 굳이 두려워할 까닭은 없다. 삼성과 애플의 글로벌 특허전쟁의 경우에도 이 전쟁을 실제로 수행하는 특허 변호사(변리사)들의 수임료를 합산하면 수백, 수천억 원에 이를 것으로 짐작된다.

특허전쟁은 결국 특허침해소송을 의미한다. 특허침해소송은 특허권자가 법원에 소장을 내고 송사를 통해 경쟁기업과 싸우겠다는 소송이다. 소송은 방식이야 어쨌든 간에 경쟁기업과 한 판 싸움을 벌이는 일이기 때문에 그 진행과 결과에 큰 관심이 쏠릴 수밖에 없다. 누군가 자신의 특허제품을 모방해 판매하고 있다면 당연히 감정이 상한다. 그리고 정확히 확인되지는 않지만 손해도 발생하고 있을 것이다. 이때 자신의 권리를 보호받고자 법원에 구제를 요청하는 행위는 특허권자로서의 자연스러운 행위가 아닐 수 없다. 하지만 모든 것을 교과서대로 행동할 수는 없는 일이다. 이것은 상대방이 있는 싸움이다.

더욱이 특허침해소송에서의 패소 판결은 상대방에게 심각한 영업상의 손해를 불러올 수 있기 때문에 상대방은 최선을 다해 방어하게 되고, 그러다 보면 이 싸움이 재판절차에 국한되지 않고 비즈니스의 여러 방면으로 번지게 마련이다. 특허침해소송은 점잖게 침해금지 민사소송에 그치는 것이 아니라, 가처분소송, 형사소송, 특허무효 심판이나 권리범위확인심판 등의 행정심판, 또한 그것들의 항소, 항고 절차가 복잡하게 얽히는 경우가 많다. 여기에 언론 보도, 소문, 오해, 잘못된 평판 등이 어느 일방 당사자의 계획에 의해 유포되기도 한다.

기업의 한정된 자원을 고려해 볼 때, 우리 기업 대다수는 특허침해소송을 제대로 수행할 능력이 되지 않는다. 대표이사가 이것은 자존심 싸움이라고 판단해 소송에 큰 돈을 사용하겠노라고 결심했다고 해서 소송수행 능력이 생기는 것은 아니다. 의지는 생기지만 없는 능력이 갑자기 생길 수는 없다. 어차피 소송은 변호사와 변리사가 수행하게 된다. 하지만 기업 내에도 담당자가 있어야 한다. 특허침해소송은 그 원인과 파급효과 때문에 때로는 기업의 존망이 걸리며 또 때로는 상당한 이익의 감소나 이미지의 추락을 불러온다. 그렇기 때문에 기업에서는 회사 내에서도 똑똑하고 능력이 있으며 믿을 만한 사람이 이 소송의 담당자가 되는 경우가 많다.

만일 회사 내에 법무팀 혹은 법무담당자가 있거나 특허전담팀이 제대로 갖추어져 있는 경우에는 기업이 소송을 수행할 능력이 있다고 말해도 좋다. 전문적인 지식을 보유한 그들은 소송을 수행하는 대리인들과 적극적으로 의사소통을 할 수 있으며, 대리인들이 설명하고 제안하는 바를 이해하며, 소송전략을 능동적으로 가져갈 수 있기 때문이다. 그러나 만일 회사 내에 그런 조직이나 담당자가 없다면 결국 '능력 있는 문외한'이 자신의 전문분야와는 전혀 상관 없는 업무를 맡아야 한다. 또한 어쩔 수 없이 변호사나 변리사에게 일을 맡겨 놓을 수밖에 없다. 그런데 소송은 그렇게 간단히 끝나지 않고 수 년의 시간이 걸릴 수도 있다. 만연된 중소기업의 잦은 전직 실태에 비추어 보면 소송이 진행되는 도중에 담당자가 퇴사할 가능성도 있고, 그렇게 되면 그 전후의 커뮤니케이션이 단절되고 상실되기 때문에 소송수행이 답답해지고 만다. 소송비용으로 초기에 예컨대 5,000만원 정도가 지출되었다고 가정하자. 그런데 침해소송절차는 위에서 언급한 것처럼 다양한 분쟁으로 번진다. 그리도 항소심과 대법원까지 심급을 타고 오르기도 한다. 그러다 보면 소송비용은 초기 비용보다 몇 배 이상 높아질 수 있다. 여기에 소송을 담당하는 사람의 입장에서 보면, 본연의 자기 업무에 쏟을 시간과 열정을 빼앗기기도 하는 면이 있어서 그런 손해비용을 함께 종합적으로 고려할 일이다.

사례 042 휴대폰 통화연결음 특허분쟁

홍길동 주식회사는 휴대폰의 통화연결음 서비스를 이용한 광고방법에 관한 특허 A를 취득했다. 이 특허A를 통해 이동통신 3사를 압박했다. 홍길동의 목적은 이동통신 3사와 합의를 하여 로열티를 받거나 소송을 통해 특허 A를 매각하여 금전적인 이득을 취하는 것이다. 홍길동 주식회사는 자신의 특허에 대한 확신을 가졌으며 이동통신 3사 모두를 상대로 싸웠다.

사례 42의 홍길동처럼 분쟁에서 지나친 확신을 갖는 것은 바람직하지 못할 뿐더러 위험하기까지 하다. 사례 42는 저자가 직접 분쟁에 참여한 사례다. 이동통신 3사는 종래의 선행기술과 유사하여 특허 A는 무효라고 주장하면서 일본에서 공개된 선행 특허문헌을 증거로 제출했다. 그리고 특허취득 과정에서 생긴 문제점을 간파해 또 다른 무효

사유를 주장했다. 즉, 홍길동 주식회사는 특허침해소송을 먼저 제기했으나, 이동통신 3사는 특허무효를 주장하는 행정심판을 제기했다. 전형적인 특허침해소송의 모습이다. 특허심판원은 무효라고 결정했으며, 특허법원과 대법원까지 가서 결국은 해당 특허가 무효가 됐고, 그 결과 소송은 종료됐다. 이 사례에서 홍길동 주식회사는 소송을 전략적으로 풀어나갈 인적자원이 대표이사 말고는 없었으며 회사의 유동현금도 부족했다. 반면에 이동통신 3사는 모두 법무팀에 특허를 전담하는 변리사가 있었고 물론 소송의 다양한 방법을 실행할 수 있는 자금도 충분했다. 이런 경우에는 굳이 침해소송에 '올인'해서는 안 되며, 그것도 시장을 점유하는 사업자 모두를 적으로 돌려서는 안 된다.

특허의 활용성에 대한 입장 차이

이 책의 2장에서 이미 특허의 달콤한 유용성에 대해서 정리한 바 있다. 그것은 곧 기업이 특허를 어떻게 활용할 것인가에 대한 답변이 될 수 있을 것이다. 그것을 다시 정리하면 다음과 같다.

① 특허는 기술기업임을 표상해 준다
② 특허는 투자를 받는 데 유리하다
③ 국가의 지원을 받는 데 유리하다
④ 특허 표시로 차별성과 우수성을 소비자들에게 알릴 수 있다
⑤ 특허권은 경쟁기업을 압박하는 수단이 된다
⑥ 혹시 있을지도 모르는 특허침해소송에서 큰 무기가 된다
⑦ 특허는 기술협상에 힘을 보태준다
⑧ 경쟁업체가 많은 시장에서 거래처를 심리적으로 안정시킨다
⑨ 특허권의 확보는 주주의 이익에 봉사하는 것이다

위와 같은 특허의 유용성은 모든 기업에 적용될 수 있는 것이어서 특별히 기업의 규모에 따라 달라지는 것은 아니다. 그러나 대기업의 경우에는 시장의 지배력, 높은 브랜드 인지도, 충분한 자원 등을 이유로 위의 ①, ②, ③, ④, ⑧, ⑨ 항목을 달성함에 있어 굳이 특허가 아니어도 된다. 오히려 대기업은 ⑤, ⑥, ⑦ 항목, 즉 경쟁기업을 견제하고 기술협상과 소송에 대비함에 주된 활용점을 두는 것으로 보인다. 1장에서 살펴본 삼성과 애플의 특허전쟁이 그러하다.

대기업은 자원이 풍부하다. 하지만 풍부한 자원을 가지고도 실패하는 사례가 많다. 거대한 기업도 수천 억원의 막대한 로열티를 지불해야만 한다. 로열티를 줄이기 위해서 더 좋은 특허를 취득하려고 노력한다. 일반적으로 대기업은 경쟁기업을 견제하고 경쟁기업과의 특허소송을 대비하기 위해 특허를 활용한다. 경쟁기업의 특허를 분석하고, 공격과 협상을 병행하며, 특허 포트폴리오 전략을 짜며 전략분야에서는 집중적으로 특허출원을 한다. 우리나라뿐만 아니라 미국, 중국, 유럽, 일본 등의 외국에서의 권리화에도 무척 노력한다. 이미 글로벌 기업이거나 글로벌 시장에서 경쟁하고 있기 때문이다. 이러한 일들을 비교적 체계적으로 행할 수 있는 까닭은 지적재산권에 대해 전문적인 지식과 경험을 갖고 있는 전담부서가 있어서 전략 수립이 가능하며 국내외에서 특허권을 취득하고 관리함에 있어 자금도 충분하기 때문이다. 참고로 애플과 싸우고 있는 삼성전자의 특허전담부서의 인력은 450명에 달하는 것으로 알려졌다.

자원이 풍부하고 시장지배력을 보유한 대기업이 아니라면 특허권을 잘 활용하기 위해서 기업의 내부 역량을 강화하기란 요원한 일이다. 어느 정도의 자원이 충족되지 않는 이상 회사 내에 전담부서를 설치하는 것은 가능해 보이지 않는다. 전담자를 두는 것조차 버겁기 때문이다. 그렇기 때문에 시장의 흐름을 분석하고 경쟁회사의 기술과 우리의 기술을 종합적으로 분석해서 특허 포트폴리오 전략을 짜는 것은 몇몇 대기업이 아니라면 일반적으로 불가능하다. 경쟁자와 특허침해소송을 함에 있어서도 교과서에 적힌 대로 대응하는 것조차 쉽지 않다. 현실적으로 따져 보아야 할 것이 많기 때문이다.

특허 인 비즈니스

특허는 다양한 유용성이 있지만 그 유용성은 현실적으로 비즈니스라는 틀 속에서만 고려될 수밖에 없다. 물론 특허가 권리이기 때문에 권리라는 관점으로 접근하는 것도 가능하다. 하지만 특허라는 권리는 단지 한시적인 재산권을 의미할 뿐이며 매년 국가에 일종의 임대료를 납부(특허료의 납부)해야만 유지되는 속성을 갖는다.

비즈니스는 특허에 앞선다

비즈니스가 소멸되면 이익이 없고 이익이 없으면 특허를 유지할 수도 없다. 회사가 망하면 그 특허는 유명무실하게 되고, 권리유지의 주체가 없어지게 됨으로써 관리부실로 특허가 죽게 되는 경우가 다반사다. 그런 점에서 비즈니스가 특허에 앞선다.

> **사례 043** **기업이 부도나면 특허는 어떻게 되는가**
>
> 홍길동 주식회사가 성능 좋은 휴대폰 배터리에 대한 특허 A를 보유하고 있다고 하자. 그런데 홍길동 주식회사가 부도가 났고, 결국 많은 사람들이 전직을 하게 되었는데 그 중 특허담당자도 퇴사를 했다.

기업이 위와 같은 사례에 처하면, 특허 A에 대해서 매년 납부해야 되는 특허료를 제때에 납부하지 못하게 된다. 결과적으로 해당 특허는 소멸한다. 아무리 좋은 가치가 있는 특허라고 해도 어쩔 수 없다. 특별한 이변이 없는 한, 비즈니스가 사라지면 특허도 그 명을 다한다. 홍길동 주식회사가 보유하고 있는 특허가 1건이 아니라 100건이며, 그것도 대한민국뿐만 아니라 미국이나 중국, 유럽에서 특허를 받은 것도 얼추 50건이라고 가정할 때 이 모두가 줄줄이 소멸되는 운명을 피하기 어렵다.

사례 044 | 모방제품이 출현한 경우

홍길동 주식회사가 이전에는 없었던 새로운 개념의 상품을 시장에 선보였고 반응도 아주 좋았다. 그리고 그 제품에 대해서 특허 B를 취득했다. 그러나 임꺽정이라는 사람이 홍길동 주식회사의 제품을 모방한 제품을 시장에 출시했다. 임꺽정의 제품은 특허 B를 침해하는 것으로 분석됐으며, 또 그런 분석이 맞는다고 가정하자.

원칙론자들은 신속히 특허침해소송을 걸어 결단을 내야 한다고 주장할 수 있다. 하지만 특허침해가 확실하다고 하더라도, 때로는 '행동'하지 않는 현명함이 필요할 때가 있다. 만일 모방 제품이 시장 크기를 더 키워줄 것으로 분석되고, 모방 제품의 출현으로 생긴 시장의 교란과 이익의 감소가 그렇게 크지 않다면 특허침해를 방치할 수도 있다. 작은 시장을 독차지하는 것보다 시장의 크기를 더 키우는 게 더 비즈니스적일 수 있기 때문이다. 또 필요하다면 적절한 시기와 상황을 보아가며 특허권을 행사할 수 있다. 특허침해가 분명하다고 해서 지금 당장 권리행사를 할 필요는 없다.

사례 045 특허권자의 위협과 비즈니스 현실

홍길동 주식회사의 특허 C 제품은 확실히 기능상의 장점이 있고 매력적인 기술임에 틀림이 없다고 가정하자. 홍길동 주식회사도 자신의 기술에 대한 엄청난 자부심을 갖고 있으며, 그 기술을 권리로서 보호해 주는 특허에 대한 큰 신뢰를 갖고 있었다. 이제 홍길동 주식회사는 임꺽정 주식회사에게 납품을 하려고 한다. 임꺽정 주식회사는 기존에 홍길동 주식회사의 특허 C 제품보다는 기술적으로 다소 떨어지는 제품을 장길산으로부터 공급받고 있었고, 장길산과 임꺽정 주식회사 사이에 영업적인 우호관계가 있었다. 이 경우에 홍길동 주식회사는 어떤 점을 강조하면서 시장에 뛰어들어야 하는가?

특허 C는 분석될 것이다. 임꺽정 주식회사와 장길산은 그 특허를 회피하면서 동일한 기능을 발휘하는 제품을 만들려고 할 것이다. 이런 경우에 홍길동 주식회사는 자신의 권리를 여러 모로 강화할 수 있는 대책을 이미 마련 중이고, 동시에 임꺽정 주식회사와의 영업관계가 성사되지 않는다 하더라도 기업을 유지하는 데 문제가 없을 정도의 다른 비즈니스가 있는 경우에는 특허권자로서 이니셔티브를 쥘 수 있을지도 모른다. 그러나 이중 어느 하나에 해당하지 않는다면 특허권자로서의 이니셔티브는 현실적으로 발현되지 않는다. 특허권자라는 우월한 지위를 생각하지 말고 통상의 비즈니스 상의 노력을 기울이는 것이 현명하다. 특허권자의 알맞은 지위는—그것이 무엇을 의미하는지는 사안마다 다르겠지만— 그 지위에 걸맞은 경제적인 힘을 가졌을 때 비로소 현실화될 수 있음을 비즈니스 세계가 증명해 왔다.

비즈니스가 불가능한 경우의 아이디어

비즈니스 안에서 특허를 생각하다 보면 좋은 아이디어라고 해도 굳이 특허권을 신청할 필요가 없는 경우도 생긴다. 다음 사례는 어떤 개인 발명가의 사례다.

> **사례 046** **비즈니스 현실을 고려하지 않는 개인발명가의 욕심**
>
> 홍길동은 카센터에서 일하는 엔지니어다. 그는 자동차 백미러의 움직이는 구조에 대해서 새로운 아이디어가 떠올랐다. 자동차 제조사가 자신의 아이디어대로 백미러를 만들면 크게 성공할 것이라고 생각이 들어 특허권을 확보하려고 한다. 그렇다고 홍길동이 카센터 일을 그만 두고 사업을 하려는 것은 아니다. 이 아이디어가 사업화 되기 위해서는 자동차 제조사의 생산라인을 고쳐야 한다. 홍길동은 자신의 아이디어에 대해 특허권을 신청하는 게 바람직할까?

자동차 생산공정에 영향을 미치는 것은 간단하게 넘어갈 문제가 아니다. 이 아이디어를 실제 구현하기 위해서는 수백억 원 이상의 투자가 필요할 수 있으며, 제조사가 도와주지 않고는 아무것도 할 수 없기 때문이다. 그런데 그는 자동차 생산에 관련된 비즈니스를 하지 않으며, 사실상 자신의 직업과는 전혀 무관한 아이디어라는 점, 또한 앞으로도 자신의 아이디어를 사업화하려는 계획은 없다는 점, 이것이 정말 좋은 아이디어여서 자동차 회사가 이 특허를 없애려고 했을 때 적절하게 대응할 수 있는 현실적인 힘이 없다는 점 등이 분석됐다. 즉 이는 비즈니스와는 전혀 무관한 아이디어이고 따라서 굳이 돈을 써 가며 특허권을 신청할 까닭이 없다. 비즈니스에 맞지 않는다는 이유로 고객을 돌려보낼 수는 없으므로(기분이 상할 수도 있으므로), 유사한 선행기술을 찾아내어 특허 가능성이 없음을 납득시켰다. 실제로 특허 가능성이 없었다.

돈이 없고 생업과는 관련이 없음을 탓하면서 좋은 아이디어에 대한 특허출원인의 자격을 원천적으로 제한하려는 것이 아니다. 하지만 적어도 가까운 장래에 그 분야에 관련해 비즈니스를 할 계획이나 꿈이 없다면 특허권 신청에 소극적인 태도를 유지하는 것이 바람직해 보인다. 특허권은 독점적이고 배타적인 권리인데 비즈니스를 하지도 않는 사람이 그 아이디어에 대해 독점적이고 배타적인 권리를 가져서 무엇을 하겠다는 것인가? 비즈니스를 할 마음이 전혀 없다면 굳이 돈과 노력을 들여 특허권을 신청할 필요가 없다. 비즈니스맨이 아니라면, 아이디어를 만천하에 공개하여 두루 사용할 수 있게 하는 자세가 오히려 바람직한 시민의 자세일지도 모른다.

꿈꾸는 비즈니스: 특허 로열티 또는 특허 매매

물론 특허권을 관심 있는 기업에게 판매하거나 로열티를 얻을 목적을 갖는 경우가 있다. 이것은 비즈니스다. 꿈 꾸는 비즈니스라고 불러도 되겠다. 물론 이 비즈니스를 노골적으로 전개하며 발전하는 기업도 있다. 소위 '특허괴물'이라고 불리는 자들이다. 이들을 마치 비도덕적으로 몰아세우는 여론도 강하지만, 이것도 엄연히 비즈니스이고 특허법제에 반하지 않는 것이라면 편견이요, 편협한 여론이다. 아무튼 그와 같은 목적을 갖는 경우라면 아이디어에 대한 특허권 신청은 대단히 중요하다. 단, 비즈니스를 하지는 않겠으나 우연한 기회가 온다면 이 특허를 팔아서 돈을 벌겠다고 그저 막연히 생각한다면 오산이다. 즉 특허권을 이용해 다른 사람(기업)으로부터 로열티를 받고자 하는 경우나 특허에 관심 있는 제삼자에게 특허를 매매하고자 하는 경우에도 그에 상응하는 비즈니스 노력을 기울여야 한다. 이를테면, 좋은 변리사를 만나서 더 좋은 특허권을 확보하기 위해 노력하고, 자신의 특허를 홍보하며 시장 조사를 하고 관심 기업에 적극적으로 접근하는 노력이 필요함을 잊지 말아야 한다.

라이프사이클과 특허

비단 특허권 신청 단계가 아니라 이미 특허심사를 통과해 정당하게 특허를 받은 경우에도 마찬가지다. 특허가 아무리 20년이라는 독점 기간을 가진다고 하더라도 기술에도 일종의 '라이프사이클'이 있어서 라이프사이클이 끝난 기술은 비즈니스도 끝나게 되고 결국 관련 특허는 유명무실해진다. 지구상에는 수많은 특허가 존재하지만 그 중의 상당수는 이미 소멸했다. 기술적인 유용성이 없는 특허이기 때문이며, 이는 곧 기술의 라이프사이클이 죽거나 라이프사이클에 들어가 보지도 못하고 말라버린 기술이기 때문이며, 즉 비즈니스에서 벗어난 특허인 까닭이다. 특허를 활용해 재산적 이득(로열티 혹은 특허 양도의 대가)을 취하려 하는 경우에는, 항상 자신의 특허가 기술의 라이프사이클 안에 있는지를 냉정하게 들여다 볼 필요가 있다.

로열티 액수를 산정할 때의 자세

상대방이 있는 경우에는 더욱 비즈니스적으로 생각해야 한다. 권리의 유무는 누가 더 유리하고 불리한지를 나타내고 때로는 유불리의 차이가 매우 크기도 하지만, 그렇다고 해서 권리가 있고 없음으로 기업 간에 계급이 정해지는 것은 아니다. 자본주의 시장에서의 기업활동의 성공에 관한 유불리는 시장의 흐름만큼 유동적이다. 절대적인 것은 없다. 비즈니스 안에서 특허를 생각함은 자기 자신의 관심과 이익과 행동만을 생각할 것이 아니라 상대방의 관심과 이익과 행동도 함께 고려함을 의미한다.

특허 라이선스 계약에서 로열티 액수의 산정과 관련된 논란은 정말 '환상적'이고 '흥분되는' 문제다. 하지만 근거 없는 환상과 쓸데없는 흥분이 여기에 몰려 있기도 한다. 권리자가 자기 권리를 사용할 수 있는 권한을 제삼자에게 부여해주는 계약을 라이선스 계약이라고 한다. 제삼자가 반대급부로서 권리자에게 제공하는 금액을 '로열티'라고 부른다. 법률 용어로 '실시료'라고 칭하기도 한다. 권리가 특허이면 특허 라이선스 계약, 권리가 상표권이면 상표 라이선스 계약이 된다. 꼭 국가에 등록한 권리가 아니더라도, 쌍방이 인정하고 합의한다면 어떤 기법이나 노하우에 대해서도 라이선스 계약이 성립할 수 있다. 여기서는 특허에 대해서만 이야기를 해보자. 특허권자는 독점배타권이라는 무서운 얼굴을 하고 있는 권리를 갖고 있다. 외관상으로는 이게 매우 대단해 보이고 스스로도 그렇게 생각할지도 모른다. 여기서 모든 환상이 나온다. 그리고 제삼자와 라이선스 계약을 하여 새로운 비즈니스를 하려고 할 때 이 비즈니스의 핵심적인 열쇠는, 즉 이렇게 비즈니스가 성사되게 된 요인은 결국 '특허를 갖고 있기 때문'이라고 생각하기도 한다. 특허가 없었다면 사업도 없다는 것이다. 과연 그렇다. 하지만 그 제삼자의 노력과 능력이 없으면 마찬가지로 사업은 존재할 수 없다. 상대방의 노력과 능력이 필요 없다면 굳이 라이선스를 할 필요도 없이 자기가 사업하면 그만이다. 그렇지만 실제로 자기가 사업할 수 없기 때문에 또는 자기의 사업능력으로는 부족하기 때문에 편안히 수입을 얻을 수 있는 라이선스 계약을 생각하게 된 것이다. 이런 자신의 처지를 생각하면서 실제로 발로 뛰며 영업을 할 상대방의 입장까지 생각을 하면, 자기의 금전적인 이득이 생각보다 작을 수 있음을 깨닫게 된다.

로열티 액수 산정 방법

로열티를 산정함에 있어서 여러 이슈가 있다. 일반적으로 라이선스 계약에서 얻는 로열티는 매출액의 1~3% 내외인 것으로 알려져 있다. 가치가 매우 높고 희소성이 있는 기술은 4%가 될 수 있을지도 모르겠다. 반면에 그 가치가 상대적으로 낮거나 가치는 높지만 그 분야에 수많은 특허가 있는 경우에는 1% 이하로 조정될 수도 있을 것이다. 당사자끼리 정할 문제이므로 이에 관한 법규는 존재하지 않으며 그것이 과연 일반적인 것인지조차 의심스럽다. 또한 로열티를 매출액의 3%로 한다고 해도 어디까지나 이는 해당 특허가 혁신적이고 관련 제품의 실시에 전적으로 기여하는 상황에서 고려되는 것으로 보인다. 제품의 일부에만 적용된다거나 권리자체에 어떤 하자나 우려 사항이 있다거나 경쟁자의 강력한 유사제품(유사특허)가 존재하는 등의 상황에서는 로열티 비율은 감소할 수 있다. 물론 매출액의 20%를 로열티로 약정할 수도 있다. 극히 이례적인 일이어도 당사자끼리 그렇게 합의할 수도 있는 문제이다. 그런데 로열티의 비율이 너무 높으면 계약은 오래 가지 못한다. 다 돈 벌자고 하는 일인데 수지타산이 맞지 않고 남 배부르게 해줄 뿐이라면 계약을 유지하는 것 자체가 넌센스다. 라이선스 계약의 상대방이 해당 특허 관련 사업을 포기하거나 혹은 특허를 피할 수 있는 대체 제품으로 사업을 하게 된다면, 특허권자로서도 좋을 게 없다.

　매출이익이 아니라 매출액을 기준으로 계산하는 것이 합리적이기도 하다. 가급적 간단명료하게 로열티를 산정하는 것이 좋다. 복잡하게 서류를 뒤적거리며 따져야만 하고 몇 번이고 계산기를 열심히 두드려야 한다면 괜히 서로를 의심하게 된다. 라이선스 계약의 가장 중요한 요체는 상대방에 대한 신뢰인 까닭에 매출이익을 기준하기보다는 매출액을 기준으로 계산하는 게 좋다. 제품의 공급단가 얼마의 비율로 계산하거나 또는 제품 1개에 얼마로 정해진 금액으로 계산할 수도 있다. 어느 쪽이나 간단하고 명료하다.

성공의 열쇠는 특허라는 권리 자체에 있지 않고, 그 특허를 이용해 힘차게 풀어나갈 마케팅 능력에 있다는 점을 인정해 주는 것, 상대방의 입장에서 생각하되 자신이 얻을 이익의 가이드라인을 정하고 단순 명료하게 풀겠다고 하는 자세가 중요하다. 여전히 우리는 비즈니스 안에서 특허를 생각한다. 사업이 성공하면 할수록 권리자에게 유리해진다. 사업 성공은 매출 상승을 의미하고, 그로 인해서 특허권자는 로열티라는 금전적인 이익을 향유한다. 사업이 성공가도를 달리게 되면 그만큼 특허의 가치가 중요해진다. 이제 그 특허를 버리기 어렵게 되는 것이다. 그때 가서 로열티 액수를 조정할 수 있는 기회가 온다. 그렇기 때문에 당면한 로열티 액수에 너무 몰입될 것이 아니라 계약기간과 파생되는 권리의 귀속 문제 등을 계약서에 잘 규정해 놓는 것이 현명한 자세가 된다. 당초 로열티 액수가 불충분하였다고 생각하였다면 몇 년 후 계약 갱신 시에 여러 유리한 근거를 제시하며 로열티 액수에 관한 계수조정을 하겠다는, 전략적이고 장기적인 자세가 참으로 요긴할 것이다.

창의성, 특허활동 그리고 혁신

경쟁에서 생존하기 위해서는 지속적으로 성장해야만 한다. 경쟁자도 함께 멈추지 않는 한 자기 혼자 성장을 멈출 수는 없다. 성장엔진이 꺼지면 급격히 도태될 수 있다. 몇 년 전까지만 하더라도 노키아는 세계 휴대폰 시장의 부동의 1위였다. 그러나 노키아는 최근 위기에 처했으며 애플은 노키아의 자리를 넘보고 있다. 알려진 것처럼 애플이 본격적으로 휴대폰 시장에 뛰어든 것은 불과 몇 년 전의 일이다.

창의성과 특허활동

풍부한 자금과 시장지배력은 기업을 성장시키는 좋은 동력이다. 하지만 이것도 소비자들에게 외면을 받고 경쟁력을 잃어버리는 순간 점차 꺼지게 된다. 꺼지지 않는 성장엔진이 있다면 그것은 '창의적인 생각과 혁신'이다. 그런데 이러한 창의적인 생각이 바로 '특허활동'과 맞닿아 있으며 창의적인 에너지와 특허활동이 결합됨으로써 혁신이라는 성과를 얻을 수 있다. 창의적인 에너지가 특허활동을 낳고 특허활동이 혁신을 낳는다. 그렇기 때문에 다소 거칠게 표현하자면 특허활동이 기업의 성장엔진이라고도 말할 수 있겠다. 특허활동은 기업에 소속된 임직원들의 창의적인 아이디어의 제안, 논의 및 결정, 그리고 이것에 대하여 특허를 신청하고 취득하고 사용하는 일련의 프로세스 활동을 의미하며 여기에는 기업에 소속된 임직원들의 창의적인 제안이 필수다. 단순히 '특허출원'이나 '특허등록'을 의미하지는 않는다. 만일 창의적인 에너지의 성과물이 위와 같은 특허활동이 아니라, 단지 특허출원이나 특허등록을 의미하는 것이라면, 기업의 성장엔진을 특허출원건수나 특허등록건수에서 찾는 우스꽝스러운 접근이 되고 만다.

기업경영과 특허

기업은 하나의 생명과 같다. 또한 기업을 경영하는 일은 그 생명을 유지해 나가는 과업이다. 우리가 어느 생명을 대할 때에는 그 일부분만을 보는 것이 아니라 생명 전체를 관조하고 그 전체를 소중하게 생각하기 마련이다. 물론 팔다리도 중요하지만 팔과 다리가 생명 그 자체를 대신할 수는 없다. 여기까지 생각을 하게 되면, "기업 경영에서 특허가 차지하는 부분이 어디일까, 어느 정도의 역할을 하게 되는 것일까"에 대해 다소 여유를 갖게 된다. 특허 없이도 기업은 발전할 수 있으며 성과를 낼 수 있다.

좋은 재화를 만들어 시장에 파는 것이 기업의 본질이요, '경쟁'이라는 시스템 내에서, 재화를 생산하는 노동력, 마케팅, 경영, 물류, 판로, 고객센터, 이런 것들이 저마다 하나같이 본질적인 얼굴을 하고 있다. 특허는 위와 같은 요소들이 방해 받거나 방해해야만 하는 경우에 사용할 수 있는 숨겨진 카드며 보험과 같은 것이다. 보험이 없으면 위급상황 시 몹시 괴롭겠지만, 그렇다고 인생 자체가 무너지는 것은 아니다. 그러므로 일단 기업 경영에서 특허란 비본질적인 것이라고 해 두자. 하지만 기업의 성장엔진에 대해서 우리가 진지하게 이야기하고자 할 때, 이러한 비본질적인 것을 권고할 수밖에 없게 된다. 요컨대 "특허 없이는 안 된다"라는 것이다. 삼성전자, 엘지전자, MS, IBM, 파나소닉, 도요타 등의 굴지의 글로벌 기업들이 쓸데없이 매년 수천 건 이상씩 천문학적인 액수의 금액을 쏟아 부으며 특허경영을 하겠는가?

특허제도에 대한 깊은 이해와 경험적인 직관에 따라 사고하면, 특허를 어떻게 활용하느냐에 따라 기업의 경쟁력 향상이 질적으로 달라진다는 결론에 이르게 된다. 외관상 드러나는 보유 특허의 개수는 피상적인 결과물에 불과하다. '특허활동'이 기업 내에서 어떻게 작동하는지 그 메커니즘이 우리의 관심사다.

혁신에 걸맞은 프로세스

특허활동은 '혁신과 닦달'을 불러온다. '혁신'을 '애사심'으로 옮겨도 좋고, '닦달'을 '재촉'이라는 말로 순화해서 표현해도 좋다. 기업이란 무릇 경쟁에서 생존해야 한다. 이것이 자본주의 시스템에 있어 우리가 아는 진리다. 경쟁에서 패배할 때 개인은 의존할 곳을 찾을 수 있으나 기업은 그것이 불가능하다. 경쟁에서 한번 패배한 개인은 구제를 받을 수 있다. 창업을 하거나 다른 일자리를 찾을 수도 있으며, 국가가 제공하는 복지의 그늘에 의존할 수 있다. 그러나 기업이 경쟁에서 밀리고 패배하기 시작하면, 그리하여 시장에서 외면당하기 시작하면 그 생명을 다하게 된다. 먼저 소비자가 외면하고 투자자가 외면하며 채권자의 사나운 표정을 감당할 수가 없게 된다.

생존을 위해서는 '혁신'을 해야 한다. 혁신을 위해서는 '그것에 걸맞은 프로세스'가 있어야 한다. 그런 과정도 없이 혁신을 논한다는 것은 어떤 조찬 모임에서 주워 들은 이야기에 감화를 받아서 혹은 우연히 읽은 비즈니스 북에 가르침을 받아서 일회성 쇼를 하는 것에 불과하다. 프로세스 없는 성과는 없다. 달성된 모든 경영 목표들은 저마다 그것에 맞는 프로세스를 가지게 된다. 따라서 혁신을 이루기 위한 프로세스 요소를 고려할 수밖에 없게 된다.

또한 혁신이라는 성과는 모든 임직원이 애사심 어린, 즉 소속감 있는 혁신 자세를 가져야만 비로소 달성될 것이다. 혁신은 지적인 무엇에 의존하며 기존 지식과 다른 창조성에서 비롯된다. 임직원의 자발적인 창의성이 요청되는데 이는 결국 혁신을 대하는 기업 내부의 '사람'의 문제이기도 하다. 그러나 프로세스와 사람만으로는 부족하다. 혁신에 이르는 과정을 체감하며, 사람들의 창의적인 활동이 가져오는 외형적인 '결과물'이 있어야 한다. 결과물 없는 혁신은 공허하며 창의적인 활동을 지치게 하기 때문이다.

한편, 기업은 하나의 유기적인 시스템이기 때문에, 기업이 혁신을 말할 때에는 어떤 시스템을 생각하지 않을 수 없다. 요컨대 이러한 혁신을 위해서는 혁신을 닦달하는 시스템이 수반되어야 한다. 기업문화가 수직적이고 결정과 행동이 신속한 기업인 경우, 때로는 혁신을 닦달하는 그 환경에 숨막히겠지만―합리성을 잃지 않는다는 전제 하에서―, 대개는 쉽게 적응하며 고유한 기업문화가 만들어진다. 기업문화가 수평적이고 다소 자유로운 분위기의 기업의 경우에도 숨막히지는 않는다 하더라도 여전히 혁신에 대한 목마른 욕구가 사람들을 닦달한다. 이와 같은 환경을 조성함에 있어 특허만큼 유용한 것은 없다. 아니 어쩌면 특허여야만 할지도 모른다.

우리가 여기서 말하고자 하는 바는 "많은 특허권을 취득하자"라는 행위의 결과를 전제로 하는 이야기가 아니다. 행위의 결과물이 아닌 '특허활동' 그 자체, 기업에 소속된 임직원들의 창의적인 아이디어의 제안, 논의 및 결정, 그리고 이것에 대하여 특허를 신청하고 취득하고 사용하는 일련의 프로세스 활동에 관한 것이며, 이는 곧 사내 시스템에 관한 것이다. 이 시스템은 기업 내에서 창의적인 에너지가 보다 원활하게 흐르도록 목적된다. 실제 특허를 취득하는 것은 신청 후의 문제이다. 그리고 그것은 기업이 선택할 수 있는 문제가 아니라 국가가 자기 책임을 갖고 판단해야 할 문제이기 때문에, 특허를 실제 받을 수 있을까 없을까를 미리 따져보는 것은 대부분 무의미한 짓이다. 특허권을 신청하기 전에 선행기술조사기관에 그 아이디어에 대해서 특허성 여부를 진단하는 선행기술 조사를 의뢰할 수도 있다. 그러나 불행히도 전문가에 의한 선행기술조사 결과도 정확성을 담보하는 객관적인 자료라고는 볼 수 없다. 이론적으로 보자면 특허성 여부를 판단하는 선행기술조사는 전세계 모든 자료를 조사해야만 하는 까닭에, 선행기술조사 결과가 완벽한 정확성을 담보할 수는 없다. 특허를 실제 취득할 수 있는지 여부에 대해서는 기업의 통제 영역 밖에 존재하게 된다. 따라서 특허취득 여부는 기업경영의 핵심 키워드가 되지 못한다. 특허활동은 특허의 취득이라는 종국적인 결과에 제한되지 않으며 일련의 프로세스에서 사람을 먼저 혁신하는 것으로 나아간다. 이를 통해서 특허활동은 기업의 성장엔진이 될 수 있다.

특허활동은 사람을 독려하는 메시지다

두 가지 한계가 늘 기업을 괴롭힌다. 첫째는 한정된 인적 자원이며, 둘째는 한정된 물적 자원이다. 이 중 어느 하나도 경시해서는 안 된다. 인적 자원은 기업의 미래 성장 동력이 되는 속성을 갖고, 물적 자원은 현재의 경영을 지탱시켜주는 힘이 된다. '현재의 경영'을 유지하는 것을 중시한다면 한정된 인적 자원은 인내하고 견디는 요소가 된다. 하지만 그와 같이 접근하게 되면 인적 자원에 대한 관심과 투자가 적어질 수밖에 없고 결과적으로 이직이 심한 환경을 낳게 된다. 반면에 '미래 발전'을 중시한다면 한정된 물적 자원이 최대한 허용하는 범위 내에서 회사의 인적 자원에 관심을 갖게 되고 그들이 성장해 회사에 기여할 수 있도록 독려하게 된다. 특허활동은 후자에 초점을 둔다.

인적자원을 독려하고 컨트롤하기 위해서는 분명한 메시지가 있어야 한다. 이 메시지는 기업 혁신을 지향하는 인적자원의 창의적인 에너지를 독려하는 목적을 갖는다. 첫째, 이것은 회사 내에서 이루어지는 창의적인 힘의 성과는 다름아닌 우리 회사의 재산이라는 메시지이며, 둘째 회사의 재산을 중시하고 보호함에 있어서 크고 작음이 없다는 메시지를 뜻한다. 그리고 이러한 메시지가 제대로 전달되기 위해서는 창의적인 에너지가 시스템 내에서 잘 흐르도록 프로세스화 해야 한다. 앞서 말한 바와 같이 특허활동이 바로 그것이다.

특허활동은 이러한 메시지를 전달하고 또한 이 메시지가 사람을 독려하며 결과적으로 기업을 혁신하는 데까지 이를 수 있도록 도와준다. 특허활동은 기본적으로 제안된 아이디어가 직원의 창의적인 활동의 성과라면 그 성과의 크기를 떠나서—논의, 평가, 선별 작업을 거친다 하더라도— 작은 것이라도 특허권을 신청하도록 함을 보장한다. 특허활동은 사람들의 창의적인 힘이 사내에서 자유롭고 적극적으로 제안되도록 독려하는 것이다. 그래야만 작은 것도 회사의 재산이라는 무의식적인 슬로건이 직원들에게 마음 속 깊이 조각될 수 있기 때문이다. 작은 것을 소중히 여기는 기업은 성공하고, 작은 재산을 가벼이 여기는 기업은 혁신할 수 없으며 결국 위험에 노출될 것이다.

어떤 책임자는 기업발전에 꼭 필요한 것에 대해서, 실제로 유의미하며 매출 발생에 기여하는 기술에 대해서, 혹은 권리행사를 할 수 있는 기술에 대해서 특허권을 신청해야지, 굳이 별로 중요하지 않은 것에까지 비용을 써가며 특허출원할 필요는 없다고 주장한다. 지극히 현재의 이익과 현재의 성과만을 중시하는 생각이다. 하지만 이런 생각은 특허라는 제도를 일차원적으로만 생각할 뿐이다. 한정된 물적 자원만을 생각하고 특허권을 신청하는 과정에서 생기는 인적 자원의 성장에 대해서는 고려하지 못한다. 도대체 무엇이 중요하고 무엇이 중요하지 않은 것인가? 또한 어떤 특허가 권리행사가 가능하며 어떤 특허가 그렇지 않은가? 이에 대해서 명확히 판단할 수 있는 기준도 없고, 그럴 능력을 지닌 사람도 거의 없다. 게다가 책임자가 위와 같이 현재의 이익과 성과의 관점에서 특허활동에 규제를 두면 이는 곧 부하 직원의 창의적인 활동에 제한을 두는 것과 같다. 우선은 제한 없이 아무리 사소한 아이디어라고 해도—좀 더 정확하게는 사소한 아이디어로 보이는 것이라고 해도— 특허권을 신청하도록 독려하는 것이 바람직하다. 그래야만 직원의 창의활동에 활력이 생기고 소속감이 고취되며 작은 아이디어조차 회사의 재산이라는 메시지가 전달될 수 있다. 결과가 아니라 그런 결과를 만들어가는 과정이 더욱 중요하며, 그런 과정을 통해서 회사는 보이지 않는 무형가치를 축적하게 된다. '작은 것도 회사의 재산'이라는 소속감도 그 중의 하나다. 소속감 없는 창의성이야말로 부질 없는 일이기 때문이다.

사소한 아이디어

'창의적인 힘'은 성과물을 낸다. 이러한 창의적인 힘이 아이디어로서 제품과 서비스의 경쟁력을 향상시켜 준다면 그 창의적인 성과물은 특허가 될 수 있다. 또한 디자인, 저작권, 상표, 노하우 등도 그와 같은 힘의 성과물이기도 하다. 어떤 창의적인 힘이 특허를 받을 수 있는 것인가? 이에 대한 최종 판단은 법원이 한다. 이를테면 대법원이 판결로서 최종 판단을 한다. 어떤 아이디어가 별 것 없는 사소한 것이라거나 예전부터 통용되어 오던 것이라거나 혹은 별 의미가 없다고 최종적으로 판단하는 사람은 다름 아닌 법원의 판사가 된다. 일개 기업의 직원이 함부로 판단할 수 있는 문제가 아니다. 개발 과업을 안고 있는 엔지니어들이 별 것 아니라고 치부한 기술에 대해서 대법원은 오히려 특허성이 있다고 판단할 수 있다. 여기 실무에서 자주 발생하는 사례가 있다.

사소한 아이디어에 관한 오해

홍길동은 회사에 속한 박사출신의 지식과 경험이 풍부한 연구원이다. 제품 개발 과정 중에 소프트웨어 기법으로 부품 하나를 없앨 수 있는 방법을 생각해 냈다. 자기가 보기에는 소프트웨어에 정통한 사람이라면 이 정도는 쉽게 바꿀 수 있는 사소한 변경이었다. 그래서 굳이 권리화를 할 필요 없는 아이디어라고 판단해서 특허권은 신청하지 않았다. 그런데 1년 후에 임꺽정 주식회사에서 동일한 기술을 적용한 제품을 출시했고 홍길동의 회사를 상대로 특허침해를 주장했다.

만일 홍길동이 생각해 낸 개선사항이 소프트웨어 전문가들에게는 어렵지 않은 구성이었다고 하더라도, 특허를 못 받는 것은 아니다. "어렵지 않다(용이하다)"라는 개념은 주관적이기 때문이다. 사례 47처럼 동일한 기술에 대해 경쟁자인 임꺽정 주식회사가 특허를 취득하게 되면, 결국 홍길동이 생각하는 아이디어의 수준이 높다는 것임을 반증하게 된다. 자랑이 아니다. 홍길동의 개인적인 판단에 의해 회사에 이롭지 않은 일을 한 것이다(좀 더 정확하게는 해야 할 일을 하지 않음으로 입힌 피해). 여기서 임꺽정 주식회사가 주장하는 특허침해에 대해, "그거 사소한 아이디어입니다"라고 함부로 이야기할 수 없게 된다. 특허를 받았다는 것 자체가 사소한 아이디어가 아님을 입증하기 때문이다.

차별적인 인센티브

이직이 심하다. 기업의 다양한 문제점 중에서, 특히 중소기업의 경우 뼈아픈 것 중의 하나가 바로 이직 문제다. 개발자가 오래 근무해야만 기술개발의 연속성이 확보되고 개인의 노하우가 회사의 노하우로 축적되며 이것이 지속되면서 혁신이 생기게 되지만, 개발자의 잦은 이직은 숙련도가 높은 인력이 점점 줄어들게 만들고 결과적으로 기업 혁신으로 나아가는 길에 큰 장애가 된다. 직원들의 이직은 어쩔 수 없는 일이라며 손을 놓는 경우에는 사실상 할 수 있는 일이 없다. 그런 회사의 경우에는 이직을 통한 회사의 영업비밀의 누출을 어떻게 방지할 것인지 그것만이 중요한 이슈가 될 수 있을 것이다. 하지만 이직을 완전히 방치해서는 회사의 미래가 없기 때문에, 근무환경이나 복지환경의 개선, 임금 상승 등을 고려하게 된다.

특허활동은 이직 문제를 해소하는 데 직접적인 해결책이 되지는 못한다. 그러나 특허활동에 따른 인센티브의 지급은 직원들에게 소속감을 불러올 수 있는 유용한 수단이 될 수 있다. 직원들마다 임금을 차별 지급하는 것은 간단한 문제가 아니다. 임금 자체가 모든 경영자의 영원한 숙제다. 반면에 특허활동을 통해 자신의 창의적인 에너지를 회사에 제공한 직원에게 그것에 상응하는 차별적인 인센티브를 지급하는 것은 회사에게 큰 부담을 주는 것은 아니다. 지속적으로 창의적인 특허활동을 할 수 있는 직원은 한정되어 있기 때문이며, 바로 그 사람이 회사의 핵심 인력일 가능성이 높다. 특허활동을 통한 차별적인 인센티브 지급은 적어도 핵심인력의 이직을 어느 정도 막아줄 수 있다. 또한 설령 그가 나중에 이직한다고 하더라도 그가 근무하는 동안에는 그의 창의적인 힘을 회사로 배출시킬 수 있는 좋은 통로를 만들 수 있는 이점이 있다.

창의적인 에너지를 배출하는 통로

한편 이직이 심한 사회에서 생기는 병폐 중의 하나가―이것을 과연 병폐라고 말할 수 있을지는 논란이 되겠으나― 회사에서 일하면서 불현듯 또는 오랜 수련 속에서 얻게 된 좋은 아이디어(직무상의 아이디어)를 회사에 알리지 않고 숨기는 현상이 만연된다는 것이다. 어차피 이

회사에서 평생 있을 것도 아니고 기회가 되면 이직을 할 것이기 때문에, 그 아이디어를 굳이 회사에 줄 필요가 없다고 생각한다. 개인의 창의성이 분출되는 배관은 소속된 회사로 연결된 것이 아니라 은밀히 꿈꾸는 자기의 이익을 향해 연결되어 있다. 어쩌면 당연한 생각이다. 자기 가족이나 친분관계 있는 사람의 이름으로 특허출원을 하기도 하며, 퇴사 후에 특허권을 신청하기도 한다. 그러나 그 아이디어는 회사의 재산이 되어 회사가 발전하는 데 사용됨과 동시에 해당 직원은 그것에 상응하는 대가를 받는 것이 바람직한 시스템이다. 이것이 발명진흥법의 정신이기도 하다.

특허활동은 직원들의 창의적인 에너지가 배출되는 통로를 만들어 준다. 회사가 각 직원들에게 특허활동을 독려하면 할수록 이 통로는 커지고 통로에 이르는 배관이 확장될 것이다. 회사가 직원의 이직을 원천적으로 막을 수 없는 것처럼, 직원이 자신의 창의적인 아이디어를 은밀히 숨기는 것도 완전히 방지할 수는 없다. 그러나 회사는 직원들에게 창의적인 힘을 특허활동으로 표출시키라는 의무를 부여할 수 있고, 이것을 통해 상당 부분 막을 수 있다. 특허출원의 개수를 적절하게 할당함으로써 직원들이 사리사욕에 빠질 여유를 주지 않는 방법이다. 매우 유용한 지혜다. 직원들에게 창의성으로 회사에 기여할 것을 요구하는 방법이며, 의무를 부여함으로써 스트레스를 유발할 수 있다. 이는 곧 앞서 말한 혁신을 위한 '닦달'이라는 것과 같은 맥락이다. 의무감이 생기면 자기 머릿속 깊이 숨겨 두었던 정말 좋은 아이디어도 자연히 회사로 흘러 들어가게 될 것이다. 무릇 혁신은 처음에는 인위적으로 기획되며 그 다음은 자연스럽게 이루어지는 법이다.

사람이 창의성을 낳는다

기꺼이 일심동체가 되겠다는 의지로 모든 임직원이 스스로를 혁신하고 또 그런 자세로 창의성을 갖고 경쟁에 임해야 한다. 말하자면 그렇다. 하지만 경영자는 보상을 해주는 데 인색하고 직원들은 자꾸 다른 생각을 하는 것이 우리 기업의 자화상이다. 기업의 입장에서 보자면, 생존하기 위해서는 계속해서 혁신해야 하는 까닭에 직원들이 좋은 아이디어를 함부로 밖으로 갖고 나가지 못하게 해야 한다. 법적인 관계로 말하자면 직원이 반드시 회사의 이름으로 특허출원해야 할 의무는 없다. 직원이 발명했으면 직원의 이름으로 특허권을 신청할 수 있다. 하지만 직원이 자기의 직무와 관련해 생각해 낸 좋은 아이디어라면 실상은 그 회사에 채용되어 일을 하고 있기 때문에 생긴 아이디어일 것이다. 이런 것을 '직무발명'이라고 말한다.

직무발명과 발명보상금

기업은 사람을 채용하며 사람은 창의성을 낳는다. 창의성의 성과로 발생한 직무발명에 대해 어느 정도로 회사가 보상해 주어야 하는지에 대해서는 여전히 논쟁적이다.

> **사례 048** **직무발명에 대한 보상**
> 홍길동 주식회사의 연구소에서 일하고 있는 임꺽정은 연구개발 중에 새로운 아이디어를 제안했다. 일종의 직무발명이다. 회사 이름으로 특허출원을 하기로 했으나, 홍길동 주식회사는 임꺽정에게 소정의 보상금을 지급하기로 했다. 하지만 어느 정도 보상을 해 주어야 하는지 고민이다.

무엇보다 보상을 하겠다는 '의지'가 중요하다. 기업에 소속된 인적자원의 창의적인 힘은 기업 미래의 진정한 성장동력이기 때문에, 그 힘을 북돋아주는 것이야말로 가장 좋은 투자다. 만일 회사가 그런 의지를 갖고 있지 않다면 임직원들의 창의적인 힘은 빛을 발하지 못하거나 아니면 다른 루트를 생각하게 될 것이다.

직무발명에는 두 가지 원칙이 있다. 첫째, 특허를 받을 최초의 권리는 사람에게 있다는 원칙이다. 직원이든 사장이든 간에 발명은 회사가 하는 게 아니고 사람이 한다. 즉 어떤 기술 아이디어를 완성했을 때에 발생하는 특허를 받을 권리는 그 완성에 관여한 사람, 즉 발명자의 것이 된다. 임직원들이 그러하다. 둘째 원칙은 계약도 하나의 법률이라는 것이다. 계약 자체가 불법행위가 아니라면 당사자들 사이에 계약으로 정한 것이 있을 테므로, 그 계약은 법적 책임을 부여하게 된다. 이 두 가지 원칙을 적용하면, 홍길동의 직무에 관련한 발명은 당연히 홍길동이 특허출원할 권리를 갖는다. 그러나 회사와 임직원 사이에는 그 권리를 회사로 양도할 수 있는 계약을 할 수 있다. 대표적으로 근로계약이다. 따라서 이 계약에 따라서 특허출원할 권리는 회사로 이전된다. 결과적으로 회사가 특허를 받을 권리를 갖게 되는 것이다. 만일 이런 계약이 없다면 회사가 당연히 권리자가 되는 것은 아니다. 먼저 그 계약을 시급히 만드는 것이 우선이 되겠다.

이와 같은 직무발명의 법리를 간단하게 요약해서 설명하자면, 직무에 관련된 발명, 그러니까 직무발명은 그것을 한 '사람'한테 특허 받을 권리가 돌아가는 것이며 회사는 대가 없는 실시권한을 갖게 된다. 그러나 계약에 의해 회사가 그 권리를 가질 수 있고 그렇게 되면 그 '대가'를 지급해야 한다. 그런데 '대가'를 지급하지 않는 우리나라 중소기업의 비율은 60%가 넘고, 대기업은 25%가 넘는다고 한다(2011년 특허청 지식재산백서). 우리나라 기업이 소속된 인적자원의 창의적인 힘을 북돋우는 데 얼마나 인색한지 알 수 있는 대목이다.

어느 정도의 대가로 보상금을 주어야 할지 명확한 기준이 있는 것은 아니다. 회사마다 처한 환경이 다르기 때문이다. 참고할 만한 자료는 없다. 각자 알아서 알맞게 정하는 것이 좋다. 다만, 한국지식재산연구원의 2010년 실태 조사 자료에 의하면, 보상금 제도를 운영하는 우리나라 기업들이 직무발명에 대해서 지급하는 보상금은 특허출원 시에 평균 68만 4,000원, 특허등록시에 89만 7,000원의 보상금을 지급한다고 한다. 이와 같은 출원/등록 보상금을 지급했다고 해서 회사가 직무발명에 대한 의무를 다한 것은 아니다. 그 보상금이 과연 합리적인 금액이며 적절한지에 대해서는 법원이 최종적으로 판단하게 된다. 드물지만 그 아이디어로 수익을 낸 경우 수입금의 11% 가량을 직무발명의 보상을 지급하는 회사도 있었다. 조사 자료가 어느 정도 신빙성을 갖는지는 알 수 없으나 참고할 만하다.

창의성과 열정

바야흐로 우리는 위험한 시대에서 비즈니스를 한다. 산업은 포화상태인 것처럼 보인다. 이미 좋은 자리를 선점한 기업들은 저마다 굳건한 네트워크를 갖고 있고 촘촘한 경쟁관계로 말미암아 작은 기업이 이 글로벌 시장에서 확실히 자리를 차지하기란 정말로 어렵게 됐다. 대기업은 자신의 힘을 뽐내면서 사업 영역을 확장한다. 물론 시장에서의 현재 역학관계가 그대로 유지되지는 않을 것이다. 지금 좋은 자리를 차지하고 있다손 치더라도 깜빡 하는 사이에 누군가 치고 들어와 그 양지를 빼앗을 수도 있다. 하지만 이런 시대에서도 빛을 발하며 성공하는 기업이 있다. 기업을 성공으로 이끄는 길에는 경영자의 리더십, 임직원들의 공통된 목표 의식과 노력이 그 요인이 될 수 있으며 때로는 정다운 정행이 성공을 보장해주기도 한다. 무엇보다 오래된 관념과 습관을 뚫는 창의성이 성공에 이르는 길을 열어주기도 한다. 창의성이야말로 국면을 극적으로 전환할 수 있는 가장 믿을 만한 무기다. 네트워크를 통해 무한한 지식자원이 공급되고 있으며 당장 활용할 수 있는 정보가 많다는 것도 창조적인 상상력과 창의적인 도전을 가능하게 해준다.

대부분의 기업은 난국을 쉽게 타개할 인적 자원과 물적 자원이 부족하다. 특히 중소기업이 그러하다. 때문에 더욱더 창의성이 중요하다. 이미 시장을 장악한 대기업은 그 시장장악력으로 부족한 창의성을 메우거나 시간을 벌 수 있지만, 창의성도 없는 중소기업이라면 시장에 끌려가다가 막을 내릴 뿐이다. 오늘날 비즈니스에서 열정은 창의성의 다른 표현이다. 창의성 없는 열정은 금방 식는다. 현실의 검고 단단한 벽 앞에서 열정은 금세 주저앉을 것이기 때문이다. 마찬가지로 창의성은 열정과 같은 말이다. 열정 없는 창의성은 단지 비즈니스 낙서에 불과하다. 그런 면에서 미래는 창의성과 열정이 가득한 '창의기업'이 선도할 것으로 전망된다.

특허기업이 곧 창의기업을 의미하지는 않는다

특허는 창의성을 독려한다. 창의성이 있는 기술이 특허를 받게 된다. 이를 특허법적으로 표현하면 진보성 있는 발명에 대해 국가가 특허를 주는 것이다. 따라서 기술에 대한 기업의 창의적인 활동은 결국 특허로 수렴되기 마련이다. 기술에 대한 끊임 없는 열정을 갖고 창의적인 활동을 해 왔다면 그것의 성과로서 특허라는 가치를 얻게 된다. 하지만 '특허기업'이 곧 '창의기업'을 의미하지는 않는다. 앞서 자세히 살펴 본 바와 같이, 특허의 유용성이 다양하고 기업마다 다른 활용 목적으로 특허를 취득하고 있기 때문이다. 그다지 창의적이지 않은 기업이지만 이런 저런 목적으로 특허를 취득하는 경우도 많다. 또한 특허권의 개수가 창의성의 지표가 되는 것도 아니다. 기술분야에 따라서 어떤 업종은 특허를 많이 취득해야 하고 또 어떤 업종은 그럴 필요가 없기 때문이다. 또한 창의성은 제품과 서비스에 직접 관련될 수도 있지만 거래, 인사, 마케팅, 재무관리 등에도 관련된다. 그러므로 반드시 특허가 창의성의 서술어 역할을 하는 것은 아니다. 특허권의 개수로 창의성을 평가한다면, 삼성이 애플이나 구글보다 훨씬 창의적인 기업이며, 업계의 선행 주자는 후발주자보다 무조건 창의적인 기업이 되는 이상한 결론에 이른다.

우리는 특허와 창의성을 동등 선상에 놓지 않는다. 또한 창의성과 특허가 반드시 연결되어야 한다고도 주장하지 않는다. 하지만 특허의 중요성을 창의성이라는 관점에서 다시 생각하는 것이다. 창의성은 기업이 올리는 매출에서 나오지 않는다. 또한 회사의 채권, 평판, 좋은 건물이나 연구자재에서 나오는 것도 아니다. 대표의 리더십, 회사의 경영이념 혹은 잘 만들어진 근무 규칙에서 창의성이 나오는 것도 아니다. 창의성은 사람에게서 나온다. 사람이 창의성을 낳는다. 즉 사람이 곧 창의성이고 창의성이 곧 사람이다. 물론 회사의 여유 자금, 채권, 평판, 좋은 근무환경, 훌륭한 연구자재, 경영진의 리더십, 좋은 경영이념과 근무 규칙도 창의성 육성에 도움이 되는 것은 사실이지만, 이런 것들이 부족하더라도 사람이 창의적이면 창의적인 기업이 될 수 있다.

특허라는 창조활동의 주체는 사람이다

좋은 아이디어와 발명은 사람이 생각해 낸다. 어느 날 갑자기 회사가 발명하는 것은 있을 수 없다. 기계가 발명하는 것도 아니고 컴퓨터가 하는 것도 아니다. 사람만이 할 수 있다. 그렇기 때문에 세상의 모든 특허의 발명가는 사람이다. 미국의 경우 특허권을 신청할 수 있는 자는 법인(주식회사 등)이 아니라 발명가인 사람만이 할 수 있다. 법인은 그 발명가로부터 권리를 양수 받는 지위를 갖게 된다. 이렇게 생각을 하면 창의성이나 특허발명이나 모두 사람이 중심에 있고 사람이 주체가 되는 공통점을 발견하게 된다. 특허를 잘 이용하면 기업의 창의성을 크게 향상시킬 수 있는 지점이기도 하다.

예컨대 50건의 특허를 보유하고 있는 기업 A와 10개의 특허를 보유하고 있는 기업 B, 다섯 개의 특허를 보유하고 있는 기업 C가 있다고 가정하자. 겉으로 드러난 특허 데이터로만 보자면 A, B, C 순으로 특허기업으로 인식된다. 또한 단순하게 보자면 A, B, C 순으로 기술기업의 창의성을 평가할 수도 있을 것이다. 하지만 데이터를 상세히 분석하면 다른 결론에 이를 수 있다. 표 8-1은 연도별 통계다. 실제 사례는 아니며 설명의 편의를 위해 가공한 데이터다.

	A기업	B기업	C기업
2010년 특허	0	1	3
2009년 특허	1	1	2
2008년 특허	5	4	–
2007년 이전 특허	44	4	–

표 8-1 특허건수에 따른 기업 비교

위 표에서 A기업은 2007년 이전까지는 특허를 많이 보유했으나 최근 3년간 특허권의 개수가 줄고 2010년에는 특허권을 확보하지 못했다. 즉 특허활동이 줄어들고 있는 상황이다. 반면에 B기업은 그 개수는 작지만 매년 특허권을 확보하고 있다. C기업은 과거에는 특허가 없었으나 최근 들어 특허활동을 하면서 특허권을 늘려가고 있는 모습이다. 결과적으로 최근 3년간만 놓고 보자면 기술기업의 창의성은 C, B, A 순서로 역전될 수 있다.

위와 같은 분석에 있어서 실제로는 기술분야, 직원수, 설립연도를 함께 고려할 필요성이 있다. 편의상 모두 동일하다고 전제했다. 표 8-2는 해당 특허의 발명가로 등재된 직원(중복기재 제외)의 퇴직 현황을 나타낸다. 이 또한 실제 사례는 아니며 설명의 편의를 위해 가공한 데이터이다.

	A기업	B기업	C기업
2010년 특허	0	퇴직없음(3명)	1명 퇴직(5명)
2009년 특허	1명 퇴직(2명)	퇴직없음(3명)	1명 퇴직(3명)
2008년 특허	8명 퇴직(15명)	퇴직없음(5명)	퇴직없음(3명)
2007년 이전 특허	20명 퇴직(38명)	퇴직없음(5명)	–

표 8-2 발명가 현황에 따른 기업 비교
주: 괄호 안은 특허 담당 인원의 수

특허권이 회사의 이름으로 되어 있다면 그 권리의 귀속은 사람이 아닌 법인에게 있다. 발명가에게는 특별히 권리가 주어지지 않는다(미국은 다르다. 발명가에게 당연히 권리가 주어지고 그리고 법인으로 양도된다). 권리는 회사에게 가지만 특허를 받은 그 기술에 대한 지식과 노하우는 사람인 발명가에게 남는다. 창의성의 성과물은 회사가 가지지만 창의적인 에너지는 사람인 직원에게 체화된다. 이 두 개가 함께 회사의 가치가 되고 경쟁력이 된다. 그런데 직원인 발명가가 퇴직을 하면 회사는 그 성과물만 가질 뿐이지 그 직원에게 고스란히 남아있던 창의적인 에너지는 소멸되고 만다. 그런 관점에서 보면 A기업은 과거 성과는 좋았지만 인력들이 많이 퇴직을 했고 퇴직에 따라서 특허활동이 격감한 것을 보면 퇴직한 직원이 핵심인력일 가능성이 높다. 그만큼 창의적인 에너지가 많이 소멸되었다고도 볼 여지가 있다. 반면에 B기업은 퇴직자가 없으므로 특허활동을 통해 분출됐던 창의적인 에너지가 그대로 남아 있다. C기업의 경우에는 최근 2년간 퇴직자가 1명씩 생겼다. 그럼에도 불구하고 특허활동은 오히려 늘어난 것을 보면 퇴직자의 퇴직에 의해 소멸된 창의성이 남아 있는 사람들에 의해 보충되고 있는 것으로 분석된다. 이렇게 따지고 보면, 기술기업의 창의성은 B, C, A 순서로 될 수 있다.

우리가 이와 같은 사례를 통해서 말하고자 하는 바는 단지 특허권의 개수가 아니라, 특허라는 창조적인 활동을 하는 주체인 사람의 관점에서 기업의 특허활동을 살펴볼 필요성이 있다는 사실이다. 기업이 처한 환경과 전략적인 목표에 따라 특허권의 개수도 매우 중요하다. 하지만 그보다 더 중요한 것은 그 특허권을 얻기 위해 연구하고 노력한 직원의 창의적인 에너지가 소멸되지 않도록 하는 일이다. 그런 인적 자원의 퇴직을 가능한 한 최소화하려는 노력이 중요하다는 이야기이기도 하다. 물론 나가겠다는 사람을 막을 수는 없지만, 그 직원이 나가기 전에 회사가 어떤 노력을 했는가도 성찰해 볼 일이다.

앞서 강조한 것처럼, 직원들을 연구활동이 특허로 귀결되도록 독려하고 때로는 강제하는 한편, 직원의 특허활동에 대한 인센티브를 확실히 보장하는 방법은 정말로 중요하다. 중소기업의 저마다의 형편을 고려하면 모든 직원의 연봉을 만족할 만한 수준으로 높여 주기란 매우 힘겹다. 또한 어떤 직원이 일을 잘한다고 해서 형평을 고려하지 않고 그 직원에게만 임금을 더 주기도 어렵다. 그러나 창의적인 힘을 회사에 제공한 부분, 그 부분이 외적으로 표현되는 특허활동 결과에 대해서 인센티브를 지급하는 것은 정말로 유효하다. 이를 통해 기업의 창의성 고양을 독려하고, 다른 한편으로 기업의 창의성 배가에 기여하는 인적 자원의 이직을 최소화하는 정책은 충분히 검토해 볼 만하다. 인센티브는 현금이다. 이때 특허는 기업의 창의성 촉매제 역할을 할 수 있다.

빚지고 사는 특허들

가끔 특허발명에 대해서 오해하는 사람들이 있다. 특허를 받은 발명이라고 하면 마치 그 기술에 대해서는 모든 것을 독점할 수 있다고 생각하는 오해이다. 특허를 지나치게 과대평가해서 그렇다. 하지만 아주 예외적인 경우를 제외하면 전혀 그렇지 않다. 구름 많은 날씨에 하늘을 보노라면 저마다 자기만의 형상과 빛깔을 갖는 구름으로 가득하다. 예컨대 "이 하늘은 다 내 것이오!"라는 특허는 없다. 마찬가지로 "이 구름은 다 내 것이오!"라는 특허도 없다. 각각의 구름이 하나의 특허가 된다. 크기가 큰 구름이 있는가 하면 작은 구름도 있다. 마찬가지로 특허범위가 넓은 특허가 있는가 하면 특허범위가 매우 좁은 특허도 있다. 금세 사라지는 구름처럼 금세 사라질 특허도 존재하기 마련이다.

휴대폰이라는 제품을 놓고 보자면, 이 작은 물건에도 수천 수만 가지 특허가 존재할 수 있다. 휴대폰의 부품에 관한 특허, 휴대폰에 들어가는 부품의 재질에 관한 특허, 그 휴대폰에 적용되는 통신 방법에 관련한 특허, 하드웨어 혹은 소프트웨어에 관한 특허, 또는 휴대폰을 이용한 서비스에 관한 특허 등 각양각색이다. 부품마다 다양한 특허가 존재할 수 있기 때문에 실제 사용되는 부품의 개수보다 훨씬 더 많은 특허가 존재할 수 있다. 따라서 오늘날 "휴대폰을 사용하는 것

자체가 내 특허 침해요!"라는 주장은 성립할 수 없다.

　종전에는 존재하지 않았던 완전히 새로운 물질에 관한 특허가 아니라면 사실상 원천적인 기술, 원천 특허라는 실체는 존재하지 않는다. 대개는 종전에 연구되거나 사용되던 기술을 응용해 새롭게 고안된 물건이나 방법에 관한 특허이다. 누군가 "모든 발명은 개량발명이다."라고 주장한다면, 우리는 그 말에 동의할 준비가 되어 있다. 현실적으로 그러하기 때문이다. 또한 그것이 특허제도가 궁극적으로 목적하는 바이기도 하다.

　특허제도는 자유를 제한한다. 원칙적으로 누구나 자유롭게 기술을 이용하고 선택할 수 있다. 그렇게 해서 제품을 생산하고 판매한다. 그러나 이런 자유사용의 원칙을 그대로 고수하면 기술로 먹고 사는 사람들은 자기 기술내용을 공개하지 않을 것이다. 공개되면 공개될수록 손해이기 때문이다. 연구자들도 기술에 대해 연구 논문을 발표할 까닭이 없다. 그것이 좋은 기술이라면 굳이 논문으로 발표하지 않고 제품을 제조해서 자기만 이득을 보면 되기 때문이다. 물론 모든 사람이 기술과 노하우를 공개해 서로 공유하자고 하면 이상적이지만, 누군가 합의를 깨고 공개하지 않는다면 모든 사람이 피해를 입게 된다. 따라서 이러한 사태를 미연에 방지하고 공정하게 해결하고자 누구나 자기 기술을 공개하도록 국가가 유도하면서 그 공개의 대가로 특허를 부여한 것이 바로 특허제도이다. 즉, 특허제도의 핵심은 '공개'에 있다.

　기술내용은 교수나 연구자들의 논문발표나 기술관련 서적에 의해 공개된다. 또한 특허제도를 통해서 공개된다. 이렇게 공개하는 까닭은 관련 당사자들이, 기업이, 엔지니어가, 교수들이 공개된 기술내용을 참조하도록 하기 위함이다. 다른 사람들의 연구개발 성과를 참조함으로써 참신한 아이디어를 얻을 수 있다. 또한 무의미한 중복 투자를 피하고, 사전에 특허침해를 피할 수도 있다. 기술에 기술을 더하고 또 더함으로써 새로운 기술이 나오고 새로운 특허가 생긴다.

"종전에 있던 것을 이렇게 개량했는데요. 이렇게 개량하는 것도 특허가 되나요?"라는 질문을 자주 받는다. 원칙적으로 종전의 단점을 개량해 새로운 이점이 생겼다면 그 기술은 신선하든 신선하지 않든, 기술적으로 어렵든 어렵지 않든 간에 특허의 대상이 된다. 특허제도의 관점에서는 당연한 이야기다. 반복해 강조하건대 대부분 특허는 개량발명이다. 다만 실제로 특허를 받을 수 있을지 여부는 심사를 받아 봐야만 안다. 유사한 선행문헌이 있어서 진보성을 인정받지 못하면 특허를 받지 못한다. 진보성이 있는지 아닌지 여부는 특허권이 신청된 이후에 심사를 거쳐서 비교대상을 정한 다음에 사후에 판단되는 것이기 때문에, 개량발명에 대해 미리 진보성 유무를 정확하게 판단할 수는 없다. 전문가가 경험적인 지식과 감으로 이야기할 수 있을 뿐이다.

참고로 공개된 특허문헌을 검색해 그 내용을 보면 유사한 특허들이 매우 많다. 뭐 이런 특허들도 있나 싶을 정도의 요상한 특허권도 많다. 이런 것도 특허를 받을 수 있다면 우리 기술에 대해서도 특허를 받을 수 있지 않나 하는 생각도 들 것이다. 그렇다. 특허를 받을 수 있는 대상을 스스로 한정할 필요는 없다. 세상의 모든 특허는 종전의 기술에 빚지고 산다. 따라서 우리 기술도 어차피 세상의 모든 기술에 빚지고 사는 셈이다. 비유하여 말하자면 특허란 세상의 모든 기술은행에서 대출을 받는 것과 같다. 하지만 무이자다.

부록 I
그들이 말하지 않는
특허와 변리사에 대한 10가지

부록 I은 특허와 변리사에 대한 10가지 질문과 답변이 수록되어 있다. 많은 사람이 궁금해하는 사항들이며, 이 중 상당수는 다른 곳에서는 듣기 어려운 내용이다. 전문가들이 분명히 말해주지 않는 것들이 다수다. 어떤 것은 전문가도 잘 정리를 못하고 있기 때문이며, 어떤 것은 고민을 안 해봤기 때문이고, 또 어떤 것은 얼굴을 보면서 말하는 것이 더 적합하다고 생각하기 때문이다. 그래서 이 부록 I의 제목에 '그들이 말하지 않는'이라는 표현을 붙이게 됐다. 부록 I에 수록된 내용이 비록 개략적으로 요약되어 있으나 그것만으로도 독자들에게 많은 지식과 경험을 줄 것이다. 특히 질문 5, 6, 7의 경우에는 특허 제도에 대한 근본적인 화두를 던진다.

질문 1. 재미난 아이폰용 앱을 하나 만들고 있습니다. 아이패드 버전도 있고요. 우리 앱을 보호받고 싶은데요. 어떻게 하는 것이 가장 좋을까요?

쉬운 것부터 접근해 보죠. 일단 앱의 명칭에 대한 보호를 먼저 생각할 수 있습니다. 누군가가 유사한 명칭의 앱을 서비스하면 곤란하니까요. 타인이 먼저 그 명칭에 대해 상표등록을 해버리면 여러 가지로 골치 아픕니다. 상표권을 신청하고 등록하기까지 소요되는 비용이 크지 않기 때문에 부담이 적습니다.

다음으로 이 앱이 어느 정도 새롭고 또 기발한지에 대해 따져보아야 하는데요. 우리가 원하는 것은 '타인이 함부로 우리 앱을 모방하지 않도록 하는 조치'입니다. 개발자라면 디자인 자체는 다양하게 바꿀 수 있고 앱의 내용도 약간씩 변형할 수 있지요. 이를 막기 위한 조치는 결국 '특허권 신청', 즉 특허출원입니다. 스마트폰 앱 개발이 붐입니다. 그래서 앱 관련 특허출원건수도 봇물 터지듯이 늘고 있음을 실무자로서 느낍니다.

우리 앱의 전체 기능을 모두 특허출원할 필요는 없습니다. 그렇게 접근하면 개발 중인 앱의 특징이 묻히기 때문에 오히려 특허를 받기 어려워집니다. 개발 중인 앱의 새롭고 가장 차별성 있으며 특징적인 부분만을 강조해 그 부분에 대해서만 특허를 받을 수 있도록 준비하는 것이 효과적입니다. 특징이 아닌 부분은 우리 관심사가 아니고 어차피 누구나 사용할 수 있는 부분이기 때문입니다. 따라서 변리사에게 의뢰할 때 개발 중인 앱의 특징요소가 어느 부분인지 잘 설명해야 합니다.

불행히도 앱 자체에 대한 특허권 신청은 가능하지 않습니다. 예컨대 'XXX 애플리케이션'으로 특허를 받기는 어렵다는 것이지요. 우리나라 특허법이 그러합니다. 소프트웨어 자체에 대한 특허청구가 불가능하지요. 애플리케이션에 의해 동작하는 '프로세스', 애플리케이션이 설치된 '스마트폰', 애플리케이션의 차별적인 기능이 강조된 '시스템'이 특허범위가 될 것입니다.

특허출원 비용을 생각하지 않을 수가 없습니다. 특허사무소마다 다르지만 특허출원 의뢰 비용이 150~250만원이 소요되고 심사를 받는 과정에서 비용이 더 소요될 수 있습니다. 뿐만 아니라 심사를 최종 통과하면 의뢰 당시의 비용과 거의 같은 비용이 추가될 수 있습니다. 우리 앱이 이 정도의 비용을 지불할 가치가 있는가를 스스로에게 물어봅시다. 만일 이 앱이 상업적으로 성공할 만하고 그럴 확신이 있다면 당연히 특허출원을 해야겠지요. 그런 경우에도 특허출원을 하지 않으면 나중에 꼭 후회합니다. 어느 정도를 상업적 성공했다고 볼 수 있을까요? 앱만으로 1억 원의 매출이익을 올렸다고 해서 상업적으로 성공했다고 단정하기는 어렵겠지요. 오로지 '특허비용(특허등록에까지 소요되는 비용, 권리유지비용, 특허분쟁에 소요되는 비용 등의 합)의 관점'에서 보자면, 적어도 앱이 태어나서 죽을 때까지 벌어들이는 매출이익이 적어도 3억 원은 넘어야 하지 않을까요?

한편, 앱을 공개해 버리면 특허로 보호받기 어려워지므로 미리미리 준비해야 합니다. 또한 스마트폰 앱 시장의 특성이 매우 글로벌하므로 해외에서의 권리화도 생각해 볼 필요가 있습니다. 급한 문제는 아니지만 기간 제한이 있기 때문에 앱을 공개하고 상업적 성공이 직감되면 바로 국제출원을 고려해 보십시오.

소프트웨어 디자인 자체에 대해서는 저작권법(컴퓨터프로그램보호법은 2009년 7월 23일 저작권법에 통합됨)에 의해 보호됩니다. 특별한 조치를 취하지 않아도 바로 권리가 발생하는 것으로 간주됩니다. 그 보호범위가 어느 정도인가에 대해서 다소 논란이 있고 구체적인 사안에 따라 달라질 수 있습니다만, 개발자로서는 다소 위안이 되는 대목입니다. 관리를 위해 앱 소프트웨어를 저작권위원회(www.copyright.or.kr)의 데이터베이스에 등록하는 것도 괜찮은 방법입니다. 관리하기에 매우 유용하기 때문입니다. 전화번호는 02)2660-0004입니다.

개발 중인 앱이 혹시 타인의 권리를 침해하는 것은 아닌지 걱정될 수 있습니다. 사실 이러한 걱정은 근본적으로 해결되기 어려운 문제지요. 특허라는 제도가 존재하는 한 언제나 타인의 권리침해의 가능성이 있습니다. 사전에 특허조사를 할 수도 있습니다만 정확하지 않고 걱정을 완전히 누그러뜨리지 못합니다. 앱을 만들 때마다 전문기관에 선행특허 조사의뢰를 하는 것도 사실 쉽지 않습니다. 비용부담도 부담이거니와 결과가 나쁘다고 앱 개발을 중단할 것도 아니잖습니까? 그 결과가 나쁘다 좋다를 과연 정확하게 판단할 수 있을지도 의문입니다. 그것은 곧 의욕적으로 추진하던 비즈니스를 포기하는 것과 같기 때문입니다. 우선 한국특허정보원 데이터베이스(www.kipris.or.kr)에서 키워드를 검색해 유사한 것이 있는가 조사해 보고, 이때 특별히 없다면 앱 개발에 집중하고, 반면에 무엇인가 걱정되는 특허가 발견되면 변리사에게 자문을 구하거나 혹은 이 책의 5장에 상세히 기재된 지식을 이용해 자체 판단을 하는 것도 하나의 방법이 될 것입니다. 일반적으로 이야기할 수 있는 사항은 아닙니다만, 일단 소망하는 앱 개발에 전력을 투여하고 그 밖의 권리침해 걱정은 나중에 최선을 다해서 해결하자고 마음 먹는 것도 비즈니스 마인드입니다. 단, 앱에서 사용하는 컨텐츠가 타인의 저작권이나 상표권을 침해하는 일이 없는지 잘 확인합니다. 이미지나 사운드를 사용할 때 특히 그러합니다. 임재범의 노래를 앱에 무단으로 사용하면 저작권 침해입니다. 그러나 죽은 지 오래된 모짜르트의 음악을 자체 제작해 앱에 사용하는 경우에는 문제가 없습니다.

질문 2. 스마트폰용 앱을 기획하고 개발할 당시에는 법인이 아직 설립되지 않았었는데요. 이 앱으로 사업을 하려다 보니 주식회사를 만드는 게 좋겠다 싶어 최근 법인을 설립했습니다. 저는 그 법인의 대표이고요. 법인 명의로 특허출원하는 것이 좋을까요? 아니면 제 개인 명의로 특허출원하는 것이 좋을까요?

초기에는 개인 명의로 특허출원하는 것이 좋다고 생각합니다. 법인 명의로 특허출원하는 경우를 먼저 생각해 봅니다. 유감스럽지만 회사는 언제든 망할 수도 있습니다. 법인을 설립한 이후에는 사업의 주체는 당연히 회사가 됩니다. 앱 자체는 훌륭하지만 다른 이유로 회사가 쓰러지거나 사업을 접거나 제삼자에게 넘어갈 수도 있습니다. 회사가 망하는 경우 특허권도 사실상 사라지게 됩니다. 회사가 어려움에 처했는데 핵심이 되는 특허를 대표이사로 이전시키는 것은 불법행위가 될 수 있습니다. 또한 이것은 법인과 법인의 이사 간의 거래로서 이

사회나 주주총회의 승인이 있어야 하는 사안이므로 매우 조심스러울 수밖에 없습니다. 또한 회사가 제삼자에게 넘어가는 경우에는 앱에 대한 특허권의 가치가 제대로 평가받지 못할 수 있습니다.

이런 문제는 개인 명의로 특허출원하는 경우에는 발생하지 않습니다. 따라서 사업 초기에는 개인 명의로 특허출원하는 것이 더 바람직해 보입니다. 그러다가 필요에 따라 법인 명의로 이전하면 됩니다. 이때 이전을 유상으로 해야 하는지 무상으로 해야 하는지에 대해서는 법인 이사회에서 결정하면 됩니다. 회사가 알맞은 조직을 갖추고 사업이 안정되면 그 이후의 특허출원에 대해서는 법인 명의로 하는 것이 맞습니다.

대표이사 개인과 법인은 엄연히 다른 주체입니다. 특허출원을 함에 있어서 그 비용에 대해 어떤 기관의 지원을 받는다거나, 인증기관이나 투자기관에서 회사 보유의 특허가 있는지 여부를 심사하는 경우에, 대표이사 개인의 특허를 회사의 특허로 인정하는 경우라면 모를까 대부분은 법인명의를 요구할 것입니다. 그런 경우에는 법인명의로 하는 것이 맞겠지요.

하지만 결국, 법인명의로 할지, 개인명의로 할지에 대해서는 선택사항입니다. 의무는 없습니다.

질문 3. 특허출원을 꼭 변리사에게 의뢰해야 합니까? 개인이나 기업이 스스로 할 수는 없습니까?

특허출원을 반드시 변리사에게 의뢰해야 하는 것은 아닙니다. 누구나 직접 특허출원할 수 있습니다. 단, 개인사업자의 상호 명칭으로는 불가능합니다. 법인격이 없기 때문입니다. 통상 그 경우에는 개인사업자 대표자 명의로 특허출원을 합니다.

변리사에게 의뢰하지 않고 직접 특허출원을 한다면 다음과 같은 방법에 의합니다. 우선 대부분 특허출원이 전자출원으로 이루어지기 때문에 전자출원을 하는 방법을 알아야 합니다. 특허청 '특허로' 사이트(www.patent.go.kr)에 접속해서 필요한 정보를 얻고 프로그램을 설치해야 합니다. 이때 여러 가지 어려움이 생길 수도 있습니다. 그런 어려움이 생길 때마다 특허로 사이트의 안내문을 잘 읽고, 그래도 이해가 되지 않으면 다시 1544-8080으로 전화를 걸어 안내를 받으시면 됩니다. 특허로 사이트에서 주민등록번호와 같은 고유번호인 '출원인코드'를 받습니다. 다음으로 특허명세서 전자문서 작성기^{Keditor}를 이용해서 아이디어를 법정된 양식에 맞게 작성합니다. 법에 맞는 양식으로 특허명세서를 작성한다는 것은 비전문가에게 있어서 조금은 낯선 일이기는 합니다만, 만일 권리화가 목적이 아니라 단지 특허출원을 한다는 데 의미가 있는 것이라면 못할 일은 아닙니다.

도면은 이미지 파일로 만들어 전자문서 작성기 소프트웨어에서 불러오면 됩니다. 특허명세서를 모두 작성한 다음에는 표지를 만들어야 합니다. 서식작성기^{KEAPS}라는 프로그램을 이용해 표지를 만드는데 이해가 잘 되지 않으면 다시 1544-8080으로 전화를 겁니다. 특허청 고유의 공인인증절차도 있으므로 이 또한 미리 설치해 둡니다. 초보자라면 여러 가지 장벽을 느낄 것입니다. 그래도 차분한 마음으로 며칠의 시간을 투자하면 할 수 있습니다. 가장 어려운 것은 아이디어를 특허명세서로 작성하는 것인데 여기에는 특별한 가이드가 없습니다. 한국특허정보원(www.kipris.or.kr)에 수록된 백만 개가 넘는 선행특허를 모범으로 삼아 작성하시기 바랍니다.

잊지 말아야 할 것은 특허출원은 시간의 함수라는 사실입니다. 시간이 지나감에 따라서 뭔가 해야 할 일이 반드시 생깁니다. 우선 심사를 청구하면 엄격한 심사를 거쳐야 합니다. 그 심사를 통과해야만 권리를 취득할 수 있습니다. 심사를 거치면서 의견서를 제출하고 특허명세서를 수정해야만 하는 일이 꼭 생기기 때문에 이를 잊지 않는 게 중요합니다. 잊으면 권리는 죽습니다.

만일 심사를 통과하는 것에 전혀 관심이 없다면, 다시 말하면 단지 특허출원을 통해서 자기 기술을 공개하는 것에 만족하거나 혹은 특허출원번호만 필요한 경우에는 굳이 변리사에게 의뢰하지 않아도 됩니다. 전자는 방어용 목적의 특허출원이며, 후자는 내용이 별로 중요하지 않는 경우의 특허출원입니다. 기업의 담당자가 다소 고생하는 것을 감수하기만 하면 변리사 비용을 절감할 수 있습니다.

하지만 심사를 통과하기를 원하며, 또한 좀 더 좋은 특허를 받고자 한다면 변리사에게 의뢰하는 편이 바람직합니다. 특허는 기술을 말로 표현하는 것인데 어떻게 표현해야 하는지에 대해서 특허법령이 매우 엄격히 규정하고 있습니다. 특허서류를 작성하는 일 자체가 기술과 법률이 결합된 영역이어서 오랜 경험과 지식을 갖고 있는 자가 아니라면 심사를 통과할 정도로 작성하기는 거의 불가능합니다. 게다가 전문가인 변리사도 1건의 특허서류를 작성하는 데 몇 날 며칠의 시간을 소요하므로 일반인이 하기는 어려운 면이 많습니다.

'강한 특허' 혹은 '원천특허'는 오늘날 대부분의 기업의 관심사일뿐더러 이 분야의 오래된 화두입니다. 하지만 변리사의 도움 없이는 강한 특허와 원천특허를 만들 수가 없는 게 현실입니다. 강한 특허와 원천특허가 되기 위해서는 법적인 허점을 최소화해야 하며, 기술의 트렌드와 미래의 분쟁 개연성을 염두에 둬야 하기 때문입니다. 물론 변리사에게 의뢰하면 비용이 듭니다.

질문 4. 특허출원이나 상표출원을 하는 데 소요되는 비용은 어느 정도됩니까? 특허등록까지 소요되는 전체 비용을 가늠하고 싶습니다.

특허청에 내는 비용과 변리사에 지불하는 비용이 합산될 것입니다. 비용에 대해서는 특허사무소에 전화를 걸어 상담을 하면 정확하게 알 수 있습니다. 사무소마다 다르기 때문입니다.

먼저 특허에 대해서 말씀 드립니다. 특허출원 자체와 관련해서 특허청에 내는 비용은 몇만 원 수준이어서 거의 부담되지 않는 수준입니다. 그런데 심사청구료는 다소 부담이 됩니다. 기본 요금이 13만원이며, 청구항마다 4만원씩 가산됩니다. 청구항이 증가하면 매우 큰 부담이 될 수도 있지만, 개인과 중소기업의 경우에는 70% 할인되기 때문에 대개는 10~20만원 내외에서 정해집니다. 물론 청구항이 많다면 당연히 더 높은 비용 부담이 발생하겠지요. 심사를 모두 통과하면 이제는 독점에 대한 대가를 국가에 납부해야 합니다. 원칙적으로 매년 납부해야 합니다. 이것도 청구항의 개수마다 달라지기 때문에 정확하게 예상할 수는 없으나 특허출원시의 심사청구비용과 비슷하게 정해진다고 생각하면 됩니다. 중소기업이라면 처음 몇 년은 크게 부담되지는 않습니다.

변리사 수수료는 매우 민감한 부분입니다. 특허권을 신청하는 데 소요되는 비용(특허출원비용)은 기술분야와 내용에 따라 상이합니다. 또한 의뢰하는 건수와 특수 관계에 따라 다르기도 합니다. 무엇보다 특허사무소마다 다릅니다. 특허권을 신청하려는 사람의 입장에서는 선택 폭이 넓은 편입니다. 저희가 일하는 사무소 기준으로 말하자면 일반적으로 대략 150~250만원 정도 입니다. 중상 수준의 가격입니다. 그리고 모든 심사를 통과하면 특허출원비용과 동일한 비용을 등록수수료로 청구합니다. 업계 표준 수수료는 존재하지 않습니다.

상표권은 1개 상표에 대해 1개류 품목(45개류가 있습니다)을 지정하는 경우에 특허청 비용은 56,000원이며, 심사를 통과하고 등록하게 될 때에는 10년간의 독점에 대한 대가를 국가에 납부하는 비용으로서 대략 21만원의 등록료를 납부해야 합니다. 상표출원에 대한 변리사 수수료도 사무소마다 다릅니다. 물론 일에 대한 성실도와 전문성이 좌우합니다. 저희 같은 경우에는 1개 상표를 1개류에 대해 상표권을 신청하는 경우 일반적으로 약 20~30만원의 수수료를 청구하고 있습니다. 심사를 통과하면 출원시와 동일한 비용을 청구합니다.

이밖에 심사를 받는 과정에서 변리사가 의견서를 작성하여 제출하는 경우에 소정의 비용이 추가될 수 있습니다. 이상의 비용에 대한 이야기는 정책과 입장이 다른 특허사무소마다 다를 수 있으므로 자세한 사항은 각 특허사무소와 충분한 상담을 통해 결정하시기 바랍니다.

질문 5. 기왕에 특허출원을 하는 것이라면 강력한 특허를 취득하고 싶습니다. 어떻게 하면 강한 특허를 얻을 수 있을까요?

유감스럽게도 정답은 없습니다. 하지만 우리는 해답을 찾기 위한 좋을 길을 개척할 수 있습니다. 동시에 나쁜 길을 멀리할 수 있지요.

강한 특허란 무엇입니까? 권리의 관점에서 보자면 경쟁기업을 위협할 수 있는 넓은 범위의 특허를 말합니다. 특허범위가 좁으면 강한 특허라고 말할 수 없지요. 비즈니스 관점에서 보자면 그 특허기술이 우리뿐만 아니라 경쟁기업도 이용하거나 할 수밖에 없는 기술을 뜻합니다. 실제 산업에서 외면하는 기술이라면 역시 강한 특허라고 말할 수 없습니다.

우리가 생각하는 강한 특허를 얻기 위한 좋은 길은 다음과 같습니다.

첫째, 아이디어 자체가 좋아야 합니다. 변리사는 발명가가 아니라 단지 좋은 아이디어를 말로 잘 포장해서 좋은 권리로 만드는 사람일 뿐입니다. 변리사가 아무리 뛰어나다 하더라도 아이디어 자체가 별로 좋지 못하면 강한 특허는 나올 수 없는 법입니다.

그런데 아이디어의 생육은 형체가 없어서 매우 가변적입니다. 또한 불현듯 나오고 순식간에 잊히기 때문에 우연적이기도 합니다. 어떤 환경에서는 좋은 아이디어가 제안됐다가 사라지기도 하고 어떤 환경에서는 시답지 않은 아이디어가 매력적인 아이디어로 변모하기도 하지요. 강한 특허를 얻기 위한 좋은 길의 두 번째는 결국 좋은 아이디어가 나오는 환경을 조성하는 길입니다. 창의적인 에너지가 나올 수 있는 기업 환경의 조성이 매우 중요해집니다. 이에 대해서는 이 책의 8장에서 자세히 다뤘습니다. 여기에서 한 번 더 강조한다면, 아이디어를 자유롭게 제안할 수 있는 분위기를 만들고, 아이디어에 대해 집단적으로 토의하고, 집중도를 올리기 위해서 변리사의 참석을 유도하며, 아이디어의 성과에 대해서는 적절한 보상을 하는 것이 바람직합니다.

셋째, 아이디어를 글로 잘 정리하는 일이 중요합니다. 강한 특허는 결코 강한 기술을 의미하지 않습니다. 특허는 문서로 만들어진 권리이기 때문에 강한 특허는 결국 강한 특허 문서를 뜻합니다. 아이디어 자체에 대해서는 좋은 아이디어라고는 말할 수 있겠습니다. 하지만 우리가 강한 특허라고 했을 때에는 글로 잘 정리된 문서를 지칭하는 것이므로, 아이디어가 최초 제안되고, 토의를 거치는 과정에서 일관되게 아이디어를 글로 정리하는 습관을 키우는 게 무엇보다 중요합니다. 이는 특히 우리나라 IT 분야의 개발자들에게 시급히 요청되는 일 중의 하나입니다. 아리스토텔레스는 안에 있는 것을 밖으로 끄집어 내는 것 자체가 예술의 본질이라고 말했으며, 기술의 본질도 마찬가지입니다. 개발자 스스로 자기 아이디어를 윤곽 있게 잘 표현했을 때 강한 특허가 시작됩니다. 어떻게 글로 정리하는 것이 바람직할까요? 당면한 문제, 해결하는 방법, 얻을 수 있는 효과, 예상되는 불리함이나 난관을 범주로 나누고, 부단히 질문하고 답해야 합니다. 낙서나 메모 형식이어도 좋습니다. 그러나 시간이 흐를수록 '문장'으로 만들어 나가는 방법을 권합니다.

넷째, 아이디어를 잘 정리한 자료를 변리사에게 전달해야 합니다. 이와 같이 사내에서 각자 기록된 아이디어를 취합하여 변리사에게 전달하게 되는데, 자료를 정리함에 있어 주관적 판단을 배제하고 가급적 많은 자료를 변리사에게 전달합니다. 이에 대해서는 이 책의 사례 5를 참조할 수 있을 것입니다.

다섯 째, 복수의 특허출원을 검토하는 방법도 중요합니다. 그럴싸하게 표현하자면 특허 포트폴리오를 구성하는 방법이라고 하겠습니다. 강한 특허는 상대방의 공격에도, 즉 특허무효를 주장하는 공격에도 견디는 힘이 커야 합니다. 강한 특허가 1개인 경우에 상대방은 그 특허만 없애면 그만입니다. 그런데 관련 특허가 예컨대 5개인 경우에는 상대방은 그 5개를 모두 없애야 하는 부담이 생기게 됩니다. 반대로 우리는 5개를 모두 활용해서 특허침해를 주장할 수 있는 이점이 있습니다. 복수의 특허출원은 특허권을 신청할 단계에서 할 수 있으며, 심사과정을 지켜보면서 나중에 1건의 특허출원을 여러 건으로 쪼개는 방법(분할출원)을 선택할 수도 있습니다. 전략적인 접근방법입니다.

그 밖에, 변리사에게 맡기면 끝난다는 생각을 버리고 관심을 유지하는 것도 무엇보다 중요합니다. 자기의 특허범위나 특허를 취득하는 상세한 과정에 대해서는 별다른 관심이 없으면서 강한 특허를 운운하는 태도는 바람직하지 않습니다.

질문 6. 특허제도가 과연 인류에게 도움이 될까요? 허접스러운 기술에까지 특허를 부여함으로써 오히려 기술이 정체되고, 돈이 많은 대기업이 더 많은 특허를 선점해서 후발주자의 진입을 막을 수도 있으므로, 오히려 특허제도를 폐지하는 게 더 낫지 않을까요?

특허제도를 폐지하자는 항간에 오가는 주장의 취지에 대해서는 공감되는 면이 있습니다. 하지만 불가능한 이야기입니다. 특허제도는 한 나라의 법제에 의해서만 지지되는 게 아닙니다. WTO 조약에 의해서 어느 한 나라가 자의적으로 특허제도를 폐지하거나 변경할 수 없습니다. WTO 조약을 탈퇴하고 모든 국제교류를 단절하며 자립경제를 하겠다고 모든 국민이 합의해야만 가능한 이야기가 됩니다. 또한 특허제도를 폐지한다면, 창조적인 발명을 어떻게 보호할 것이며, 부정한 타인의 모방을 어떻게 막을 것인지에 대한 답도 만들어져야 합니다. 개인과 기업의 도덕적 순결성을 요구해야 하는 문제로 묘안이 없습니다.

예컨대 99개 기업이 특허제도가 무용하다고 생각해서 특허권을 신청하지 않았는데, 1개 기업이 특허권을 확보해 나머지 99개 기업을 상대로 특허침해를 주장하는 경우에, 법원은 누구를 보호해야 합니까? 다수의 행복이 중요한 것이 아니라 누가 권리자인지를 따져봐야 합니다. 다수의 행복을 먼저 앞세우기 위해서는 그 다수가 권리를 갖고 있어야 합니다. 즉 특허제도가 없어지기 위해서는 모든 기업이 특허제도 폐지에 합의해야만 가능한 이야기입니다. 그런 점에서 극단적인 특허무용론을 주장하는 사람들은 비즈니스를 전혀 고려하지 못하는 것입니다.

특허권자라고 해서 무조건 자기 권리를 행사하는 것은 아닙니다. 권리를 의무적으로 행사해야 하는 것도 아닙니다. 특허무용론을 주장하는 사람들이 비즈니스 관점에서 할 수 있는 최선의 조치는 더 좋은, 더 강력한 특허를 확보하고 그것을 개방하는 것입니다. 더욱 많은 독점권을 활용해서 더욱 많은 독점적인 지위를 확보함과 동시에 그 독점권을 사용하지 않는 것, 그것이 바로 강력한 특허권자가 인류에 공헌할 수 있는 지름길이라고 생각합니다. 하지만 여기에도 모순이 있습니다. 특허를 유지하기 위해서는 막대한 자금이 필요하며, 이러한 자금을 확보하기 위해서는 엄청난 상업적 성공이 뒷받침돼야 한다는 것입니다. 결국 이것도 비즈니스입니다.

'허접스러운 기술에까지 특허를 부여'하는 폐단을 지적하셨으나, 이러한 생각에는 동의할 수 없습니다. '허접스러운 기술'은 매우 주관적인 표현입니다. 우리는 기술을 다양한 각도로 바라봅니다. 하드웨어 관점에서 보기도 하며, 소프트웨어 관점에서 보기도 합니다. 생산자의 관점이 있는가 하면, 소비자의 관점도 있습니다. 설계자의 관점이 있는가 하면 사용자의 관점도 있습니다. 경제성의 관점이 있는가 하면 유용성이나 편리성의 관점도 있습니다. 박사의 관점이 있는가 하면 일반인의 관점이 있고 재판관의 관점이 있습니다. 이렇듯 다양한 관점이 있는데 어떤 관점에서 바라보느냐에 따라 기술의 수준과 가치가 달라지기 때문에 함부로 '허접스러운 기술'이라고 단언할 수는 없습니다. 게다가 기술분야에 따라서도 완전히 다릅니다. 법률용어로 '당업자'라는 관점이 있기는 합니다만 이런 관점도 사실은 실존하지 않습니다.

종전보다 90% 개선된 효과, 9% 개선된 효과, 0.9% 개선된 효과가 있는 기술이 있다고 합시다. 0.9%의 개선은 아무것도 아닌 것처럼 보입니다. 그런데 0.9%의 개선 효과에 의해 소비자가 크게 만족해서 상업적 성공을 거둔다면 그것을 보고 0.9%의 개선은 허접한 것으로 치부해서는 안 됩니다. 특허심사를 좀 더 엄격히 하자는 주장으로 바꿀 수는 있습니다. 이런 주장도 분명한 해결책을 주지는 않습니다. 엄격한 기준이 사실상 없기 때문에 공무원만 닦달하는 모양이 됩니다. 오히려 보는 관점에 따라서 낮은 수준의 특허도 존재할 수 있다, 허점 있는 특허도 많이 존재한다, 라고 인정해버리고, 단 이해관계인들의 특허분쟁에 의해 조정해 나가는 것이 오히려 바람직해 보입니다. 시장과 재판을 통해 특허를 정리하는 것입니다. 이를 위해서는 지나치게 감정적이어서는 안 됩니다. 특허는 받을 수 있고 또 소멸할 수 있으며 무효가 될 수도 있는 것입니다.

한편 최근 수십 년의 특허제도의 변화 추이를 보면 권리자(특허출원인)의 입장이 지나치게 대변되는 방향으로 법률과 행정규칙이 개정되는 면이 없지 않습니다. 특허법은 특허권자의 이익을 보호하기 위해서만 입법된 것이 아니라 궁극적으로 산업발전에 이바지하기 위함이기 때문에 특허권자를 견제할 수 있는 조치를 좀 더 적극적으로 강구하는 자세도 필요합니다. 특허청 공무원과 입법 국회의원들의 몫입니다.

질문 7. 특허권자가 부당하게 시장을 독점하고 있는 경우에 국가가 나서서 강제로 타인에게 그 특허권을 이용하게 할 수 있다는 제도가 있다고 들었습니다. 이런 제도에 대해 알려주십시오.

강제실시권에 대한 이야기입니다. 이것은 특허 시민사회 운동과 관련되기도 합니다. 주로 제약분야에서 화두가 됩니다. 강제실시권에 관련된 규정과 현실에 대해 자세히 접근하다 보면 우리는 특허제도에 대해 보다 풍부하게 이해할 수 있습니다. 자세히 설명해 봅니다.

특허제도의 가장 커다란 부작용은 특허권자라는 독점적 지위를 부당하게 이용해 공정한 거래를 해칠 수 있다는 점입니다. 예컨대, 특허제품에 대한 가격을 비합리적으로 높게 책정한다든지, 제삼자에게 부당하고 무리한 요구를 한다든지, 시장에서 반드시 필요한데 공급을 하지 않는다든지, 특허침해가 아님에도 유사 제품의 취급 자체를 봉쇄한다든지 하는 다양한 불공정행위들이 일어날 수 있습니다. 건전한 경업질서를 확립하기 위해 이를 예방하고 규제하는 일은 필요합니다. 먼저 '독점규제 및 공정거래에 관한 법률'이 엄한 표정을 짓고 특허권자를 바로보기는 합니다. 하지만 이 법률 제59조는 특허법에 의한 권리의 정당한 행사라고 인정되는 행위에 대해서는 적용하지 않는다고 규정하고 있으므로, 적용의 한계가 있습니다.

특허법을 제정할 때 입법자들이 가장 크게 우려했을 것 중의 하나로, 시장에서 특허제품의 수요가 1,000만개인데 특허권자는 100만개 밖에 공급할 수 없는 경우가 발생했을 때 어떻게 할 것인가 의문입니다. 그런 경우의 원인으로는 특허권자의 생산능력의 부족도 있을 수 있겠지만, 가격결정권을 갖고자 하는 특허권자의 경영전략도 상당한 원인이 되기도 합니다. 물론 900만개의 부족분에 대해서 수요자가 쉽게 인내할 수 있는 경우라면 크게 문제가 되지 않습니다. 하지만 그 제품이 사람의 생명이나 건강에 필수적인 의약이거나, 사람의 생활을 현저하게 위협할 수 있는 물건이라면 이야기는 참으로 달라집니다. 매우 우려할 만한 일이 되지요. 그렇다고 아무 근거 없이, 단지 특허권자의 공급능력이 딸린다는 이유로, 제삼자로 하여금 900만개의 특허제품을 대신 만들게 할 수는 없습니다. 특허권 침해요, 특허제도를 무시하는 처사이기 때문입니다. 특허법의 입법자들은 이러한 문제점을 예상하고 슬기롭게 대처해 좋은 규정을 만들었습니다. 그것이 바로 '특허권의 재정', 이른바 '강제실시권 제도'입니다.

이 제도는 한국 특허법에만 규정된 것이 아니고, 국제적으로 널리 규정된 조항입니다. WTO 조약에는 지적재산권에 관한 협정[TRIPS]도 포함되어 있는데, 여기에서도 각국에 '강제실시권' 제도의 운영을 유보하고 있기 때문에, 강제실시권을 발동한다고 해서 국제법적으로 크게 문제되지는 않습니다. 법률에 의해서도, 국제조약에 의해서 강제실시권을 실제 발동함에 있어서 이론적으로 문제될 것은 없지만, 유감스럽게도 이 제도가 실제 국내에서 강제실시를 결정한 예는 거의 없는 것으로 알려져 있습니다.

이 제도는 특허권자가 시장을 사회적 인내심이나 공공의 이익을 뛰어넘은 범위로 좌지우지하는 것에 대해 특별한 조치를 취할 수 있다는 것입니다. 법률의 규정을 요약해 인용하면 다음과 같습니다.

특허법 제107조 (통상실시권 설정의 재정)
① 특허발명을 실시하고자 하는 자는 특허발명이 다음 각호의 1에 해당하고 그 특허발명의 특허권자 또는 전용실시권자와 합리적인 조건하에 통상실시권 허락에 관한 협의(이하 이 조에서 '협의'라 한다)를 하였으나 합의가 이루어지지 아니하는 경우 또는 협의를 할 수 없는 경우에는 특허청장에게 통상실시권 설정에 관한 재정(이하 '재정'이라 한다)을 청구할 수 있다. 다만, 공공의 이익을 위하여 비상업적으로 실시하고자 하는 경우와 제4호의 규정에 해당하는 경우에는 협의를 하지 아니하여도 재정을 청구할 수 있다.

1. 특허발명이 천재·지변 기타 불가항력 또는 대통령령이 정하는 정당한 이유 없이 계속하여 3년 이상 국내에서 실시되고 있지 아니한 경우
2. 특허발명이 정당한 이유 없이 계속하여 3년 이상 국내에서 상당한 영업적 규모로 실시되지 아니하거나 적당한 정도와 조건으로 국내수요를 충족시키지 못한 경우
3. 특허발명의 실시가 공공의 이익을 위하여 특히 필요한 경우
4. 사법적 절차 또는 행정적 절차에 의하여 불공정거래행위로 판정된 사항을 시정하기 위하여 특허발명을 실시할 필요가 있는 경우

특허법 제107조 제1항 제3호 '특허발명의 실시가 공공의 이익을 위하여 특히 필요한 경우'가 우선 검토될수 있으며, 또한 제2호 '국내에서 상당한 영업적 규모로 실시되지 아니하거나 적당한 정도와 조건으로 국내수요를 충족시키지 못한 경우'도 현실적으로 강제실시권을 결정할 수 있는 주된 요건이 될 수 있습니다. 하지만 이 규정에 의해 강제실시가 결정된 예가 없기 때문에 실질적으로 사문화되어 있고, 단지 이 규정의 실시를 요구하는 시민단체의 사회적 운동에 의해서만 명맥이 유지되는 것 같습니다.

한편, 강제실시권은 특허권자 이외의 제3자에게 특허제품의 제조 등을 허락해 주는 제도이지만, 비상업적인 실시에 관해 제3자의 실시가 아닌 국가가 직접 나서서 특허권을 수용하거나 또는 실시하도록 하는 규정도 있으며, 이는 특허법 제106조에 의해 규정되어 있습니다. 그러나 이 규정도 실제 집행된 적은 거의 없는 것으로 알려져 있습니다.

특허법의 입법자들은 국가가 특허권자에게 독점권을 주되, 이 독점권이 공공의 이익에 반할 경우에는 소정의 법적인 조치를 할 수 있도

록 균형을 만들었습니다. 관련 규정들은 좋은 법이라는 것이지요. 이와 같은 슬기로운 입법 자세는 법을 집행하는 자가 귀를 세우고 경청하여 존경을 표하는 것이 옳다고 생각합니다만, 실제 법을 집행하는 행정기관의 입장은 지극히 소극적이었다는 점을 부인하기는 어렵지요. 물론, 법을 집행하는 자가 공공의 이익을 위해 개인의 권리를 함부로 제한해서는 안 됩니다. 자칫 공공의 이익이라는 미명아래 국가권력이 남용 될 수 있기 때문입니다.

그러나 어디까지나 이 규정의 입법 취지는 특허권자의 견제에 있기 때문에, 사람의 생명이나 특별한 공공의 이익을 현재의 특허청 태도보다는 완화되고 좀 더 전향적인 자세로 인정하는 것이 바람직한 법의 집행 자세라고 생각합니다. 무상으로 빼앗는 것이 아니라 소정의 대가를 특허권자에게 주는 것이며, 특허청의 결정에 대해서는 법원에 행정소송을 제기할 수 있기 때문에, 특허권자가 법원에서 다투게 함으로써 우리 대법원이 판결로 명확한 기준을 만들 수 있도록 배려하는 편이 좋지 않나 생각합니다. 백혈병 치료제 '글리벡' 특허 사례, 에이즈 치료제 '프제온' 특허 사례의 강제실시권 청구 사건에서, 특허청은 모두 기각했습니다. 공공의 이익을 위해 특히 필요한 경우가 아니라는 이유에서입니다.

한편, 몇 년 전에 있었던 신종플루 대유행과 관련해, 신종플루 치료제 '타미플루'에 대해서도 강제실시권 논의가 많이 이뤄지기도 했습니다. 정부의 비축량이 부족했고 신종플루에 의해 다수의 국민들이 사망하고 있었기 때문에 강제실시권을 부여하기 매우 좋은 상황이었으나 유야무야 됐습니다.

다시 질문으로 돌아가서 특허권자를 견제함에 있어서 가장 효과적인 것은 특허권자인 기업 스스로 자신의 특허를 개방하는 것이지만 영리기업에게 이를 요구하는 것은 현실적으로 거의 불가능에 가깝습니다. 그렇다고 해서 국가가 직접 나서기도 어렵습니다. 행정기관이 적극적으로 나서야 하는데 무엇보다 공무원의 법집행 의지가 있어야 합니다. 국내외적인 강력한 로비, 정치적 판단과 영향력 등도 현실적으로 중요한 작용 요소가 될 수도 있겠지요.

질문 8: 특허출원을 할 때 '특허출원인'과 '발명가'를 기재하는데 '발명가'는 어떤 권리를 갖게 됩니까?

우리나라 특허제도에서는 모든 권리는 '특허출원인'이 갖습니다. '발명가'는 특허권에 대해 어떤 지분을 갖지 못합니다. 발명가는 단지 그 특허를 발명한 사람으로 기재되는 일종의 명예권을 가질 뿐입니다. 일반적으로 기업의 경우, 기업 자신이 특허출원인, 즉 권리자가 되고, 그 기업에서 일하는 개발자가 발명가가 됩니다. 특허출원인과 발명가 상호 간에 어떤 보상 계약이 있는지는 상관하지 않습니다. 그것은 예컨대 기업과 개발자 간의 당사자 문제일 따름입니다. 어쨌든 권리자는 '특허출원인'으로 표시된 자가 갖습니다.

하지만 미국법은 다릅니다. 미국에서는 발명^{Inventor}가 권리를 가지는 것이 원칙이며, 그 발명가가 소속되어 있는 기업은 발명가로부터 특허받을 권리를 양수 받는 자^{Assignee}가 됩니다. 물론 결과적으로 기업이 권리를 갖게 됨은 우리나라와 큰 차이가 없다고 할 것입니다. 예컨대 애플의 특허 중에서 스티브 잡스가 발명가로 등재되어 있는 특허는 313개입니다. 즉 잡스는 313개 특허기술을 발명했고, 이것을 애플로 양도한 것입니다. 잡스의 특허가 아니라 애플의 특허입니다. 참고로 스티브 잡스가 발명가로 등재된 기술내용들의 상당수는 기술특허가 아닌 디자인특허라고 합니다. 잡스의 디자인 애착을 엿볼 수 있는 대목입니다.

한편, 발명가는 2인 이상으로 크게 제한이 없습니다. 여러 명이 발명가가 될 수 있으며, 특허출원을 한 후에 절차적인 어려움 없이 추가하거나 삭제할 수도 있습니다. 그러나 특허출원인을 바꿀 때에는 권리의 양도가 되고 매우 엄격한 절차를 이행해야 합니다.

질문 9. 다른 사람의 유사한 상표가 먼저 등록되어 있는 경우에는 상표등록이 불가능한 것으로 알고 있는데 어떤 경우에 유사하고 어떤 경우에 유사하지 않는 것인지요?

모든 상표는 시각적인 외관이 있습니다. 그 외관이 유사하면 유사한 제품이라 여겨집니다. 어떤 문자상표가 있다고 합시다. 그러면 외관뿐만 아니라 읽을 수도 있습니다. 즉 호칭이 생기는 것입니다. 발음입니다. 호칭이 유사하면 이 또한 유사한 상표로 봅니다. 또 만일 어떤 상표에 의미가 있다면 그 의미가 유사하면 역시 유사한 상표로 봅니다. 상표법에 이런 내용이 명확히 규정되어 있는 것은 아닙니다만, 대법원 판례에 의해 확립된 법리입니다. 어떤 상표의 외관, 호칭, 관념 중에서 어느 하나가 유사하면 전체적으로 유사하다고 판단합니다. 한편 상표를 구성하는 부분 중에서 도저히 상표로서 기능하기 어려운 부분이 있다면, 즉 그 부분이 '내것'과 '네것'을 구별시켜주는 힘이 약한, 예컨대 너무 흔한 명칭이라든가, 유명한 도시를 나타낸다거나, 재료와 품질 등을 나타내는 것이라면 그것을 제외하고 외관, 칭호, 관념을 비교하기도 합니다.

이렇게 정리해서 말하면 이해하는 데 어려움이 없습니다만, 실제로 일반사람이 판단하는 상표의 유사와 상표법리에 의해 판단되는 상표의 유사 간에는 큰 괴리가 있기도 합니다. 또한 상표의 유사여부를 판단하는 판례만 해도 매우 많아서 이것을 다 정리하는 것도 책 몇 권 분량입니다. 그러므로 이에 대해서 정확히 아는 일은 상표법 법리를 잘 아는 전문가의 몫입니다. 굳이 알 필요는 없지요. 변리사에게 전화를 걸고 의견을 들어 봅시다. 브랜드 선정 시에 어떻게 할지, 타인의 유사한 상표가 먼저 등록되어 있는 경우에 어떻게 할지, 어떻게 상표출원하는 것이 바람직한지, 나와 유사한 브랜드가 있는데 정말 상표권 침해 문제가 생기는 것인지 등, 고민이 되는 상황이 생길 때마다 전문가의 의견을 듣는 것이 가장 바람직한 비즈니스 방법입니다. 괜히 자의적으로 판단했다가 더 큰 문제를 일으킬 수 있습니다.

질문 10. 변리사는 어떤 일을 하는 직업입니까? 변리사의 업무 영역을 소개해 주십시오.

지적재산권에 관련한 업무의 상당수는 변리사와 관련되지 않고서는 잘 진행되지 않습니다. 그런 점에서 변리사가 어떤 일을 하는지에 대해서 아는 것도 의미 있는 일이라 하겠습니다. 대부분의 특허 문제에서는 변리사와의 소통이 중요합니다. 상대방이 대체 무슨 생각을 가지고 사는지, 스타일이 어떻고 무엇을 중시하는지를 알고 있다면 소통은 더 잘 이루어질 것입니다. 그렇기 때문에 변리사로서 우리가 무슨 일을 하는지, 어떤 고민을 하는지를 허심탄회하게 드러내다 보면, 여러 가지 힌트와 정보를 얻을 수 있게 됩니다.

변리사는 지적재산권에 관련한 일을 합니다. 업무 중 대부분은 '특허와 상표'에 관련되어 있습니다. 변리업이 무형의 지적재산권에 관한 것이고, 또한 국제적인 성격을 갖기 때문에 생각보다 많이 복잡하고 또한 다양합니다. 그래서 편의상 여러 가지 방법으로 변리업을 분류하기도 한다.

인커밍 업무와 아웃고잉 업무

먼저 '인커밍incoming'과 '아웃고잉outgoing'으로 변리업을 나누기도 합니다. '인커밍'이라 함은 외국 기업 고객이 한국에서 특허권이나 상표권을 얻기 위한 절차를 대리하는 변리 업무입니다. '아웃고잉'이라 함은 국내 기업 고객이 해외에서 권리화를 하고자 할 때의 절차를 대리하는 변리 업무를 말합니다. 각 나라의 법령과 권리가 독립되어 있어서 원칙적으로 제1국에서 특허를 받았다고 해서 제2국에서도 자동으로 권리가 인정되지는 않습니다. 별도로 신청을 해야 합니다. 나라마다 각각 별도로 권리 신청을 해야 하기 때문에, 이런 저런 변리 업무가 발생하게 됩니다. 한편 국내기업으로부터 의뢰받은 일을 우리나라 특허청에 대해서 하는 업무는 '국내업무'라고 말합니다.

'인커밍'은 국내의 법규정과 실무를 잘 정리해서 알아듣기 쉽게 안내해 주어야 합니다. 여기에서는 번역이 매우 중요한 비중을 차지합니다. '아웃고잉'에 있어서는 해외 현지 대리인이 직접 업무를 수행하는 것이지만, 국내 변리사가 출원인과 현지 대리인 사이에 껴서 조율을 하게 됩니다. 즉 국내 변리사가 출원인에게는 보고를, 현지 대리인에게는 지시를 하면서 원활한 교량역할을 해야 하는 것이지요. 대부분의 특허사무소가 많든 적든 '아웃고잉' 업무를 하고, 소수의 사무소만 '인커밍' 업무를 하고 있는 현실입니다. 법률 서비스도 비즈니스이기 때문에, 외국 기업이나 외국 특허사무소를 대상으로 마케팅을 해야 하고 또 신뢰를 쌓기가 쉽지 않기 때문입니다. 업무의 난이도로 보자면, '인커밍'보다는 '아웃고잉'이 더 어려운 것 같습니다. 전자는 지시를 받으면서 편안하게 일하며 돈을 받지만, 후자는 이쪽에서 최선의 지시를 만들어 보내야 하기 때문에, 그것도 외국어 서신을 통해 보내야 하는 일인데다가 국내 고객과의 보고와 소통에도 공을 들여야 하기 때문에 더 어렵다고 느껴집니다.

외국어 능력과 우리말 실력

이러한 '인커밍'이든 '아웃고잉'이든 간에, 모두 국제적인 업무인 까닭에 어느 정도의 외국어 실력이 필수적입니다. 굳이 회화를 잘 할 필요는 없습니다만, 신속하고 정확한 독해, 문장력, 외국어 작문 능력 등이 요청됩니다. 그렇지만 더 중요한 것은 국어 실력입니다. 한국인이 국어를 잘한다고 말하는 것이 좀 우습기도 합니다. 하지만 의외로 국어 문장력이 없는 사람들이 많습니다. 특허에 관한 서류들은 '설득력'과 '정확성'과 '뉘앙스의 여백'이 중요합니다. 때로는 용어마다 때로는 문장을 작성할 때 은근하고 치밀한 전략이 숨어 있기도 합니다. 특허는 글로 표현한 권리여서 어떤 표현을 썼느냐에 따라 특허범위가 달라지고 재산적 가치가 크게 변동합니다. 그런데 우리나라 권리는 당연히 한글로 기재되어야 하기 때문에 국어 실력이 중요합니다. 산만하고 설득력이 없고 심지어는 말도 안 되는 문서가 허다합니다. 외국어를 한국어로 번역을 했으나 그 문장이 제대로 이해되지 않는 경우도 많습니다. 우선 국어를 잘하는 것이 영어를 잘하는 것보다 더 중요하다고 생각합니다. 그런데 어떤 면에서 소통의 근원은 언어적 표현 자체에 있는 것은 아닌 것 같습니다. 한국 사람끼리도 소통이 안돼서 서로 오해하고 다투지 않습니까? 정말 말하고 싶은 것이 있는지, 그게 정말 사실인지 여부가 소통을 좌우합니다.

특허변리사와 상표변리사

지적재산권(Intellectual Property Rights, 수년 전부터 특허청에서는 공식적으로 이를 '지식재산권'이라고 번역하여 사용하고 있습니다)에는 특허, 실용신안, 디자인, 상표, 저작권 등이 포함됩니다. 여기서 특허와 실용신안은 기술과 밀접한 관련이 있지만, 디자인, 상표, 저작권은 기술과 특별한 관련이 없습니다. 이런 차이로 인해서도 변리업이 분류되기도 합니다. 즉, 특허를 위주로 하는 변리사와 상표를 위주로 하는 변리사로 구별할 수 있게 되는 것입니다. 요컨대, 대학 시절에 이공계를 전공한 변리사는 특허 위주로 서비스를 제공하고, 인문사회계열을 전공했던 변리사는 상표 위주로 서비스를 제공하는 경우가 일반적입니다. 그러다 보니, 상표 변리사는 특허를 잘 모르고, 특허 변리사는 상표를 잘 모르는 경우가 허다합니다. 하지만 법적으로 변리사라면 특허든 상표든 다 대리할 수 있습니다.

상표등록의 중요성과 변리업무

우리는 특허 변리사이기도 하며, 상표 변리사이기도 합니다. 대학에서 공학을 전공했기 때문에 당연히 특허업무를 하고 있지만, 기업의 지적재산 중 무엇이 제일 중요하냐고 누군가 우리에게 묻는다면 주저함 없이 '상표'라고 답할 수 있습니다. 그러나 관성과 관례라는 것이 있습니다. 처음에는 우리도 아무 생각 없이 특허업무만 보았습니다. 브랜드의 가치를 못 보고 기술만을 중시 여기는 여느 IT 기업처럼 말입니다. 그런데 여러 해 변리사로서 실무를 하면서 실제 기업에게 중요한 것은 무엇보다 높은 가치의 '브랜드'라는 사실을 깨닫게 되었습니다. 더욱이 기술기업임을 천명하여 다수의 특허권을 확보하려고 노력하면서도 자사의 핵심 브랜드에 대해서는 권리 신청도 하지 않는 기업이 도처에 있다는 것을 알게 되었지요. 어찌 보면 '나는 특허변리사요 나는 상표변리사요'라고 변리사 스스로 구별한 결과 우리 기업에도 이런 영향이 미치지 않았나 하는 생각이 듭니다. 변리사 스스로 이렇게 자신을 구별하는 순간, 기업고객에 대한 종합적인 컨설팅이 불가능해집니다.

특허분쟁에 휘말린 경우에는 여러 가지 공격과 방어를 할 여지가 있습니다. 제품을 변경한다든지 새로운 제품을 출시한다든지 해서 특허침해를 회피할 수 있을지도 모릅니다. 하지만 상표분쟁에 휘말릴 때에는 뾰족한 해결책이 없을 수도 있습니다. 자칫 상표분쟁에서 지게 되면 '간판' 자체를 모두 바꾸어야 합니다. 그 동안 그 브랜드 가치를 높이기 위해서 엄청난 액수와 노력을 쏟아 부었을 것입니다. 고객으로부터 얻은 신뢰와 신용, 이것들은 특허에 축적되지 않습니다. 모두 '상표', 즉 '브랜드'에 쌓이는 법입니다. 예컨대 고객이 애플사의 아이폰을 구매할 때, "아, 이것이 바로 특허 제12345호 제품이야"라고 생각하면서 구매하지는 않지요. "아, 이게 애플의 아이폰이구나"라고 생각하면서 구매합니다. 신라면 제조 기술에 대해 타인의 강력한 특허가 존재하고 있다고 가정해 보지요. 어쩔 수 없이 라면 제조 기술 자체를 변경해야 할지도 모릅니다. 어쩌면 맛도 바뀔지 모릅니다. 하지만 대한민국 국민이라면 누구나 알고 또 가장 인기 있는 브랜드 중 하나인 '신라면'이라는 브랜드를 상표권 침해라 하여 다른 명칭으로 변경해야만 한다면, 수십 년간 쌓아온 명성과 그 명성을 위해 투자한 어마 어마한 마케팅 비용이 모두 물거품처럼 사라지고 맙니다. 수천 억 원 수조 원의 손실이 생길 수 있는 문제이지요. 그래서 상표등록이 중요합니다.

특허의 경우에도 마찬가지이지만, 상표의 경우에는 특히 논리력이 동반된 창조적 상상력이 매우 중요합니다. 특허청에 제출하는 변리사 의견서나 심판서류, 소송에서의 준비서면 등을 작성할 때, 설득력과 논리력이 굉장히 중요하고 신선하고 호소력이 있으며 그럴싸한 근거를 제시해야 합니다. 여기서는 대법원 판례를 제시하는 것뿐만 아니라 창조적인 상상력을 동원해야 합니다. 글쓰기의 묘미가 여기에 있습니다. 머리를 긁적이며 여러 모로 궁리해 보거나, 뜬금없이 귀를 세우고 다시 양 손바닥으로 그 귀를 막고 고뇌하노라면, 불현듯 고객의 브랜드를 보호할 수 있는 힘이 솟습니다.

특허변리사의 업무

이제 특허 변리사로서의 이야기를 하겠습니다. 아주 골치 아픈 이야기가 됩니다. 이곳은 가지가지 기술이 숲을 이루는 곳입니다. 수많은 변호사들이 변리업을 하고 싶어도 제대로 하지 못했던 까닭이, 복잡하고 난해한 기술내용 탓에 짜증이 나기 때문일 것입니다. 일종의 장벽이 여기 있습니다.

한 가지 일화를 소개하겠습니다. 예전에 특허침해 가처분 사건에서 부장판사가 심리를 하기 직전에 우리에게 직접 말하기를, 기술을 하나도 모르니까 쉽게 설명하라는 것입니다. 무엇이 진위인지 가리는 판사가 이러할진대, 그것을 대리인으로서 대신 설명하고 주장해야 하는 변호사 입장은 오죽 하겠습니까? 우리도 변리사로서 이 일을 처음 시작했을 적에는 특허문헌 볼 때마다 졸려 죽는 줄 알았습니다. 무슨 난독증에 걸린 환자처럼 읽어도 읽어도 무슨 내용인지 질서 정연하게 파악되지 않다 보니, 졸음만 밀려온 것입니다. 하지만 지금은 어떤 특허서류든 대충 읽으면 중요한 내용들이 접수됩니다. 이래서 경험과 시간이 중요한 것 같습니다.

이 책 곳곳에서 자세히 설명한 것처럼 모든 특허이야기는 '문헌'에서 시작됩니다. 그 문헌을 '특허명세서'라고 합니다. 여기가 시작점이지요. 공개되면 '특허공개공보', 등록되면 '특허공보'라고 칭합니다. 기술을 글로 표현한 것입니다. 다년간의 경험을 통해서 깨달은 것은, '기술을 글로 표현하는 일'은 참으로 쉽지 않다는 사실입니다. 게다가 권리까지 명확히 청구해야 하니깐 더 어렵습니다. 이 어려운 작업을 의뢰인을 대신해서 최선을 다해 글로 표현해 주는 것이 바로 변리사의 업무가 되겠습니다. 이를 특허 명세서의 작성이라고 합니다. 변리사는 대신 써 주는 것이지 변리사가 발명을 하는 것은 아닙니다. 즉 기술 내용은 의뢰인이 정리를 해 주어야 하는 법이지요.

　하지만 의뢰인이 기술 내용을 잘 정리해서 변리사에게 준다는 것은 참 어려운 일이다. 그들 자신이 다른 업무로 너무 바쁘다는 것이 첫째 이유요, 기술내용을 논리적인 '글'로 활자화하는 일 자체가 정말 어렵다는 것이 둘째 이유요, 전문 용어와 전문 지식을 동원하여 핵심적이고 간결하게 설명하는 것이야 쉽지만 이를 '쉽게' 글로 풀어서 친절하게 설명하는 것은 더욱 어렵다는 사실이 셋째 이유요, 또한, 이런 저런 다양한 변형 가능성의 언급은 더 더욱 기대하기 어렵다는 것이 넷째 이유가 됩니다. 좀 웃긴 이야기지만, 변리사는 의뢰인이 주는 자료를 바탕으로 특허서류를 작성했는데 특허를 받고 몇 년 후에 이것을 반영하지 않았다 저것을 빼먹었다는 등의 비난을 듣기도 합니다. 애당초 그런 설명을 하지 않았으면서도 말입니다. 그들을 비난하려는 게 아닙니다. 아마 머릿속에서는 그런 생각이 정말로 있었을 것입니다. 다만, 변리사에게 넘겨줄 때 미처 설명하지 못한 까닭이겠지요. 프로는 의뢰인을 말을 곧이 곧대로 믿지는 않는 법입니다. 알아서 듣기 마련입니다. 의뢰인을 위해서 의뢰인이 주는 자료를 완전히 신뢰하기 보다는 좀 의심하는 편이라 하겠습니다. 그리고 질문합니다.

심사과정에서 변리사가 하는 일

변리사의 화두는 특허명세서의 작성에만 국한되지 않습니다. 심사과정에도 깊이 관여해야 합니다. 특허권을 신청하면 특허청 심사관은 엄격한 규정에 입각해 심사를 하게 됩니다. 심사를 통과해야만 권리가 주어지는 것입니다. 각 나라마다 조금씩 상이하지만, 한국 특허청의 경우 대부분의 특허출원에 대해 일차적으로 거절합니다(대략 90% 가까이). 특허명세서 기재 자체에 하자가 있다든지, 권리를 신청한 부분에 신규성이나 진보성이 없다든지 하는 지적입니다. 특히 후자의 경우에는 비교되는 선행 문헌이 제시됩니다. 그 문헌은 우리나라 문헌이기도 하며 때로는 영어문헌, 일본어 문헌, 프랑스어 문헌, 중국어 문헌이기도 합니다. 심사관의 심사결과는 이렇습니다. "아무래도 이 특허출원에 대해 거절처분을 하고 싶은데, 그전에 출원인의 의견을 한번 들어보고, 특별한 내용이 없으면 거절하겠다."는 의미입니다. 다시 말하면, 출원인의 의견에 설득력이 있다면 특허를 줄 수도 있다는 것이 되지요. 그렇기 때문에 의견서를 잘 쓰면 특허를 받을 가능성이 올라가게 마련입니다.

변리사 의견서 작성의 실태

하지만 관행상 대충 쓰는 의견서가 횡행하는 것도 업계의 현실입니다. 부끄럽지만 그렇습니다. 자기가 속한 업계의 잘못된 점을 공공연히 말하면 누워서 침 뱉는 꼴이 되지만, 변리 업무의 발전을 위해서는 어쩔 수 없습니다. 이러한 배경에는 특허사무소의 수수료 정책이 한몫을 합니다. 상당수의 특허사무소는 관행적으로 또는 계약에 의해 변리사 의견서 작성 비용을 청구하지 않습니다. 대단히 잘못된 관행입니다. 어떤 의견서는 작성까지 하루 종일 시간이 걸리고 그래도 부족한 경우가 있습니다. 그런데도 비용을 청구하지 않는다면 누가 그렇게 정성을 다해 봉사를 하겠습니까? 특허사무소 운영도 변리사의 비즈니스입니다. 적자라면 망합니다. 그러므로 품질 높은 의견서, 즉 정성이 있고 논리적이며 설득력이 있는 의견서를 쓰려다 보면 시간이 들고, 시간을 원하는 대로 사용하다가는 특허사무소를 제대로 운영할 수 없게 되는 셈이지요. 무릇 대리인의 본분은, "의뢰인이 말하고 싶은 바를 기를 쓰고 최선을 다해 대신 말하는 것"입니다. 그러나 현실은, "대리인으로서 의견서를 작성한다"라기보다는, "주어진 업무를 처리한다"라는 관점이 더 지배적인 것 같습니다. 그러나 우리는 비용을 청구합니다. 대리인으로서 본분을 지키기 위함이요, 그것이 고객을 위한 길이라고 판단하기 때문입니다.

특허분쟁 업무와 컨설팅

변리업무는 명세서 작성 및 심사과정의 업무뿐만 아니라, 심판이나 소송업무도 포함됩니다. 여기서의 심판은 거절결정불복심판, 무효심판, 취소심판 등을 의미하며, 결국 특허청의 행정절차입니다. 특허청의 처분을 취소해 달라는 소송(정확히는 특허심판원의 심결을 취소해 달라는 취소소송)은 고등법인인 특허법원이 관할하고, 여기서는 변리사가 소송대리를 함에 아무런 문제가 없습니다. 특허침해에 관련한 민형사 소송은 일반 민사법원이나 형사법원이 관할합니다. 변리사의 소송대리권에 대해서는 뜨거운 이슈입니다만, 변리사의 협조 없이 일반 변호사가 독자적으로 특허소송을 수행하기는 좀처럼 쉬운 일이 아닙니다. 때로는 불가능하고 고객을 다치게 합니다. 제도 개선이 시급해 보입니다.

그밖에도 변리사의 업무 중에는 침해 분석 리포트, 특허조사, 특허 감시, 감정서 등의 업무도 중요하게 다루어지고 있습니다. 변리사의 전문 지식과 경험은 위에서 설명한 전형적인 업무에만 국한되지 않고 기업경영에 다양한 방면으로도 공헌을 할 수 있습니다. 예컨대 계약서 작성과 검토, 기술 협상, 영업비밀 보호를 위한 기업 환경 구축, 특허전략 컨설팅, 브랜드 마케팅에 대한 컨설팅 등이 그러합니다. 기술 가치 평가, 특허 맵, 각종 국가 지원 사업의 참여 및 관련 컨설팅 등이 관심의 대상이 되기도 합니다.

변리사의 근무지

모든 변리사가 특허사무소에서 일하는 것은 아닙니다. 특허사무소를 경영하거나 혹은 특허사무소에서 일을 하는 변리사가 가장 많지만, 기업에 취직해 근무하는 변리사도 많습니다. '인하우스' 변리사라고 합니다. 또한 국가기관이나 공공기관에서 자기의 능력을 발휘하는 변리사도 있습니다. 넓게 보면 이들도 인하우스 변리사입니다. 우리가 인하우스 변리사가 아니기 때문에 인하우스 변리사의 생생한 이야기를 전하지 못해서 아쉽습니다.

변리사의 기본 소양과 비전

가끔 변리사를 지망하는 사람들로부터 상담 메일을 받습니다. 변리사라는 직업에 비전이 있습니까, 변리사로서 성공하기 위해서 어떤 능력을 키워야 합니까 등등의 질문이 많습니다. 비전은 사람마다 다르기 때문에 스스로 찾아야 합니다. 단, 낮은 서비스 수가와 수많은 기일과 업무량에 의해 극심한 스트레스를 받는 경우가 허다하기 때문에 편하게 수익을 추구할 수 있는 비전은 없다고 말할 수 있습니다. 변리사의 기본 소양은 무엇보다도 새로운 지식을 이해하고 분석하며 상상할 수 있는 능력입니다. 이를 위해서는 인문학적인 배경이 있는 것이 유리합니다. 인문 고전에 대한 독서는 이런 소양에 큰 도움이 될 것입니다. 나머지 어학이나 전공 실력, 실무 능력 등은 일을 하면서 자연스럽게 익힐 수 있을 것입니다.

부록 Ⅱ
대한민국 산업재산권
공보 사례

특허, 상표, 디자인에 관련한 권리(산업재산권)는 모두 문헌의 기록에 의해 권리가 정해진다. 따라서 문헌을 보지 않으면 그 권리를 알 수 없다. 부록 II는 4개의 문헌을 샘플로 제시한다. 이 문헌은 현재 살아 있는 권리에 대해 국가(우리나라 특허청)가 발행한 공보(公報)다. 여기서 권리가 나온다. 공보 1은 특허공보이며, 공보 2는 상표공보, 공보 3은 화상디자인에 관한 디자인공보이며, 공보 4는 입체디자인에 관한 디자인공보다. 이 네 가지 공보 사례는 수많은 실제 공보 중에 참조하기 좋은 것을 임의로 선택한 것이므로, 이 공보가 우리나라에서 가장 모범적인 공보를 의미하지는 않는다. 더 많은 공보를 얻고자 한다면 한국특허정보원(www.kipris.or.kr)에 접속하기를 바란다. 그곳에서 자유롭게 검색하면, 공개된 모든 공보를 입수할 수 있다.

1. 특허공보 사례

디지털 발송에서의 연상기법을 이용한 광고방법

부록 1은 특허공보다. 특허권을 신청한 발명이 드디어 심사를 통과했음을, 즉 특허를 취득했다는 사실을 널리 알리는 회보이며, 공공기관인 특허청이 발행하기 때문에 공보(公報)가 된다.

부록 1에 수록된 특허는 '디지털 발송에서의 연상기법을 이용한 광고방법'는 TV 드라마에서 어떤 배우가 라면을 먹는 장면이 나온다면 라면광고를 화면 일부분에 표시하는 광고방법에 관한 아이디어를 내용으로 한다. 즉 방송의 특정 장면과 연관된 상품을 광고함으로써 광고효과를 극대화하겠다는 아이디어다. TV 방송뿐만 아니라 인터넷이나 이동통신망을 이용한 디지털방송에 대해서도 이런 기법의 광고방법을 권리로 주장할 수 있다.

하지만 이런 특허는 엄밀히 말해 하드웨어 기술도 아니고 그렇다고 소프트웨어 기술이라고 볼 수도 없다. 어떤 제품을 만들거나 프로그램을 개발하는 전통적인 엔지니어의 입장에서는 기술이 아닐지도 모른다. 하지만 특허를 받았고 따라서 특허기술이며 비즈니스 모델 Business Model, BM 특허라고 한다.

특허공보를 통해 우리는 이 특허가 2004년에 특허권이 신청되었고, 2006년에 특허를 취득했음을 알 수 있다. 또한 이 특허의 상세한 내용과 어디까지가 권리인지도 알 수 있다. 우리가 어떤 특허를 '권리'로서 이야기할 때에는 이러한 특허공보를 모두 읽어본 다음의 일이 된다.

등록특허 10-0616805

(19) 대한민국특허청(KR)
(12) 등록특허공보(B1)

(51) 。Int. Cl.
H04N 7/00 (2006.01) ─ 기술분류

(45) 공고일자 2006년08월29일
(11) 등록번호 10-0616805 ─ 특허번호
(24) 등록일자 2006년08월22일

(21) 출원번호 10-2004-0036724
(22) 출원일자 2004년05월24일
(65) 공개번호 10-2005-0111830
(43) 공개일자 2005년11월29일

(73) 특허권자 전종한
경기 구리시 토평동 577번지

(72) 발명자 전종한
경기 구리시 토평동 577번지 ─ 서지사항

(74) 대리인 최은실
정우성

심사관 : 최성진

(54) 디지털 방송에서의 연상기법을 이용한 광고방법 ─ 발명의 명칭

요약

본 발명은 다양한 방식으로 방송 중인 디지털 컨텐츠의 영상·음성 데이터를 분류하여 해당 영상이나 음성 데이터와 직접적으로 관련되어 방송을 시청하는 유저의 마음에 상호 연상작용을 발생시킬 수 있는 광고 데이터를 매치하고, 이를 현재 방송중인 프로그램과 함께 화면에 출력시킴으로써 광고효과를 극대화하는 디지털 방송에서의 연상기법을 이용한 광고방법에 관한 것이다.

본 발명에 따르면, 방송되는 프로그램의 각 장면들을 미리 분류한 다음에 각 분류된 장면마다 고유코드를 부여하고, 각 장면에 직접 관련된 것으로 선택된 광고에 상기 고유코드에 대응하는 대응코드를 부여하여, 상기 방송 프로그램이 실제 방송될 때 고유코드가 부여된 해당장면을 유저의 단말기로 송출하고, 이때 상기 고유코드에 대응하는 대응코드가 부여된 광고정보를 유저의 단말기로 송출함으로써, 방송 프로그램과 광고정보가 함께 유저의 단말기 디스플레이창에서 출력되도록 하는, 디지털 방송에서의 연상기법을 이용한 광고방법을 제공한다.

대표도
도 4

색인어

디지털 방송, 데이터 방송, 인터넷, 광고, 연상기법, 고유코드, 대응코드

명세서

도면의 간단한 설명

등록특허 10-0616805

도 1은 일반적으로 디지털 컨텐츠가 유저의 단말기로 방송되는 시스템의 개략적인 구성도이다.

도 2는 일반적인 디지털 방송의 송수신 시스템을 개략적으로 도시한 플로우도이다.

도 3은 본 발명이 이루어지는 일 실시예의 개략적인 구성도이다.

도 4는 본 발명의 일 실시예에 따른 플로우도이다.

도 5는 본 발명의 일 실시예에 따른 플로우도이다.

도 6은 본 발명에 따라 광고 데이터가 유저의 단말기에 표시되는 것에 대한 개략적인 예시도이다.

<도면의 주요부분에 대한 부호의 설명>

10 : 방송서버

11 : 저장부

12 : 저장 데이터 관리부

13 : 고유코드 기록부

14 : 고유코드 부여 소프트웨어

15 : 시스템 관리부

16 : 가입자 관리부

20 : 광고서버

21 : 광고 DB

22 : 광고 컨텐츠

23 : 대응코드 기록부

24 : 대응코드 부여 소프트웨어

25 : 광고 DB 관리부

26 : 상세 광고정보 저장부

27 : 이벤트 기록부

30 : 과금서버

40 : 비교부

50 : 유저 단말기

51 : 유저 단말기의 디스플레이창

52, 53, 54 : 광고 데이터 표시위치부

등록특허 10-0616805

발명의 상세한 설명

발명의 목적

발명이 속하는 기술 및 그 분야의 종래기술

본 발명은 디지털 방송을 이용한 광고방법으로서, 더욱 구체적으로는 다양한 방식으로 방송 중인 디지털 컨텐츠의 영상·음성 데이터를 분류하여 해당 영상이나 음성 데이터와 직접적으로 관련되는 광고 데이터로서, 방송을 시청하는 유저의 마음에 상호 연상작용을 발생시킬 수 있는 광고 데이터를 매치하고, 현재 방송중인 프로그램과 동시에 화면에 출력시킴으로써 광고효과를 극대화하는 디지털 방송에서의 연상기법을 이용한 광고방법에 관한 것이다.

디지털 방송은 영상, 음성, 데이터 등을 디지털 신호로 변환하여 전송하는 방송방식을 의미하는 것으로서, 방송의 디지털화에 따라 방송산업은 보다 중요한 정보화수단으로 이용되고 있으며, 디지털 TV의 보급은 멀티미디어 시대의 유저들에게 정보 플랫폼으로서의 역할을 수행하게 될 것이다. 또한 디지털 방송 컨텐츠가 멀티미디어 컨텐츠의 원천으로 활용가능함에 따라 게임을 비롯한 애니메이션, 전자출판, 인터넷 및 영상 컨텐츠 등 디지털화된 각종 멀티미디어 컨텐츠가 향후 21세기의 고부가가치 산업의 핵심을 이루게 될 전망이며, 결국 방송 컨텐츠는 다양한 멀티미디어 컨텐츠의 핵심요소로서 자리매김 될 것이다.

IT 정보단의 주간기술동향 통권 1092호(2003. 4. 23.)에 의하면, 아날로그 방송에서 디지털 방송으로의 전환에 따라 2007년에 이르러 전 세계 디지털 TV 방송 수신가구가 3억 2천만 규모에 달하며, 디지털 TV 수상기 및 셋톱박스 세계시장이 509억 달러와 158억 달러의 시장으로 급성장할 것으로 전망되고 있으며, 국내의 경우, 위성·유선방송 가입자 확대, 부가서비스 개발 등으로 방송 서비스 시장은 2006년에 이르러 7조 6천억원으로 증가될 전망이며 디지털 TV는 2007년경 약 375만대가 보급될 전망이라고 한다.

한편, 디지털 방송의 매체는, 디지털 지상파 TV 방송, 디지털 유선 방송, 디지털 위성 방송, 지상파 디지털 오디오 방송 등으로 구분될 수 있으나, 오늘날 인터넷 방송, VOD(Video On Demand), 데이터 방송, DMB(Digital Multimedia Broadcasting) 등, 방송과 통신이 하나로 융합되어 서비스되고 있으며, 이 밖에도, 방송망을 통신 및 통신과 유사한 서비스에 이용하는 사례로 케이블 TV망을 이용한 인터넷 접속 서비스가 있으며, 통신망을 통한 서비스 사례로는 인터넷을 통한 방송 프로그램을 전송받아 TV로 시청하는 IP-TV, 이동통신망을 이용하여 휴대폰으로 방송 프로그램을 시청하는 모바일 방송 서비스가 있다.

광고주는 광고의 효과를 증대시키기를 원하고 광고의 효과는 광고 대상자들과 폭 넓고 밀접하게, 직접적으로 연결되어 있는 대중매체를 통하여서만이 가장 효과적으로 나타난다고 할 때, 위와 같은 디지털 방송의 제반 산업환경과 접목된 광고방법은 매우 유효하다.

디지털 방송을 이용한 광고방법이나 또는 인터넷 방송을 이용한 광고방법으로서, 메인 방송의 전후에 시청되는 독립적인 광고방법이나 메인 방송의 중간에 삽입되는 삽입방송으로서의 광고방법이 보편적으로 이용되고 있다. 또한 시청자가 선택, 시청한 방송의 유형을 분류,통계화하여 시청자의 기호를 분석한 다음에 그 기호에 따라 광고방송 등을 제공하는 광고방법이나, 또는 디지털 TV나 인터넷 방송 등에서 더욱 가능해진 다양한 화면의 배신(Distribution)을 이용한 광고방법도 알려져 있다.

그러나 방송 컨텐츠의 구체적인 영상장면이나 음성과 직접적으로 매치되고 연상되는 기법의 광고방법은 알려지지 않았다. 예컨대 방송 중에 음식물에 대한 대사나 대화장면이 방송되고 있다면 그 때 그 음식물과 직접 관련되거나 연상되는 상품을 동시에 광고하는 기법은 보고된 바 없다.

본 발명가는 상기와 같은 광고기법을 "연상기법"이라고 명명하면서, 디지털 방송에서의 새로운 광고방법을 연구하였으며, 이를 통하여 획기적인 광고효과를 발생시킬 수 있음을 확인하고 본 발명을 완성하였다.

발명이 이루고자 하는 기술적 과제

본 발명의 목적은 디지털 방송 프로그램의 영상·음성 데이터와 매치되는 광고를 제공하는 데 있다.

등록특허 10-0616805

예컨대 TV 드라마, 쇼 프로그램에서 자주 등장하는 장면을 분류하여 각 장면을 통해 연상할 수 있는 상품을 설정하고, 방송 중에 미리 저장되어 있는 상기 상품에 대한 광고를 화면에 출력하는 방식의 광고방법을 제공함으로써 광고효과를 극대화할 수 있는 것이다.

본 발명의 다른 목적은 디지털 방송의 유형과 매체수단의 종류에 상관없이 다종다양한 디지털 방송의 유형, 매체수단에 유효하게 실시될 수 있는 연상기법에 의한 광고방법을 제공함에 있으며, 또한 유저의 단말기의 종류에도 제한되지 않고 동일하게 활용가능한 광고방법을 제공함에 있다.

본 발명의 또 다른 목적으로서, 다양한 방법으로 방송 중인 특정 장면의 영상이나 음성으로부터 연상되는 광고정보를 노출시키고자 함에 있어서, 유저의 편의를 증대시킴과 아울러 유저의 선택(광고주 홈페이지 접속, 광고방송 시청 등)에 의하여 상세내역의 광고정보가 유저 단말기로 출력되는 경우에 소정의 보상을 행하는 것 또한 본 발명의 목적에 포함된다.

본 발명의 기타 목적 및 장점들은 하기에 설명될 것이며, 이는 본 발명의 청구범위에 기재된 사항 및 그 실시에의 개시내용뿐만 아니라, 이들로부터 용이하게 추고할 수 있는 범위 내의 수단 및 조합에 의해 보다 넓은 범위로 포섭될 것이며, 본 발명의 특유한 효과에 대응될 것임을 첨언한다.

발명의 구성 및 작용

상기와 같은 기술적 과제를 달성하기 위하여, 본 발명은, 디지털 방송을 이용한 광고방법에 있어서:

디지털 방송 프로그램의 영상·음성 데이터를 미리 정해진 기준에 의하여 분류하는 데이터분류단계;

상기 분류된 영상·음성 데이터마다 고유코드를 부여하고 미리 저장하는 고유코드부여단계;

광고 데이터베이스에 디지털 방송으로 송출할 광고 데이터를 저장하는 광고데이터저장단계;

상기 영상·음성 데이터의 고유코드에 대응하는 대응코드를 상기 광고 데이터에 부여하고 미리 저장하는 대응코드부여단계;

상기 고유코드가 부여된 영상·음성 데이터를 디지털 방송 프로세스에 따라 유저의 단말기로 디스플레이하는 디지털방송단계;

상기 영상·음성 데이터가 프로그램된 방송이 디지털 방송될 때 상기 고유코드를 검색하는 고유코드검색단계;

검색된 상기 고유코드를 인식하고 상기 광고 데이터베이스에서 상기 저장된 광고 데이터의 대응코드를 검색하는 대응코드검색단계; 및

상기 검색된 대응코드의 광고 데이터를 디코딩하여 유저의 단말기로 노출시키는 광고정보송출단계, 를 포함하며, 방송 중에 광고를 수행하는 것을 특징으로 하는 디지털 방송에서의 연상기법을 이용한 광고방법을 제공한다.

또한, 상기 디지털 방송은, 지상파 방송망과 위성 방송망을 포괄하는 방송망, 유선통신망, 인터넷, 이동통신망 중 하나 이상을 통하여 디지털 방송되는 것을 특징으로 한다.

또한, 상기 데이터분류단계 및 상기 고유코드부여단계는, 해당 디지털 방송 프로그램 제작 당시에 수행하는 것이거나, 이미 방송된 디지털 방송 프로그램을 녹화방송으로 다시 재방송할 때 수행하는 것 중 어느 한쪽이어도 바람직하다.

그리고 상기 대응코드부여단계는, 저장된 광고 데이터가, 상기 고유코드가 부여된 영상·음성 데이터와 관련되는 것으로서, 디스플레이되는 해당 영상·음성 데이터를 시청하는 유저에게 연상되는 광고 이미지를 제공하도록 상기 고유코드에 대응되도록 미리 결정되는 것이 바람직하다.

상기 유저의 단말기는, TV 모니터, PC 모니터, 휴대폰, PDA, 차량용 단말기, 정보가전의 모니터 중 어느 것이든 또는 하나 이상이어도 좋다.

등록특허 10-0616805

한편, 상기 광고정보송출단계는, 유저의 단말기에 디스플레이되는 방송화면의 상하좌우 중 어느 일 측면에 형성된 광고영역에, 검색된 광고 데이터의 광고정보를 표시함으로써, 상기 고유코드가 부여된 영상·음성 데이터의 출력 디스플레이와 대응코드가 부여된 광고 데이터의 출력 디스플레이가 동시에 표시되도록 하는 것을 특징으로 하며,

상기 광고 데이터의 광고정보의 표시는, 동영상, 문자 메시지, 광고주의 상호나 상표, 정지장면, 광고음 중 적어도 하나 이상이 선택되어 표시되는 것이 바람직하다.

또한 이상의 본 발명에, 유저가 상기 광고정보송출단계에서 표시되는 광고정보의 상세내역을 알기 원하는 경우로서, 유저의 리모콘, 마우스, 키보드, 모니터 버튼 등의 인터페이스 수단으로부터 상세 광고정보 요청신호가 입력되는 경우 광고주의 홈페이지나 광고서버에 저장된 광고방송을 출력하여 상세 광고정보를 제공하는 상세광고정보선택단계, 를 더 포함하는 구성을 취하면 더욱 바람직할 것이다.

바람직하게는, 본 발명의 디지털 방송에서의 연상기법을 이용한 광고방법은, 유저의 인터페이스 수단에 의하여 상세 광고정보가 선택되어 광고주의 홈페이지가 출력되거나 광고방송이 시청될 때 각각 홈페이지 접속 이벤트, 광고방송 시청 이벤트가 발생하는 이벤트발생단계;

상기 이벤트가 발생되는 경우, 상기 이벤트를 광고서버의 이벤트기록부에 기록, 저장하는 이벤트기록단계; 및

상기 기록, 저장된 이벤트에 따라 유저에 포인트를 제공하고, 유저의 방송 시청환경에 따라 축적된 포인트를 통하여 경품의 제공, 요금의 경감, 사이버 머니의 제공 중 어느 하나 이상의 보상을 행하는 유저보상단계, 를 더 포함한다.

이하 본 발명에 따른 바람직한 실시예를 첨부한 도면을 참조하여 상세히 설명한다. 그리고 본 발명을 설명함에 있어서, 관련된 공지기능 혹은 공지 구성, 예컨대, 디지털 TV의 상세한 동작원리나 일반적인 디지털 방송 프로세서 등 이미 이 분야의 기술자에게 자명한 사항으로서 본 발명의 요지를 불필요하게 흐릴 수 있다고 판단되는 경우에는 그 상세한 설명을 생략한다.

도 1은 일반적으로 디지털 컨텐츠가 유저의 단말기로 방송되는 시스템의 개략적인 구성도를 도시하였다.

본 발명에도 그대로 적용되는 이 시스템은 방송과 통신이 융합되어 나타나고 있으며, 여기에 광범위한 인터넷 네트워크가 연동되어 있다. 이러한 시스템의 대표적인 예로서 인터넷 멀티미디어 스트리밍 기술을 이용하여 소리, 동영상 등 멀티미디어 정보를 제공하는 인터넷 방송, 영상압축기술을 응용해 영화 등 각종 비디오 프로그램을 데이터베이스로 저장하여, 일반 통신망 및 전용망을 통해 가입자가 요구하는 프로그램을 주문 즉시 제공해 주는 VOD(Video On Demand), 텍스트, 정지화, 그래픽, 문서, 소프트웨어 등의 멀티미디어 데이터를 방송매체를 이용하여 전송하고, 전용 셋톱박스 혹은 해당 처리기능을 보유한 PC를 통하여 시청자가 그 정보를 이용하게 하는 서비스로서, 상향채널(리턴패스)을 이용하여 T-Commerce, 실시간 여론조사, 대화형 교육, T-Banking 등이 가능한 데이터 방송, 기본적으로 CD 수준의 음질을 갖는 오디오 방송을 제공하는 서비스이지만, 비디오 방송, 교통정보, 날씨정보 등 다양한 멀티미디어 컨텐츠를 이동 중에도 시청할 수 있도록 방송, 통신이 융합되어 있는 디지털 멀티미디어 방송(DMB) 등이 있다.

이 밖에도, 방송망을 통신 및 통신과 유사한 서비스에 이용하는 사례로 케이블 TV망을 이용한 인터넷 접속 서비스가 있으며, 통신망을 통한 서비스 사례로는 인터넷을 통한 방송 프로그램을 전송받아 TV로 시청하는 IP-TV, 이동통신망을 이용하여 휴대폰으로 방송 프로그램을 시청하는 모바일 방송 서비스 등이 있다.

도 2는 일반적인 디지털 방송의 송수신 시스템을 개략적으로 도시하고 있으며, 이를 통해 디지털 방송 프로세스가 구현된다.

일반적으로 디지털 방송 시스템은 화상, 음성, 데이터 등을 압축하는 압축기술의 표준화와 패킷으로 다중화하는 다중화기술, 오류정정 기술과 변조과정을 거쳐 전송하는 전송기술 등으로 구현되며, 도 2에서 도시되는 바와 같이, 영상, 음성, 데이터는 MPEG-2 등의 부호화를 거쳐 패킷으로 다중화되고, 리드-솔로몬 등의 오류정정을 거쳐 변조과정을 통하여 송신된다. 변조방식에 있어 위성에서는 위성의 전력제한과 증폭기(TWT:진행파관)의 비선형성 때문에 QPSK/TC8PSK 방식, 지상방송에서는 고스트(Ghost)가 적고 이동수신시 패스(Path)에 강한 OFDM(유럽방식)/8-VSB(미국방식)가, CATV에서는 회선품질의 우수성에서 다중치 QAM(64QAM)/16-VSB 방식이 제안되어 각각의 특성에 맞게 변조하여 송출하게 된다. 한편, 수신측에서는 송신측과 반대의 프로세서가 이루어지게 된다.

384

등록특허 10-0616805

도 3은 본 발명의 광고방법이 실시되는 방송 시스템의 하나의 예를 개략적으로 나타내었다.

방송망, 통신망, 인터넷망, 또는 방송 · 통신 통합망을 통하여 유저의 단말기(50)로 방송 프로그램을 전송하는 송신측에는 방송서버(10)가 구비되고, 이 방송서버(10)에는 방송 프로그램의 컨텐츠, 영상 · 음성 데이터 등이 저장되어 있는 곳으로서 예컨대 RAID(하드디스크) 등으로 이루어진 저장부(11), 저장부(11)에 저장되어 있는 데이터들을 관리하는 저장 데이터 관리부(12), 영상 · 음성 데이터의 고유코드 기록부(13) 및 고유코드 부여 소프트웨어(14), 시스템의 상태관리, 고정 진단 관리, 트래픽 관리, 유지보수 DB 관리를 수행하는 시스템 관리부(15), 요금정책이나 메뉴를 관리하고, 가입자별 통계나 프로그램별 통계를 분석하는 가입자 관리부(16)가 포함되며, 그 밖에 네트워크 접속을 위한 게이트웨이/라우터 등이 구성된다.

그리고 이 방송서버(10)에는 광고서버(20)가 연결되어 있으며, 이 광고서버(20)는 광고 컨텐츠(22)와 상기 고유코드에 대응하는 대응코드 기록부(23), 대응코드 부여 소프트 웨어(24)를 저장하는 광고 데이터베이스(21), 광고 데이터베이스(21)에 저장된 데이터들을 관리하는 광고 DB 관리부(25), 광고주의 광고방송이나 홈페이지의 URL 등이 저장되어 있는 상세 광고정보 저장부(26), 유저가 광고주의 광고방송을 시청하거나 광고주 홈페이지의 URL에 접속하는 경우 이벤트를 발생시키고 이를 기록하는 이벤트 기록부(27)로 이루어져 있다.

그리고 상기 방송서버(10)는 본 발명에 의하여 실시된 광고에 대한 과금의 처리나 관리를 기록하는 과금서버(30)가 연결된다.

상기 실시예는 본 발명의 광고방법을 실시하기 위한 방송 시스템의 일예에 관한 것으로서 상기 개략적인 시스템으로 인하여 본 발명의 권리범위가 한정되는 것은 아니며, 이 분야의 기술자들은 구체적인 시스템의 구성에 있어서 동일한 기능과 방식으로 동일한 효과를 낼 수 있도록 다양하게 변형할 수 있음을 첨언한다.

도 4는 본 발명에 따른 광고방법의 일 실시예를 플로우차트로 도시하였다.

먼저 디지털 방송 프로그램의 영상 · 음성 데이터를 미리 정해진 기준에 의하여 분류한다(S101). 예컨대 밥을 먹는 장면, 차를 마시는 장면, 운전을 하는 장면, 화장을 하는 장면 등으로 분류할 수 있다. 미리 정해진 기준이라 함은 디지털 방송 프로그램에서 자주 등장하는 장면을 기준으로 정하거나 또는 인기배우나 출연자를 기준으로 컨텐츠의 영상이나 음성 데이터를 분류할 수 있도록 저장된 소프트웨어이나 분류테이블을 말한다.

그리고 이렇게 분류된 장면, 디지털 방송 프로그램의 영상 · 음성 데이터 마다 각각의 고유코드를 부여한다(S102). 단계(S102)는 예컨대 방송 서버내 고유코드 기록부에서 고유코드 부여 소프트웨어를 이용하여 방송 프로그램의 영상 · 음성 데이터에 고유코드를 부여할 수 있거나, 또는 방송 프로그램 제작시에 부여한 후에 상기 방송서버의 고유코드 기록부와 연동할 수 있도록 구성되어 실행될 수 있다.

단계(S101)과 단계(S102)의 구체적인 방법은 디지털 방송 프로그램을 제작할 당시에 수행하는 것인지, 아니면 기 방송된 디지털 방송 프로그램을 녹화방송으로 다시 재방송할 때 수행하는 것인지에 따라 달라질 수는 있으나, 방송 프로그램의 영상 · 음성 데이터를 분류하고, 각각에 고유코드를 부여함에는 차이가 없다.

다음으로, 상기 단계(S101) 및 상기 단계(S102)와 정확하게 시계열적인 관계를 갖는 것은 아니고, 상기 단계(S101) (S102)보다 선행되거나 그 사이에서 충분히 실행될 수 있는 단계임을 첨언하면서, 그 다음으로 상기 광고 서버의 광고 데이터베이스에 디지털 방송으로 송출할 다양한 광고 컨텐츠, 즉 광고 데이터를 저장한다(S103).

상기 광고 데이터들은, 광고 문자, 광고주의 상표나 상호, 특별하게 디자인된 아이콘, 유명배우나 가수와 같은 해당 광고상품의 전속모델, 광고상품에 관한 정지화면이나 동영상 또는 광고음 등으로 제작되어 저장된다.

그리고 상기 광고 데이터에 상기 방송 프로그램의 영상 · 음성 데이터에 부여된 고유코드에 대응하는 대응코드를 부여한다(S104).

본 발명의 상기 단계들의 결과는 아래의 표 1과 같이 나타낼 수 있다.

등록특허 10-0616805

[표 1]

영상,음성 데이터 분류	고유코드	광고상품	대응코드	광고내용
밥을 먹는 장면	A001	햇반	B001B1	햅쌀로 만든 햇반, 엄마가 해준 그 맛
차를 마시는 장면	A002	맥심	B002B1	가슴이 따뜻한 사람과 만나고 싶다!
술을 마시는 장면	A003	진로소주	B003B1	진로가 있어 즐겁다
잠을 자는 장면	A004	에이스 침대	B004B1	침대는 과학입니다. 에이스침대
계산을 하는 장면	A005	삼성카드	B005B1	지갑속에 딱 한장~ 삼성카드
물을 마시는 장면	A006	청호나이스	B006B1	깨끗한 물~ 청호나이스
운전을 하는 장면	A007	삼성화재	B007B1	찾아가는 서비스 삼성화재
휴대폰 통화 장면	A008	011(SKT)	B008B1	스피드 011
키스를 하는 장면	A009	가그린	B009B1	키스하기 전에, 가그린~
컴퓨터 사용 장면	A010	한국통신	B010B1	메가패스
교통사고 나는 장면	A011	현대해상화재	B011B1	자동차 보험의 신바람
비행기를 타는 장면	A012	대한항공	B012B1	대한항공
영화상영장면	A013		B013B1	인터파크에서 예매하세요
화장하는 장면	A014	엘지생활건강	B014B1	하얀 자신감 클라렌

즉, 방송 프로그램 중에서 분류된 장면이 밥을 먹는 장면이거나, 또는 밥을 먹는 장면에서 나오는 배우나 프로그램 진행자가 식사에 관한 대화를 하는 경우를 생각하자. 그 때 상기 방송 서버에는 해당 방송 프로그램의 영상·음성 데이터에 고유코드 "A001"를 부여하여 저장하고, 광고 서버에는 "밥"에서 연상되는 다양한 상품 중에서 "햇반"에 대한 광고 데이터를 저장하고, "햇반"이라는 상품광고에 "B001B1"라는 대응코드를 부여하게 된다.

이와 같이, 대응코드의 부여는, 광고 데이터베이스에 저장된 해당 광고 데이터가 상기 고유코드가 부여된 방송 프로그램의 해당 장면, 해당 영상·음성 데이터와 관련되는 것으로서, 방송되는 상기 영상·음성 데이터를 시청하는 유저에게 상호 관련성으로 인하여 그 상품이나 상품광고의 이미지가 연상되도록 미리 결정된다.

다음으로, 고유코드가 부여된 영상·음성 데이터가 들어있는 방송 프로그램을 일반적인 디지털 방송 프로세스에 따라 유저의 단말기로 방송하게 되는데, 여기에서 디지털 방송 프로세스는 인터넷 방송, VOD(Video On Demand), 데이터 방송, 디지털 멀티미디어 방송(DMB), IP-TV, 모바일 방송 서비스 등 다양한 방송 유형에 따라 차이가 존재하지만, 일반적으로 디지털 컨텐츠가 유저의 단말기로 방송되는 개략적인 구성을 도시하고 있는 도 1의 방송 프로세스에 의해 실행된다(S105).

디지털 방송이 개시되면, 디지털 컨텐츠에 구성되어 있는 영상·음성 데이터의 고유코드를 검색한다(S106). 그리고 방송되는 디지털 컨텐츠에 고유코드가 하나도 부여되어 있지 않다면 실행을 종료한다.

상기 단계(S106)에서 고유코드가 검색되면, 검색된 상기 고유코드를 인식하고 이 고유코드에 대응하는 광고 데이터의 대응코드를 상기 광고 데이터베이스에서 검색한다(S107). 검색된 영상·음성 데이터의 고유코드를 이용하여 광고 데이터의 대응코드를 검색하는 데 있어서, 그 대응관계는 소정의 비교부에 의하여 실행되며, 상기 광고 데이터베이스에 저장되어 있는 광고 데이터의 대응코드가 존재하지 않는다면 본 발명의 광고방법의 프로세스는 종료되게 되지만, 개개의 고유코드에 대한 개개의 대응코드 존재여부인 경우에, 고유코드가 N개라면, 이에 대응하는 대응코드의 검색단계는 N회 반복될 것이다.

위 표 1을 가지고 설명하자면, "밥 먹는 장면"이 방송될 때, 해당 영상·음성 데이터에 부여된(S102) 고유코드 "A001"이 검색되면(S106), 광고 데이터베이스에 미리 저장되어 있는 광고 데이터 중에서 "밥"에서 연상되는 상품인 "햇반"의 대응코드 "B001B1"를 검색하게 되는 것이다(S107).

"밥 먹는 장면"이나 "밥"이나 "식사"에서 연상되는 상품이나 상품광고는 다양하게 존재하고, 또한 복수로 광고 데이터베이스에 저장되어 있을 수 있기 때문에, 복수의 연상 광고 데이터에서 하나를 선택적으로 검색되도록 하는 방법으로서, "B001"은 이에 대응되는 고유코드 "A1001"과 매치되는 것이고, 뒤 부분 "B1"은 선택적으로 검색되는 광고 데이터의 순서를 부호화한 것으로 이해할 수 있다.

등록특허 10-0616805

그러나, 해당 광고주에게는 여러 프로그램에 등장하는 동일 장면(상황)에 대해 독점 광고권을 주어 광고효과를 보다 높이도록 할 수도 있다.

다음으로, 상기 검색된 대응코드가 부여된 광고 데이터를 디코딩하여 다양한 유저의 단말기로 노출시켜 본 발명의 광고를 실현한다(S108). 이때의 유저의 단말기는, TV 모니터, PC 모니터, 휴대폰, PDA, 차량용 단말기, 정보가전의 모니터 중 어느 것이어도 동일한 광고방법이 실현되며, 방송 시청자는 단수가 아니라 무수히 많은 복수이므로 유저의 단말기는 다종다양한 형태의 단말기의 조합으로 상정된다.

도 5는, 상기 도 4의 각 단계들이 수행되어 유저의 단말기로 소정의 광고정보가 디스플레이된 이후, 유저가 상기 광고정보에 능동적인 행위를 하였을 경우에 있어서 본 발명의 일 실시예를 나타낸다.

위에서 설명한 바와 같이, 방송 프로그램이 디지털 방송되고 영상·음성 데이터의 고유코드 및 광고 데이터의 대응코드가 검색되면(S201), 상기 대응코드에 해당하는 소정의 광고정보가 유저의 단말기로 출력되게 된다(S202).

유저가 단말기에 출력된 광고정보를 시청할 때, 본 발명의 광고방법이 방송되는 프로그램의 해당 영상·음성 데이터로부터 직접적으로 "연상"되는 상품에 대한 광고정보를 출력하는 것이기 때문에, 유저는 해당 광고정보에 대하여 보다 상세한 정보를 얻고자 하는 욕구가 생기게 마련이다.

따라서, 방송 서버는 유저 단말기로부터 해당 광고정보에 대한 상세 광고정보 요청신호가 입력되었는지를 판단한다(S203).

그리고 상기 상세 광고정보 요청신호가 유저의 리모콘, 마우스, 키보드, 모니터 버튼 등의 다양한 인터페이스 수단을 통하여 입력되면, 광고서버에 저장되어 있는 상세 광고정보를 출력하여 유저는 광고 서버에 저장되어 있는 광고주의 광고방송을 선택하여 이를 시청하거나, 광고주의 홈페이지에 접속한다(S204).

이때 광고 서버는 광고방송 시청 이벤트, 홈페이지 접속 이벤트를 발생시키고(S205), 이 이벤트를 상기 광고서버의 이벤트 기록부(27)에 기록, 저장한다(S206).

상기 기록, 저장된 이벤트에 따라 유저에 포인트를 제공하고, 유저의 방송 시청환경에 따라 축적된 포인트를 통하여 소정의 경품을 제공하거나, 디지털 방송 가입자 요금을 경감시켜주거나 또는 사이버 머니를 제공함으로써 유저에게 보상을 행한다(S207).

이러한 보상단계를 통하여, 유저는 통상의 방송 프로그램을 시청하면서, 동시에 방송되는 프로그램의 다양한 장면에서 직접적으로 연상되는 상품의 광고를 함께 시청하게 되므로 방송시청의 흥미가 높아질 것이며, 이때 연상된 상품의 광고에 대한 상세정보를 선택하는 경우 상기의 보상을 제공함으로써 광고효과를 더욱 증진시킬 수 있다. 이때 상기 보상에 대한 광고대행주(방송사업자 등)의 이익은 이와 관련된 과금을 광고주에게 행함으로써 얻어질 것이다.

도 6(a) 내지 6(b)는, 본 발명에 따른 광고가 구체적으로 유저의 단말기에 디스플레이되는 방법을 개략적으로 나타내고 있다.

본 발명의 광고방법에 따라 유저 단말기로 광고정보를 디스플레이하는 방법에 있어서, 메인 프로그램이 방송되는 화면의 상하좌우 중 어느 일 측면에 형성된 광고영역에 검색된 광고 데이터의 광고정보를 표시한다. 예컨대, 도 6(a)는 영상·음성 데이터가 현재 방송되는 단말기(50)의 디스플레이창(51)의 하측에 설정된 광고영역(52)에 문자 메시지, 광고주의 상호나 상표 등을 표시하고 있으며, 도 6(b)는 상기 디스플레이창(51)의 상측에 설정된 광고영역(53)에 광고정보를 표시하도록 한다.

도 6(c)는 상기 디스플레이창(51)의 한 측면의 광고영역(54)에 광고정보가 동영상으로 표시될 수 있음을 예시하고 있다.

그 밖의 여러가지 정지화면, 유명가수나 배우와 같은 상품의 전속모델의 사진이나 영상, 또는 스피커를 이용하여 간단한 광고음을 출력함으로써 해당 광고정보를 표시할 수 있다.

한편, 광고상품과 관하여 특별하게 디자인된 아이콘을 단말기의 디스플레이창(51)의 광고영역에 표시한 다음에, 이 아이콘이 유저에 의하여 선택되면 보다 상세한 광고정보가 송출되도록 할 수도 있다.

등록특허 10-0616805

이상에서 설명한 바와 같은 디지털 방송을 이용한 광고방법인 본 발명을 다시 한 번 정리하자면, 방송되는 프로그램의 각 장면들을 미리 분류한 다음에 각 분류된 장면마다 고유코드를 부여하고, 각 장면에 직접 관련된 것으로 선택된 광고에 상기 고유코드에 대응하는 대응코드를 부여하여, 상기 방송 프로그램이 실제 방송될 때 고유코드가 부여된 해당장면을 유저의 단말기로 송출하고, 이때 상기 고유코드에 대응하는 대응코드가 부여된 광고정보를 유저의 단말기로 송출함으로써, 방송 프로그램과 광고정보가 함께 유저의 단말기 디스플레이창에서 출력되도록 하는 것이다. 즉 유저의 단말기 디스플레이창에는 메인 방송의 화면과 이 메인 방송의 화면에 부대하여 함께 출력되고 있는 광고정보로 구성되어 있다. 다만, 메인 방송의 영상이나 음성 데이터에 고유코드가 부여되어 있지 않은 경우라면 이에 대응하는 광고정보가 존재하지 않기 때문에, 상기 대응코드가 부여된 광고정보는 유저의 단말기 디스플레이창에 표시되지 않을 것이다.

이상의 실시예들은 단지 본 발명을 예시하기 위한 것이며, 본 발명의 보호범위가 이들 실시예에 의해 제한되는 것은 아니다.

발명의 효과

이상에서 설명한 바와 같이, 본 발명은, TV 드라마, 쇼 프로그램에 자주 등장하는 장면을 분류하여 각 장면을 통해 시청자가 자연스럽게 연상할 수 있는 상품에 대한 광고를 해당 프로그램과 함께 시청자의 단말기로 출력하는 광고방법을 개시하고 있는 바, 디지털 방송 프로그램의 영상·음성 데이터와 매치되어 연상되는 광고를 통하여, 관련 상품에 대한 구매의욕이나 호감이 가장 높을 때 광고를 행함으로써 광고효과의 증대를 꾀할 수 있다.

그리고, 이러한 광고효과는 일정한 학습효과를 낳을 것으로 예상되는데, 예컨대, 방송을 통한 광고 학습을 통해서 자주 방송되는 특정한 장면과 유사한 환경에서는 자연스럽게 방송 중 광고되었던 상품을 연상하도록 하게 한다.

또한, 방송 사업가의 입장에서도 각 프로그램을 방송할 때, 위와 같이 구성의 광고방법으로서, 실시간으로 광고할 수 있기 때문에 광고주를 많이 확보할 수 있게되고, 따라서 디지털 방송 운영에 재정적인 장점을 가질 수 있다.

뿐만 아니라, 본 발명의 구성을 통하여 시청자가 방송과 함께 송출되는 광고에 대하여 광고방송을 시청하거나 광고주의 홈페이지에 접속하는 등 상세한 광고정보를 얻고자 하는 행위를 하였을 때에는 소정의 보상을 제공함으로써 시청자에게도 경제적인 이익을 제공할 수 있다.

그밖에 본 발명의 특유한 구성으로 말미암아 발생하는 특유한 효과는 발명의 구성에서 설명한 범위에서 용이하게 추고할 수 있으며, 본 발명의 효과는 이상에서 설명한 실시예 및 본 발명의 청구범위에 기재된 사항뿐만 아니라, 이들로부터 용이하게 추고할 수 있는 범위 내에서 발생될 수 있는 효과 및 산업발전에 기여하는 잠정적 장점의 가능성들에 의해 보다 넓은 범위로 포섭될 것임을 첨언한다.

(57) 청구의 범위 ─ 특허범위를 정하는 부분

청구항 1.

디지털 방송을 이용한 광고방법에 있어서:

디지털 방송 프로그램의 영상·음성 데이터를 미리 정해진 기준에 의하여 분류하는 데이터분류단계;

상기 분류된 영상·음성 데이터마다 고유코드를 부여하고 미리 저장하는 고유코드부여단계;

광고 데이터베이스에 디지털 방송으로 송출할 광고 데이터를 저장하는 광고데이터저장단계;

상기 영상·음성 데이터의 고유코드에 대응하는 대응코드를 상기 광고 데이터에 부여하고 미리 저장하는 대응코드부여단계;

상기 고유코드가 부여된 영상·음성 데이터를 디지털 방송 프로세스에 따라 유저의 단말기로 디스플레이하는 디지털방송단계;

등록특허 10-0616805

상기 영상·음성 데이터가 프로그램된 방송이 디지털 방송될 때 상기 고유코드를 검색하는 고유코드검색단계;

검색된 상기 고유코드를 인식하고 상기 광고 데이터베이스에서 상기 저장된 광고 데이터의 대응코드를 검색하는 대응코드 검색단계; 및

상기 검색된 대응코드의 광고 데이터를 디코딩하여 유저의 단말기로 노출시키는 광고정보송출단계;를 포함하며, 방송 중에 광고를 수행하는 것을 특징으로 하는 디지털 방송에서의 연상기법을 이용한 광고방법.

청구항 2.

제 1 항에 있어서,

상기 디지털 방송은, 지상파 방송망과 위성 방송망을 포괄하는 방송망, 유선통신망, 인터넷, 이동통신망 중 하나 이상을 통하여 디지털 방송되는 것인, 디지털 방송에서의 연상기법을 이용한 광고방법.

청구항 3.

제 1 항에 있어서,

상기 데이터분류단계 및 상기 고유코드부여단계는, 해당 디지털 방송 프로그램 제작 당시에 수행하는 것인, 디지털 방송에서의 연상기법을 이용한 광고방법.

청구항 4.

제 1 항에 있어서,

상기 데이터분류단계 및 상기 고유코드부여단계는, 이미 방송된 디지털 방송 프로그램을 녹화방송으로 다시 재방송할 때 수행하는 것인, 디지털 방송에서의 연상기법을 이용한 광고방법.

청구항 5.

제 1 항에 있어서,

상기 대응코드부여단계는, 저장된 광고 데이터가, 상기 고유코드가 부여된 영상·음성 데이터와 관련되는 것으로서, 디스플레이되는 해당 영상·음성 데이터를 시청하는 유저에게 연상되는 광고 이미지를 제공하도록 상기 고유코드에 대응되도록 미리 결정되는 것인, 디지털 방송에서의 연상기법을 이용한 광고방법.

청구항 6.

제 1 항에 있어서,

상기 유저의 단말기는, TV 모니터, PC 모니터, 휴대폰, PDA, 차량용 단말기, 정보가전의 모니터 중 하나 이상인, 디지털 방송에서의 연상기법을 이용한 광고방법.

청구항 7.

등록특허 10-0616805

제 1 항에 있어서,

상기 광고정보송출단계는, 유저의 단말기에 디스플레이되는 방송화면의 상하좌우 중 어느 일 측면에 형성된 광고영역에, 검색된 광고 데이터의 광고정보를 표시함으로써, 상기 고유코드가 부여된 영상·음성 데이터의 출력 디스플레이와 대응코드가 부여된 광고 데이터의 출력 디스플레이가 함께 표시되도록 하는 것인, 디지털 방송에서의 연상기법을 이용한 광고방법.

청구항 8.

제 7 항에 있어서,

상기 광고 데이터의 광고정보의 표시는, 동영상, 문자 메시지, 광고주의 상호나 상표, 정지장면, 광고음, 특별하게 디자인된 아이콘 중 적어도 하나 이상이 선택되어 표시되는 것인, 디지털 방송에서의 연상기법을 이용한 광고방법.

청구항 9.

제 1 항에 있어서,

유저가 상기 광고정보송출단계에서 표시되는 광고정보의 상세내역을 알기 원하는 경우로서, 유저의 리모콘, 마우스, 키보드, 모니터 버튼 등의 인터페이스 수단으로부터 상세 광고정보 요청신호가 입력되는 경우 상기 광고정보의 광고주의 홈페이지나 광고서버에 저장된 광고방송을 출력하여 상세 광고정보를 제공하는 상세광고정보선택단계, 를 더 포함하는 디지털 방송에서의 연상기법을 이용한 광고방법.

청구항 10.

제 9 항에 있어서,

유저의 인터페이스 수단에 의하여 상세 광고정보가 선택되어 광고주의 홈페이지가 출력되거나 광고방송이 시청될 때 각각 홈페이지 접속 이벤트, 광고방송 시청 이벤트가 발생하는 이벤트발생단계;

상기 이벤트가 발생되는 경우, 상기 이벤트를 광고서버의 이벤트기록부에 기록하는 이벤트기록단계; 및

상기 기록된 이벤트에 따라 유저에 포인트를 제공하고, 유저의 방송 시청환경에 따라 축적된 포인트를 통하여 경품의 제공, 요금의 경감, 사이버 머니의 제공 중 어느 하나 이상의 보상을 행하는 유저보상단계, 를 더 포함하는 디지털 방송에서의 연상기법을 이용한 광고방법.

청구항 11.
삭제

도면

등록특허 10-0616805

도면1

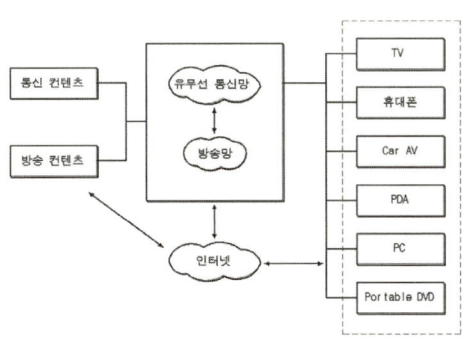

도면2

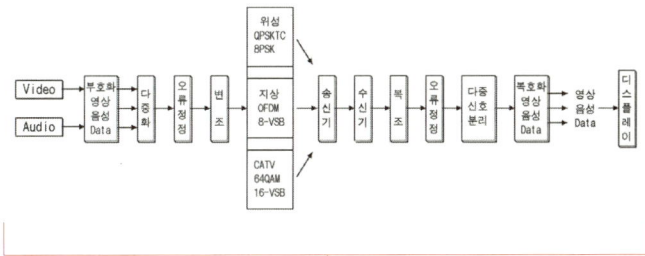

도면은 모두 참고용으로 이해해야 한다

부록 II 대한민국 산업재산권 공보 사례 391

등록특허 10-0616805

도면3

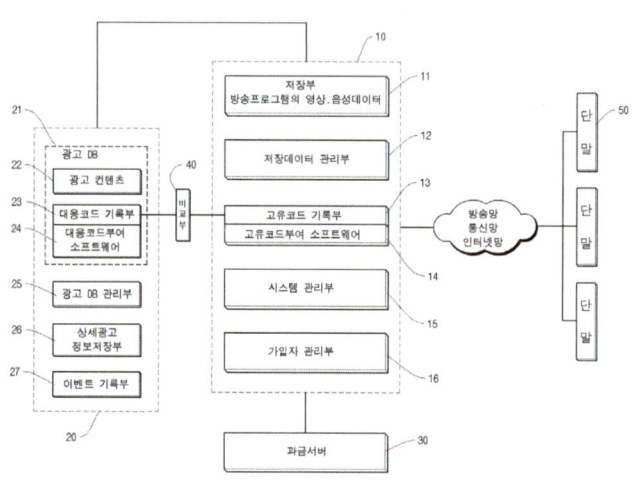

등록특허 10-0616805

도면4

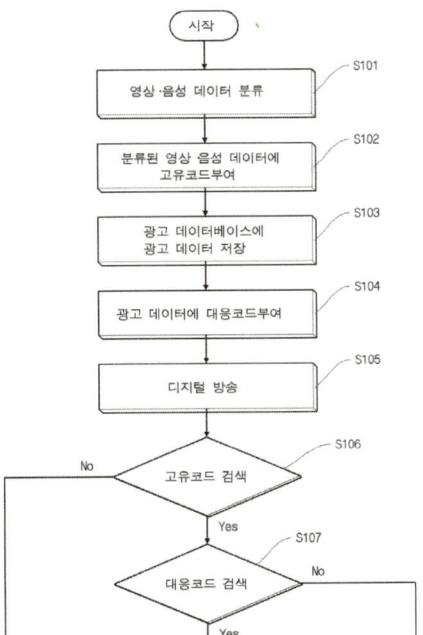

등록특허 10-0616805

도면5

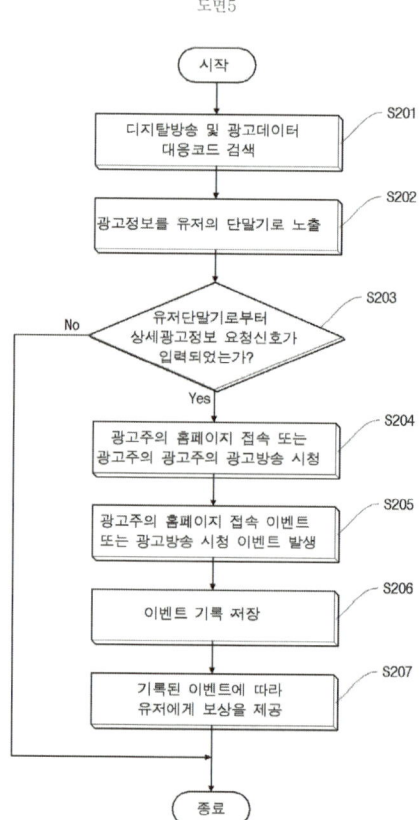

도면6a

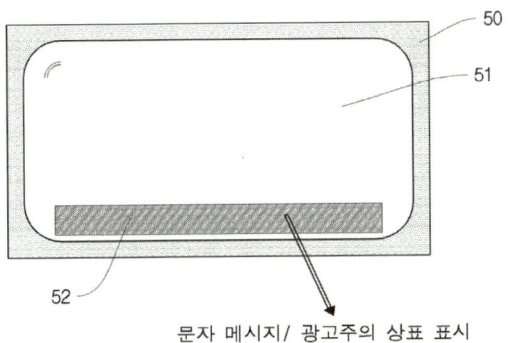

문자 메시지/ 광고주의 상표 표시

도면6b

문자 메시지/ 광고주의 상표 표시

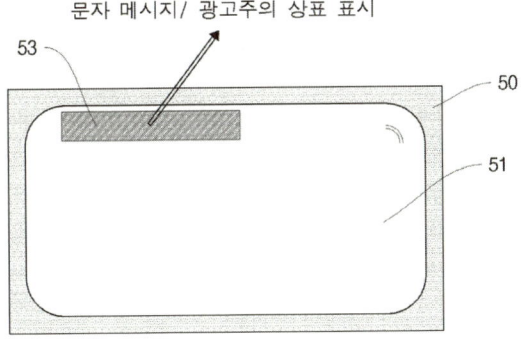

도면6c

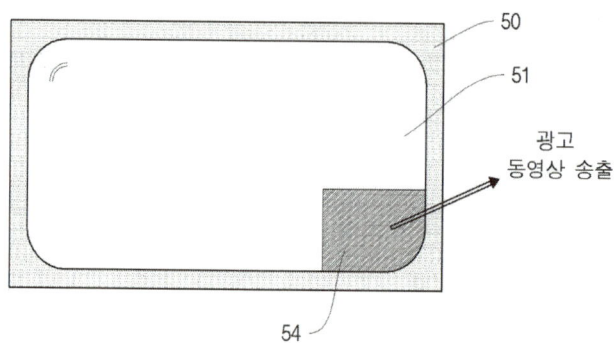

2. 상표공보 사례

애플의 'iPAD'

부록 2는 상표공보다. 상표심사를 모두 통과해서 이제 상표권을 허락해 주고자 하므로 이의가 있으면 제출하라는 특허청 공보다. 부록 2는 애플의 'iPAD'에 대한 것으로, 2010년 1월 18일에 우리나라에 권리가 신청되었다.

상표권을 얻기 위해서는 부록 2에 나온 것처럼 '상표'와 그 상표를 독점하고자 하는 품목/업종을 정해야 한다. 애플의 상표공보를 보면 품목과 업종이 다소 장황하고, 복잡하며, 유사한 것들을 표현만 약간 바꿔 기재한 것처럼 보인다. 하지만 그만큼 상표등록에 대한 고민과 노력의 흔적이 깊다. 애플은 부록 2에 기재된 품목과 업종에 대해서 우리나라뿐만 아니라 수많은 외국에서도 상표권을 취득하고 있다. 통일된 품목/업종 선택 전략이 있다. 참고할 만하다. 하지만 우리나라 기업의 상당수의 상표공보를 보면 아무런 전략도 고민도 없이 그냥 각 류(類)에 포함된 품목이나 업종 모두를 지정한다. 글로벌 시장에 대한 통찰이 없다.

상표출원공고 45-2011-0033570

(19) 대한민국특허청(KR)　　(260) 공고번호　45-2011-0033570
(12) 상표공보　　　　　　　(442) 공고일자　2011년05월23일

(511) 분류　09(9판) 16(9판) 28(9판) 38(9판) 41(9판) 42(9판)
(210) 출원번호　45-2010-0000190
(220) 출원일자　2010년01월18일
(300) 우선권주장
　　　41169　2009년07월16일　트리니아드토바고
(731) 출원인
　　　애플 인크.
　　　미합중국 95014 캘리포니아 쿠퍼티노 인피니트 루프 1
(740) 대리인
　　　양영준, 위혜숙
담당심사관 : 이성종

― 서지사항

(511) 지정상품/서비스업/업무

제 09 류

컴퓨터 (computers), 컴퓨터주변기기 (computer peripheral devices), 컴퓨터터미널 (computer terminals), 컴퓨터하드웨어 (computer hardware), 마이크로프로세서 (microprocessors), 메모리보드 (memory boards), 모니터 (monitors), 디스플레이 (displays), 키보드 (keyboards), 모뎀 (modems), 프린터 (printers), 디스크드라이브 (disk drives), 어댑터 (adapters), 어댑터카드 (adapter cards), 드라이버 (drivers), 기록되지 않은 컴퓨터저장매체 (blank computer storage media), 자기데이터캐리어 (magnetic data carriers), 컴퓨터소프트웨어 (computer software), 컴퓨터펌웨어 (computer firmware), 오퍼레이팅시스템프로그램 (operating system programs), 데이터동기화프로그램 (data synchronization programs), 퍼스널/핸드헬드 컴퓨터용 어플리케이션디벨롭먼트툴프로그램(application development tool programs for personal and handheld computers), 개인정보관리용 기록된 컴퓨터프로그램 (pre-recorded computer programs for personal information management), 데이터베이스관리소프트웨어 (database management software), 문자인식소프트웨어 (character recognition software), 전화통신관리 소프트웨어 (telephony management software), 전자메일/메시징 소프트웨어 (electronic mail and messaging software), 페이징소프트웨어 (paging software), 모바일텔레폰소프트웨어 (mobile telephone software), 데이터베이스동기화 소프트웨어 (database synchronization software), 온라인데이터베이스 액세스/브라우징/서치용 컴퓨터프로그램 (computer programs for accessing, browsing and searching online databases), 컴퓨터화된 글로벌정보네트워크와의 통합전화통신제공을 위한 컴퓨터하드웨어 (computer hardware for providing integrated telephone communication with computerized global information networks), 컴퓨터화된 글로벌정보네트워크와의 통합전화통신제공을 위한 컴퓨터소프트웨어 (computer software for providing integrated telephone communication with computerized global information networks), 핸드헬드 디지털전자기기 (handheld digital electronic devices), 핸드헬드 디지털전자기기관련 소프트웨어 (software related to handheld digital electronic devices), MP3/디지털포멧 오디오플레이어 (MP3 and other digital format audio players), 핸드컴퓨터 (hand held computers), 타블렛 컴퓨터 (tablet computers), PDA (personal digital assistants), 전자수첩 (electronic organizers), 전자노트패드 (electronic notepads), 모바일디지털전자기기 (mobile digital electronic devices), 지구위치결정장치 (global positioning system - GPS - devices), 전화기 (telephones), 전화통화/팩스/전자메일/디지털데이터 송수신용 핸드헬드/모바일 디지털전자기기 (handheld and mobile digital electronic devices for the sending and receiving of telephone calls, faxes, electronic mail. and other digital data), 무선전화기 (cordless telephones), 이동전화 (mobile telephones), 이동전화용 부품/부속품 (parts and accessories for mobile telephones), 팩시밀리 (facsimile machines), 전화자동응답기 (answering machines), 카메라 (cameras), 비디오폰 (videophones), 전화기 기반한 정보검색 소프트웨어/하드웨어 (telephone-based information retrieval software and hardware), 데이터/메시지 수신/저장/전송용 전자핸드헬드유니트 (electronic handheld units for the wireless receipt, storage and/or transmission of data and messages), 사용자의 개인정보 확인유지/관리를 가능케 하는 전자기기 (electronic devices that enable the user to keep track of or manage personal information), 전자통신장비/기기 (electronic communication equipment and instruments), 통신기기/기구 (telecommunications apparatus and instruments), 퍼스널컴퓨터/서버장 또는 이와 연관된 데이터스토어로부터 하나 혹은 다수의 핸드헬드 전자기기로의 메시지/인터넷이메일/기타데이터의 리디렉트 컴퓨터소프트웨어 (computer software for the redirection of messages, Internet e-mail, and/or other data to one or more electronic handheld devices from a data store on or associated with a personal computer or a server), 리모트 스테이션/기기와 고정/리모트 스테이션/기기 사이의 데이터동기화 컴퓨터소프트웨어 (computer software for the synchronization of data between a remote station or device and a fixed or remote station or device), 컴퓨터프로그램/소프트웨어를 수록한 칩/디스크/테이프 (chips, discs and tapes bearing computer programs and software), 컴퓨터프로그램/소프트웨어 기록용 칩/디스크/테이프 (chips, discs and tapes for recording computer programs and software), 랜덤액세스메모리 (random access memory), 읽기전용메모리 (read only memory), 고체상기억장

― 상표권 대상이 되는 품목 중 제9류에 속한 상품. 상표권 신청 시에 선택·지정 해야함

상표출원공고 45-2011-0033570

치 (solid state memory apparatus), 컴퓨터/비디오게임기 (computer and electronic games), 컴퓨터장비 (computer equipment for use with any of the aforesaid goods), 상기 지정상품의 액세서리/부품/부속품/테스트기 (accessories, parts, fittings, and testing apparatus for all the aforementioned goods), 데이터 저장기기 (apparatus for data storage), 하드드라이브 (hard drives), 미니어처 하드디스크드라이브 저장유니트 (miniature hard disk drive storage units), 기록된 축음기음반 (pre-recorded vinyl records), 기록된 오디오테이프 (pre-recorded audio tapes), 기록된 오디오비디오테이프 (pre-recorded audio-video tapes), 기록된 오디오비디오카세트 (pre-recorded audio video cassette), 기록된 오디오비디오디스크 (pre-recorded audio video discs), 기록된 오디오테이프 (책자와 함께 판매됨 - audio tapes all being sold together with booklets), CD-ROM (CD-ROMs), 디지털다용도디스크 (digital versatile discs), 마우스패드 (mouse pads), 배터리 (batteries), 충전가능한 배터리 (rechargeable batteries), 충전기 (chargers), 전지용 충전기 (chargers for electric batteries), 헤드폰 (headphones), 스테레오헤드폰 (stereo headphones), 귀삽입형헤드폰 (in-ear headphones), 스테레오스피커 (stereo speakers), 오디오스피커 (audio speakers), 가정용 오디오스피커 (audio speakers for home), 모니터용 스피커 (monitor speakers), 컴퓨터용 스피커 (speakers for computers), 개인용 스테레오스피커 (personal stereo speaker apparatus), 라디오수신기 (radio receivers), 앰프 (amplifiers), 사운드 기록/재생용 기기 (sound recording and reproducing apparatus), 전기축음기 (electric phonographs), 레코드플레이어 (record players), 고성능스테레오기기 (high fidelity stereo apparatus), 테이프 기록/재생장치 (tape recorders and reproducing apparatus), 확성기 (loudspeakers), 멀티스피커 (multiple speaker units), 마이크로폰 (microphones), 디지털오디오비디오기기 (digital audio and video devices), 오디오카세트레코더/플레이어 (audio cassette recorders and players), 비디오카세트레코더/플레이어 (video cassette recorders and players), 콤팩트디스크플레이어 (compact disc players), DVD레코더/플레이어 (digital versatile disc recorders and players), 디지털 오디오테이프레코더/플레이어 (digital audio tape recorders and players), 디지털 음악/비디오플레이어 (digital music and/or video players), 라디오 (radios), 비디오카메라 (video cameras), 오디오/비디오/디지털 믹서 (audio, video, and digital mixers), 라디오송신기 (radio transmitters), 카오디오기기 (car audio apparatus), 상기 상품의 부품/부속품 (parts and fittings for all the aforesaid goods), 카메라/비디오카메라용 가방 및 케이스 (bags and cases adapted or shaped to contain cameras and/or video cameras), 모바일커버 (mobile telephone covers), 모바일폰케이스 (mobile telephone cases), 가죽제 및 인조가죽제 모바일폰케이스 (mobile telephone cases made of leather or imitations of leather), 직물제 모바일폰커버 (mobile telephone covers made of cloth or textile materials), MP3플레이어/핸드헬드컴퓨터/타블릿컴퓨터/PDA/지구위치결정장치/전자 수첩/전자노트패드용 가방 및 케이스 (bags and cases adapted or shaped to contain MP3 players, hand held computers, tablet computers, personal digital assistants, global positioning system -GPS- devices, electronic organizers and electronic notepads), 외부스크린 또는 모니터에 사용적합한 게임장치 (apparatus for games adapted for use with an external display screen or monitor), 광섬유 케이블 (optic fiber cables), 광케이블 (optical cables), 동력케이블 (power cables), 음향 및 영상 전송용 전선 (electric cables for the transmission of sounds and images), 전기신호 및 광신호 전송용 케이블 (cables for electrical or optical signal transmission), 전기신호 및 광신호 전송장치용 케이블 (cables for electrical and optical signal transmission systems), 전기케이블 (electric cables), 접속용 전기케이블 (connecting electrical cables), 접속케이블 (connection cables), 통신케이블 (telecommunication cables), 확장케이블 (extension cables), 원형 플러그 커넥터 (round plug connectors), 전기커넥터 (electric connectors), 전선용 접속구 (connectors for electric lines), 전선용 커넥터 (electric wire connectors), 전자회로용 커넥터 (connectors for electronic circuits), 전화기용 커넥터 (telephone connectors), 플러그 커넥터 (plug connectors), 플러그인 커넥터 (plug-in connectors), 기록된 컴퓨터프로그램형식의 폰트/서체/활자디자인/활자기호 (fonts, typefaces, type designs and symbols in the form of recorded computer program), 내려받기 가능한 전자식 사용자매뉴얼 (downloadable electronic user manuals),

제 16 류

종이 (paper), 판지 (cardboard), 종이/판지제품 (타류에 속하는 것은 제외 -goods made from these materials, not included in other classes), 인쇄물 (printed matter), 제본용 재료 (book binding material), 사진 (photographs), 문방구용품 (stationery), 스티커 (stickers), 타자기 (typewriters), 교재 (기구는 제외 - instructional and teaching material except apparatus), 인쇄용 활자 (printers' type), 프린팅블록 (printing blocks), 인쇄된 출판물 (printed publications), 정기간행물 (periodicals), 서적 (books), 잡지 (magazines), 회보 (newsletters), 브로슈어 (brochures), 소책자 (booklets), 팜플렛 (pamphlets), 매뉴얼 (manuals), 저널 (journals), 전단지 (leaflets), 인사장 (greeting cards), 컴퓨터소프트웨어 관련 카탈로그 (catalogues relating to computer software), 컴퓨터 브로슈어 (computer brochures), 컴퓨터 핸드북 (computer handbooks), 컴퓨터하드웨어 출판물 (computer hardware publications), 컴퓨터하드웨어 참고매뉴얼 (computer hardware reference manuals), 컴퓨터하드웨어 사용자가이드 (computer hardware users guide), 컴퓨터설명서 (computer instruction manuals), 컴퓨터매뉴얼 (computer manuals), 기술/디지털기술/디지털기기관련 출판물 (publications relating to technology, digital technology and gadgets), 음악기기관련 카탈로그 (catalogues relating to musical apparatus and instruments), 악보집 (music books), 음악교육매뉴얼 (music instruction manuals), 음악잡지 (music magazines), 모형제작용 점토들(미술재료 - molds for modelling clays - artist's materials), 회화용 연필 (pencils for painting), 회화용 솔 (paintbrushes), 사무용 고무밴드 (elastic bands for offices), 사무용 문서함(문방구 - cabinets for stationery - office requisites), 사무용 바인더 (binders - office requisites), 사무용 수정액 (correcting fluids - office requisites), 사무용 종이시트 (paper sheets - stationery), 사무용 종이절단기 (paper cutters - office requisites), 사무용 지우개 (scrapers - erasers - for offices), 사무용 철침 (staples for offices), 사무용 클립 (clips for offices), 사무용 파일 (files - office requisites), 사무용 펀치 (punches - office requisites), 사무용 펜 (pens - office requisites), 사무용 풀 (glue for the

상표출원공고 45-2011-0033570

office), 사무용 각인기 (imprinters for office use), 사무용 봉인기 (envelope sealing machines for offices), 사무용 서류코팅기 (document laminators for office use), 사무용 전기식 스테이플러 (전기식 호치키스 - electric staplers for offices), 사무용 접착테이프디스펜서 (adhesive tape dispensers - office requisites), 사무용 제본장치 및 기계 (bookbinding apparatus and machines - office requisites), 가정용 식품포장용 플라스틱제 랩 (food wrapping plastic film for household use), 포장용 플라스틱제 필름 (plastic film for wrapping), 포장용 플라스틱제 포대 (sacks of plastics for packaging), 종이제 또는 판지제 광고판 (advertisement boards of paper or cardboard), 광고용 팜플렛 (advertising pamphlets), 가정용 접착제 (문방구용은 제외 - adhesives for household purposes other than for stationery use), 문방구용 접착제 (adhesive for stationery purposes), 가정용 접착테이프 (adhesive tapes for household purposes), 문방구용 접착테이프 (adhesive tapes for stationery), 접착식 메모지 (adhesive note paper).

제 28 류

완구 (toys), 오락 및 놀이용구 (games and playthings), 트럼프 (playing cards), 전자핸드헬드게임기 (electronic hand-held game units), 음악 완구/오락놀이용구 (musical toys, games and playthings), 완구용 오디오기기 (toy audio apparatus), 완구용 뮤직박스 (toy musical boxes), 완구용 악기 (toy musical instruments), 튠/카세트재생용 레코드플레이어완구 (toy record players for playing tunes and cassettes), 음악오락용구 (musical games), 배터리작동식 완구 (battery operated toys), 전자완구 (electronic toys), 전기식 컴퓨터오락기구 (텔레비전수상기용은 제외 - electric computer games, other than those adapted for use with television receivers), 전기식/전자식 놀이기구 (자동식이며 코인/카운터식은 제외 - electrical and electronic amusement apparatus - automatic, coin/counter freed), 전자오락기구 (자동식이며 코인/카운터식은 제외 - 텔레비전수상기용은 제외 - electronic games being automatic, coin-freed or counter-freed other than those adapted for use with television receivers), 핸드헬드 전자오락기구 (텔레비전수상기전용은 제외 - hand-held electronic games and apparatus other than those adapted for use with television receiver only), 비디오게임기 (텔레비전수상기전용은 제외 - video games other than those adapted for use with television receivers only), 자동식 및 동전작동식 놀이기기 (automatic and coin-operated amusement machines), 컴퓨터오락기구 (동전작동식/텔레비전수상기용은 제외 - computer game apparatus other than coin operated or those adapted for use with television receivers), 비디오아웃풋완구/오락기기 (video output toys and games), 전자작동식 완구 (electronically operated toys), 인터랙티브 컴퓨터완구/오락기기 (interactive computer toys and games), 음악 완구/오락기기 (musical toys and games), 입식비디오게임기 (디스플레이가 포함된 - stand alone video game machines incorporating a means of display), 핸드헬드전자기기완구 (toy handheld electronic devices), 완구용 컴퓨터 (작동하지 않음 - toy computers not working), 완구용 이동전화기 (작동하지 않음 - toy mobile telephones not working), 상기 상품의 부품/부속품 (parts and fittings for all the aforesaid goods).

제 38 류

통신업 (telecommunications), 통신/전기통신업 (communication and telecommunication services), 통신액세스통신업 (telecommunication access services), 컴퓨터통신업 (communications by computer), 컴퓨터간 상호통신업 (communication between computers), 인터넷/데이터베이스를 통한 데이터/문서의 전자송신업 (electronic sending of data and documentation via the Internet or other databases), 전자전송을 통한 데이터/뉴스제공업 (supply of data and news by electronic transmission), 정보/데이터의 온라인다운로드를 가능하게 하는 웹사이트/전자뉴스서비스로의 통신액세스제공업 (providing telecommunication access to websites and electronic news services online allowing the download of information and data), 인터넷상의 웹사이트 통신접속제공업 (providing telecommunication access to web sites on the Internet), 통신을 통한 디지털음악전송업 (delivery of digital music by telecommunications), 전자통신네트워크를 통한 무선통신제공업 (providing wireless telecommunications via electronic communications networks), 무선디지털메시징/페이징/전자메일서비스 (사용자가 무선데이터네트워크를 통하여 메시지를 송수신할 수 있도록 하는 서비스를 포함함 - wireless digital messaging, paging services, and electronic mail services, including services that enable a user to send and/or receive messages through a wireless data network), 일방향/쌍방향 무선호출서비스 (one-way and two-way paging services), 컴퓨터상호통신업 (computer intercommunication), 텔렉스서비스업 (telex service), 전보서비스업 (telegram service), 전화서비스업 (telephone services), 라디오/텔레비전프로그램 방송업 (broadcasting of radio and television programmes), 라디오/텔레비전프로그램 전송업 (transmission of radio and television programmes), 통신상 비용 시분할서비스 (time sharing services for communication apparatus), 컴퓨터데이터베이스/인터넷으로의 통신접속/링크 제공업 (provision of telecommunications access and links to computer databases and the Internet), 컴퓨터 및 통신네트워크를 통한 스트림된 또는 다운로드가능한 오디오/비디오 파일의 전자전송업 (electronic transmission of streamed and downloadable audio and video files via computer and other communications networks), 웹캐스팅서비스 (전송업 - webcasting services - transmission), 전자전송을 통한 메시지발송업 (delivery of messages by electronic transmission), 오디오/비디오/멀티미디어콘텐츠의 송수신용 전자통신네트워크로의 연결/접속제공업 (provision of connectivity services and access to electronic communications networks, for transmission or reception of audio, video or multimedia content), 오디오/비디오/멀티미디어콘텐츠의 송수신용 전자통신네트워크로의 통신연결제공업 (provision of telecommunications connections to electronic communication networks, for transmission or reception of audio, video or multimedia content), 인터넷상의 디지털음악웹사이트로의 통신접속제공업 (providing telecommunication access to digital music web sites on the Internet), 인터넷상의 MP3 웹사이트로의 통신접속제공업 (providing access to MP3 web sites on the Internet), 통신에 의한 디지털음악전송업 (delivery of digital music by telecommunications), 인터넷/컴퓨터데이터베이스로의 통신연결제공업 (provision of telecommunications connections to the Internet or computer databases), 전자우편업

제28류에 속한 지정상품

제38류에 속한 지정서비스업

상표출원공고 45-2011-0033570

제38류에 속한 지정서비스업

(electronic mail services), 웹페이지를 포함하는 정보의 통신업 (telecommunication of information including web pages), 비디오방송업 (video broadcasting), 글로벌통신네트워크를 통한 음악/엔터테인먼트/텔레비전프로그램/영화/뉴스/스포츠/게임/문화이벤트/엔터테인먼트관련프로그램을 내용으로 하는 기록된비디오 방송업 (broadcasting pre-recorded videos featuring music and entertainment, television programs, motion pictures, news, sports, games, cultural events, and entertainment-related programs of all kinds, via a global computer network), 글로벌컴퓨터네트워크를 통한 비디오콘텐츠스트리밍업 (streaming of video content via a global computer network), 글로벌컴퓨터네트워크를 통한 서브스크립션오디오방송업 (subscription audio broadcasting via a global computer network), 오디오방송업 (audio broadcasting), 음성/음악/콘서트/라디오프로그램의 오디오방송업 (audio broadcasting of spoken word, music, concerts, and radio programmes), 컴퓨터/통신네트워크를 통한 음악/엔터테인먼트/텔레비전프로그램/영화/뉴스/스포츠/게임/문화이벤트/엔터테인먼트관련프로그램을 내용으로 하는 기록된비디오 방송업 (broadcasting pre-recorded videos featuring music and entertainment, television programmes, motion pictures, news, sports, games, cultural events, and entertainment-related programmes of all kinds, via computer and other communications networks), 오디오콘텐츠스트리밍업 (streaming of audio content via a global computer network), 통신네트워크를 통한 오디오/비디오파일의 전자전송업 (electronic transmission of audio and video files via communications networks), 통신네트워크를 통한 음악/비디오/오디오기록물 전송을 위한 사용자매칭 통신업 (communication services, namely, matching users for the transfer of music, video and audio recordings via communication networks), 엔터테인먼트/음악/콘서트/비디오/라디오/텔레비전/영화/뉴스/스포츠/게임/문화이벤트관련 컴퓨터사용자간의 메시지전송을 위한 온라인 게시판제공업 (providing on-line bulletin boards for the transmission of messages among computer users concerning entertainment, music, concerts, videos, radio, television, film, news, sports, games and cultural events), 통신기기/전자메일박스 대여/임대업 (rental and hire of communication apparatus and electronic mail-boxes), 전자뉴스서비스 (electronic news services), 전자통신상담업 (electronic communications consultancy), 팩스/메시지 수집 및 전송업 (facsimile, message collection and transmission services), 전자수단/컴퓨터/케이블/라디오/전신타자기/전신/전자메일/텔레팩 시밀리/텔레비전/전자파/레이저빔/통신위성/전자통신수단을 통한 데이터/정보전송업 (transmission of data and of information by electronic means, computer, cable, radio, teleprinter, teleletter, electronic mail, telecopier, television, microwave, laser beam, communications satellite or electronic communication means), 데이터처리장치 또는 컴퓨터에 의해 통제되는 오디오비주얼기기를 통한 데이터전송업 (transmission of data by audio-visual apparatus controlled by data processing apparatus or computers), 상기 서비스업관련 정보제공/자문/상담업 (information, advisory and consultancy services relating to all the aforesaid), 멀티미디어자료크 탑재로 하는 웹사이트로의 통신접속시간제공업 (provision of telecommunication access time to web-sites featuring multimedia materials), 통신네트워크를 통한 음악/비디오/영화/서적/텔레비전/게임/스포츠 분야의 데이터 취득용 데이터베이스/디렉토리 통신접속제공업 (providing telecommunication access to databases and directories via communications networks for obtaining data in the fields of music, video, film, books, television, games and sports), 사용자의 전자통신네트워크로의 접속시간제공업 (다른 컴퓨터서버/컴퓨터프로세서/사용자로의 데이터/링크의 확인/검색/그룹핑/분배/관리 수단에 의한 - providing users with telecommunication access time to electronic communications networks with means of identifying, locating, grouping, distributing, and managing data and links to third-party computer servers, computer processors and computer users),

제41류에 속한 지정서비스업

제 41 류

글로벌컴퓨터네트워크를 통하여 사용자로 하여금 오디오/비디오/텍스트/멀티미디어콘텐츠(방송될 음악/콘서트/비디오/라디오/텔레비전/뉴스/스포츠/게임/문화이벤트/엔 터테인먼트관련프로그램을 포함)의 스케줄링을 프로그램 가능하게 하는 웹사이트제공업 (providing web-sites, via a global computer network, to enable users to program the scheduling of audio, video, text and other multimedia content, including music, concerts, videos, radio, television, news, sports, games, cultural events, and entertainment-related programs as they will be aired),

제42류에 속한 지정서비스업

제 42 류

산업분석 및 연구 서비스업 (industrial analysis and research services), 컴퓨터 하드웨어 및 소프트웨어의 디자인 및 개발업 (design and development of computer hardware and software), 컴퓨터 하드웨어/소프트웨어 상담업 (computer hardware and software consulting services), 컴퓨터 하드웨어/소프트웨어 기기/장치 임대업 (rental of computer hardware and software apparatus and equipment), 멀티미디어/오디오-비주얼 소프트웨어 상담업 (multimedia and audio-visual software consulting services), 컴퓨터프로그래밍업 (computer programming), 컴퓨터 시스템/데이터베이스/애플리케이션 개발 지원/상담업 (support and consultation services for developing computer systems, databases and applications), 인터넷상에서 웹페이지 편집용 그래픽디자인업 (graphic design for the compilation of web pages on the Internet), 전세계 컴퓨터네트워크/인터넷으로부터 온라인으로 제공되는 컴퓨터하드웨어/소프트웨어 관련 정보제공업 (information relating to computer hardware or software provided on-line from a global computer network or the Internet), 웹사이트 생성/유지관리업 (creating and maintaining web-sites), 타인의 웹사이트 호스트업 (hosting the web-sites of others), 통신네트워크를 통해 데이터를 얻기 위한 검색엔진 제공업 (providing search engines for obtaining data via communications networks), 애플리케이션 서비스 프로바이더(ASP) 서비스업 (온라인 음악구독 서비스 관련 소프트웨어/사용자가 음악 및 엔터테인먼트관련 오디오/비디오/텍스트/멀티미디어 콘텐츠를 실행/프로그램할 수 있게 하는 소프트웨어/뮤지컬사운드레코딩 및 엔터테인먼트관련 오디오/비디오/텍스트/멀티미디어콘텐츠 관련 소프트웨어를 내용으로 하는것임 - application service provider -ASP- services featuring software for use in connection with online music

상표출원공고 45-2011-0033570

subscription service, software that enables users to play and program music and entertainment-related audio, video, text and multimedia content, and software featuring musical sound recordings, entertainment-related audio, video, text and multimedia content), 온라인상의 내려받기 불가능한 소프트웨어 사용을 원한 임시인터넷접속제공업 (사용자로 하여금 오디오/비디오/텍스트 및 음악/콘서트/비디오/라디오/텔레비전/뉴스/스포츠/게임/문화이벤트/엔 터테인먼트관련프로그램을 포함하는 멀티미디어콘텐츠를 프로그램할 수 있도록 한 - providing temporary internet access to use on-line non-downloadable software to enable users to program audio, video, text and other multimedia content, including music, concerts, videos, radio, television, news, sports, games, cultural events, and entertainment-related programs), 전세계컴퓨터네트워크상에서 데이터를 얻기 위한 검색엔진제공업 (providing search engines for obtaining data on a global computer network), 상기 서비스업관련 정보제공/자문/상담업 (information, advisory and consultancy services relating to all the aforesaid), 검색엔진운영업 (operating search engines), 컴퓨터상담/지원업 (computer consulting and support services for scanning information into computer discs), 전세계컴퓨터네트워크상에서 가능한 타인을 위한 정보/사이트/출처 인택스 생성업 (creating indexes of information, sites and other resources available on global computer networks for others), 인터넷으로의 사용자접속제공업 (서비스제공자임 - providing user access to the Internet - service providers), 과학기술연구관련 자문업 (advisory services relating to scientific and technological research), 과학기술연구관련 정보제공업 (providing information of scientific and technological research), 공산품디자인업 (design of industrial products), 기계디자인업 (design of machinery), 산업디자인업 (industrial design).

제42류에 속한 지정서비스업

상표견본

상표권의 대상이 되는 상표

3. 입체디자인에 대한 디자인공보

다이슨 사의 등록디자인공보

영국의 '다이슨'은 혁신적인 디자인 기업으로 유명하다. 부록 3은 다이슨이 '날개 없는 선풍기'에 대해서 대한민국에서 취득한 디자인특허 공보다. '날개 없는 선풍기'에 관해서는 지난 2011년 7월에 다이슨이 국내기업을 상대로 특허침해소송을 제기한 상태다.

디자인특허의 권리는 기본적으로 7개의 도면들의 형태와 디자인의 설명에서 나오게 되는데, 디자인특허에서는 기술원리가 중요한 사항이 아니다. 어쨌든 제품의 '형태'다. 부록 3에서는 '본 물품은 공기 증폭 기술을 사용하여 날개를 사용하지 않고 공기 흐름을 만들어냄'이라는 기술원리가 기재되어 있지만, 이런 내용이 기재되어 있지 않아도 크게 문제가 되지 않는다. 기술원리는 '특허'로 보호되어야만 하는 것이다.

다이슨은 우리나라에 11건의 '날개 없는 선풍기' 특허출원을 했고 그 중 1건은 특허를 받았으며, 나머지는 대기 상태다. 또한 '청소기'를 포함하면 이 영국회사가 바다를 건너고 대륙을 넘어서 우리나라에 특허출원한 건수만 거의 100건에 가깝고, 부록 3과 같은 디자인출원도 50건이 넘는다.

다이슨 선풍기 제품에는 현재 3개의 디자인이 있는데, 그 중 한 개에 대해서만 부록 3처럼 한국에서 디자인등록을 했고, 나머지 두 개 디자인에 대해서는 권리를 신청하지 않았다. 특허로도 충분히 보호받는다고 생각해서 그랬는지는 확인되지 않지만, 만일 나머지 두 개에 대해서도 디자인등록을 신청했더라면 특허침해소송을 훨씬 유리하게 끌고 갈 수 있었을 텐데, 다이슨의 입장으로서는 아쉬울 것이다.

등록디자인 30-0563437

	(19) 대한민국특허청(KR)	(45) 공고일자	2010년06월14일
	(12) 등록디자인공보(S)	(11) 등록번호	30-0563437
		(24) 등록일자	2010년06월03일

(52) 분류   D4-51
(51) 국제분류   23-04
(21) 출원번호   30-2009-0018281
(22) 출원일자   2009년04월28일
(30) 우선권주장
    4009465 2008년11월07일 영국
(73) 등록권자
    다이슨 리미티드
    영국 윌트서 에스엔 16 0알피 멜메스버리 테트버리 힐
(72) 창작자
    다이슨 제임스
    영국 윌트서 에스엔16 0알피 멜메스버리 테트버리 힐 다이슨 테크놀러지 리미티드내
    갬맥 피터 데이비드
    영국 윌트서 에스엔16 0알피 멜메스버리 테트버리 힐 다이슨 테크놀러지 리미티드내
(74) 대리인
    유미특허법인
담당심사관 : 원인규
(54) 팬

입체디자인도면

디자인의 대상이 되는 물품
팬

디자인의 설명
1. 재질은 금속 또는 합성수지재임.
2. 본 물품은 공기의 순환 및 흐름을 발생시키는 환기용 또는 냉각용 팬으로 사용됨. 또한, 본 물품은 공기 증폭 기술을 사용하여 날개(blade)를 사용하지 않고 공기 흐름을 만들어냄. 예를 들어, 책상용 팬으로 사용되고 책상 또는 테이블 위에 독립되어 서 있을 수 있음.

디자인 창작 내용의 요점
"팬(Fan)"의 형상과 모양의 결합을 디자인 창작내용의 요점으로 함.

등록디자인 30-0563437

사시도

디자인특허는
일반 특허와 달리
도면의 형태에서
권리가 나오기 때문에
도면은 필수적임

등록디자인 30-0563437

정면도

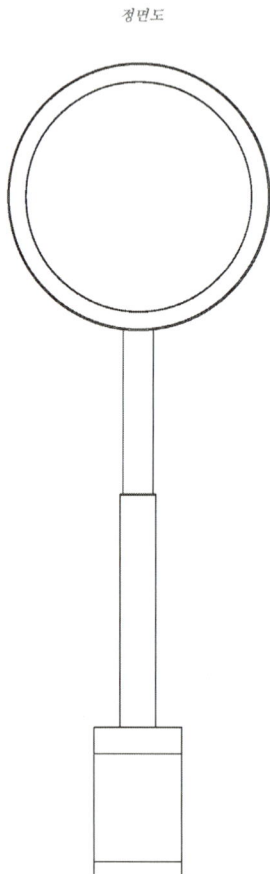

등록디자인 30-0563437

배면도

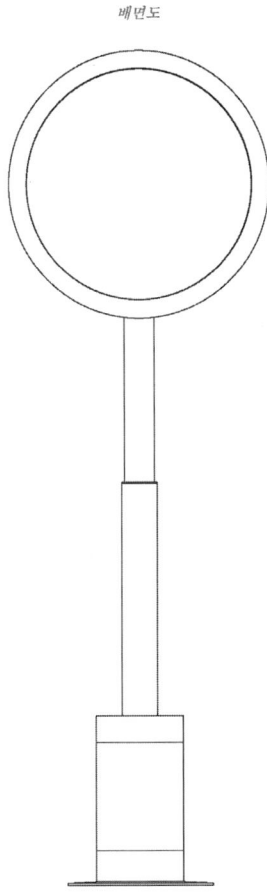

등록디자인 30-0563437

좌측면도

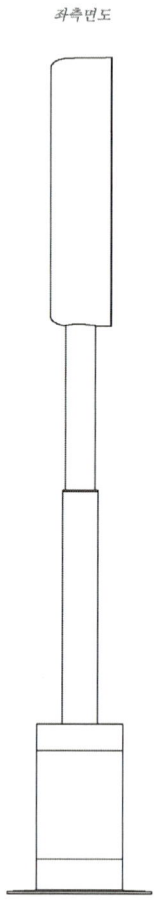

등록디자인 30-0563437

우측면도

평면도

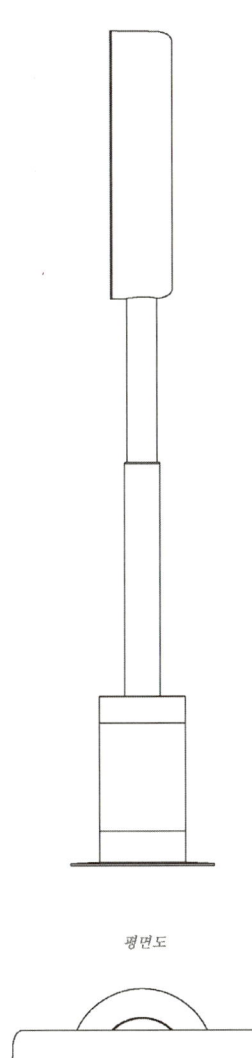

등록디자인 30-0563437

저면도

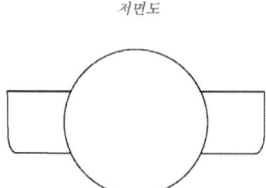

4. 화상디자인에 대한 디자인공보

삼성 갤럭시폰의 '화상디자인'에 대한 권리

부록 4도 등록디자인공보로서 삼성전자 갤럭시폰의 '화상디자인'에 대한 권리이다. 앞의 부록 3이 입체적인 형태를 갖는 제품의 디자인에 대한 권리라면 부록 4는 전자제품의 화면의 구성에 대한 디자인특허이다. 과거에는 이런 디자인권리는 존재하지 않았다. 하지만 오늘날 그래픽사용자인터페이스^{GUI}도 디자인 창작의 중요한 영역이 되었으므로 이러한 GUI 디자인도 권리로 보호할 필요성이 생겼고, 부록 4처럼 디자인특허로 보호받을 수 있다.

입체디자인이든 '직물지'나 '시트' 등의 평면디자인이든 부록 4와 같은 화상디자인이든 디자인특허는 기술원리를 보호대상으로 삼지 않고 시각적인 디자인을 독점한다. 디자인특허 침해 문제는 디자인공보에 포함된 도면의 형태적인 유사성만을 따지기 때문에, 때로는 모방제품을 규제함에 있어서 기술특허보다 훨씬 큰 유용성을 발휘할 수 있다.

등록디자인 30-0588245

(19) 대한민국특허청(KR)
(12) 등록디자인공보(S)

(45) 공고일자　2011년02월16일
(11) 등록번호　30-0588245 ─ 디자인특허 번호
(24) 등록일자　2011년02월07일

(52) 분류　　　H5-40S무심사등록, H3-301S
(51) 국제분류　14-02
(21) 출원번호　30-2010-0044575
(22) 출원일자　2010년10월14일
　　　　　　　부분디자인(M01)
(73) 등록권자
　　　삼성전자주식회사
　　　경기도 수원시 영통구 매탄동 416
(72) 창작자
　　　송민승
　　　서울특별시 서초구 서초동 1327-29 서초파라곤 409호
　　　왕지연
　　　서울특별시 도봉구 창2동 647-11 현대홈시티 301동 809호
　　　김봉희
　　　서울특별시 서초구 서초1동 1610-19 서초그린빌라 301호
(74) 대리인
　　　우광제
담당심사관 : 원인규 ─ 서지사항

(54) 화상디자인이 표시된 휴대용 단말기 ─ 물품의 명칭

입체디자인도면

디자인의 대상이 되는 물품
화상디자인이 표시된 휴대용 단말기

디자인의 설명
1. 재질은 금속 및 합성수지재임.
2. 본원디자인은 실선으로 표시된 부분이 부분디자인으로서 디자인등록을 받고자 하는 부분임.
3. 본원 물품은 휴대용 단말기로 타블렛 컴퓨터(Tablet pc), 전자책(E-book) 및 휴대용 전화기를 하나로 통합한 디지털 컨버전스(Digital Convergence) 제품임.

디자인 창작 내용의 요점
본원 화상디자인에 관한 부분디자인은 디자인의 대상인 휴대용 단말기에서 실행되는 그래픽사용자인터페이스(GUI)로서, 배경화면의 전면에 배치되어 주요정보를 표시하는 아이콘들의 형태 및 이미지가 독창적으로 도안된 것을 디자인창작내용의 요점으로 함.

등록디자인 30-0588245

사시도

점선으로 표시된
영역은 권리부분이
아니라는 뜻

등록디자인 30-0588245

정면도

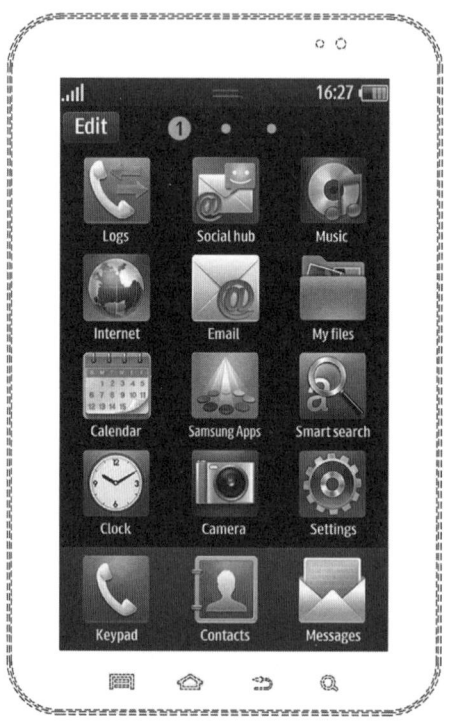

배면도
화상디자인 출원에 따른 도면생략

좌측면도
화상디자인 출원에 따른 도면생략

우측면도
화상디자인 출원에 따른 도면생략

등록디자인 30-0588245

평면도
화상디자인 출원에 따른 도면생략

저면도
화상디자인 출원에 따른 도면생략

| 찾아보기 |

ㄱ
가처분신청 206
개량발명 162
거절결정 177
거절결정불복심판청구 178
거절이유통지 173
계약 146
공유 261
관용명칭 121
권리범위확인심판 210
균등론 221
금반언의 원칙 175, 223
기술사상 099
기한 240

ㄴ
내용증명 193
노하우 144
니스분류 116

ㄷ
대리인 108
도면 214
등록디자인 126
등록특허공보 216
디자인 125
디자인보호법 126
디자인 특허 126

ㄹ
라이선스 계약 318
로열티 203

ㅁ
마드리드 프로토콜 299

무효심판 210, 224
물적자원 305

ㅂ
발명자 108
법정기간 240
변리사 253
변리사 보고서 257
변리사 의견서 174
보정서 174
보통명칭 121
부정경쟁방지법 136
부정경쟁행위 136
분할출원 243
불확실성 028
브랜드 112
비즈니스 모델 066

ㅅ
산업재산권 111
상표 112
상표권 112
선사용권 145
성질표시 121
손해배상청구 201
손해액 202
신규성 150
실시 047
실시료 318
심결취소소송 244
심미감 130
심사관 149
심사청구 167, 184

ㅇ
연차료 245
영업비밀 139
우선심사제도 169
우선일 286
의견제출통지서 173
인용발명 181
인적자원 305

ㅈ
자유기술의 항변 226
저작권 132
저작권위원회 133
저작물 132
중간사건 173
지리적 명칭 122
지정기간 240
지정상품 116
직무발명 331
진보성 161

ㅊ
청구항 109
청구항의 개수 273
출원인코드 260

ㅋ
크로스 라이선스 059

ㅌ
트레이드 드레스 025, 034
특허거래 265

특허공개공보 107, 216
특허공보 106
특허괴물 060, 202
특허권의 권리존속기간 079
특허권자 108
특허료 168
특허명세서 101
특허문헌 106, 214
특허번호 107
특허범위 212
특허요건 149
특허의 이전 264
특허제품 213
특허조사 076
특허청구범위 108, 212, 217
특허출원번호 068
특허출원일 153
특허침해죄 208
특허협력조약 241, 288
특허활동 321

ㅍ
파리조약 241, 286

ㅎ
한국특허정보원 107

P
PCT 국제출원 288

에이콘출판의 기틀을 마련하신 故 정완재 선생님 (1935-2004)

특허전쟁
기업을 흥하게 만드는 성공적인 특허 경영 전략

초판 인쇄 | 2011년 9월 9일
5쇄 발행 | 2017년 3월 24일

지은이 | 정 우 성 • 윤 락 근

펴낸이 | 권 성 준
편집장 | 황 영 주
편 집 | 나 수 지
        조 유 나
디자인 | 박 주 란

에이콘출판주식회사
서울특별시 양천구 국회대로 287 (목동 802-7) 2층 (07967)
전화 02-2653-7600, 팩스 02-2653-0433
www.acornpub.co.kr / editor@acornpub.co.kr

Copyright ⓒ 에이콘출판주식회사, 2011, Printed in Korea.
ISBN 978-89-6077-231-1
http://www.acornpub.co.kr/book/patent-in-business

이 도서의 국립중앙도서관 출판시도서목록(CIP)은 서지정보유통지원시스템 홈페이지(http://seoji.nl.go.kr)와
국가자료공동목록시스템(http://www.nl.go.kr/kolisnet)에서 이용하실 수 있습니다.(CIP제어번호: CIP2011003778)

책값은 뒤표지에 있습니다.